Sammlung Metzler
Band 173

Jürgen H. Petersen

Max Frisch

2., erweiterte und verbesserte Auflage

J. B. Metzlersche Verlagsbuchhandlung
Stuttgart

CIP-Titelaufnahme der Deutschen Bibliothek

Petersen, Jürgen H.:
Max Frisch / Jürgen H. Petersen. –
2., erw. u. verb. Aufl. –
Stuttgart: Metzler, 1989
(Sammlung Metzler; Bd. 173)
ISBN 3-476-12173-9
NE: GT

SM 173

ISBN 3 476 12173 9

© 1989 J. B. Metzlersche Verlagsbuchhandlung
und Carl Ernst Poeschel Verlag GmbH in Stuttgart
Einbandgestaltung: Kurt Heger
Satz und Druck: Gulde-Druck GmbH, Tübingen
Printed in Germany

Inhalt

Vorwort zur zweiten Auflage   VII

Vorbemerkung (zur ersten Auflage)   VIII

Zeittafel   X

I. Voraussetzungen   1

II. Grundkonzeptionen und erste Versuche   20

III. Literarische Formen gesellschaftlichen
Engagements   40
   a) Zeit- und gesellschaftskritische Essayistik   40
   b) Drama und Dramaturgie des Engagements   52
   c) »Nun singen sie wieder«   56
   d) »Die Chinesische Mauer«   58
   e) »Als der Krieg zu Ende war«   62
   f) Der »Öderland«-Komplex   64
   g) Der »Biedermann«-Komplex   67
   h) »Andorra« und die Technik poetischer
      Provokation   69
   i) »Wilhelm Tell für die Schule«   74

IV. Retrospektive und Tagebuch: Selbstbeschreibung, Zeitbeschreibung, Dichtung   77
   a) »Tagebuch 1946–1949«   78
   b) »Tagebuch 1966–1971«   83
   c) »Dienstbüchlein«, »Schweiz ohne Armee?«
      und »Notizen von einer kurzen Reise nach China
      28. 10. bis 4. 11. 1975«   90

V. Rolle und Identität   95
   a) »Don Juan oder Die Liebe zur Geometrie« und
      »Die große Wut des Philipp Hotz«   99

b) »Rip van Winkle« und »Stiller« 103
c) »Homo faber« 119

VI. Das Ich und seine Varianten 130
a) »Mein Name sei Gantenbein« 130
b) Dramaturgie der Permutation und »Biografie:
Ein Spiel« 140
c) »Montauk« 154

VII. Das Spätwerk 163
a) »Triptychon« 164
b) »Der Mensch erscheint im Holozän« 172
c) »Blaubart« 180

VIII. Rezeption und Forschung 187

Siglen 206

Literaturverzeichnis 207

Werkregister 229

Sach- und Personenregister 232

Vorwort zur zweiten Auflage

Die Überarbeitung der ersten Auflage erstreckt sich – von den üblichen Fehlerkorrekturen und kleineren Verbesserungen abgesehen – vornehmlich auf die Aktualisierung des Literaturverzeichnisses sowie auf die Neufassung des Berichtes über Rezeption und Forschung. Sie stellte sich als schwierig heraus, weil auch die Frisch-Philologie derartig auszuufern beginnt, daß sie schon fast unübersehbar wird, zumal sich das Ausland an der Diskussion über Frischs Œuvre lebhaft beteiligt. Hier mußte deshalb eine strenge Auswahl getroffen werden, und die Darstellung der Rezeptionsgeschichte sowie des Forschungsverlaufs hatte sich auf die wichtigsten Phänomene zu beschränken. Dies war umso notwendiger, als zusätzlicher Raum für die Deskription des Spätwerks benötigt wurde, das nach dem Druck der ersten Auflage im Jahre 1978 nach und nach erschienen ist. Da der Umfang der in die »Sammlung Metzler« aufgenommenen Arbeiten begrenzt ist, mußte auch hier äußerste Konzentration walten. Trotzdem ist der vorliegende Band auch weiterhin die umfänglichste Darstellung des Gesamtwerks von Max Frisch.

Aber Verlag und Verfasser hatten es nicht in allen Dingen schwerer als bei der Vorbereitung der ersten Auflage. Was damals ein Novum war, nämlich die Präsentation eines Dichters der unmittelbaren Gegenwart in Gestalt eines SM-Bandes, ist heute selbstverständlich geworden. Da also das Experiment erfolgreich war, konnte – jenseits der Erweiterungen und Überarbeitungen – an dem Grundkonzept des Buches festgehalten werden.

Osnabrück, im Mai 1989   Jürgen H. Petersen

Vorbemerkung (zur ersten Auflage)

Verlag und Verfasser waren sich von Anfang an darüber einig, daß die Darstellung eines Autors der Gegenwart nicht in jeder Hinsicht den Arbeiten gleichen kann, die bisher in der »Sammlung Metzler« erschienen sind. Schon die Forschungslage, die der Frisch-Interpret vorfindet, unterscheidet sich stark von derjenigen, auf die sich etwa die Bearbeiter des Werks von Lessing, Schiller, Hebel oder Keller stützen konnten: Es gibt keineswegs immer hinreichend gesicherte Ergebnisse einer Frisch-Philologie, die man sammeln, ausbreiten, vermitteln könnte; vielmehr muß man manche Frage selbst stellen und Forschungslücken aufweisen, vermag aber auch gelegentlich Fingerzeige zu geben und Interpretationsvorschläge zu machen. Gesamtdarstellungen, die Frischs literarische Entwicklung der letzten Jahre berücksichtigen, existieren nicht; die Beziehungen der Werke untereinander, die Stationen ihrer Entstehung, die Aufnahme und Verwandlung früher Konzeptionen in späteren Arbeiten wurde noch nicht im ganzen verfolgt, so daß auch in dieser Hinsicht mitunter weniger zu referieren als darzustellen bleibt. Gleichwohl gilt – wenn auch in den vom Gegenstand und seiner wissenschaftlichen Erforschung gezogenen Grenzen – für diesen Band, was für alle in der »Sammlung Metzler« erschienenen Arbeiten gilt: Er will Fakten vermitteln, Einblick in den Forschungsstand geben, in Forschungsprobleme einführen. Dem widerspricht nicht, daß die Ausbreitung von Fakten gelegentlich nicht darin aufgeht, bereits erforschte Tatbestände zu schildern, sondern auf eigens vorgenommenen Recherchen basiert. Das bringt schon die Absicht mit sich, das Werk Frischs so vollständig zur Darstellung zu bringen, daß auch einige bisher unbeachtet gebliebene Texte aus der ersten Schaffensperiode Berücksichtigung finden. Auch die Behandlung der Frage, welche Autoren von Einfluß auf sein Werk gewesen sein könnten, oder die Skizzierung seines geistig-politischen Weltbildes und der auf ihm beruhenden dramaturgischen Konzeptionen geschieht z. T. unter Berücksichtigung von Textmaterial, das bisher nicht immer hinreichend Beachtung fand. Andererseits hat das Werk Frischs inzwischen einen Umfang, auch eine Geschlossenheit erreicht, die es rechtfertigen, daß man es in einer sachorientierten Gesamtdarstel-

lung überschaubar macht; und da Frischs Bedeutung für die Gegenwartsliteratur so groß und das literaturwissenschaftliche Interesse an
seinem Werk so gewachsen ist, dürfte es wohl angebracht sein, daß
das erste in der »Sammlung Metzler« erscheinende Buch über einen
Autor der Gegenwart Max Frisch gewidmet ist.

Zeittafel

1911	Am 15. Mai als jüngstes von drei Kindern in Zürich geboren.
1924—1930	Schüler des Kantonalen Realgymnasiums in Zürich.
1930—1933	Studium der Germanistik, der Romanistik, der Kunstgeschichte und der Philosophie an der Universität Zürich.
Ab 1933	Nach dem Tod des Vaters (1932) und dem Abbruch des Studiums Tätigkeit als freier Journalist; Veröffentlichungen vornehmlich im Feuilleton der NZZ; Balkanreise.
1934	Veröffentlichung einer Reihe von Kurzgeschichten in mehreren Zeitschriften und Zeitungen; »Jürg Reinhart. Eine sommerliche Schicksalsfahrt«.
1935	Reise nach Deutschland.
1936—1941	Studium der Architektur an der Eidgenössischen Technischen Hochschule Zürich.
1936/37	Entschluß, die Schriftstellerei aufzugeben.
1937	»Antwort aus der Stille. Eine Erzählung aus den Bergen«.
1938	Conrad-Ferdinand-Meyer-Preis der C. F. Meyer-Stiftung in Zürich.
1939—1945	Mehrfach zum Militär eingezogen; Wiederaufnahme der Schriftstellerei 1939.
1940	»Blätter aus dem Brotsack«.
1941	Abschluß des Architekturstudiums mit dem Erwerb des Diploms; als Architekt im Angestelltenverhältnis tätig.
1942	Gewinner des Preisausschreibens für den Bau des Freibades »Letzigraben« in Zürich; eigenes Architekturbüro in Zürich; Heirat mit Constanze von Meyenburg.
1943	»J'adore ce qui me brûle oder Die Schwierigen«.
1944	Verfaßt auf Anregung Kurt Hirschfelds sein erstes Drama: »Santa Cruz. Eine Romanze« (Uraufführung 1946, gedruckt 1947); Dramenpreis der Emil-Welti-Stiftung.
1945	»Bin oder Die Reise nach Peking« (geschrieben 1944); »Nun singen sie wieder. Versuch eines Requiems«.
1946	Reisen nach Deutschland, Italien, Frankreich.
1947	»Tagebuch mit Marion«; »Die Chinesische Mauer. Eine Farce«; im Herbst erster Kontakt mit Bertolt Brecht in Zürich und Begegnung mit Peter Suhrkamp.
1948	Reisen nach Prag und Berlin, nach Breslau und Warschau als Teilnehmer eines Friedenskongresses.
1949	»Als der Krieg zu Ende war. Schauspiel«.

1950	»Tagebuch 1946–1949«; Spanienreise; Ehrengabe der Schweizerischen Schillerstiftung.
1951	»Graf Öderland. Ein Spiel in zehn Bildern«; Rockefeller »Grant for Drama«.
1951/52	Einjähriger Aufenthalt in USA und Mexiko.
1953	»Herr Biedermann und die Brandstifter« (Hörspiel); »Don Juan oder Die Liebe zur Geometrie. Komödie in fünf Akten.«
1954	»Stiller. Roman«; Auflösung des Architekturbüros und Trennung von seiner Frau; Tätigkeit als freier Schriftsteller; Wohnsitz in Männedorf bei Zürich.
1955	»achtung: Die Schweiz«; »Der Laie und die Architektur. Ein Funkgespräch«; »Die Chinesische Mauer« (2. Fassung); Schleußner-Schueller-Preis, Wilhelm-Raabe-Preis.
1956	»Graf Öderland« (2. Fassung); Reise in die USA, nach Mexico und Kuba; Fördergabe der Stiftung Pro Helvetia.
1957	»Homo faber. Ein Bericht«; Charles-Veillon-Preis; Reise nach Griechenland; Reise in die arabischen Staaten.
1958	»Biedermann und die Brandstifter. Ein Lehrstück ohne Lehre«; »Die große Wut des Philipp Hotz«; »Öffentlichkeit als Partner«; Georg-Büchner-Preis und Literaturpreis der Stadt Zürich.
1959	Ehescheidung; Wohnsitz in Uetikon.
1960–1965	Wohnsitz in Rom; Begegnung mit Ingeborg Bachmann.
1961	»Graf Öderland« (3. Fassung); »Andorra. Stück in zwölf Bildern«.
1962	»Don Juan oder Die Liebe zur Geometrie« (2. Fassung); Dr. h. c. der Philipps-Universität Marburg; Preis der jungen Generation.
1964	»Mein Name sei Gantenbein. Roman«; »Ich schreibe für Leser«.
1965	»Schillerpreis-Rede« (Schillerpreis des Landes Baden-Württemberg); »Der Autor und das Theater« (Rede auf der Frankfurter Dramaturgentagung 1964); Wohnsitz im Tessin (Schweiz, Berzona, Valle Onsernone); Reise nach Israel; Preis der Stadt Jerusalem.
1966	»Zürich-Transit. Skizze eines Films«; »Endlich darf man es wieder sagen« (Polemik gegen Emil Staiger, Auslösung des »Zürcher Literaturstreits«); erste Reise in die UdSSR, Reise nach Polen.
1967	»Biografie: Ein Spiel«; Gast des tschechoslowakischen Schriftstellerverbandes in Prag.
1968	Zweite Reise in die UdSSR; Eheschließung mit Marianne Oellers.
1969	»Dramaturgisches. Ein Briefwechsel mit Walter Höllerer«; kurze Reise nach Japan.
1970	Reise in die USA.
1971	»Wilhelm Tell für die Schule«; Reise in die USA, Vorlesungen an der Columbia-Universität in New York.

1972	»Tagebuch 1966–1971«; Aufenthalt in den USA.
1974	»Dienstbüchlein«; Reise in die USA; Großer Schiller-Preis der Schweizerischen Schillerstiftung.
1975	»Montauk. Eine Erzählung«; kurze Reise nach China.
1976	»Gesammelte Werke in zeitlicher Folge«; Friedenspreis des deutschen Buchhandels und Dankrede »Wir hoffen«.
1978	»Triptychon. Drei szenische Bilder«.
1979	»Der Mensch erscheint im Holozän. Eine Erzählung«; zweite Ehescheidung.
1980	»Triptychon« (zweite Fassung).
1981	Wohnsitz vorübergehend in New York.
1982	»Blaubart. Eine Erzählung«; Ehrendoktor der City University of New York.
1984	Neufassung von »Biografie: Ein Spiel«.
1985	»Blaubart. Ein Buch zum Film von Krzysztof Zanussi« (mit dem Drehbuch von Max Frisch und Krzysztof Zanussi).
1986	»Gesammelte Werke in zeitlicher Folge. Jubiläumsausgabe in sieben Bänden. 1931–1985«.
1987	Dr. h. c. TU Berlin.
1989	Heine-Preis der Stadt Düsseldorf; »Schweiz ohne Armee? Ein Palaver«.

I. Voraussetzungen

Max Frisch scheint der Neigung manches Literaturwissenschaftlers, das Œuvre eines Autors aus dessen vita abzuleiten oder es doch wenigstens mit wichtigen Ereignissen in seinem Leben zu verknüpfen, durchaus entgegenzukommen. Die Rückgriffe auf biographisches Material sind z.B. in »Jürg Reinhart«, in »Homo faber« und »Stiller« zu offensichtlich, als daß man sie gänzlich übergehen möchte; vor allem hat Frisch in den Tagebüchern, deutlicher in »Dienstbüchlein« und am radikalsten in der Prosaarbeit »Montauk« seine Person so betont in den Mittelpunkt gerückt, daß die Frage berechtigt erscheint, wieweit von seinem Selbstverständnis aus seine poetische Produktion zu erklären, wenigstens zu erläutern ist. Schon zu Beginn des Tb I formuliert Frisch: »Schreiben heißt: sich selber lesen« (II, 361), im Briefwechsel mit Höllerer (»Dramaturgisches«) nennt er sich einen »Egomanen«, denn: »ich schreibe nicht, um zu lehren, sondern um meine Verfassung auszukundschaften durch Darstellung« (W 37, 19); und im Interview mit Arnold heißt es: »ich komme nämlich nicht von der Literatur, sondern von der Eigenerfahrung her und würde, wenn man das Wort nicht mißbrauchen will, mich zu der Gattung der Notwehrschriftsteller rechnen [...] – das tönt alles sehr egozentrisch und ist es wahrscheinlich auch« (W 77, 44). Das bedeutet nun freilich nicht, daß man in aller Unbefangenheit positivistisch vorzugehen und das Werk ganz und gar auf die Biographie Max Frischs zurückzuführen vermöchte; wohl aber kann man hoffen, daß bestimmte, mit biographischen Fakten zusammenhängende Grunderfahrungen einige Aufschlüsse über sein dichterisches Verfahren geben.

Angesichts der starken Orientierung Frischs an der eigenen Persönlichkeit kann es nicht überraschen, daß wir beinahe alles, was wir über ihn wissen, auch von ihm selber wissen. Seit der 1949 erschienenen »Selbstanzeige« (W 58), die weitgehend mit dem Kapitel »Autobiographie« im Tb I identisch ist, hat Frisch in Interviews, essayistischen Beiträgen, den Tagebüchern und – wie gesagt – in »Montauk« den Leser seiner Werke über deren biographischen Hintergrund zumindest in Umrissen orientiert.

Max Frisch wurde am 15. Mai 1911 als zweiter Sohn des Architekten Franz Bruno Frisch und dessen Ehefrau Karoline, geb. Wildermuth, in Zürich geboren. In »Selbstanzeige« und »Autobiographie« hat er mitgeteilt, daß sein Großvater väterlicherseits aus Österreich, sein Urgroßvater mütterlicherseits aus Deutschland stammte. Die früheste Jugend scheint ziemlich komplikationslos verlaufen zu sein, sie hat jedenfalls im poetischen Werk Frischs keine sichtbaren Spuren hinterlassen. Im Tb II setzt Frisch auf seine »Liste der Dankbarkeiten« an die erste Stelle »die Mutter«, an die dritte Stelle den »frühen Tod des Vaters« (VI, 234), ohne irgendeine Erklärung dafür beizufügen, in »Montauk« antwortet er auf die Frage »MAX, DID YOU LOVE YOUR MOTHER?« mit »Ja«, die Frage »YOU DIDN'T LIKE YOUR FATHER?« quittiert er mit einem »Achselzucken.« (VI, 696) Während Frischs Mutter z. B. das Modell für Jürg Reinharts Mutter abgegeben hat – die Übernahme biographischer Details läßt daran keinen Zweifel –, bleibt der Vater, soweit zu sehen, aus dem dichterischen Werk Frischs ausgespart. Im Tb II erklärt Frisch offen, er haben seinen Vater »verdrängt« (VI, 340), und in »Montauk« heißt es denn auch: »Ich lebe nicht mit der eignen Geschichte, nur mit Teilen davon, die ich habe literarisieren können. Es fehlen ganze Bezirke: der Vater, der Bruder, die Schwester.« (VI, 720) Von einem gewissen Einfluß dürfte jedoch die Tatsache gewesen sein, daß der Vater, als Sattlerssohn ohne akademische Berufsausbildung, den Ehrgeiz besaß, seine Söhne zur Hochschule zu schicken (vgl. »Montauk«: VI, 730); denn das Gefühl, »gescheitert zu sein« (W 77, 11), das Max Frisch 1936/37 zunächst eine bürgerliche Lebensrichtung einschlagen und ein Zweitstudium aufnehmen ließ, mag man auch als Reflex auf den väterlichen Ehrgeiz verstehen.

Von 1924 bis 1930 besuchte er das Kantonale Realgymnasium in Zürich und begann im Winter-Semester 1930/31 mit dem Studium der Germanistik, auch der Kunstgeschichte und der Romanistik, an der Universität Zürich. Das Studium befriedigte ihn nicht, weil das Lehrangebot wie ein Warenhauskatalog auf ihn wirkte, aber wohl auch, weil er sich, wie er gelegentlich betont, auf dem Feld der Theorie nicht begabt genug fühlte (und fühlt). »Ich bin heute der Meinung«, sagt Frisch im Interview mit Arnold, »daß das Theoretische nie meine Stärke gewesen ist. Ich hab's natürlich auch versucht, aber ich denke anderen Menschen dann doch sehr nach, also ich glaube nicht, daß ich eigentlich genuine theoretische Einfälle gehabt habe« (W 77, 13); und im Hinblick auf sein Studium äußert er im Tb I: »Die reine Philosophie, mit wirklicher Inbrunst befragt, offenbarte mir nur den eigenen Mangel an Denkkraft.« (II, 586) Der Abbruch des Studiums im Jahre 1933 erfolgte jedoch nicht deshalb, sondern weil sein Vater im Frühjahr 1932 gestorben war und Frisch sich genötigt sah, seinen Lebensunterhalt selbst zu verdienen. Er tat dies, indem er seine seit 1931 beiläufig betriebene journalistische Tätigkeit verstärkte. In verschiedenen schweizerischen und deutschen Zeitungen veröffentlichte er Feuilletonistisches, Kritiken, Reise- und Lokalberichte und unternahm als Journalist auch seine erste Auslandsreise, die ihn nach Prag, Budapest, Dalmatien, Istanbul und Griechenland führte. Sie bildet den biographischen Hintergrund des 1934 veröffentlichten Romans »Jürg Reinhart«. 1937 erschien die von Frisch als »sehr epigonale Geschichte« (W 77, 11) disqualifizierte Erzählung »Antwort aus der Stille«, die der Autor als einzige unter den umfangreicheren Arbeiten nicht in seine »Gesammelten Werke in zeitlicher Folge« aufgenommen hat. Sie war wohl der eigentliche Anlaß für die schon angesprochene Lebenskrise, für das Gefühl, gescheitert zu sein, das zu einer radikalen, wenn auch nur vorübergehenden Abkehr von der Literatur führte. Frisch verbrannte alle literarischen Texte und nahm das Angebot eines Freundes an, ihm ein Architekturstudium zu finanzieren: Er wollte »weg von der Literatur, weg von dem [...] Bohemienleben« (W 77, 11) und hat sich, wie er es nennt, »ganz entschieden bekannt zu einer bürgerlichen Existenz« (W 77, 12). Von 1936 bis 1940 studierte er also nochmals, diesmal an der Eidgenössischen Technischen Hochschule Zürich, und schloß sein Architekturstudium mit dem Diplom ab. Zunächst Angestellter, konnte er 1942 nach dem Gewinn des Wettbewerbs für den Bau des Volksbades »Letzigraben« ein eigenes Architekturbüro eröffnen. Die Berufserfahrung ist nicht ohne Wirkung auf Frischs literarische Produktion geblieben. Sie zeigt sich in »Don Juan oder Die Liebe zur Geometrie«, in der allein am Technischen orientierten Geisteshaltung des Protagonisten in »Homo faber«, vor allem aber hat sie Frischs sozialkritisches Engagement gefördert und zu umfangreicheren kritischen Arbeiten geführt.

Im Zusammenhang mit seinem Versuch, sich vom Literarischen abzuwenden und den bürgerlichen Normen zu entsprechen, muß auch die Eheschließung 1942 gesehen werden: »Ich [...] habe dann auch sehr bürgerlich geheiratet.« (W 77, 11 f.) Aber so wenig wie die Abwendung vom Literarischen gelang die Hinwendung zum Bürgerlichen; 1954 trennte sich Frisch von seiner Frau, 1959 erfolgte die Scheidung. Auch wenn sich Frisch selten detailliert über die Zusammenhänge zwischen seiner Biographie und seinen literarischen Arbeiten geäußert hat, kann man doch davon ausgehen, daß Erfahrungen, die auf diesem Versuch mit einer bürgerlichen Existenz basieren, in »Mein Name sei Gantenbein«, »Die große Wut des Philipp Hotz« und »Biografie: Ein Spiel« verarbeitet wurden; für »Stiller«

(und damit auch für »Rip van Winkle«) steht dies außer Frage: »Im ›Stiller‹ ist sehr viel davon vorhanden«, hat Frisch im Interview mit Arnold gesagt (W 77, 18).

Die in das Jahr 1936/37 fallende Zäsur hatte keine so tiefgreifende Wirkung, wie man erwarten sollte. Nicht nur, daß Frisch 1939 überhaupt wieder zu schreiben begann und, zum Militärdienst eingezogen, in den »Blättern aus dem Brotsack« die Situation zu Beginn des Zweiten Weltkriegs aus der Sicht des Außenstehenden schilderte, sondern vor allem die Tatsache, daß die erste poetische Arbeit nach der Krise, der 1943 erschienene Roman »J'adore ce qui me brüle oder Die Schwierigen« – jedenfalls stofflich – an »Jürg Reinhart« anknüpft, ist dafür kennzeichnend. Auch der Ausbruch des Zweiten Weltkriegs hat – wiewohl er den Anlaß für die Wiederaufnahme der schriftstellerischen Arbeit bildete – weder die äußere Biographie Frischs noch seine literarische Entwicklung entscheidend beeinflußt. Der Krieg spielt weder in »J'adore« noch in den bald darauf folgenden Arbeiten »Bin oder Die Reise nach Peking« und »Santa Cruz« eine Rolle. Frisch bezeichnet diese Texte sogar als »Fluchtliteratur« (W 77, 20), weil sie die Realität des Weltkrieges so völlig ignorieren: »Diese Ereignisse, von denen wir wußten und an denen wir nicht beteiligt waren, sind für mich einfach nicht darstellbar gewesen.« (W 77, 19) Erst gegen Ende des Krieges, genau gesagt: im Januar 1945 mit der Arbeit an »Nun singen sie wieder«, setzt der Versuch ein, die Schrecken des Krieges literarisch zu bewältigen: »Das war nun wirklich ein erster Reflex auf die Ereignisse, die uns umgaben« (W 77, 23). Die entscheidende Zäsur in der literarischen Entwicklung Frischs fällt weder in das Jahr 1936 noch in das Jahr 1939, sondern in das Jahr 1945.

Die nun einsetzende Reflexion über die politischen Zustände in Europa hat erheblich zu dem gesellschaftspolitischen Engagement beigetragen, das in den Tagebüchern, in manchen essayistischen Arbeiten, in vielen Dramen bis hin zu »Andorra« zum Ausdruck kommt. Sie basiert auf recht guten Kenntnissen von den Zuständen in Europa, die sich Frisch auf mehreren Reisen verschaffen konnte. In den Jahren 1946 bis 1948 besuchte er – z. T. sogar mehrmals – Deutschland, Italien, Frankreich, Polen, Österreich, die Tschechoslowakei, sah Theresienstadt, Berlin, Wien und nahm an einem Friedenskongreß in Breslau teil. Im Tb I hat er darüber berichtet, in dem Schauspiel »Als der Krieg zu Ende war«, in kleineren Prosaarbeiten (»Das Schlaraffenland, die Schweiz« und »Kultur als Alibi«) finden sich die Erlebnisse poetisch bzw. essayistisch verarbeitet.

In den Herbst des Jahres 1947 fällt die Begegnung mit Brecht. Sie war bedeutsam, wenn sie auch in Frischs Dramen nicht sogleich ihren direkten Niederschlag fand. Frisch hatte bereits als Schüler mit dramatischen Versuchen begonnen (ein Schauspiel mit dem Titel »Stahl« schickte er 1927 an Max Reinhardt nach Berlin, außerdem gehörten zu diesen nicht erhaltenen Stücken eine Ehekomödie und eine Farce über die Eroberung des Mondes), und nach dem Erscheinen von »J'adore ce qui me brûle« war er von Kurt Hirschfeld, dem damaligen Dramaturgen des Zürcher Schauspielhauses, angeregt worden, ein Theaterstück zu schreiben. So entstand als erstes Bühnenwerk Max Frischs 1944 »Santa Cruz. Eine Romanze«, und als er mit Brecht in persönlichen Kontakt kam, hatte er bereits zwei weitere Dramen, den »Versuch eines Requiems« mit dem Titel »Nun singen sie wieder« und die Farce »Die Chinesische Mauer« geschrieben. Frisch verfügte also über gewisse Erfahrungen mit dem Theater, hatte auch eigene dramaturgische Positionen bezogen und kannte außerdem Brechts Stücke und poetologische Überlegungen, bevor er ihm begegnete, so daß man nicht davon ausgehen darf, Frisch sei Brechts Einfluß geradezu ausgeliefert gewesen. Bedeutsam war Brecht nach den Äußerungen Frischs vor allem als Gesprächspartner, als Praktiker des Theaters, als scharfer, aber ermunternder Kritiker. Die Beziehung wurde nicht abgebrochen, als Brecht nach Berlin übersiedelte, das Verhältnis kühlte sich aber unter den ungünstigen politischen Umständen mehr und mehr ab.

In den folgenden Jahren scheint die Wirkung der politischen Ereignisse auf Max Frisch nachgelassen zu haben. Während sich in Deutschland die sogenannte Nachkriegsliteratur etablierte, trat das Motiv des Krieges, der Bedrohung der Menschen durch militärische Auseinandersetzungen im Werk Frischs zurück; Spuren des Nachkriegsmilieus oder eines Nachkriegsbewußtseins finden sich kaum. Auch dies hängt mit der Umgebung zusammen, in der Frisch sich bewegte. In der Schweiz gab es eine Nachkriegszeit im eigentlichen Sinne nicht, im Jahr 1951/52 lebte Frisch zudem auf Einladung der Rockefeller Foundation in den USA und in Mexiko. Gewiß schlagen sich Erfahrungen mit dem Amerika der 50er Jahre, der latenten Rassenauseinandersetzungen, des Kalten Krieges und der McCarthy-Ära in »Stiller« nieder; aber verglichen mit den Zuständen in Mitteleuropa, spielt der Roman in einer äußerlich heilen Welt, in dem Milieu höchst wohlhabenden Schweizer Bürgertums, – auch dies ein Reflex auf die soziale Umwelt Max Frischs.

Das Jahr 1954, in dem dieses erste große, seinen Autor als Romancier bekannt machende Werk erschien, ist zugleich das Jahr, in dem Frisch den Versuch aufgab, in der normal-bürgerlichen Welt Fuß zu fassen und die Literatur mehr nebenbei zu betreiben. Nach der Trennung von seiner Frau löste Frisch auch sein Architekturbüro auf, um sich ganz der Literatur zuzuwenden. Eine Folge dieser Befreiung von der täglichen Büroarbeit scheint das verstärkte Eintreten für eine humane Stadtplanung und Wohnbaukultur gewesen zu sein, auch dürfte die Tatsache eine Rolle gespielt haben, daß Frisch bei der Behandlung solcher Fragen auf die Interessen potentieller Auftraggeber keine Rücksicht mehr zu nehmen brauchte. Er hat meist spezifisch schweizerische Verhältnisse im Blick, bringt aber seine Erfahrungen mit der Architektur und Städteplanung im Ausland in die Diskussion mit ein. Im Ausland weilte Frisch in den folgenden Jahren immer häufiger, 1956 wieder in den USA, auch in Mexiko und Kuba. Die dort gewonnenen Eindrücke bilden die Folie für den Roman »Homo faber«, der 1957 erschien. Biographisch im engeren Sinne sind wohl noch manche anderen Details – z. B. bildet Frischs Beziehung zu einer deutschen Jüdin vor dem Ausbruch des Zweiten Weltkriegs das Modell für die Beziehung Fabers zu Hanna –, doch läßt sich der Roman keineswegs als verschlüsselte Biographie lesen.

Offensichtlich gehört ein häufiger Ortswechsel zu den Bedingungen von Frischs Schriftstellertum. Das zeigt sich an seiner starken Reisetätigkeit (1957 Besuch Griechenlands und der arabischen Staaten, 1965 Reise nach Jerusalem, 1966 und 1968 Reisen in die UdSSR, 1967 in die Tschechoslowakei, 1969 nach Japan, 1963, 1970, 1971, 1972 und 1974 nach New York), aber auch daran, daß er seinen Wohnsitz häufig wechselte oder mehrere Wohnungen beibehält: 1959 besaß er einen Wohnsitz in Uetikon, 1960 bis 1965 lebte er – zeitweise in engem Kontakt mit Ingeborg Bachmann, – in Rom, seit 1965 hat er einen Wohnsitz in Berzona, außerdem eine Wohnung in Zürich. Im Jahre 1981 nahm er für einige Zeit seinen Wohnsitz in New York, lebt heute aber wieder in der Schweiz, und zwar meistens in Zürich.

Vielleicht zeigt sich hier jenes Verlangen nach Veränderung, das auch ein wichtiges Motiv im Werk Frischs bildet. Aber gewiß kommt darin auch das Weltbürgerliche im Wesen Max Frischs zum Ausdruck, das seine poetischen wie seine essayistischen Arbeiten stark geprägt hat und das mit dem betont Schweizerischen in seinem Wesen, auch in seiner Sprache, eine charakteristische Verbindung eingegangen ist.

Was sein Schweizertum betrifft, so hat sich Frisch durchaus zu seiner nationalen Herkunft bekannt: »also ich bin der Schweiz sehr zugehörig« (W 77, 59); er weist aber sogleich darauf hin, daß er sich auch als Europäer sieht: »Insofern fühle ich mich nicht mehr so zentral schweizerisch, aber ich bringe meine Erfahrung mit, ich bringe die Bedingtheit mit, die man durch die Geschichte einfach hat.« (W 77, 60) Eben diese Bedingtheit gilt es als Voraussetzung seines Werkes im Blick zu behalten, ganz unabhängig davon, wie kritisch Frisch sich gegenüber seinem Land äußert. Im Jahre 1974, bei der Entgegennahme des Großen Schillerpreises, hat Frisch unter dem Titel »*Die Schweiz als Heimat?*« eine Rede gehalten, in der er den Zusammenhang zwischen seiner Nationalität und seinem literarischen Werk eigens hervorhebt: »Versammle ich die Figuren meiner Erfindung: BIN auf seiner Reise nach Peking, STILLER, der in Zürich sich selbst entkommen möchte, HOMO FABER, der sich selbst versäumt, weil er nirgendwohin gehört, der heimelige HERR BIEDERMANN usw., so erübrigt sich das Vorzeigen meines Schweizer Passes.« (VI, 514) Von der Tatsache, daß Frischs Nationalität die Voraussetzung für die Betrachtung des Zweiten Weltkriegs aus der Perspektive des außenstehenden Beobachters bildete, wird noch die Rede sein, und natürlich hat seine landsmannschaftliche Herkunft einen nicht unerheblichen Einfluß auf seinen Sprachstil (vgl. Schenker, L 47); aber die größte Bedeutung gewinnt sein Schweizertum dadurch, daß es ihn politisiert, jedenfalls seine Gesellschaftskritik herausgefordert und ihn zur Entwicklung entsprechender literarischer Ausdrucksformen motiviert hat. Frischs Weltbürgerlichkeit, die einerseits Ausdruck seiner Zugehörigkeit zu einer vielsprachigen Nation mit entsprechend vielfältigen kulturellen und historischen Beziehungen ist, muß andererseits auch als Kehrseite seiner Nationalität gesehen werden und bildet mit ihr jedenfalls ein für die Entwicklung seines politischen Schriftstellertums fruchbares Spannungsverhältnis. Es zeigt sich zunächst in der Konfrontation der als weit, großzügig, experimentierfreudig empfundenen Welt Amerikas mit der als begrenzt, bieder, bürgerlich-ängstlich empfundenen Schweizer Heimat. Jedenfalls ist der erste Aufenthalt in Amerika bzw. die Heimkehr aus der neuen Welt 1953 Anlaß für eine sich über mehrere Jahre hinziehende gründliche Auseinandersetzung mit der schweizerischen Mentalität, der wohlanständigen Biederkeit und Begrenztheit, die das öffentliche Bewußtsein der Schweiz prägen. Neben einer Reihe essayistischer Arbeiten gehört auch »Dienstbüchlein«, der 1973 veröffentlichte Rückblick auf die Militärzeit, zu diesem gesellschaftskritischen Teilbereich des literarischen Gesamtwerks von Max Frisch, der die schweizerische Nationalität seines Autors zur Voraussetzung hat.

Das bedeutsamste Werk, das Frischs kritischem Schweizertum zu verdanken ist, stellt aber zweifellos »Wilhelm Tell für die Schule« von 1970 dar, denn hier hat Frisch ein sehr eigenes, den Mythos um die Tellgestalt satirisch durchstoßendes litararisches Verfahren entwickelt. Wiewohl es zu bedauern ist, nimmt es nicht wunder, daß es mehr verärgerte Kritiken in Schweizer Zeitungen als litaraturwissenschaftliche Analysen dieses Textes gibt. Offenbar fühlten sich die

Schweizer sehr getroffen, die Literaturwissenschaft hingegen hat das kleine Werk bisher zu sehr als schweizerisches Spezifikum verstanden.

Wendet man sich mehr den im weiteren Sinne sozialen Voraussetzungen des literarischen Werkes von Max Frisch zu, so stößt man auf den mit dem Stichwort »MONEY« überschriebenen Passus in »Montauk« (VI, 730 ff.), in dem sich der Dichter mit seiner kleinbürgerlichen Herkunft befaßt, sie ebenso rückhaltlos wie selbstironisch schildert. Es wäre gewiß ein literatursoziologisch vulgäres Unterfangen, wollte man Züge dieser Kleinbürgerlichkeit im Werk Frischs suchen und so eine direkte Widerspiegelung der sozialen Herkunft im poetischen Werk unterstellen; es kommt andererseits aber auch nicht von ungefähr, daß sich sogenannte »linke« Literaturkritik ironisch, ablehnend, ja abfällig über das Milieu geäußert hat, in dem Frischs Theaterstücke und Romane meistens angesiedelt sind. Als Beispiel dafür mag Jürgen Mantheys Kritik an »Mein Name sei Gantenbein« stehen, in der es heißt: »Lila ist, fast hätten wir gesagt natürlich, Schauspielerin. Das Auto, von dem Gantenbein beinahe überfahren wird, ist nicht etwa ein Gemüsekarren oder ein Vertreterwagen. Nein, eine Kokotte entsteigt ihm duftumwoben [...] Dazwischen gibt Gantenbein reichlich von seinen Erfahrungen mit den Reisezielen eines großbürgerlichen Tourismus preis: Manhatten, Jerusalem, Uruguay [...] Dazu Italien, Strand und der junge Großgrundbesitzer Dino, der schickerweise Kommunist ist.« (L 226, 281) Großbürgerliches Milieu als Kompensation kleinbürgerlicher Herkunft? – Solche Kurzschlüsse beleuchten selten poetische Sachverhalte. Aber man kann nicht leugnen, daß es sich neben ein paar Handwerkern in »Andorra« und ein paar Unterprivilegierten in anderen Werken fast ausschließlich um gebildete, wohlhabende, in höchst geordneten Verhältnissen lebende Figuren handelt, mit denen Frisch seine poetische Welt bevölkert. Das beginnt mit Reinharts wohlanständig-adliger Umgebung, mit dem Rittmeister in »Santa Cruz«, dem Offiziersmilieu in »Als der Krieg zu Ende war«; bürgerliches Milieu dominiert in »Stiller«, in »Homo faber«, großbürgerliches in »Mein Name sei Gantenbein« und »Biografie: Ein Spiel«. Kein Zweifel, daß darin ein Hinweis auf die nicht unkritische, aber ganz und gar bürgerliche Konzeption von Frischs Dichtungen zu sehen ist. Es sind denn auch, wie sich schon auf den ersten Blick zeigt, die Probleme der Intellektuellen, der Sensiblen, der ihrer Bürgerlichkeit entfremdeten Bürger, die Frisch in den Mittelpunkt seiner Arbeiten rückt; es sind hingegen kaum Klassenantagonismen, keine Arbeiterfragen, keine Proletarierprobleme, die poetisch entfaltet oder bewältigt werden.

Und sein Werk wendet sich auch nicht an Arbeiter, sondern an gebildete Bürger, zumindest stellt Frisch sich einen entsprechenden Leser vor: »es ist doch nicht der Arbeiter, an den ich als erstes denke, sondern an Leute, die diese Bildungsklasse darstellen und allerdings politisch von den verschiedenen Richtungen kommen.« (W 77, 66) Als Grund dafür gibt er in der Tat seine Erfahrungen an, das Milieu, das er kennt: Es »spielt natürlich mit, was ich gesehen habe: Das sind z. B. kaum Arbeiter bei meiner Literatur – was ich verstehe; es werden Studenten sein, mittelgebildete bis gebildete Leute.« (ebd. 65) Die etwas vage Formulierung ist damit zu erklären, daß Frisch nach eigenen Angaben keine »genaue Zielvorstellung vom Publikum« (ebd.) besitzt. Etwas später räumt er aber ein: »Ich denke doch an solche Leser, die aus einer Schicht stammen, die ich kenne oder der ich hin und wieder begegne.« (ebd. 66) Der Zusammenhang zwischen dem eigenen Milieu und dem des vorgestellten und »immanenten« Lesers liegt auf der Hand. Daneben darf man jedoch den Einfluß des wirklichen Rezipienten nicht vergessen. »Die Partnerschaft, die beispielsweise die schweizerischen Schriftsteller vorfinden, ist heute noch eine ziemlich intakte Bürgerlichkeit«, sagt Frisch in »Öffentlichkeit als Partner« (IV, 250), und er ist sich durchaus klar darüber, daß dies einen Einfluß auf die eigene Produktion hat: »Und zu meinen, daß unsere Arbeiten [...] davon nicht geprägt werden, wäre Illusion.« (IV, 249) Zwei Jahre später, 1960, hat sich Frisch zu dieser Frage noch direkter geäußert: »Sowohl Dürrenmatts ›Besuch der alten Dame‹ wie mein ›Biedermann und die Brandstifter‹ hätten nicht entstehen können ohne das kompakte Gegenüber eines noch weitgehend intakten Bürgertums.« (»Die Schweiz ist ein Land ohne Utopie«: IV, 259) Wenn auch in beiden Stücken das Bürgertum in Frage gestellt wird, so bleibt es doch dabei, daß sowohl im Hinblick auf Frischs Herkunft und Erfahrungen und die von diesen Komponenten abhängende Konstruktion eines immanenten Lesers als auch bezüglich des wirklichen Rezipienten das bürgerliche Moment dominiert. Man geht wohl nicht fehl in der Annahme, daß auf dieser literatursoziologischen Konstellation auch ein gut Teil des Erfolgs beruht, den Frisch beim europäischen Publikum gefunden hat, – bei dem in »westlichen« wie auch bei dem in sogenannten sozialistischen Ländern, das hier wie dort das Bildungsbürgertum repräsentieren dürfte. Empirische Untersuchungen darüber liegen allerdings nicht vor.

Auf empirisch völlig ungesichertem Terrain bewegt man sich erst recht, wenn man nach den geistigen Einflüssen als Voraussetzung für Frischs poetische Produktion fragt. Seine Auskünfte dazu müssen als spärlich bezeichnet werden, und darauf ist es wohl zurückzuführen, daß sich die Forschung mit dieser Frage zu wenig befaßt hat. Auch die Tatsache, daß Frisch keinen größeren Essay über einen Autor vorlegte, daß er sich lediglich zu Brecht und Zollinger etwas ausführlicher äußerte – allerdings ebenfalls ohne ihren Einfluß auf das eigene Werk wirklich namhaft zu machen –, mußte die Frisch-Philologie entmutigen. An Hinweisen auf philosophische Vorstellungen oder literarische Konzeptionen, die von größerer Wirkung waren, fehlt es beinahe ganz. Frisch schweigt sich wohl über das Thema aus, weil er sich bestimmter Prägungen kaum bewußt ist. Zu den Voraussetzungen seiner Arbeit gehört – wie wir sahen – die Selbsterfahrung, nicht die Theorie, also auch eher die Selbstreflexion als die Beschäftigung mit den Arbeiten anderer Autoren. »Ich bin nie ein starker Leser gewesen, auch in der Jugend nicht«, sagt er und nennt, ohne weitere Erläuterung, »Don Quixote« die »erste große Lektüre« (W 77, 9). »Dadurch, daß ich schreiben wollte, war ich ein schlechter Leser« (ebd. 13), heißt es an anderer Stelle; er habe gelesen, was ihn beim Schreiben gefördert, weggelegt, was ihn gehindert habe, – kein Wort, worum es sich dabei im einzelnen handelte. Und als er gefragt wird, ob er die Vorbilder für »Jürg Reinhart« und »Antwort aus der Stille« nennen könne, für zwei Arbeiten also, die er selbst als epigonal bezeichnet, antwortet er: »Eigentlich doch nicht, nein, eigentlich doch nicht« (ebd. 14).

Von allen Autoren, denen eine gewisse Bedeutung für das frühe Werk Frischs zugesprochen werden muß, ist *Albin Zollinger* der einzige, über den sich Frisch in mehreren Beiträgen geäußert hat, nämlich in zwei Rezensionen, einem Nachruf und zwei Würdigungen; aber er hat nur beiläufig etwas über die Wirkung gesagt, die Zollingers Werk auf ihn ausübte. Der hier und dort zu lesende Hinweis, daß Martin Stapfer in Zollingers Roman »Pfannenstiel« Bildhauer ist und mithin den gleichen Beruf ausübt wie Stiller (auch den Namen Bohnenblust übernahm Frisch offenbar von Zollinger), läßt eine tiefere Beziehung zwischen den poetischen Arbeiten Zollingers und Frischs im allgemeinen und zwischen »Pfannenstiel« und »Stiller« im besonderen noch nicht vermuten. Sogar Frischs Antwort auf eine entsprechende Frage hilft da nicht recht weiter: »What I dislike now in my early works, which were in fact written under the influence of Albin Zollinger, is the exhibition of feelings, the use of the so-called poetical metaphor. Feeling is offered directly.« (W 73, 11) In »Jürg Reinhart«, auch in »Antwort aus der Stille« verwendet Frisch tatsächlich streckenweise einen für einen jungen Autor nicht untypischen »poetisch« gehobenen, metaphorisch befrachteten Stil; aber ob das Offenbaren von Gefühlen im Frühwerk tatsächlich Folge der Zollinger-Lektüre ist oder – umgekehrt –

10

Frischs Bewunderung auf der Übereinstimmung zwischen den eigenen literarischen Intentionen und Zollingers unmittelbarer Erzählweise basiert, läßt sich nicht ohne eine genauere Untersuchung klären. Allerdings hat Zollinger den größten Eindruck auf den jungen Autor gemacht, was auch aus jenem Abschnitt im Tb I hervorgeht (II, 469 ff.), in dem Frisch seine einzige Begegnung mit dem Verehrten schildert.

Abgesehen von Zollinger, hat Frisch nur noch *Bertolt Brecht* etwas umfänglicherer Beiträge gewürdigt, so im Tb I (II, 593 ff.) und – neben der »Rede für Bertolt Brecht« und »Brecht als Klassiker« – vor allem auch im Tb II (»Erinnerungen an Brecht«). Überhaupt zieht Frisch in seinem gesamten Werk keinen Autor so oft heran, auf keinen verweist er so häufig wie auf Brecht. Umso erstaunlicher ist es, daß es zwar einige Arbeiten über das Verhältnis gibt, in dem Frischs Theater zu dem Bert Brechts steht (Weise L 49, Watrak L 91, Müller L 100), aber keine, die den Einfluß Brechts auf Frisch zu ihrem Gegenstand macht. Frischs eigene Äußerungen sind ein wenig schwankend und nicht sehr ergiebig. Im Interview mit Arnold bezeichnet er die Begegnung mit Brecht zwar als »sehr entscheidend«, fügt aber gleich hinzu, daß die »politische Auseinandersetzung nicht so entscheidend gewesen« sei, und schränkt dann überhaupt ein: »Der Einfluß, auch der politische, war ein indirekter, nämlich über das Arbeitsgespräch: über die Bühne, über Schauspieler, über Inszenierungen.« (W 77, 25) Abschwächend wirkt auch die Formulierung, die Frisch gebraucht, als er den Einfluß Brechts konkretisieren soll: »Gewisse Einflüsse sind sicher da, z. B. ›Biedermann‹ steht unter seinem Einfluß, ›Andorra‹ steht unter seinem Einfluß, rein stilistisch« (ebd. 26); damit meint er die episch-verfremdenden Momente, den Chor einerseits und das »Hervortreten der einzelnen Protagonisten« andererseits: »da ist ganz sicher, daß ich das von Brecht übernommen habe.« (ebd. 27) Gleich anschließend weitet er den Gedanken der Verfremdung aus und kommt auf die im Tb I festgehaltene Überlegung zu sprechen, die Verfremdung auch im Epischen wirksam werden zu lassen (II, 601), faßt aber dann seine Äußerungen über Brecht in einer dessen Einfluß stark relativierenden Formulierung zusammen: »Es ist eigentlich nicht so, daß das nur durch Brecht angeregt wurde, sondern das war bei mir vorhanden, bei vielen andern auch, aber Brecht war natürlich der Protagonist und auch der Theoretiker, der es verschärft hat. Man wußte mehr als vorher, was man will.« (W 77, 27)

Sicherlich erschöpft sich Brechts Bedeutung für Frisch nicht darin, daß er ihn zur Etablierung der beiden episch-verfremdenden Momente in »Biedermann« und »Andorra« anregte, man bekommt sie wohl überhaupt besser in den Blick, wenn man darauf verzichtet, sie anhand von Werkdetails nachweisen zu wollen. Zweifellos förderte die Begegnung mit Brecht ganz allgemein Frischs Auseinandersetzung mit dem Illusionstheater, mit den Mitteln einer Demonstrationsästhetik. Vor allem jedoch war er »der größte Schriftsteller« (W 77, 25), dem Frisch bis 1947 begegnete, der ihm zwar auch vor dem persönlichen Zusammentreffen »schon sehr vertraut« (ebd. 26) war, aber erst jetzt eine besondere Bedeutung erlangte. Dies zeigt, daß Brecht tatsächlich nicht so sehr durch seine theatertheoretischen Vorstellungen gewirkt hat, sondern kraft seiner Persönlichkeit. Auch dem Kritiker Brecht verdankte der junge Autor viel: »Was die großen Leute auszeichnet, ist, daß ihre Kritik ansteckend ist, sie ist sehr hart, aber nicht entmutigend, und zwar einfach, weil man an Unerreichtem gemessen und also doch in diesen Rang gehoben wird, auch wenn man ihn noch nicht hat. Das verdanke ich Brecht und Peter Suhrkamp« (ebd. 26). Stets, auch als er seine Abkehr von den »Zeigestücken« begründet, auf deren Konzeption Brecht allein »einen starken Einfluß« (ebd. 27) gewann, hat Frisch auf Brecht verwiesen, die eigenen Vorstellungen mit denen Brechts verglichen, sich von ihm abgesetzt, ihn gegen seine eigenen Thesen in Schutz genommen.

Damit sind die Möglichkeiten, über geistige und ästhetische Voraussetzungen des Werkes von Max Frisch durch die Analyse seiner Äußerungen über andere Schriftsteller Aufschluß zu erhalten, schon beinahe erschöpft. Von anderen Autoren hat er nur mehr beiläufig gesprochen. Bemerkungen dieser Art dürfen jedoch nicht unbeachtet bleiben. Angesichts der Tatsache, daß sich die Frisch-Philologie mit ihnen noch nicht befaßt hat, können hier allerdings nur erste Hinweise gegeben und einige Tatsachen zur Sprache gebracht werden.

Im Gesamtwerk Frischs tauchen rund zweihundert Namen von Schriftstellern, Dichtern und Philosophen auf. Selbstverständlich ist ihre Bedeutung für Ansatz und Entfaltung des Dichtens von Max Frisch höchst unterschiedlich, und auch die Basis für den mit aller Vorsicht zu betreibenden Versuch, einige Aufschlüsse über den Einfluß dieses oder jenes Dichters oder Denkers durch die Feststellung zu gewinnen, ob sich Frisch mit ihm überhaupt befaßt hat, in welchem Kontext und wie häufig das geschah, darf man nicht als in jeder Hinsicht gesichert bezeichnen. Denn wir sind auf das Gedruckte angewiesen und können weder Briefe noch private Aufzeichnungen berücksichtigen. Aber selbst wenn man genau wüßte, mit welchen Autoren und mit welchen Werken sich Frisch beschäftigt hat, so wüßte man – wie der Staatsanwalt in »Stiller« formuliert –

doch noch nicht, »was von dem Gelesenen er verstanden oder einfach nicht verstanden oder auf eine für ihn fruchtbare Weise mißverstanden hat« (III, 706). Immerhin gibt für die Beantwortung der Frage nach möglichen Einflüssen wohl schon die Anzahl der Nennungen bestimmter Autoren einen Wink, denn es ist doch wohl nicht ohne Belang, daß etwa Büchner und Shakespeare ein dutzendmal, Balzac und Byron aber nur einmal genannt werden. An einer anderen Stelle des Romans läßt Max Frisch Stiller-White darauf hinweisen, daß wir »in einem Zeitalter der Reproduktion« (III, 535) leben und deshalb nicht gesehen (bzw. gelesen) haben müssen, wovon wir Kenntnis besitzen. Dies gilt es auch in unserem Fragenzusammenhang zu beachten. So wissen wir z. B. wenig darüber, ob sich Max Frisch mit existenzphilosophischen Fragestellungen befaßt hat, welche Schriften er ggf. zur Kenntnis nahm; der Name *Heideggers* taucht im Gesamtwerk viermal auf, jedesmal aber so beiläufig, daß man nicht einmal sagen kann, ob Frisch von Heidegger überhaupt etwas gelesen hat. Gleichwohl steht außer Frage, daß existenzphilosophische Denkansätze im Werk Frischs eine bedeutende Rolle spielen, und zwar auch solche, die man keineswegs allein aus Kierkegaards Philosophie ableiten kann (vgl. Cunliff L 51, Ruppert L 70, Kiernan L 114, Holmgren L 126). Hier spielen möglicherweise jene Vermittlungsprozesse eine Rolle, von denen Frisch in »Stiller« spricht.

Geht man die Liste der im Gesamtwerk Frischs genannten Autoren durch, so gewinnt man den Eindruck, daß sich in ihm die geistige Welt eines literarisch gebildeten Bürgers spiegelt. Der Eindruck deckt sich mit dem, was wir in dieser Hinsicht von Frisch wissen: Das bürgerliche Bildungselement hat er selbst betont, weder seine Interessen noch seine literaturwissenschaftliche Vorbildung lassen eine extravagante Leseliste erwarten. Sophokles, Plato, Aristophanes werden ebenso genannt wie Lessing, Hölderlin und Kleist, Tolstoj und Tschechow ebenso wie Jakob Burkhardt und André Gide. Bei genauerer Durchsicht fällt allerdings auf, daß Frisch vornehmlich auf Dramatiker verweist. Homer, Cervantes, Dante bleiben nicht unerwähnt, aber sie spielen – auch hinsichtlich der Häufigkeit ihrer Nennung – eine höchst untergeordnete Rolle, während Shakespeare, Kleist, Büchner, Wilder, Brecht und – seit Mitte der 60er Jahre – Beckett sehr oft herangezogen werden. In der »Schillerpreis-Rede« hat Frisch seine Vorliebe für das Unmittelbare des Theaters als Grund angeführt: »Ich las nicht eben viel, Romane kaum, Gedichte schon lieber: die haben [...] auch dieses Jetzt-und-Hier. Aber am meisten hat es das Theater« (V, 363). Ein weiterer Grund ist wohl in der Tatsache zu finden, daß Frisch sich erstmals um 1945 mit dichtungstheoretischen Fragen befaßte und eben zu dieser Zeit in ziemlich rascher Folge seine ersten Dramen schrieb. Allerdings beschäftigte sich Frisch auch später immer mehr mit Fragen der Dramaturgie als mit solchen des Erzählens.

Konzentriert man sich auf die Autoren, die von Frisch häufig genannt werden und deren Produktion als Voraussetzung für sein Werk überhaupt, jedenfalls für sein Frühwerk in Betracht kommt, so stößt man überraschenderweise zuerst auf *Goethe*. Zwar hat sich Frisch über Goethe nirgends in dem Sinne geäußert, daß er ihm besondere Anregungen verdanke, aber die zahlreichen Hinweise, aus denen hervorgeht, daß er Goethes Briefwechsel mit Schiller, »Faust« und »Divan« sowie die Gespräche mit Eckermann kannte, lassen auf ein starkes Interesse an Goethe schließen. Die Konzentration der Hinweise auf Goethe in den frühen Essays und im Tb I weist auf die Tatsache hin, daß Goethe vornehmlich den jungen Frisch beeinfluß hat: Sowohl in »Jürg Reinhart« als auch in »Antwort aus der Stille« werden Lebensprobleme dadurch gelöst, daß sich die Protagonisten dem »tätigen Leben« zuwenden und dort zu bewähren suchen. Die kaum zu verkennende Übernahme dieses Gedankens von Goethe läßt im übrigen auch eine intensivere Beschäftigung mit »Wilhelm Meister« vermuten.

Auch *Schiller*, den Frisch etwas seltener als Goethe erwähnt, hat vor allem auf den jungen Dichter eingewirkt, und zwar als derjenige, der Frischs Interesse für das Theater weckte: »Das erste Stück, das ich auf der Bühne gesehen habe, waren ›Die Räuber‹. Ich verstand nicht, daß Menschen, die genug Taschengeld haben, nicht jeden Abend ins Theater gehen, um die ›Räuber‹ zu sehen jeden Abend. Ich war fünfzehnjährig.« (»Schillerpreis-Rede«: V, 363) Mit ähnlichen Worten schildert Frisch diese Begeisterung auch im Tb I, fügt hier jedoch hinzu, daß er kurze Zeit später, nachdem er ein Stück gesehen hatte, bei dem »Leute in unseren alltäglichen Kleidern auf der Bühne« (II, 585) agierten, sein erstes Bühnenstück, »Stahl«, schrieb und an Max Reinhardt schickte.

Eine ähnlich anregende Wirkung hat zehn Jahre später *Thornton Wilder* ausgeübt. Im Tb I notiert Frisch: »Begegnung mit Thornton Wilder – also mit dem Mann, der meine jugendliche Theaterliebe, nachdem sie ein Jahrzehnt gänzlich begraben lag, dermaßen wieder erweckt hat, daß ich ihr wahrscheinlich für die restliche Dauer dieses Lebens verfallen bin« (II, 626). Die sich nach der Ablehnung von »Stahl« durch Reinhardt einstellende Enttäuschung des Sechzehnjährigen wurde durch die Lektüre von Wilders Stücken überwunden. Im Gegensatz zu der von Schiller läßt sich jedoch Wilders Bedeutung konkretisieren. Die Trennung von Spielraum und Zu-

14

schauerraum, auf der Frisch besteht und die er immer wieder als entscheidendes Moment des Theatralischen hervorgehoben hat, wird für ihn in der Auseinandersetzung mit Wilders Dramaturgie bedeutsam; und außerdem hat Durzak (L 101, L 121) zeigen können, daß Wilder die Konzeption von »Die Chinesische Mauer« erheblich beeinflußte.

Im Zusammenhang mit diesem Stück hat Frisch auch von der *Psychologie* als einer Voraussetzung seiner poetischen Produktion gesprochen und hervorgehoben, daß in »Die Chinesische Mauer«, aber auch in seinem ersten Bühnenstück »Santa Cruz« psychologische Grundvorstellungen Verarbeitung fanden. Er spricht von der »Erfahrung, die jedermann macht: daß wir ein Wunschleben haben, das uns begleitet, ein Angstleben, und daß eben dieses Leben, das wir nur ersehnen und erfürchten, aber nicht äußerlich leben, unser täglicher Gegenspieler ist« er fügt hinzu »Wir nannten ihn Pelegrin« und betont, daß er mit der in »Santa Cruz« begegnenden Konzeption, in Pelegrin und dem Rittmeister jeweils das gelebte mit dem ungelebten, aber ersehnten Leben zu konfrontieren, das von der Psychologie so bezeichnete Phänomen der »Projektion« auf die Bühne gebracht habe: »dieses Theater spielt unsere Seele ja täglich.« (II, 217) Er begründet die Berücksichtigung psychischer Tatbestände in der Kunst mit einem Hinweis darauf, daß das Psychische von entscheidender Bedeutung für das menschliche Dasein sei, und zitiert in diesem Zusammenhang *C. G. Jung*: »Ich bin der Meinung [.,.] daß die Psyche die mächtigste Tatsache in der Menschenwelt sei.« (ebd. 218) Darauf führt Frisch schließlich auch jenen Surrealismus zurück, der »Die Chinesische Mauer« präge, sofern sich hier historische Figuren, Traumgestalten und Gegenwartsmenschen begegneten: Das Stück spiele also auf jener »Bühne«, die alle Menschen »in ihrem Kopfe tragen« (ebd.), habe mithin seine Wurzeln in einem psychischen Tatbestand.

In »Montauk« findet sich eine Stelle, an der Frisch – wenn auch recht allgemein – über seine psychologischen Studien Auskunft gibt: »Man kann nicht sagen, er habe C. G. Jung persönlich gekannt; er ist nur in seinen Vorlesungen gewesen.« (VI, 688) Zwar wurde bisher weder die Bedeutung des Psychologischen überhaupt noch die Jungs im besonderen für die poetische Produktion Max Frischs erforscht, doch kann man angesichts seiner Äußerungen nicht leugnen, daß die Kenntnis psychischer Phänomene zu den Voraussetzungen von Frischs Werk zählt. Quenon (L 89) hat denn auch nicht ohne Erfolg bei der Analyse von Frischs Dramen psychologische Kategorien benutzt.

Ziemlich ungeklärt, aber offenbar keineswegs gering ist der Einfluß, den *Gottfried Keller*, insonderheit sein Roman »Der grüne Heinrich«, auf Max Frisch gewann. Im Tb I berichtet Frisch, daß er den Roman las, als er – in der Lebenskrise 1936/37 – habe erfahren müssen, »daß das Leben mißlingen kann«: »das Buch, das mich seitenweise bestürzte wie eine Hellseherei, war natürlich der beste Vater, den man nur haben kann« (II, 587). Hier hebt er freilich nur die psychologische Wirkung des Romans hervor: Er versteht sich als gescheiterten Künstler, sieht sich in der Situation Heinrichs und zieht die gleichen Konsequenzen wie dieser (in der zweiten Fassung des Romans), d. h. er sucht Halt in einer bürgerlichen Existenz. Gegenüber Arnold hat Frisch sich in für ihn charakteristischer Weise auch über die künstlerische Wirkung des Romans geäußert: »Das war das große väterliche Buch, das auch einen entscheidenden Einfluß auf die eigene Produktion gehabt hat.« (W 77, 9) Kein Wort darüber, worin dieser Einfluß bestand; immerhin läßt sich jedoch zeigen, daß Frisch in »J'adore ce qui me brûle oder Die Schwierigen« insofern der Konzeption des »Grünen Heinrich« folgt, als er die Geschichte eines scheiternden Künstlers erzählt, und in diesem Punkt mag man auch zwischen Kellers Roman und »Stiller« gewisse Parallelen feststellen. Aber die Lösung des Künstlerproblems, die Frisch in »J'adore« anbietet, hat weder etwas mit der in der ersten noch mit der in der zweiten Fassung des »Grünen Heinrich« begegnenden gemein. Denn der Selbstmord des unter seinem verfehlten Leben leidenden Reinhart, der letztlich nur als Bejahung eines elitären Künstlertums zu interpretieren ist, läßt sich weder mit dem Scheitern Heinrichs noch mit seinem Versuch, im Leben Fuß zu fassen, in Vergleich setzen. Hier muß vielmehr an einen Einfluß der Nietzscheschen Philosophie vom Übermenschen gedacht werden, die Kellers Vorstellungen direkt zuwiderläuft.

Daß die Bedeutung, die einzelne Philosophen für Max Frisch gewonnen haben, so schwer einzuschätzen ist, hängt nicht nur mit jenem »Mangel an Denkkraft« zusammen, dessen sich Frisch im Hinblick auf die von ihm mit »wirklicher Inbrunst« befragte »reine Philosophie« (II, 586) zeiht. Vielmehr werden philosophische Gedankengänge im allgemeinen meist noch mittelbarer rezipiert als literarische Konzeptionen und Verfahrensweisen, weshalb man hier besonders oft auf Vermutungen angewiesen bleibt. So weist z. B. Frisch an zwei Stellen darauf hin, daß W., der in »Montauk« näher beschriebene Freund und Mäzen, ihn mit dem Denken Schopenhauers bekannt machte (Tb II: VI, 234; »Montauk«: VI, 637), und im Frühwerk Frischs begegnen tatsächlich Passagen, die durchaus von Schopenhauers Willensphilosophie beeinflußt sein könnten. Aber ein solcher Befund reicht schwerlich aus, mit hinreichender Berechtigung von einer Wirkung Schopenhauers auf Frisch zu sprechen. Auf sichererem Boden bewegt man sich, wenn man die Bedeutung *Kierkegaards* für Frisch zu umgrenzen sucht. Sein Name erscheint fast ausschließlich im Zusammenhang mit »Stiller« und »Don Juan«, so daß sich sein Einfluß eingrenzen und bei der Analyse der beiden Werke gut berücksichtigen läßt. Schwerer fällt eine Bestimmung von *Nietzsches* Bedeutung für das Werk Frischs. Auch über Nietzsche gibt es im Tb II und in »Montauk« Bemerkungen, denen wir z.B. entnehmen können, daß W. auf Nietzsche aufmerksam machte; so können wir die 30er Jahre als den Zeitraum bestimmen, in dem sich Frisch mit Nietzsche befaßte, wir wissen sogar, daß er »Zarathustra« gelesen hat (VI, 642). In der Tat weisen Frischs erste poetische Texte deutlich Merkmale der Nietzsche-Rezeption ihres Verfassers auf. Aber über das Nietzsche-Verständnis Frischs können wir – da entsprechende Äußerungen nicht existieren – vor einer Analyse der poetischen Texte selbst kaum etwas sagen.

Zudem muß ein weiterer Aspekt Berücksichtigung finden, wenn es darum geht, Nietzsches Bedeutung für Frisch zu umgrenzen. Zu den am häufigsten genannten Dichtern in Frischs Gesamtwerk zählt *Thomas Mann*, also gerade der Autor, der Nietzsche selbst vielleicht am meisten verdankt und der zudem wie kaum ein zweiter als Vermittler Nietzscheschen Denkens wirksam geworden ist. So kommt es, daß man nicht immer weiß, ob Nietzsche oder Thomas Mann oder Nietzsche durch Thomas Mann Einfluß gewann, wenn – wie häufig im Frühwerk Frischs – Nietzsches Gedanke von der Selbstbezüglichkeit der Moral, des Geistes überhaupt, vom Übermenschen und von der Umwertung aller Werte anklingt.

Nach Brecht und Goethe und neben Thomas Mann erwähnt Frisch am häufigsten *Franz Kafka*. Aus dem Tb II wissen wir, daß er Bildnisse von Kafka kennt (VI, 57) und die Tagebücher mehrmals gelesen hat (VI, 169). Im Tb I steht Kafka für »die Phantastik«, die nach Frisch die »letzte epische Chance« (II, 554) darstellt, und repräsentiert insofern das moderne Erzählen überhaupt. Zweifelsfrei erinnern »Kalendergeschichte« und Schinz-Episode im Tb I an Erzählungen Kafkas, und auch der Komplex der »Öderland«-Texte läßt angesichts der Elemente des Parabolisch-Phantastischen an Kafka denken. Auf einem Terrain, das durch entsprechende Auskünfte Frischs gesichert wäre, bewegen wir uns aber auch hier nicht. Im Zusammenhang mit dem Gedanken, daß man im »Zeitalter der Reproduktion« nicht persönlich gesehen oder gelesen haben müsse, wovon man Kenntnis besitze, fällt in »Stiller« aber folgender Satz: »Daß ich [...] mein Nie-Ankommen nicht durch Kafka«, kenne, »wie soll ich es meinem Verteidiger beweisen?« (III, 535f.)

Die Anspielung auf den Roman »Das Schloß« oder auf Erzählungen wie »Vor dem Gesetz« und »Eine kaiserliche Botschaft« läßt erkennen, daß das »Nie-Ankommen« bei sich selbst, das im »Gantenbein«-Roman dargestellt wird, oder das Spät-Ankommen Stillers bei sich im Werk Kafkas eine literarische Voraussetzung besitzt. Auch im Zusammenhang mit dem verfremdenden Erzählen in »Mein Name sei Gantenbein« hat Frisch auf Kafka verwiesen:

»Of course, alienation exists in prose fiction. I myself tried it, too, in ›A Wilderness of Mirrors‹ and in some of the narrative sketches of my ›Diary II‹ [...] I am, of course, not the only one who has tried it. Almost everyone has made a similar attempt. It is actually only the realistic novel which does not know alienation. But even in the Kafka novel [...] this technique becomes evident. What Kafka presents is a description that is completely alienated by language just as a play is ›alienated‹ on stage by the actor.« (Interview mit Kieser: W 73, 11).

Von den zeitgenössischen Autoren sind Dürrenmatt und Beckett zu nennen, ersterer wegen seiner Bedeutung für Frisch in den 50er und 60er Jahren, letzterer wegen seiner zunehmenden Bedeutung für das Spätwerk. Auf *Dürrenmatt* macht Frisch schon im Tb I im Zusammenhang mit der Frage aufmerksam, worin das Theatralische bestehe, und erläutert seine Auffassung durch die Analyse einer Szene aus Dürrenmatts Stück »Der Blinde« (II, 573 f.). Wir wissen auch, daß einmal Pläne für eine Zusammenarbeit existierten: »wir amüsierten uns mit der Idee, daß er, die gleichen Darsteller einsetzend, ein Gegenstück zu diesem Biedermann machen sollte, ein Knechtling-Stück, wir blieben auf den Wegen stehen und schüttelten uns vor Lachen über seine Einfälle. Jeder hätte also seine Geschichte und seine Handschrift geliefert.« (IV, 456) Der in den 50er Jahren besonders intensive freundschaftliche Kontakt hatte eine erhebliche Bedeutung, die sich nicht darin erschöpfte, daß der eine dem andern ein Ansporn war: »ich hätte meinen ›Biedermann‹ nicht geschrieben, wenn ich meinen Freund nicht so herzlich beneiden könnte wie zurzeit keinen andern.« (Interview mit Bienek: W 64, 34) Angesichts der Tatsache, daß Frisch immer wieder auf Dürrenmatts »Besuch der alten Dame« verweist, muß man wohl davon ausgehen, daß diese »tragische Komödie« eine gewisse Bedeutung für Frischs »Lehrstück ohne Lehre« gewann. Tatsächlich sind die Parallelen nicht zu übersehen: Die Dekuvrierung opportunistischer Anpassung und der Einsatz grotesker Übertreibungen verbindet beide Werke miteinander, ja es fragt sich, ob nicht sogar »Andorra« — wenn auch wie »Biedermann« stofflich vor dem »Besuch der alten Dame« konzipiert – noch unter dem Einfluß von Dürrenmatts Stück steht. Das Verfahren, die Scheinmoral der vielen zu entlarven, die sich auf Kosten eines ausgestoßenen Einzelnen salvieren, legt diese Überlegung nahe.

In den letzten Jahren taucht in Frischs Äußerungen immer häufiger der Name *Samuel Becketts* auf. Frisch hebt das Moment der »Reduktion« als spezifisches Merkmal von Becketts Bühnenarbeiten hervor: »der [...] alles abbaut, was am Theater nicht authentisch wird, nicht Poesie wird, ist Samuel Beckett.« (V, 365) Im Tb II äußert er sich ähnlich, wenn er die Versuche schildert, das Illusionstheater abzuschaffen: »Friedrich Dürrenmatt setzt die Groteske dagegen, Samuel Beckett die radikale Reduktion« (VI, 78). Der Terminus bezeichnet nicht allein den sparsamen Einsatz theatralischer Mittel, sondern auch die Rückführung des Menschen auf seine elementaren Wesensmerkmale. In den späten Werken, in »Triptychon«, »Der Mensch erscheint im Holozän«, auch in »Blaubart« treten solche Reduktionen in Erscheinung und lassen eine Beckett-Rezeption durch Frisch durchaus erkennen.

Freilich gilt hier, was bei der Erläuterung geistig-künstlerischer Voraussetzungen im Werk Frischs überhaupt gilt: Angesichts der die Bedeutung anderer Autoren selten konkretisierenden oder präzisierenden Äußerungen Frischs bleibt dem Interpreten meist nur die Möglichkeit, jenes hermeneutisch-zirkulare Verfahren in Gang zu setzen, das einen Einblick in die geistig-literarischen Voraussetzungen des Werkes durch die Analyse des Werkes selbst vermittelt. Eine zureichende Einschätzung der Bedeutung anderer Autoren werden jedoch letztlich erst genauere Einzeluntersuchungen gestatten, die momentan noch nicht vorliegen. Auch die Frage, welches Weltbild, welche Eigenerfahrungen und Grundanschauungen das Werk Frischs prägen, ist ohne dieses zirkulare Vorgehen nicht zu beantworten: Da essayistische und mündliche Äußerungen nur in unzureichendem Maße Aufschluß geben, bleibt kein anderer Weg als der, die Grundkonzeptionen, die die frühen Werke Frischs tragen, mit Hilfe einer Analyse dieser Werke selbst wenigstens in Umrissen erkennbar zu machen und so ein Fundament für die Interpretation auch der späteren Werke zu legen.

II. Grundkonzeptionen und erste Versuche

Der erste uns zugängliche Text Max Frischs, der die Überschrift »*Mimische Partitur?*« trägt, wurde im Jahre 1931 in der NZZ veröffentlicht; es handelt sich um eine Glosse zu der Frage, wieweit man die Gestik eines Schauspielers nach dem Modell einer Partitur festlegen kann. Feuilletons dieser Art läßt Frisch in den nächsten Jahren häufiger drucken, die ersten poetischen Texte von einigem Gewicht finden sich jedoch erst seit 1934. Abgesehen von dem Roman-Erstling »Jürg Reinhart«, handelt es sich dabei um Erzählungen meist geringeren Umfangs, von denen Frisch keine in seine »Gesammelten Werke in zeitlicher Folge« aufgenommen hat und die bisher auch von der Wissenschaft nicht zur Kenntnis genommen wurden. Dabei verdienen wenigstens zwei von ihnen eine gewisse Beachtung, weil sie Denkansätze erkennen lassen, die in späteren Texten wieder auftauchen. In der von der »Zürcher Illustrierten« 1934 veröffentlichten »*Kurzgeschichte*« (W 52), die nicht mit der im selben Jahr in der NZZ abgedruckten Erzählung gleichen Titels verwechselt werden darf (W 53), greift Frisch das alte Doppelgänger-Motiv auf: Ernst Zweifel, der Irrenhäusler, und Ernst Zweifel, der Dichter, streiten darum, wer der authentische Träger dieses Namens und damit zugleich auch der unbekannte Liebhaber einer Dame ist, die Zweifel auf einem Maskenball kennenlernte. Um wen von beiden es sich dabei handelte, weiß man deshalb nicht, weil Zweifel sich allem Anschein nach umbrachte, bevor er sich – bei der Demaskierung – zu erkennen geben mußte. Der Dichter, der aus dieser Geschichte einen Roman machte, mit dem er berühmt wurde, erklärt, er habe die Frau verlassen, weil er sie in Wahrheit nicht geliebt habe. Der Irrenhäusler erklärt sein Verhalten damit, daß er häßlich sei und deshalb die Demaskierung habe fürchten müssen. Frisch macht daraus ein Verwirrspiel: Später nämlich übernimmt der eine die Argumentation des anderen, so daß eine Identifizierung völlig unmöglich wird, und schließlich landet der Dichter auch noch im Irrenhaus, nachdem der Irrenhäusler sich umgebracht hat.

Bemerkenswert ist die Tatsache, daß in dieser Erzählung erstmals jenes Motiv der Aufsplitterung einer Person in zwei widersprüchliche Varianten auftaucht, das Frisch in späteren Werken auf mannigfache Weise benutzt hat. Auch sind die Spuren eines an Nietzsche orientierten Denkens zu erkennen, nämlich wenn Tugend als Maskerade der Selbstbezüglichkeit dekuvriert wird. Ausgrechnet der Irrenhäusler Zweifel greift diesen Gedanken Nietzsches auf, wenn er bekennt, er sei »feige, indem er sein Versagen vor dem Leben« – nämlich seine Unfähigkeit, erotische Beziehungen aufzunehmen – »immer wieder als Tugend, als Wille zum Verzicht ausgebe«. Und schließlich begegnet erstmals das sich durch das gesamte poetische Werk Frischs ziehende Sehnsuchts- und Ausbruchsmotiv, wenn auch nur im Zusammenhang mit der ironischen Schilderung einer Nebenfigur: Die Frau des den Fall untersuchenden Kommissars leidet unter der »kleinbürgerlichen Regelmäßigkeit« ihrer Ehe und sinnt darüber nach, »daß man ein einziges Mal den Mut haben müßte zum Ungewissen und Unverständlichen, daß man dem Leben nicht mehr ausweichen sollte und verzichten auf alles Unerhörte, bloß weil man sein einmaliges Dasein nicht einzusetzen wagt«.

Nietzsches Denken spielt auch eine Rolle in der umfangreichsten Erzählung dieser frühen Produktionsphase, dem ebenfalls 1934 erschienenen »novellistischen Beitrag« mit dem Titel *Vorbild Huber* (W 54). Die Vermutung liegt nahe, daß auch Thomas Manns frühe Erzählungen einen gewissen Einfluß ausgeübt haben, daß Nietzsches Philosophie vielleicht erst auf dem Weg über Thomas Manns Frühwerk wirksam wurde. Denn deutlich – wenn auch natürlich nicht eindeutig – weist schon der Ansatz, einen durch physische Abnormität zum Außenseiter gestempelten Menschen in den Mittelpunkt zu stellen, auf Figuren wie Lobgott Piepsam, Tobias Mindernickel, Rechtsanwalt Jakoby (in »Luischen«), vor allem aber auf Johannes Friedemann zurück, und insonderheit mit der Novelle »Der kleine Herr Friedemann« verbindet Max Frischs »Vorbild Huber« so mancher Wesenszug. Huber »war häßlich. Das macht nichts. Und er wußte, daß er häßlich war. Das macht wenig. Aber [er] wußte [...], daß es auch die anderen wußten«, weil nämlich seine Mitschüler eine seine Häßlichkeit karikierende Zeichnung angefertigt haben: »Seither war er zerstört.« Dies zeigt sich zunächst an einem vollständigen Mangel an Selbstvertrauen, der es Huber unmöglich erscheinen läßt, daß irgendjemand ihn lieben kann. Frisch hat in einer ebenfalls 1934 erschienenen »Skizze« mit dem Titel *Der Häßliche* (W 55) die Geschichte eines Mannes erzählt, der sich selbst Geschenke zusendet, um bei seiner Umwelt den Eindruck zu erwecken, er besitze eine Geliebte, der aber nicht merkt, daß die seine Geschenke verpackende Verkäuferin ihn tatsächlich liebt, eben weil er sich das nicht vorstellen kann. Diese Geschichte hat Frisch, geringfügig geändert, in »Vorbild Huber«

eingebaut. Das Zerstörerische des körperlich-ästhetischen Mangels besteht vor allem darin, daß er zu seiner Kompensation zwingt. Orientiert an Nietzsches Vorwurf gegenüber dem Idealismus, dieser sei lediglich die Verschleierung eines Vitalitätsverfalls und die künstliche Erhöhung beeinträchtigten Lebens, läßt Frisch Huber seine abnorme Häßlichkeit mit der Entwicklung von Ideen und deren Durchsetzung kompensieren: »dieses Lustgefühl, daß er sich auflöste in seine Mitmenschen, indem sie seine Ideen ausführten. Das war es, was seine mitreißende Freude schuf.« Und ähnlich der Verhaltensweise des Irrenhäuslers in »Kurzgeschichte« baut sich Huber ein seine Schwierigkeiten verkleinerndes Weltbild auf: »Auch wer vor der Frau versagt, kann ein vollwertiger und richtiger Mensch sein, dachte er neuerdings.« Schließlich entwirft er die Idee von der notwendigen Erneuerung der Gesellschaft »und daß man bei seinem Ich beginnen sollte mit der Erneuerung.« Die Erneuerungsidee hat etwas konfuse Züge: Askese, absolute Selbstlosigkeit im Dienst der Idee und im Dienst an der dieser Idee verpflichteten »Neuschweizerischen Jugendgruppe« sind die entscheidenden Merkmale. Und da Huber die Idee entworfen hat und scheinbar am reinsten realisiert, wird er nicht nur der Leiter der Gruppe, sondern eben sogar ein »Vorbild«. Der den Mangel an Lebenskontakt und Selbstrealisation nur kompensierende Idealismus wird nun ganz im Sinne Nietzsches – wenn auch recht plakativ – als selbstbezüglich in Frage gestellt. Es zeigt sich nämlich, daß Huber »die Reinheit des Denkens« und den Dienst an der »Göttlichkeit der Idee« nur gefordert und betrieben hat, »um etwas hinzustellen, was seine Häßlichkeit aufwiege, was Achtung und vielleicht Verehrung verdiene«, ja, was ihm die Liebe des Mädchens Helen gewinnen könne. Helen jedoch verehrt ihn zwar, liebt ihn aber nicht und deckt Hubers Tugendmaskerade auf, als dieser versucht, sie als Geliebte zu gewinnen: »Du bist ja ein Verräter.« Huber gesteht das ein und nimmt sich, sein häßliches Gesicht mit einer Scherbe zerschneidend, voller Selbstekel das Leben.

Der Selbstekel des »schwach« gewordenen Außenseiters, dessen Lebenskonstruktion zusammengebrochen ist, findet sich als entscheidendes Schlußmotiv in Thomas Manns »Der kleine Herr Friedemann« und läßt den Einfluß Manns auf Frisch weit vor der für »Stiller« fruchtbar gemachten »Zauberberg«-Lektüre vermuten. Interessant ist »Vorbild Huber« aber auch noch in einer anderen Hinsicht: Max Frisch nimmt hier deutlich gegen den Nationalsozialismus Stellung. Das äußere Erscheinungsbild der »Neuschweizerischen Jugendgruppe« hat ersichtlich faschistische Züge, der hohle Idealismus, das nationale Erweckungspathos, die Orientierung an einem Führer sind dafür ebenso aufschlußreich wie ein Satz, den Ulrich, Freund und Mitarbeiter Hubers, formuliert: »Herrgott, nun ist es schon ein Jahr, Huber, seit unsere Bewegung marschiert.«

Zwei Motive verknüpfen die beiden Erzählungen »Kurzgeschichte« und »Vorbild Huber« mit dem ebenfalls 1934 erschienenen, auf die Balkanreise im Jahr 1933 zurückgehenden Roman *»Jürg Reinhart – Eine sommerliche Schicksalsfahrt«*. Einmal begegnet hier die Frage der Selbstidentität als Entwicklungsproblem, d. h. der Prozeß der Selbstfindung steht im Mittelpunkt; außerdem – und dies wirkt zweifellos ein wenig jugendlich-unbeholfen – wird die Frage, wieweit ein Jüngling erst dadurch zum Mann wird, daß er sich erotisch und sexuell zu realisieren vermag, in den Rang eines zentralen Lebensproblems gehoben. Max Frisch hat die Unzulänglichkeiten des Romans im Tb I selbst mit seinen Erlebnissen und seinem Alter in Verbindung gebracht: »Das war, obschon verdüstert durch den jähen Tod einer jungen Frau, eine volle und glückliche Zeit. Das Ergebnis war ein erster, allzu jugendlicher Roman.« (II, 587) Der Untertitel ist nicht nur emphatisch, er führt auch in die Irre, weil in dem Roman weniger Schicksalsmächte eine Rolle spielen als einige menschliche Beziehungen und ihre Wirkungen auf die innere Entwicklung eines jungen Mannes. In der Tat könnte man »Jürg Reinhart« dem Typ des Erziehungs- und Bildungsromans, wenigstens dem des Entwicklungsromans zuordnen. Dafür spricht, daß der Gang der Handlung den Selbstfindungsprozeß eines jungen Mannes darstellt, dagegen allerdings, daß er nicht einmal einen Zeitraum von einem halben Jahr umspannt, der Protagonist keineswegs immer vom Erzähler begleitet wird und der Mittelteil des dreiteiligen Romans eher aus einer vom Entsetzen des Autors geprägten epischen Todesorgie als aus der Beschreibung einer Entwicklungsphase besteht. Gleichwohl bleibt die innere Entwicklung Jürg Reinharts das eigentliche Thema des Romans.

Ihr Ausgangspunkt ist das Gefühl Reinharts, sich nie und nirgends zurechtfinden zu können, die Scham darüber, daß »er noch nichts wußte vom Leben« (I, 236), und die daraus resultierende Sehnsucht nach »Erwachsensein« (I, 253 u. ö.): »Man wollte endlich älter werden« (I, 244). Das im Gesamtwerk Frischs so häufig dominante Problem der Beziehung des Mannes zum anderen Geschlecht rückt der Dichter schon in seinem ersten Roman in den Vordergrund. Reinhart fühlt sich unreif, weil ihm jegliche Unbefangenheit in sexueller Beziehung fehlt: »So feige! Jeder Lump wagt es! Bloß ich nicht!« (I, 295) Darüber ist er so verzweifelt, daß er sogar einen Selbstmordversuch unternimmt, vor dessen Gelingen ihn nur Inge bewahrt, die Tochter der deutschen Baronin, in deren Pension im dalmatinischen Ragusa Jürg Reinhart, als Journalist auf Reisen, lebt. Entscheidend für seine Verzweiflung ist die Tatsache, daß Reinhart weder durch die Aufdringlichkeit einer ebenfalls anwesenden holländischen Baronin, für die er nichts empfindet, noch durch die Liebe zu Hilde, der Haustochter, seine Hemmungen verliert und »zu einem Mann« wird.

Es ist gewiß ein Glück für diesen Roman, daß das Motiv sexueller Hemmung und das Gefühl, sie unbedingt überwinden zu müssen, wenn man ein vollwertiger Mensch sein will, nicht allein den Ausgangspunkt für die innere Entwicklung bilden. Gleich zu Beginn des zweiten Teils wird ein anderes, wie Reinhart meint »untrügliches Zeichen der Unreife« sichtbar: »Sehen Sie: wenn ich [...] sozusagen von Hand zu Hand gereicht werde und jedermann mich formen kann nach seinem Bilde, so zerbröckelt man schließlich.« (I, 303) An dieser Stelle äußert Frisch zum erstenmal den vielberufenen Bildnis-Gedanken, den er im Tb I entfaltet und in beinahe allen poetischen Werken variiert hat und der von der Frisch-Forschung mitunter allzu bereitwillig und als bloße Formel aufgegriffen worden ist. In »Jürg Reinhart« bezeichnet er einen Mangel an Selbständigkeit, an geschlossener Persönlichkeitsstruktur, bezieht sich also weniger auf den, der ein Bildnis entwirft, als auf den, der sich dieses Bildnis aufdrängen läßt. Der Gedanke taucht nicht zufällig und keineswegs beiläufig auf. Frisch verdeutlicht ihn vielmehr mit Hilfe einer Episode, die er – geringfügig geändert – ebenfalls 1934 als selbständige Prosaskizze veröffentlichte (»*Wie wird man berühmt*. Eine Groteske«, W 51): Jürg gerät auf der Überfahrt nach Korfu in den Ruf, ein Klaviervirtuose zu sein, läßt sich dieses Bild, das sich die Mitreisenden von ihm machen, aufdrängen und kommt letztlich nur dadurch ohne Blamage davon, daß das Schiff im Hafen festmacht.

In psychologischer Hinsicht überzeugt die Behandlung des Konflikts zwischen Liebessehnsucht und Gefühlshemmung in »Jürg Reinhart« kaum. Denn es handelt sich eher um eine Verdrängung des Problems als um dessen Lösung, wenn am Ende der Geschichte an die Stelle einer körperlichen Beziehung zur Frau die Aktion als Kennzeichen reifer Männlichkeit tritt: »Man wird nicht Mann durch die Frau«, sondern »durch eine männliche Tat« (I, 305). Das klingt noch pathetischer und absurder, als es in diesem Roman dargestellt wird, denn Frisch läßt Jürg Reinhart aus Liebe tätig werden. Nach der ihn abstoßenden Begegnung mit der sinnlichen Holländerin und nach der mißlungenen Beziehung zu Hilde entdeckt Jürg seine distanzierte Liebe zu Inge, die mit dem Tod ringt. Er nimmt aus Zuneigung auf sich, was nicht einmal ihre Mutter auf sich zu nehmen vermag: Er gibt der qualvoll Leidenden Sterbehilfe. Daß diese Tat die höchste Stufe menschlicher Entwicklung repräsentiert, spricht Inges Mutter aus: »Wie müssen Sie mein Kind geliebt haben« (I, 384). Und in einem von Jürg imaginierten Gespräch mit der Verstorbenen sagt Inge: »Jürg: sie [sic!] werden stehen zu Ihrer Tat. Sie werden es nicht leugnen, daß Sie endlich den Weg gefunden haben zum Handeln, und werden stolz sein, daß Sie ein Mann geworden sind [...] Oder nennen Sie es, wie Sie immer wollen: Mann oder Mensch.« (I, 382) Das Ziel des Reifungsprozesses ist erreicht. Dies unterstreicht Frisch mit Hilfe einer die Haupthandlung kontrastierenden Nebenhandlung. Jürgs Gegenfigur, der leichtfertige Robert, ebenfalls Gast im Hause der Baronin, verführt Hilde und reist ab, als Hilde ihm gesteht, daß sie ein Kind erwartet. Hier soll die sexuelle Unbefangenheit durch die Verknüpfung mit dem Mangel an Verantwortungsgefühl und echter Liebesempfindung in Frage gestellt werden, wodurch Jürgs tätige Liebe als besonders männlich und menschlich erscheint.

Zweifellos erinnert diese Konzeption an Goethes Vorstellung vom »tätigen Leben« als dem eigentlich Menschlichen und macht damit erkennbar, daß »Faust« und ggf. auch »Wilhelm Meister« für Frischs Frühwerk bereits eine Bedeutung erlangten, bevor sich die Goethe-Zitate und Goethe-Anspielungen in essayistischen Arbeiten zu häufen beginnen (vgl. u.a. »Blätter aus dem Brotsack«: I, 148; »›Der Messias‹«: I, 183; »Kunst der Erwartung«: I, 196; »Vom Arbeiten«: I, 215). Frisch hat den Gedanken, daß sich der Mann erst in der Tat als solcher erweise, in seinem zweiten Buch, *»Antwort aus der Stille«*, aufs neue zur Darstellung gebracht. Allerdings handelt es sich nun nicht um eine sittliche Tat, nicht um Aktivität aus Liebe zum Zeichen endlich erreichter männlicher Reife; vielmehr soll die Tat nun die alle Durchschnittlichkeit hinter sich lassende Besonderheit der Hauptfigur, des Lehrers Dr. Leuthold, beweisen. Das Gefühl, »kein gewöhnlicher Mensch« zu sein, »sondern ein Künstler oder ein Erfinder« (W 11, 10), erfüllt ihn von Jugend an, doch da er nunmehr dreißig Jahre alt geworden ist, muß er sich eingestehen, daß er den Kindertraum von der eigenen Besonderheit bisher nicht zu realisieren vermochte. Leuthold verläßt deshalb zwei Wochen vor der Hochzeit seine Braut und geht in die Berge, um den Nordgrat zu besteigen, den noch nie jemand bezwang: »Einmal muß man sein jugendliches Hoffen einlösen, wenn es nicht lächerlich werden soll, einlösen durch die männliche Tat [...] Einmal muß man es wagen, die Tat oder der Tod, denn ein Leben, wie es sich anläßt, kann und will er nicht ertragen, das hat er sich geschworen, dieses Leben eines Durchschnittsmenschen – nie und nimmer!« (17). Frisch läßt nicht einfach einen Ehrgeizling auftreten; die zitierte

Passage zeigt vielmehr, daß die Selbsterprobung durch eine fundamentale Enttäuschung vom Leben, durch das Gefühl der Nichtigkeit menschlicher Existenz motiviert wird. »Manchmal«, so erklärt Leuthold Irene, einer jungen Frau, die er in den Bergen kennengelernt und bis zum Fuße des Nordgrats mitgenommen hat, »Manchmal meine er, das Leben müsse ein Ding sein, das größer sei, unsagbar größer als alles, was er je erfahren habe« (71). Das Leben, die Wirklichkeit, sei nichts »als eine Kette von verlorenen Tagen, die immer hinter ihren Plänen zurückbleiben [...], ein großer Alltag« (73). Abermals wird man an Thomas Mann erinnert, dringlich vor allem an die kurze Erzählung »Enttäuschung«. Wenn dort der »fremde Herr« die »Dürftigkeit und Begrenztheit des Lebens« beklagt (Thomas Mann, Erzählungen, Ffm. 1959, S. 66), »das Leben in seinem mittelmäßigen, uninteressanten und matten Verlauf« (ebd. 67), wenn er erklärt: »Ich habe vom Leben das Unendliche erwartet« (ebd.), aber seine »großartigen Erwartungen vom Leben« enttäuscht sieht (ebd. 65); ja wenn er »die große, die allgemeine Enttäuschung« beklagt, »die Enttäuschung, die alles, das ganze Leben einem bereitet« (ebd. 64), – so sind die Bezüge, wenigstens die Parallelen, deutlich zu erkennen. Aber während der Fremde gegen diese enttäuschende Nichtigkeit des Daseins nur seine Träume ins Feld zu führen weiß, versucht Leuthold der Gewöhnlichkeit des Lebens die eigene Besonderheit entgegenzuhalten; und da er über andere Fähigkeiten nicht verfügt, wählt er die »männliche Tat« (W 11, 17) als Selbstbestätigung und Daseinserfüllung.

Erst dadurch, daß Frisch tollkühnes Handeln nicht nur als Befriedigung eines egozentrischen Ehrgeizes, sondern als Versuch darstellt, dem Leben ein Ziel und somit einen Sinn zu geben, gleitet die Erzählung nicht vollends in eine schale Abenteuergeschichte ab: »Irgendetwas muß der Mensch doch tun, oder soll er denn sein Leben lang einfach dasitzen und ins Leere schauen und nachdenken, was Gott, in seiner unergründlichen Langeweile, vielleicht mit dem Menschen gemeint hat?« (39) Die Nichtigkeit des Daseins durch Aktion zu überwinden, ist das Ziel Leutholds, dem »Wozu?« des Erzählers und Irenes hält er sein »Irgendetwas muß man doch tun!« entgegen (40), »weil niemand diese bodenlose Leere und Langeweile gestehen will, die hinter allen Dingen gähnt« (41). Das sind keine neuen Gedanken; vielmehr fühlt man sich weit zurückverwiesen, etwa bis zu Büchners »Danton« und »Leonce und Lena«. Aber es klingen in dieser Erzählung auch Motive an, die erst in späteren Werken Frischs eine entscheidende Bedeutung erhalten. Mit dem Gedanken, durch die unerhörte Tat die Enttäuschung über die eigene Durchschnittlichkeit zu kompensieren, der Daseinsleere durch das Aufstellen eines Ziels zu entgehen und so dem Leben einen (subjektiven) Sinn zu geben, verknüpft Frisch das erstmals in »Kurzgeschichte« auftretende Sehnsuchts- und Ausbruchmotiv und gibt ihm – anders als in der kleinen Erzählung von 1934 – eine keineswegs nur beiläufige Bedeutung. Ein Ausbruch aus der bürgerlichen Welt liegt schon insofern vor, als Leuthold seine Verlobte verläßt, um sich im Gebirge zu erproben; einen endgültigen Ausbruch aus ihrem bisherigen Dasein planen Irene und Leuthold schließlich vor dem Aufstieg zum Nordgrat: »In irgendein Land« wollen sie gehen, »wo es keinen Alltag gebe, wo man keinen Menschen kenne, wo man wirklich leben könnte, ohne Bindung und ohne Rücksicht, ohne alles, was nicht dazu gehört, ein wirkliches Leben, ein Leben ohne Gewöhnung, ein Leben voll Erlebnis, ein Leben, wie es unsere Sehnsucht kennt, ein neues und anderes, ein lebenswertes Leben – !« (86) Leben und Sehnsucht nach Ausbruch werden aufs engste miteinander verknüpft, »Leben ist Sehnsucht« (89), heißt es einmal, und so schwören die beiden, alles zu »opfern, was nicht zu ihrer Zukunft gehört, zu ihrer Sehnsucht, zu ihrer Liebe, zu ihrem neuen Leben.« (90) Dieses Utopia, das in »Bin« Peking, in »Santa Cruz« Hawai, in »Graf Öderland« Santorin heißen wird, trägt hier noch keinen Namen. In »Antwort aus der Stille« beantwortete Frisch die Frage nach dem Sinn eines Ausbruchs, nach der Durchführbarkeit einer Befreiung von den beengenden Zuständen, den Normen leeren und langweiligen Daseins auch noch ganz und gar negativ. Denn die »Antwort«, die Leuthold auf seine Frage nach dem Sinn des Lebens zuteil wird, bedeutet eine Affirmation des Bestehenden, das er doch zuvor so heftig verneint hatte: »was ihm geblieben ist, wird viel sein, da er nun weiß, daß es kein gewöhnliches Leben gibt, kein verächtliches Leben [...] und daß wohl alles genug ist, was wir wirklich erfüllen.« (129) Die »neue Sehnsucht«, die den Zurückgekehrten erfüllt, ist die Sehnsucht nach einem normalen, durchschnittlichen Leben, und sie ist verbunden mit dem Wissen, daß »es ein unsagbar ernstes Glück ist, leben zu dürfen, und daß wohl nirgends die Leere sein kann, wo dies Gefühl auch nur einmal wirklich errungen worden ist« (130).

Wenn Frisch diese Geschichte epigonal nennt (vgl. W 77, 11), so hat er gewiß recht: Weder ist der Rückgriff auf das zumindest seit Büchner literarisch präsente Lebensgefühl der Daseinsleere neu noch die Idee, die Selbstbewährung des Mannes sich in der Bergsteigerei vollziehen zu lassen, noch auch die lebensfriedliche, kleinbürgerliche Lösung einer als Existenzkrise dargestellten inneren Problematik. Vor allem mag er es als unbefriedigend empfunden haben, daß er die Konzeption, den Menschen im Ausbruch aus den Zwängen der Normalität und Alltäglichkeit zu zeigen, gegenüber anderen Versuchen der jüngeren Literaturgeschichte (Heinrich Mann, Schnitzler, Kaiser u. a.) nicht weiterzutreiben vermochte. Fragt man, warum Frisch nach »Antwort aus der Stille« die Literatur (zunächst) aufgab, so stößt man neben diesen aber auch noch auf eher stilästhetische Gründe.

Frisch hat hervorgehoben, daß ihm in seiner frühen Produktionsphase »das Schreiben [...] sehr leicht« gefallen sei (W 77, 14), daß er aber – offenbar unter dem Einfluß des lyrischen Stils Albin Zollingers – zu sehr dem Gebrauch »of the so-called poetical metaphor« zugeneigt habe (W 73, 11). Den betont »poetischen« Stil hat er später abgelehnt, in bezug auf einen Satz aus »Die Chinesische Mauer« spricht er selbstkritisch von »falscher Poetisierung« (W 71, 76) und bekennt sich zu einem unprätentiösen Stil: »Ich schreibe im allgemeinen sehr gesprochen« (ebd. 71). Vor allem in »Jürg Reinhart« und »Antwort aus der Stille« hingegen ist Frischs Sprache von epigonalen Lyrismen keineswegs frei:

»Es ist ein sehr gewöhnliches Weglein, womit sich der Sonderling heute begnügen muß; es führt einem kleinen Wässerlein entlang, deren es so viele gibt in dieser Gegend, manchmal laufen sie durch eine hölzerne Rinne, oder sie sind in den Felsen gehauen, dann rieseln und schillern sie wieder über goldbraune Kiesel, immer am Hang entlang, und meistens geht ein solches Weglein daneben, wo man wunderbar schlendern kann, immer geführt von dem leisen und heimlichen Murmeln, dessen silberner Klang sich in dreizehn Jahren nicht verändert hat ...« (W 11, 22 f.)

Es überrascht deshalb nicht, daß Frisch, als er – von drei Gelegenheitsarbeiten abgesehen – 1939 wieder zu schreiben begann, keineswegs mit betont »poetischen«, sondern mit feuilletonistischen Texten hervortrat, zu denen man die zunächst als kleine Beiträge veröffentlichten »Blätter aus dem Brotsack« rechnen muß. Nach dem Scheitern seines Versuchs mit der »hohen« Dichtung setzte er wieder dort an, wo er begonnen hatte: beim Reisejournalismus, beim Feuilleton. Allerdings haben Frischs frühe journalistische Arbeiten niemals primär Züge der Reportage aufgewiesen; sie waren vielmehr immer von tagebuchhaften Momenten durchzogen, weniger von dem Ziel bestimmt, Fakten mitzuteilen, als von dem, persönliche Eindrücke darzustellen, und hatten insofern »literarischen« Charakter. Das läßt sich keineswegs nur von jenen Beiträgen sagen, die – wie »Was bin ich?« I und II, »Er liebt die Greta Garbo« von 1932 oder »Frohe Festtage: Hinter dem Schalter gesehen« von 1933 – ironische Züge tragen bzw. sich als Grotesken geben, sondern z. B. durchaus auch von jenen Berichten, die 1933 als Früchte der Reise durch Süd-Ost-Europa recht zahlreich erschienen sind. Bei den »Ungarischen Skizzen«, den »Klosterbesuchen«, den Beiträgen »Wenn Frauen verhüllt sind« oder »Glück in Griechenland« handelt es sich nicht um Versuche, den Leser über politische, ökonomische, gesellschaftliche oder kulturelle Fakten und Zustände in den entsprechenden Ländern aufzuklären, sondern um Texte, die beinahe erzählerischen Charakter haben und von persönlichem Erleben viel stärker geprägt sind als von der Absicht, Kenntnisse zu vermitteln. Fast ausschließlich in Ich-Form verfaßt, spiegeln sie denselben Subjektivismus wider, der in den kleinen Grotesken und Satiren überwiegt. Frisch hat sich später in selbstkritischer Schärfe gegen diese Art des Journalismus ausgesprochen: »Wobei der Fehler darin bestand, daß ich den Journalismus nicht als Journalismus betrieben habe, sondern als schlechtere Literatur, was ja nicht Journalismus ist.« (W 77, 11) »Literatur« meint hier offensichtlich »Dichtung«, und wenn man auch nicht geradezu von einem poetischen Journalismus sprechen kann, so ist doch richtig, daß die von Frisch damals veröffentlichten Zeitungstexte erlebnisorientiert, daher persönlich gefärbt und einer Tagebuchaufzeichnung nicht unähnlich sind.

Insofern stellt die Abfassung eines zur Veröffentlichung bestimmten Tagebuchs, der »Blätter aus dem Brotsack«, nicht eigentlich einen Neuansatz nach der Zäsur von 1936/37 dar, sondern eher eine Fortsetzung der Arbeit aus den Jahren 1932 bis 1937; denn sie war – von dem Roman-Erstling und »Antwort aus Stille« abgesehen – von dem prätentiösen, metaphorisch befrachteten Stil frei, besaß andererseits aber auch Züge des »Literarischen«, was Frisch in seiner Selbstkritik zwar verwirft, aber nicht leugnet. So hat er denn auch den letztlich literarischen Charakter der »Blätter aus dem Brotsack« hervorgehoben, indem er sie als »Vertragsbruch« bezeichnet, als Bruch jenes Schwurs nämlich, die Literatur aufzugeben: »Und da ist natürlich dann die Frage: Wann kommt dieser Vertragsbruch. Der kam 1939, bei Kriegsausbruch [...] Ich habe damals dieses kleine Buch angefangen mit dem Titel ›Blätter aus dem Brotsack‹, also ein Tagebuch als einfacher Soldat. Da kam ich wieder in die Literatur hinein« (W 77, 15). Das »Literarische« der »Blätter aus dem Brotsack« erschöpft sich nicht darin, daß sie keineswegs als Sachbericht, sondern als persönliche Erzählung konzipiert sind; literarisch wirkt dieses Tagebuch auch dadurch, daß es die politischen Ereignisse kaum reflektiert und sich schon dadurch vom Tagesjournalismus weit entfernt, daß es nicht etwa über die Zustände in der Schweizer Armee informieren, sondern die Gefühls- und Erlebniswelt eines Soldaten darstellen will. Andererseits aber fehlt ihm auch das betont Kunstvolle, gewollt Poetische.

In alldem ähneln die »Blätter aus dem Brotsack« den ihnen vorausliegenden ersten Versuchen Frischs mit der Tagebuchform aus dem Jahr 1935. In dem *Kleinen Tagebuch einer deutschen Reise* geht er zwar nicht unkritisch an den faschistischen Zuständen in Deutschland vorüber, verzichtet aber auf eine direkte Polemik zugunsten einer ironisierenden Darstellung der Verhältnisse, z.B. bei dem Bericht über die rassenpolitische Ausstellung »Wunder des Lebens« in Berlin. Auch im *Tagebuch eines Soldaten* (W 56), das den »Blättern aus dem Brotsack« stark ähnelt, berichtet Frisch nicht von den politisch-militärischen Zuständen in der Armee, sondern von den kleinen Begebenheiten am Rande und von der Gefühlslage derer, die sich außerhalb der gewöhnlichen Ordnung befinden.

Nicht wesentlich anders steht es mit den »Blättern aus dem Brotsack«, die Frisch im Herbst 1939 aus Anlaß seines Einrückens zur Verteidigung der Schweizer Grenzen bei Ausbruch des Zweiten Weltkriegs schrieb, von denen er Teile noch im selben Jahr in der Zeitschrift »Atlantis« unter dem Titel »Aus dem Taschenbuch eines Soldaten« veröffentlichte und die er 1940 als Buch publizierte. Schon der Beginn, die Beschreibung, wie Frisch durch den vom Glockengeläut signalisierten Befehl zum Einrücken aus seinem Alltag gerissen wird, zeigt den Grundzug des Persönlichen, des wenigstens halb Privaten, der dem Tagebuch eignet. Was Frisch mitzuteilen hat, sind denn auch keine weltbewegenden Ereignisse, sondern Stimmungen, Reaktionen und Fehlreaktionen in einer Situation, die den Beroffenen einerseits außerhalb seiner vertrauten Umgebung gestellt hat, ihn andererseits aber nicht mit dem Außerordentlichen eines wirklich kriegerischen Ereignisses konfrontiert: »Andere, die vor einer halben Stunde zum nahen Bächlein wollten, stehen noch immer mit der ungespülten Gamelle in den Händen: sicher geht es wieder um Hitler, um Macht oder Recht, um Zukunft oder Niedergang des Abendlandes, und auch vom Russen ist viel die Rede, so, daß sie gelegentlich sogar mit den Gamellen reden. / / Wie schemenhaft bleibt mir alle Geschichte!« (I, 129) Von einem Mangel an politischem Bewußtsein zu sprechen, wäre allzu bequem; denn die »Blätter aus dem Brotsack« spiegeln die Situation des Außenstehenden wider, der den Krieg nur vom Hörensagen kennt, ihm aber trotzdem eine Zeit seines Lebens zu opfern hat: »Wo, denkt man oft, wo ist nun das Gespenst des Krieges, das Bild des Tötens und das Antlitz der Toten, das Antlitz der anderen, die in dieser Stunde umherziehen wie getriebenes Wild, ein Bündel unter dem Arm, Verzweiflung im Herzen, und wo sind die rauchenden Städte? / / Ich sehe nichts. Auch wenn ich daran denke, aus Anstand daran denke ...« (I, 145) Entsprechend grundsätzlich – und das heißt hier entsprechend wenig aktuell – wirken die Überlegungen, die Frisch zum Krieg anstellt. Sie finden sich nicht etwa in einer Passage, in der von Frontberichten, von Grenzbeobachtung, von Politik die Rede ist, sondern bezeichnenderweise im Rahmen einer Homer-Interpretation: »es gibt einen Kampf aus Überfülle und einen aus Leere« (I, 150). Solche Abkehr vom Aktuellen und solche Hinwendung zum Prinzipiellen muß nicht als Wirklichkeitsflucht interpretiert werden, ist vielmehr aus der besonderen Situation erklärbar, in der sich die Schweiz damals befand.

Doch nicht nur als Zeitdokument, das die Bewußtseinslage des außerhalb der aktuellen Kriegsereignisse bleibenden Schweizers widerspiegelt, sind die »Blätter aus dem Brotsack« von Interesse, sie spielen vielmehr auch werkgeschichtlich eine bedeutsame Rolle. Denn Frisch hat hier das Tagebuch als Spiegel der eigenen Vorstellungswelt zum erstenmal in einem größeren Rahmen benutzt; hinsichtlich der Entwicklung eines eigenen, literarisch anspruchsvollen, aber unprätentiösen, nicht »poetisch« überladenen Stils bilden die »Blätter aus dem Brotsack« den entscheidenden Wendepunkt; und schließlich weist nicht nur die Form auf spätere Werke voraus (Tb I und II, »Stiller«, »Homo faber«, »Mein Name sei Gantenbein«, »Montauk«), sondern auch ein Teil des gedanklichen Materials, das hier notiert wurde. Am deutlichsten zeigt das die folgende Formulierung: »Wir alle haben ein Ziel, wofür uns das Dasein immer zu knapp ist. Alle versäumen das Uneinholbare.« (I, 152)

Hier findet sich in formelhafter Zuspitzung die Thematik der ersten poetischen Texte nach der Zäsur von 1936/37 umrissen: die prinzipielle Unmöglichkeit, sich selbst zu realisieren, selbstgesetzte Ziele zu erreichen, mit sich identisch zu werden. Sowohl in »Jürg Reinhart« als auch in »Antwort aus der Stille« hatte Frisch dem Gefühl von Daseinsleere und Sinnlosigkeit der eigenen Existenz noch die humane Tat bzw. die Anerkennung des durchschnittlichen Daseins entgegengehalten. In »*J'adore ce qui me brûle oder Die Schwierigen*« hingegen stellt Frisch dar, wie einem Menschen die Grundlage seiner Existenz endgültig verlorengeht.

Im Jahre 1941 nach dem Erwerb des Achitekturdiploms begonnen und Ende 1942 beendet, erschien der Roman 1943 in vier Teilen und unter dem Doppeltitel, der den französischen Part an erster Stelle führt. Äußerlich knüpft er an »Jürg Reinhart« an: Der junge Mann begegnet auf seiner Balkanreise Yvonne, mit der er, in die Schweiz zurückgekehrt, ein Verhältnis eingeht, das ebenso scheitert wie das mit Hortense, einer jungen Kunstelevin. Jürg findet weder als Künstler noch als Bürger zu sich selbst, versteht sich als mißglücktes Wesen und nimmt sich schließlich das Leben.

Die Anknüpfung an den ersten Roman ist ebenso verständlich wie verfehlt. Sie weckt den Gedanken an eine kontinuierliche dichterische Entwicklung Frischs und mochte auch als Versuch gemeint sein, den literarischen Erfolg des ersten Romans für den zweiten fruchtbar zu machen. Da jedoch Jürg Reinhart in Ragusa seinen Lebenssinn und damit zugleich den Abschluß seiner Persönlichkeitsentwicklung gefunden hat, muß eine Fortsetzung dieses Prozesses, erst recht eine Fortsetzung als Lebensgang in die Selbstverneinung, widersinnig erscheinen. Frisch hat denn auch 1957 den ersten Teil der ersten Fassung von »J'adore« gestrichen, in dem unter der Überschrift »Reinhart oder Die Jugend« der Erstling (um zwei Drittel gekürzt) wiedergegeben worden war, und jeglichen Bezug zu der dalmatinischen Geschichte getilgt. Dieser textgeschichtliche Vorgang verdeutlicht den in »J'adore« zum Ausdruck kommenden Wandel von Frischs Geisteshaltung zwischen 1936 und 1941: Zeigen »Jürg Reinhart« und »Antwort aus der Stille« noch eine »positive« Daseinsinterpretation, gipfeln sie jeweils in einem lebensbejahenden Schluß, so stehen in »J'adore« Hoffnungslosigkeit und Selbstverneinung im Mittelpunkt, was eine äußerliche Verknüpfung mit dem ersten Roman wenig sinnvoll erscheinen läßt, – und wohl aus diesem Grund hat Frisch sich zu den Korrekturen entschlossen. Die Veränderung der Reihenfolge beider Titel, ebenfalls im Jahr 1957 vorgenommen, ist darauf zurückzuführen, daß der Roman zwar Figuren in den Mittelpunkt stellt, die man zu den »Schwierigen« zu zählen hat, aber nicht die Problematik ins Zentrum rückt, die in der Formulierung »J'adore ce qui me brûle« gefaßt wird.

Denn weder Reinhart noch Yvonne noch Hortense beten an, was sie verbrennt oder in Flammen setzt. Die beiden Frauen, die am Ende ihr Lebensheil in einer bürgerlich gesicherten Ehe suchen, sind schwierig, aber weder bedeuten sie für Reinhart ein »Feuer«, noch bedeutet Reinhart für sie wirklich eine Daseinserschütterung. Auch das Künstlertum strebt Reinhart nicht mit einer Leidenschaft an, die ihn verzehren würde. Vielmehr begegnet er seiner Begabung mit äußerster Skepsis, er hält sich keineswegs für ein Genie. Gleichwohl sieht er sich verstrickt in den Gegensatz von Künstlertum und Bürgerlichkeit, womit Frisch an eine lange literarische Tradition anknüpft. Die Formulierung »der Maler mit dem schlechten Gewissen« (I, 495) spielt deutlich auf Thomas Manns berühmten Satz an, mit dem Tonio Kröger seine Stellung zwischen Artistik und menschlicher Unmittelbarkeit beschreibt: »Was herauskam, war dies: ein Bürger, der sich in die Kunst verirrte, ein Bohemien mit Heimweh nach der guten Kinderstube, ein Künstler mit schlechtem

Gewissen.« (Erzählungen S. 337) Die zentrale Problematik des Romans spiegelt aber auch Erlebnisse des Autors wider und stellt – biographisch gesehen – die poetische Bewältigung der Krise von 1936/37 dar. Aufschlußreich dafür ist weniger die Einarbeitung biographischer Fakten – die Verbrennung der künstlerischen Produktion wird ebenso einbezogen wie ein in »Montauk« wiedergegebenes Erlebnis mit einer Geliebten, die die Verbindung mit Frisch löste, weil er nichts gegen das Geldgeschenk eines Nebenbuhlers einwandte (VI, 731) – als die Art, wie der Gegensatz von Kunst und Leben dargestellt wird.

Frisch sieht – anders als Thomas Mann, der im Künstlertum eine Vermittlung von Lebensunmittelbarkeit und Artistik erblickte – keine wirkliche Lösungsmöglichkeit des Konfliktes. Reinhart wendet sich von der Malerei ab, als er merkt, daß er sich in seiner Kunst nicht zu verwirklichen versteht. Er sucht sich einen bürgerlichen Beruf, scheitert aber auch dabei, scheitert überhaupt bei dem Versuch, im bürgerlichen Leben einen Halt zu finden. Die Kausalmotivation, zu der Frisch in diesem Zusammenhang greift – Reinhart ist das uneheliche Kind eines Metzgers und wird deshalb von der bürgerlichen Gesellschaft abgelehnt –, wirkt umständlich und konventionell. Der eigentliche Grund für seinen Selbstmord ist denn auch ein anderer, und in einer breit angelegten Apologie unterbreitet Reinhart Hortense, seiner früheren Geliebten, ein Weltbild, das die Selbstauslöschung des »versehrten« zugunsten eines »höheren Lebens« (I, 587), des »ganzen Menschen« (I, 590 u. ö.) fordert: »Man muß nach der Wahrheit denken können, auch wenn sie sich gegen uns dreht.« (I, 591) Die Wahrheit besteht darin, daß Reinhart – als Künstler von mittelmäßigem Talent, als Bürger von zweifelhafter Herkunft, gescheitert als Künstler wie als Bürger – weder zu den »Gesunden« zählt (die zwar auch »nicht das Ziel, nur Humus, Rohstoff eines höheren Lebens« sind, aber doch immerhin »Zwischenträger in einem Geschlecht, wo der Geist sich ausruht und sammelt«; I, 587), noch zu den »Gestaltern des Lebens«, zu jenen, »die eine Fessel nicht nötig haben, sich selber den Sinn geben« (ebd.), also den Genies. Die Mittelstellung Reinharts zwischen Künstlertum und Bürgerlichkeit ist die eines Bastards; sie führt daher zur Selbstverneinung bis in den Suizid.

Hier sind die Spuren von Frischs Nietzsche-Erlebnis abermals deutlich zu erkennen, auch wenn nur bestimmte Rudimente der Philosophie Nietzsches Aufnahme finden, wie z. B. die Vorstellung vom lebengestaltenden Künstler, vom höheren Leben und höheren Menschen. Aber sie genügen bereits, uns eine Relativierung von Frischs Äußerungen über »J'adore« nahezulegen. Versteht man die folgende Formulierung als biographische Notiz, als Beschreibung der subjektiven Voraussetzungen für die Abfassung des Romans, die in der Krise von 1936/37 und dem Versuch, im bürgerlichen Leben Fuß zu fassen, zu finden sind, so wird man keine Einwände erheben können: »Der Roman ›J'adore ce qui me brûle‹ ist noch der Versuch, die bürgerliche Welt zu lobpreisen, sie ernst zu nehmen, sie zu bejahen; der Versuch, diese Welt affirmativ darzustellen.« (W 77, 18) Auch Frischs z.T. schon zitierte Bemerkung über die Wirkung von Kellers Roman »Der grüne Heinrich« muß gewiß ernst genommen werden: »den ›Grünen Heinrich‹ habe ich zum Glück erst gelesen, als er mich direkt anging, als ich überzeugt war, daß mein Leben gescheitert sei, mit fünfundzwanzig, sechsundzwanzig Jahren. Das war das große väterliche Buch, das auch einen entscheidenden Einfluß auf die eigene Produktion gehabt hat.« (W 77, 9) Kellers selbstskeptische Künstlerdarstellung, seine Anerkennung lebensordentlicher Bürgerlichkeit findet sich in »J'adore« gespiegelt, sofern Reinhart überhaupt den Versuch unternimmt, sein Künstlertum aufzugeben und es mit der bürgerlichen Welt zu versuchen. Aber daraus eine »lobpreisende« Bejahung bürgerlicher Ordnung abzuleiten, geht gewiß zu weit: »Schon im Roman zeigt es sich dann, daß es dem Helden nicht gelingt – er erlebt es aber und bezeichnet es so, als *sein* Ungenügen und nicht als das Ungenügen der Gesellschaft; er nimmt sein Scheitern auf sich und verinnerlicht es.« (W 77, 18) Richtig ist wohl, daß Reinhart scheitert, nicht zutreffend erscheint die Auffassung von der Anerkennung der Gesellschaft. Ein Satz wie der folgende aus dem Schlußteil des Romans ist viel zu kritisch-ironisch, als daß daraus eine Affirmation des Bürgerlichen abzulesen wäre: »Er [Hauswirt] saß und las, er trank sein Glas voll Wein, und Yvonne rauchte, manchmal legte sie eine Patience – wie an dem Abend, als sie von Reinhart erfuhr, von seinem Tode – ihre Ehe war durch nichts mehr zu erschüttern.« (I, 597) Und die Selbstverneinung Reinharts aus Anerkennung eines »höheren Lebens«, für das auch die bürgerlich-gesunde Welt nur »Humus« und »Zwischenträger« ist, läßt es nicht zu, in »J'adore« ein Werk zu sehen, das die Affirmation des Bestehenden als Kerngedanken enthält.

Das Neue, das diesen letzten Roman aus Frischs früher Schaffensperiode auszeichnet, ist vielmehr gerade die alles Durchschnittliche, Alltägliche, Bürgerliche überschreitende Lebensinterpretation: »Jede menschliche Größe und Reife fängt damit an, daß man fähig wird, über sich selbst hinauszudenken, über sich selber hinwegzudenken« (I, 590f.). Reinhart entwickelt die Vorstellung von einem neuen Leben, einem ganzen Menschen, einem anderen Dasein, dessen Heraufkunft er dadurch befördern will, daß er sich selbst, als »versehrtes« Wesen, auslöscht: »es ist ein erregender Gedanke [.,.] einen Lebensfaden in der Hand zu haben, um ihn abzureißen, Irrtümer der Verstorbenen wie ein Heer hinter mir, sie alle hinüberzuführen ins Nichts, einer unabschätzbaren Reihe von fragwürdigen Enkeln das Leben auszublasen im voraus, Vollstrecker, Hinrichter eines verkommenen Geschlechterlaufes zu sein, und all dies um des Lebens willen!« (I, 590) Es zeigt sich nicht nur Frischs Rezeption von Nietzsches radikaler Lebensphilosophie, sondern auch die Fortführung des bereits in der Geschichte vom »Doppelgänger« begegnenden, in »Antwort aus der Stille« wiederkehrenden Gedankens von der Überschreitung der beengenden und bedrängenden Gegenwart auf ein anderes Dasein hin.

»Wir alle haben ein Ziel, wofür uns das Dasein immer zu knapp ist. Alle versäumen das Uneinholbare« (I, 152), – die Bemerkung aus den »Blättern aus dem Brotsack«, mit deren Hilfe sich die gedankliche Grundkonzeption von »J'adore ce qui me brûle« erläutern läßt, macht zweierlei deutlich: Der Mensch ist ständig unterwegs, ein Ziel zu erreichen, er langt über sich hinaus; aber er erreicht nie, wonach er sich sehnt, es wird ihm niemals Erfüllung zuteil. Schon in »J'adore« ist es nur die künstlerische Elite, die das »höhere Leben« erreicht und repräsentiert; danach hat Frisch den Gedanken von der Unerreichbarkeit des Ersehnten zugleich radikalisiert und verallgemeinert: Menschliches Dasein ist überhaupt wesenhaft davon bestimmt, nach anderem und immer anderem zu verlangen, über sich hinauszugreifen, seine eigene Wirklichkeit zu überschreiten; und sofern darin sein Wesen besteht, kann es zu einer Erfüllung auch niemals kommen, ist der Mensch – paradox formuliert – mit sich identisch, indem er sich, in der Sehnsucht nach Veränderung und Überwindung seiner momentanen Realität, ständig von sich selbst entfernt.

Mit dem Satz »Sehnsucht ist unser bester Teil« (I, 189) hat Max Frisch in dem Aufsatz *Kunst der Erwartung* von 1941 den Kerngedanken dieser Daseinsinterpretation gegen Ende seiner ersten Schaffensperiode in eine bündige Formel gebracht und dabei auf Albin Zollinger zurückgegriffen (vgl. Zollingers Roman »Die große Unruhe«, in dessen achtem Kapitel sich die Formulierung findet: »Sie [die Sehnsucht] ist unser Bestes.«) Da »das Ewige, das unser letztes Verlangen ist«, »im Unerfüllbaren« liegt, wäre ja »die Erfüllung« zugleich auch »das Ende«, »der Tod« (I, 189). Menschliches Dasein als in seinem Wesen von unerfüllter und unerfüllbarer Sehnsucht bestimmt, stellt Frisch poetisch in den letzten Werken dieser ersten Produktionsphase dar, in der Prosaarbeit »Bin oder Die Reise nach Peking« und dem Bühnenstück »Santa Cruz«.

Bin oder Die Reise nach Peking«, 1944 geschrieben und 1945 publiziert, ist die erste größere Erzählung, die Frisch über weite Strecken in der Ich-Form abgefaßt hat. Dieses werkgeschichtlich nicht unbedeutende Faktum macht zusammen mit einem anderen die Eigentümlichkeit dieser Erzählung aus: In »Bin« nimmt Frisch von einem Darstellungsstil Abschied, der, ausschließlich grüblerisch-ernst und problematisierend, ironisch-heitere oder spielerisch-humorvolle Züge fast gänzlich vermissen ließ und sich damit der Tatsache anpaßte, daß Frisch fast ausnahmslos schwierige Menschen mit großen inneren Problemen in den Mittelpunkt rückte. Es erscheint sicher, daß der feuilletonistische Stil, den die »Blätter aus dem Brotsack« erforderten, ihm in der durch das Tagebuch vorgegebenen Ich-Form besonders leichtfiel; jedenfalls übernimmt er ihn in »Bin«, wodurch ihm ein erster durchaus heiterer poetischer Text gelingt.

Die Sehnsuchtsformel Zollingers taucht in »Bin« als Kerngedanke wieder auf: »Die Sehnsucht ist unser bestes –« (I, 643). Sie verbalisiert das Thema der Erzählung, ihren eigentlichen Inhalt: »Ich ging in der Richtung einer Sehnsucht« (I, 604). Zwar bekommt das Ziel der Reise einen Namen, aber »Peking« meint nicht die geographisch fixierbare Stadt, sondern stellt die Bezeichnung für das Ziel einer Entgrenzung nach außen dar, wie die »blaue Blume« der Romantik das Ziel auf dem Weg nach innen bezeichnet. Peking ist der Name für den Traum, die Utopie des Glücks; es scheint stets nahe zu sein, bleibt aber letztlich unerreichbar. Zwar glaubt das später Kilian genannte Erzähler-Ich mitunter, im Reich des Traums angelangt zu sein – die Dimensionen von Zeit und Raum lösen sich auf, Tote werden zu Gesprächspartnern, Erinnerungen zu Gegenwart –, aber nach einer Weile stellt sich heraus, daß es noch immer nicht erreicht wurde. »O Herr«, sagt Kilian einmal über den »ersehnten Ort«, »wo wären wir wirklicher!« (I, 636) Mit der Reise nach Peking versucht der Mensch also, seine eigentliche Realität zu erlangen und damit der alltäglichen, störenden, durch Beruf (symbolisiert durch die stets zu versorgende Zeichnung) und Privatleben (Rapunzel) begrenzten Wirklichkeit zu entgehen. Daß er sich dazu aufgefordert fühlt, verdankt er Bin, jenem allen Leuten bekannten Wesen, das als alter ego jedes Menschen zu verstehen ist (die Überlegung, »Bin« als den verbalen Teil von »ich bin« und damit als Kehrseite des Ich zu verstehen, hat mehr für sich, als Bin von Al*bin* Zollinger abzuleiten, was Schumacher L 145 vorschlägt). So entwirft Frisch zum erstenmal die Doppelstruktur des Ich und konfrontiert das begrenzte, alltägliche, wirkliche Ich und das eigentliche Ego. Freilich läßt sich das eigentliche Ich nicht realisieren: Peking bleibt als Ort dieser Eigentlichkeit unerreichbar. Kilian kehrt zu Rapunzel zurück. Aber immer wieder wird er sich von Bin dazu locken lassen, sich selbst zu suchen. In dieser Schwebe zwischen Alltagsrealität und der Utopie des eigentlichen Glücks, in dieser Sehnsucht verharrt das Ich.

Den Gegensatz zwischen bedrängender Wirklichkeit und erträumtem Glück entfaltet Frisch auch in seinem ersten Bühnenstück, »Santa Cruz«, das – 1944 entstanden – erst nach »Nun singen sie wieder« 1946 uraufgeführt wurde. Aufschlußreich für das Spiel mit diesem Gegensatz ist sowohl das Arrangement der Schauplätze als auch die Figurenkonstellation: Das eingeschneite Schloß in Europa bildet den Gegensatz zu dem vor Hitze flimmernden Santa Cruz, wie der auf Ordnung bedachte Rittmeister den Gegensatz zu dem lebenstrunkenen Pelegrin bildet: »Ein Mann der Ordnung, wie er ist, das Gegenteil von einem Vaganten« (II, 11). Beide Figuren leben aber nicht nur in ihrem Alltag, sie existieren wie das Ich in »Bin« zugleich auch in ihren Sehnsüchten und Träumen. Pelegrin blättert in den Büchern des Rittmeisters und drückt sein inneres Verlangen nach einer Kultur aus, wie sie die Schloßbewohner repräsentieren: »Ich liebe die Bücher, die ich nicht kenne« (II, 67), »Einmal, ich weiß nicht wann, da werd' ich auch lesen, euch alle, ihr schönen Waben voll Geist der Jahrhunderte« (II, 28). Kurz vor seinem Tod gesteht er sich die Sehnsucht nach dem bürgerlichen Glück des Rittmeisters ein: »Man kann nicht beides haben, scheint es. Der eine hat das Meer, der andere das Schloß; der eine hat Hawai – der andere das Kind« (II, 72). Noch deutlicher ist das Motiv der Sehnsucht nach einem anderen Dasein – allein das Wort »Sehnsucht« kommt ein dutzendmal vor – mit der Figur des Rittmeisters verknüpft. Er, der vor siebzehn Jahren mit Pelegrin, dem Geliebten seiner Verlobten, aus der bürgerlichen Ordnungswelt ausbrechen und nach Hawai segeln wollte, dann aber um der Liebe zu Elvira willen ein abenteuerloses, geordnetes Dasein wählte, träumt vom Leben Pelegrins als von seinem »wirklicheren Leben« (II, 22): »Solange ich lebe, begleitet ihn meine Sehnsucht [...] Ich möchte ihn noch einmal kennenlernen, ihn, der mein anderes Leben führt« (II, 21). Er glaubt keineswegs, daß er das ihm »einzig mögliche Leben« (II, 22) lebt und bricht später sogar auf, um andere Möglichkeiten zu erproben: »Ich möchte sehen, wie mein Leben hätte aussehen können.« (ebd.) Aber er kehrt zurück, und im Gegensatz zu »Biografie: Ein Spiel«, wo Varianten des Lebens ausprobiert werden, zeigt Frischs erstes Stück, daß keiner ein anderes Leben leben kann: »Sie können nicht tun wie der Andere, den Sie zeitlebens beneiden.« (II, 54) Die Ansicht Pedros, daß der Mensch nicht anders zu existieren vermag, als er tatsächlich existiert, aber stets andere Möglichkeiten erträumt – wie Elvira, die sich in den Armen Pelegrins nach Sicher-

heit und Beständigkeit, als Gattin des Rittmeisters nach dem Aben-
teuer einer großen Liebe sehnt –, bestätigt der Schlußsatz: Viola, das
Kind Elviras und Pelegrins, wird »alles von neuem« erfahren, für sie
wird »alles noch einmal« beginnen (II, 75).

Diesem Kerngedanken entsprechend, hat Frisch bereits in »Santa
Cruz« eine Dramaturgie entwickelt, die seiner späteren »Dramatik
der Permutation« (V, 369) das Fundament legt. Schon der dem
»Vorspiel« und den fünf Akten vorangestellte Satz »Das Stück spielt
in sieben Tagen und in siebzehn Jahren« (II, 6) gibt zu erkennen, daß
die unausweichliche und sich deshalb stets wiederholende Verstrik-
kung des Menschen in den Widerspruch zwischen seiner Realität
und seiner Sehnsucht vorgeführt werden soll. Frisch hat über die
Dramaturgie dieser Perpetuierung in einem Vorwort zu »Santa
Cruz« gesagt, man könne die Wiederholung auf der Bühne nur
zeigen, wenn man »die Dinge nicht spielen« lasse, »wie sie im
Kalender stehen, sondern so, wie sie in unserem Bewußtsein spielen,
wie sie auftreten auf der Bühne unseres seelischen Erlebens: also
nicht [als] Chronik, sondern Synchronik« (II, 76): »Das Damals und
das Heute: beide zusammen gemeint als das Immer« (II, 77). Insofern handelt es sich bei der Darstellung des Treffens zwischen dem
Rittmeister und Pelegrin in Santa Cruz (4. Akt) oder der Liebessze-
ne zwischen Elvira und Pelegrin auf dessen Schiff (2. Akt) keineswegs um Rückblenden, auch nicht einfach um die Wiedergabe von
Vorstellungen, z. B. von Elviras Traum. Sondern da zurückliegende
Ereignisse zwar geträumt werden, aber zugleich auch die Sehnsüch-
te der Figuren spiegeln, fallen hier Wirklichkeit und Vorstellung,
Geschichte und Geträumtes, Damals und Jetzt zu einem Immer
zusammen, in dem die Unterscheidung von Realität und Irrealität
hinfällig wird. Dies führt dazu, daß Frisch schon in »Santa Cruz« die
Bühne keineswegs für die Imitation von Wirklichkeit benutzt, daß
schon »Santa Cruz« kein Beispiel für das von ihm später so vehe-
ment angegriffene Imitier- und Illusionstheater bildet. Vielmehr
wird dieses Stück bewußt *gespielt*, was Frisch durch die Einführung
Pedros als des Spielleiters hervorhebt. Pedro, der Dichter, nennt das
Stück bezeichnenderweise »unsere Geschichte«, er kann vorgreifen
und dabei das Geschehen kommentieren (»Warum hat Pelegrin mit
ihm gerauft? Wir werden es sehen« II, 46) und sogar den Zuschauer
ausdrücklich auf den fiktiven Charakter des Vorgeführten aufmerksam machen: »Wir spielen noch das letzte Bild: heute, siebzehn
Jahre später« (II, 60). An solchen Stellen wird man an Brechts
Demonstrationsästhetik erinnert, und da Frisch sein Werk kannte,
bevor er ihm persönlich begegnete (vgl. Kap. I), ist davon auszuge-
hen, daß Brechts Vorstellungen von einem epischen Theater nicht

gänzlich ohne Einfluß auf »Santa Cruz« geblieben sind. Andererseits wird man jedoch stärker als an Brecht an die in der romantischen Komödie begegnende Durchbrechung des Illusionszusammenhangs erinnert, wohl auch deswegen, weil Frisch sein Stück »Eine Romanze« nennt. Er denkt dabei offensichtlich nicht an den eine bestimmte Verserzählung bezeichnenden literaturwissenschaftlichen Terminus, sondern an das »Romantische« der Geschichte, das Ineinander von Wirklichkeit und Irrealität, das Traumhafte der Beziehungen. Und da sich Frisch schon früh auf Wilder bezieht (vgl. Kap. I), ist nicht auszuschließen, daß die verfremdenden Passagen in dessen Stücken (Spielleiter!) eine Modellfunktion für »Santa Cruz« besaßen. Zudem hat Weisstein (L 25) auf die Bedeutung von Claudels Erinnerungsspiel »Der seidene Schuh«, Bänziger (L 23) auf die von Hoffmannsthals Schauspiel »Der Abenteurer und die Sängerin« hingewiesen. Außerdem ist zu beachten, daß Kurt Hirschfeld, der Dramaturg des Zürcher Schauspielhauses, Frisch zu Versuchen mit dem Theater ermuntert hatte und Frisch an »Proben von Brecht, Sartre, Lorca, Giraudoux, Claudel« teilnehmen durfte (W 64, 25); von den Stücken, die Frisch dort sah, mag zusätzlich eine gewisse Wirkung auf »Santa Cruz« ausgegangen sein. Jedenfalls bemerkt Max Frisch im Hinblick auf die Teilnahme an den Proben: »Zwei Monate später [...] brachte ich mein erstes Stück fertig« (ebd.).

III. Literarische Formen gesellschaftlichen Engagements

Sein erstes Bühnenstück, »Santa Cruz«, hatte Max Frisch August/ September 1944 geschrieben; schon vier Monate später, im Januar 1945, verfaßte er sein zweites, den »Versuch eines Requiems« mit dem Titel »Nun singen sie wieder«. Obwohl die beiden Arbeiten innerhalb so kurzer Zeit geschrieben wurden, unterscheiden sie sich beträchtlich. Während nämlich »Santa Cruz« zu jenem Teil seines Werkes gehört, den Frisch als »Fluchtliteratur« (W 77, 20) bezeichnet, verschafft sich in »Nun singen sie wieder« erstmals Frischs Auseinandersetzung mit den Greueln des Krieges, mit Faschismus, Kriegstreiberei und der rassistischen Rechtfertigung von Chauvinismus und Eroberungsgelüsten Geltung. Von nun an stellt die Literatur für ihn nicht länger eine Form von Realitätsflucht dar; vielmehr erhält sie die Funktion, auch »äußere« Wirklichkeit zu bewältigen und politisch-gesellschaftliches Engagement auszudrücken.

Plötzlichkeit und Radikalität dieses Umschlags bleiben ein wenig rätselhaft, zumal Frisch ihn weder begründet noch auch nur erläutert hat. Wenn die nach dem Jahreswechsel 1944/45 verfaßten Arbeiten auch nicht in jeder Hinsicht von den vorher entstandenen völlig abgeschnitten wirken, so muß man doch von einem Neuansatz sprechen, der von großer Bedeutung war: Er hat zur Entwicklung einer Poetik, zumindest einer Dramaturgie des Engagements geführt, die Konzeption eines in mancher Hinsicht durchaus eigenständigen politischen Parabelstücks nach Brecht ermöglicht und Frisch zu einem Schriftsteller gemacht, der sich auch essayistisch sowie als Redner, als Verfasser offener Briefe und Streitschriften zu gesellschaftspolitischen Themen äußert.

a) Zeit- und gesellschaftskritische Essayistik

Die ersten Texte, die hier zu nennen sind, entstanden im Zusammenhang mit »Nun singen sie wieder«, dem Anti-Kriegsstück, das als erstes Drama Frischs, also noch vor »Santa Cruz«, 1945 in Zürich uraufgeführt wurde, und sind als Zeugnisse einer sich entwickelnden Dramaturgie des gesellschaftlichen Engagements ebenso wie als Beispiele der neuen Essayistik zu lesen. In dem Aufsatz *»Über Zeitereignis und Dichtung«* finden wir einerseits die Frage erörtert, wieweit Dichtung Zustände und Vorgänge der politischen Gegenwart zu ihrem Gegenstand machen müsse, andererseits aber auch die, welche Rolle die Schweiz bei der geistigen Bewältigung jener Erschütterung zu übernehmen habe, die der Zweite Weltkrieg für Europa bedeutete:

»Unser Glück ist ein scheinbares; wir sind nicht imstande, es wirklich zu genießen inmitten eines Leichenfeldes, am Rande einer Folterkammer, wir hören die Schreie, aber wir sind es nicht selber, die schreien, wir selber bleiben ohne die Tiefe des erlittenen Leidens, aber dem Leiden zu nahe, um lachen zu können«. Diese Position, negativ als »Leere zwischen Krieg und Frieden« und als »Ohnmacht im scheinbaren Glück« bezeichnet, verhindert – positiv ausgedrückt – »die unvermeidliche Verengung des Blickes und des Gefühls, die erst einen Kämpfer macht«: »Wir haben sogar, im Gegensatz zu allen Kriegführenden, stets einen zwiefachen Anblick, der erst die ganze Weite dieses apokalyptischen Geschehens erfassen könnte.« (II, 286)

Diese als kritische Distanz zu bezeichnende Position des außerhalb der Kriegsereignisse stehenden Schweizers verteidigt Frisch auch in seinem Aufsatz *»Verdammen oder verzeihen?«*, in dem er, ebenfalls 1945, sich gegen Ernst Bieri, einen Journalisten, zur Wehr setzt, der ihn wegen »Nun singen sie wieder« angegriffen hatte: Frisch habe in seinem Schauspiel den »Terror als Hervorlocker des Geistes beschönigt und die Schuld nicht der brutalen Unmenschlichkeit, sondern dem Versagen des Geistes vor der Gewalt zugeschrieben« (als Zitat wiedergegeben in II, 292). Frisch nennt in seiner Antwort Herbert, die Figur, um deren Verhalten es bei dieser Auseinandersetzung vorrangig geht, einen »Schöngeist und Mörder aus eigener Leere, einen Verzweifelten, der sich, enttäuscht von der Unwirklichkeit des deutschen Geistes, dem Verbrechen überläßt, um wirklich zu werden, wenn auch schuldig.« (II, 293) Damit wendet er sich gegen das Vorurteil, dem Bieri erlegen war, daß »Geist« nämlich vor dem Abfall ins Inhumane schütze: »Nicht wenige von uns hielten sich an den tröstlichen Irrtum, es handle sich um zweierlei Menschen dieses Volkes, solche, die Mozart spielen, und solche, die Menschen verbrennen. Zu erfahren, daß sich beide in der gleichen Person befinden können, das war die eigentliche Erschütterung« (II, 292). Weil dies so war (und ist), weigert sich Frisch, in seinem Stück der gängigen, aber oberflächlichen Trennung von Geist und Inhumanität das Wort zu reden, und deshalb wendet er sich auch nicht nur gegen Bieris Vorwurf, sondern ebenso heftig gegen die Neigung des konservativen Nachkriegsdeutschlands, *»Kultur als Alibi«* für den

Irrgang des eigenen Volkes zu betrachten. In dem so betitelten Aufsatz aus dem Jahre 1949 geht er jedoch nicht nur mit solch verhängnisvoller Denkart ins Gericht, er zieht daraus vielmehr auch die Konsequenz, daß alle Kultur, erst recht alle Kunst und damit auch der Künstler, aus der ästhetischen Unverbindlichkeit befreit werden müsse:

»Im Grunde ist es die harmlos-gräßliche Vorstellung, ein Volk habe Kultur, wenn es Symphonien habe, und in den gleichen Zirkel gehört natürlich jene hehre Vorstellung vom Künstler, der, ledig aller Zeitgenossenschaft, ganz und gar in den Sphären reinen Geistes lebt, so daß er im übrigen durchaus ein Schurke sein darf, beispielsweise als Staatsbürger, überhaupt als Glied der menschlichen Gesellschaft. Er ist einfach ein Priester des Ewigen, das seinen täglichen Verrat schon überdauern wird.« (II, 341)

Der »zweifache Anblick«, über den der Schweizer nach Frisch zufolge seiner Stellung zwischen den politischen und militärischen Fronten während des Krieges und der Nachkriegszeit verfügt, setzt ihn in den Stand, nicht nur Deutschland, sondern auch sein eigenes Vaterland zu kritisieren: »Wir müssen wohl als Schweizer durchaus darauf gefaßt sein, daß der Deutsche gerade uns nicht braucht, um seiner Schuld bewußt zu werden«, schreibt Frisch in »Verdammen oder verzeihen?«, – »ja, es könnte sogar geschehen, daß die Gerechten belehrt werden von den Schuldigen, vor allem die Selbstgerechten, und gerade von diesen habe ich in den letzten Wochen, da wir Flüchtlinge und Überläufer bewachten, nicht wenige gesehen in schweizerischer Uniform.« (II, 294) Frischs plötzlich gewecktes Interesse an den Zeitereignissen und seine von Anfang an vorhandene kritische Distanz zum eigenen Staat ermöglichen es ihm auch, seinen Schweizer Mitbürgern die Dialektik von politischem Opportunismus und Staatsräson vor Augen zu führen:

»Auch dort, wo das Versagen des Geistes nicht zur aktiven Kriminalität reicht und sich nicht als Massaker darstellt, erkennen wir es als Schuld, beispielsweise in dem Umstand, daß unsere gesamte schweizerische Presse, solange es unser Vaterland hätte gefährden können, zu eben jenen Massakern schweigen mußte und schwieg. Nur daß wir es beim Nachbarn als Mangel an bürgerlichem Mut bezeichnen, somit als Schuld, im eigenen Lande aber als Staatsräson.« (II, 295)

Frischs 1945 entwickeltes politisches Engagement bezieht sich jedoch nicht allein auf die mit dem Krieg und der Nachkriegszeit zusammenhängenden Fragen, auf das Versagen der Deutschen und der Schweiz, die Heuchelei hüben wie drüben, sondern er sieht sich sehr bald auch in die ideologische Auseinandersetzung zwischen

Parlamentarismus und Kommunismus, parlamentarischer Demokratie und Volksdemokratie, zwischen den Apologeten persönlicher
Freiheit und denen sozialer Gleichheit hineingezogen. Es ist
bezeichnend, daß er selbst keine eigene Ideologie entwirft, sondern
sich damit begnügt, Mängel und Widersprüche hier wie dort aufzudecken. Diese Spielart seiner politischen Essayistik schlägt sich nicht
nur in Zeitungsartikeln, sondern auch in vielen Passagen des Tb I
nieder. Denn das Tagebuch hat, als literarische Form, eher einen
kontemplativen Charakter als der offene Brief oder die mündliche
Stellungnahme. Als Beispiel für diese zugleich distanziert-kritische
und unpolemisch-dekuvrierende Art politischen Schriftstellertums
kann eine Passage dienen, in der Frisch von einem Gespräch mit
tschechischen Freunden im Jahr 1947 berichtet:

»Darum möchten wir eine Ordnung, die niemanden der Wahl beraubt, und
meine Freunde glauben allerdings, daß sie den Entwurf einer solchen Ordnung haben; vieles an ihrem Entwurf ist begeisternd, und wenn wir vom Ziel
sprechen, sind wir immer wieder einig. Wenn aber dieses Streben, daß alle in
ganzen Schuhen gehen und daß keiner durch die wirtschaftliche Ordnung
gezwungen und somit um die Wahl und somit um die Würde betrogen wird;
wenn dieses große und unerläßliche Streben dazu führen sollte, daß man es
mit einem Staat versucht, der meinem Denken fortan keine Wahl mehr läßt,
was haben wir erreicht? Wir hätten das Mittel verwirklicht, nicht das Ziel.
Die Würde des Menschen, wie wir dieses Ziel nennen, ist die Wahl; nicht die
Badewanne, die der Staat ihm liefert, wenn er nicht am Staate zweifelt. Wie
soll ich glauben können, wenn man mir keine Wahl läßt? Allein die Gewalt,
die mir den Zweifel verbietet, nimmt mir den Glauben noch da, wo ich ihn
schon hatte –« (II, 489).

Die Skepsis gegenüber einem Regime, dessen totalitärer Zuschnitt
mit dem sozialen Fortschritt begründet wird, kommt deutlich zum
Ausdruck; aber die Fragesätze und die Konjunktive lassen doch
auch erkennen, daß es Frisch auf die Enttarnung der gegnerischen
Argumentation als einer in sich widersprüchlichen Begründung ankommt, nicht auf den Entwurf eines bündigen Gegenmodells, erst
recht nicht auf Parteinahme für »westliche« Vorstellungen. Offensichtlich war Frischs Skepsis allen im Osten wie im Westen feilgebo-
tenen Ideologien gegenüber zu groß, als daß er seine politische
Heimat ohne weiteres hätte bestimmen können. Es muß wohl als
Zeichen dieser Skepsis und Zurückhaltung gewertet werden, wenn
er für seine gesellschaftskritischen Äußerungen auch Formen der
Kontemplation und der Erzählung wählt.

Eine andere Richtung schlägt Max Frisch in den Essays der 50er
Jahre ein. Nach der im engeren Sinne politischen Auseinandersetzung mit Krieg und Nachkriegszeit sowie mit ideologischen Fragen

folgt nun eine Spezifizierung seiner Zeitkritik in doppeltem Sinne. Frisch wendet sich Problemen des Städtebaus zu, und er konzentriert sich dabei zunächst vornehmlich auf die Zustände in der Schweiz. Im Tb II schreibt er auf die Liste der »Dankbarkeiten« auch »die Erfahrungen mit Bauherrschaft, mit Unternehmern, mit Arbeitern« (VI, 235), und im Interview mit Arnold antwortet er auf die Frage »Was hat mich politisiert?« – indem er als ein Beispiel sein Interesse an Städtebau nennt: »und wenn man das etwas studiert, kommt man natürlich in politisches Gebiet hinein« (W 77, 52). Mit der Politisierung durch sein Interesse an Städtebau und Städteplanung verbindet sich bei Frisch eine Kritik an dem Konservativismus der Schweiz, die auch einen Reflex auf seine Auslandserfahrungen darstellt.

Im Jahre 1953 erschien in der NSR ein Aufsatz mit dem Titel »*Unsere Arroganz gegenüber Amerika*«, in dem Frisch das amerikanische Lebensgefühl gegen die »europäische Arroganz« und »unsere Vorurteile« (III, 222) verteidigt. Er begeistert sich für »die Zeit der Pioniere« (III, 225) und den vom Amerikaner verkörperten »Typus des globalen Menschen« (III, 229) und übt im Namen dieses Amerikanertums Kritik an der Schweiz. In der im gleichen Jahr vor der Ortsgruppe Zürich des Bundes Schweizerischer Architekten gehaltenen Rede »*Cum grano salis*« begründet er diese Kritik, indem er seine Gefühle bei der Heimkehr von seinem Aufenthalt in den USA und Mexiko 1951/52 schildert: »der Heimkehrende wird kaum einen schweizerischen Bau treffen, wo ihm nicht reihenweise etwa die folgenden Beiwörter einfallen: Schmuck, gediegen, gründlich, gepflegt, geschmackvoll, sicher, sauber, gepützelt, makellos, seriös, sehr seriös.« (III, 230) Ironie wird als Mittel der Kritik immer wieder herangezogen, so etwa wenn Frisch formuliert, die schweizersichen Großbauten wirkten oft, »als wären sie mit der Laubsäge gebastelt«, oder wenn es heißt, die »schweizerische Architektur« habe »fast überall etwas Niedliches, etwas Putziges, etwas Nippzeughaftes«. Diesem »Kindergarten« hält er nun die Architektur Amerikas entgegen: »Schon ziemlich bald sehnt sich der Heimkehrende wieder nach der groben, aber großzügigeren und freieren, unsentimentalen und männlich-draufgängerischen Architektur eines Pionier-Landes mit allen seinen Mißgriffen. Die Schweiz ist kein Pionier-Land, gewiß, sondern ein Uhrmacher-Land; aber ist es zulässig, wenn wir unseren Mangel an Wagemut damit rechtfertigen, daß wir eben im Gegensatz zu Amerika eine kulturelle Tradition haben?« (III, 232) Frischs Kritik entzündet sich an dem Konservativismus, der geistigen Unbeweglichkeit seiner Landsleute, ihrer Vorliebe für die Idylle. Von »architektonischem Epigonentum«

(III, 237) spricht er, gar von dem »Heimweh nach dem Vorgestern« (III, 236) und will an die Stelle des sterilen Traditionsbewußtseins seines Landes den Pioniergeist Amerikas setzen. Denn es ist ihm klar geworden, daß es in der Schweiz nicht an Architekten und nicht an Ideen fehlt, sondern an einem Klima des Fortschritts, und deshalb möchte er auf das Bewußtsein der Bürokraten, der Volksvertreter, der Mitbürger verändernd wirken. Den entscheidenden Schritt in dieser Richtung unternimmt er im Jahr 1955 mit der Schrift »*achtung: Die Schweiz*«.

Es handelt sich dabei um das Ergebnis einer über ein Jahr dauernden Diskussion mit interessierten Bürgern, Fachkollegen und Vertretern der Wirtschaft, des Staates, des Parlaments, die durch »Cum grano salis« in Gang gekommen war. Der Text stammt nicht in jedem Punkt aus der Feder Frischs; vielmehr lag ihm ein Manuskript zugrunde, das der Historiker Kutter und der Volkswirtschaftler Burckhardt bearbeitet hatten. Frisch nimmt die für 1964 ins Auge gefaßte Landesausstellung zum Anlaß, einen »Vorschlag zur Tat« zu unterbreiten (so der Unterteil der Schrift). Anstelle einer breiten Übersicht über die Leistungen der Schweiz in Wirtschaft, Kultur und Politik schlägt Frisch den Bau einer Stadt vor, die etwa 15 000 Einwohnern Platz bietet; sie soll unter Beteiligung der gesamten interessierten Öffentlichkeit geplant, nach den Bedürfnissen der zukünftigen Bewohner entworfen werden und als »Musterstadt« (III, 310) schweizerisches Selbstgefühl zum Ausdruck bringen: »Die Stadt, die wir gründen, ist nicht als Sensation gemeint, sondern als Laboratorium [...] Es geht um die Manifestation einer schweizerischen Lebensform, um die Frage des Stils.« (III, 321) Frisch ist mit diesem Vorschlag auf starke Resonanz, vor allem aber auf Ablehnung gestoßen; das Projekt wurde nicht realisiert, obwohl durchaus Einzelheiten der Planung, der Finanzierung, der Durchführung in wirtschaftlicher wie in landesplanerischer Hinsicht unterbreitet worden waren. Mehr Glück – wenn auch nur in literarischer Hinsicht – hatte Frisch mit dem ebenfalls das Problem der Städteplanung behandelnden »Funkgespräch«, das er im selben Jahr unter dem Titel »*Der Laie und die Architektur*« verfaßte und das vom Hessischen Rundfunk mit dem Schleußner-Schueller-Preis ausgezeichnet wurde.

Frisch kritisiert hier nicht mehr nur schweizerische Zustände, sondern konzentriert sich ganz auf die Frage, nach welchen Gesichtspunkten Städte geplant, welche Belange berücksichtigt werden müßten. Die heute selbstverständlich klingende, wenn auch keineswegs allenthalben erfüllte Forderung, daß an einer Bauplanung auch Soziologen und die betroffenen Bürger beteiligt werden sollten und

nicht nur Architekten und Bürokraten, wirkte damals recht unge-
wöhnlich. Frisch wählt eine bestimmte Figurenkonstellation, um die
unterschiedlichen Aspekte und Interessen miteinander zu konfrontieren: Ein architektonischer Laie, seine Frau, ein Architekt und ein
Oberbaurat treffen aufeinander und sehen sich in neun Szenen mit
unterschiedlichen Problemen und deren Lösungsversuchen konfrontiert. Der entscheidende Gesichtspunkt, auf dessen Beachtung es
Frisch vor allem ankommt, ist der, daß die unterschiedlichen Belange
der zukünftigen Bewohner den eigentlichen Ausgangspunkt jeder
Planung bilden müssen. In dem kleinen Aufsatz »*Wer liefert ihnen
denn die Pläne*« aus dem Jahr 1955, der sich wie eine Zusammenfassung der Überlegungen liest, die Frisch in »Cum grano salis«, »achtung: Die Schweiz« und »Der Laie und die Architektur« vorgetragen
hat, weiß er dieser Forderung noch dadurch Nachdruck zu verschaffen, daß er im Mitspracherecht der Bevölkerung überhaupt erst den
Grundsatz demokratischen Zusammenlebens erfüllt sieht: »Städtebau ist eine politische Materie, weil dabei Entscheidungen gefällt
werden, die zuständigerweise nur der Souverän, wie wir das Volk
nennen, zu fällen hat.« (III, 353)

Der Funkdialog bildet den Höhepunkt dieser Phase gesellschaftspolitisch
engagierten Schriftstellertums, weil Frisch in dieser Arbeit die in »Cum grano
salis« bereits latent vorhandene, in »achtung: Die Schweiz« vorangetriebene
Dialogtechnik durch die Einführung von Figuren ganz offen verwendet; dies
bedeutet eine Verschärfung der Auseinandersetzung. In der Rede vor den
Architekten in Zürich hatte Frisch sich rhetorische Fragen gestellt, die er dann
beantwortete, – im Druck folgen den Fragen (»Woran liegt es?« / »Was ist es?«
/ »Also: wovor ducken wir uns?« etc.) jeweils größere Antwortpassagen,
wobei Frage und Antwort zusammen einen Block bilden und als Einheit von
anderen Frage-Antwort-Abschnitten abgesetzt sind. In »achtung: Die
Schweiz« wählt Frisch das Verfahren, recte und kursiv gesetzte Passagen
einander gegenüberzustellen, allerdings ohne daß mit dem gewählten Druck-
typ auch eine bestimmte Anschauung, Redeweise, Art der Stellungnahme
verknüpft würde. In »Der Laie und die Architektur« nun stehen sich durch
ihren Beruf definierte Figuren gegenüber; hier prallen daher ganz unterschiedliche Kenntnisse, Interessen, Belange in Gestalt von Personen aufeinander.

Ab 1958 setzt eine dritte Phase gesellschaftskritisch und politisch
ausgerichteter Essayistik ein. Äußerungen aus dieser Periode haben
mehr tagespolitischen Charakter, stellen meist Reaktionen auf bestimmte Ereignisse dar. Das nimmt ihnen keineswegs ihre Verbindlichkeit und schränkt ihre Bedeutung nicht ein, aber man kann sie
nicht als eine große Einheit ansehen, wenn sie auch durch die Tendenz, die Zustände in der Schweiz kritisch zu durchleuchten, miteinander verbunden sind.

Als Frisch 1957 zum Nationalfeiertag am 1. August eine Rede hielt, ließ er schon zu Beginn keinen Zweifel daran, daß er eher kritische als feierliche Töne anschlagen werde: »Wenn Sie [...] alle die sehr schönen Heldengeschichten nochmals hören möchten, sind Sie an die falsche Augustfeier geraten« (IV, 220); in der Rede bei der Verleihung des Büchner-Preises 1958 mit dem Titel *»Emigranten«* nennt er die Schweiz der Jahre 1933 bis 1945 eine »Mausefalle« für viele Emigranten und zögert nicht, »von der Tatsache« zu sprechen, »der vielleicht verständlichen oder mindestens begründbaren, aber durch kein Eigenlob verdeckbaren Tatsache, daß viele Namenlose damals zurückgewiesen wurden in den sicheren Tod.« (IV, 231) *»Die Schweiz ist ein Land ohne Utopie«* betitelt er die Antwort auf die Frage »Ist der Schweizer Dichter ein Außenseiter?« (von der Zeitschrift »Ex libris« 1960 gestellt), und in den beiden *»Überfremdung«* überschriebenen Texten von 1965 und 1966 greift er jene Landsleute an, die ihre »schweizerische Eigenart« (V, 383) durch die Existenz von Gastarbeitern gefährdet sehen; er bezeichnet sie als »kleines Herrenvolk« (V, 374), das dem »Mythos« (V, 394) von seiner außerordentlichen Eigenart und seiner angeblich heroischen Vegangenheit zu stark anhängt und zu wenig »die Schweiz als neue Aufgabe« (V, 395) begreift. Texte, in denen er ganz direkt schweizerische Tagesprobleme aufgreift, verfaßt Frisch auch in den folgenden Jahren immer wieder: 1968 greift er in den Streit um das Bundesgesetz über die Eidgenössischen Technischen Hochschulen ein (*»Wie wollen wir regiert werden?«*), 1971 schreibt er das Vorwort zum »Manifest« der Sozialdemokratischen Partei der Schweiz und stellt sich – ohne Parteimitglied zu sein – nachdrücklich auf die Seite des demokratischen Sozialismus (*»So wie jetzt, geht es nicht«*), 1974 nimmt er in einem *»Offenen Brief an den Schweizerischen Bundesrat«* scharf gegen dessen Politik gegenüber den chilenischen Flüchtlingen Stellung, und auch seine Dankesrede bei der Entgegennahme des »Großen Schillerpreises« der Schweizersichen Schillerstiftung mit dem Titel *»Die Schweiz als Heimat?«* stellt alles andere als ein unkritisches Loblied auf das Vaterland dar. Was Frischs Äußerungen auszeichnet, ist jedoch das gänzliche Fehlen von Selbstüberhebung und Rechthaberei, von borniertem Beharren auf einem Standpunkt; vielmehr bezieht sich seine Skepsis nicht nur auf andere, sondern auch auf ihn selbst, seine Kritik – keineswegs immer nur sachlich, sondern durchaus scharf, verbal geschliffen, wohl auch verletzend – ist nicht einseitig. »Die Schweiz als Heimat?« schließt er z.B. trotz aller Trauer über »die Schande« der »schweizerischen Flüchtlingspolitik im Zweiten Weltkrieg« und nach dem Putsch in Chile mit einem

Bekenntnis zur Schweiz als »dieser meiner Heimat«, wenn auch »in Zorn und Scham« ab (VI, 517).

Es dokumentiert sich hier keine Scheu vor Eindeutigkeit. Liest man die virtuose Polemik gegen Emil Staiger (»*Endlich darf man es wieder sagen*«) in dem meist so bezeichneten »Zürcher Literaturstreit«, so wird man darüber belehrt, daß Frisch – wie in diesem Fall – nicht davor zurückschreckt, eine Freundschaft aufs Spiel zu setzen, wenn es darum geht, die Literatur der Gegenwart gegen pauschale Verunglimpfungen in Schutz zu nehmen. Er weist hier ein an ästhetischer Glätte orientiertes Kunstverständnis zurück und stellt mit allen Mitteln sprachlicher Ironie die Unzuständigkeit eines Fachgelehrten bloß, der die Literatur der Gegenwart beschimpft, indem er sich auf den Klassiker-Standpunkt des 18. und 19. Jh.s zurückzieht. Ihre Wurzeln hat diese Auseinandersetzung in Frischs Ablehnung von jeglicher Radikalität. Diese Haltung hat nichts mit Orientierungslosigkeit zu tun, sondern mit einem Zurückschrecken vor jeder Art von Oberflächlichkeit, der es allerdings eigen ist, rasch und allenthalben und für alles Lösungen anzubieten und sie ebenso rasch durch andere zu ersetzen.

Ist Frisch liberal? Ist er Kommunist? Ist er Demokrat? – Sein politisches Selbstverständnis hat natürlich eine erhebliche Bedeutung für sein essayistisches, auch für sein poetisches Werk, weshalb solche Fragen durchaus begreiflich sind. Aber sie lassen sich nicht einfach und bündig beantworten. Allerdings hat sich Frisch über seinen politischen Standort durchaus geäußert: »Und wenn ich gefragt werde, dann gebe ich halt dieses Etikettenwort, was schon etwas heißt, also: Sozialist, man könnte ergänzen: in der Richtung des demokratischen Sozialismus.« (W 77, 55) Die Äußerung stimmt nicht nur mit der Tatsache überein, daß Frisch, wie erwähnt, 1971 das Vorwort zum »Manifest« der Sozialdemokratischen Partei der Schweiz schrieb, sondern auch, daß er auf dem Bundesparteitag der SPD am 17. 11. 1977 in Hamburg eine Rede hielt, in der er sich neben der Terrorismus-Frage auch kritisch mit der Machtbefugnis des Kapitals und der Rolle des Intellektuellen in der Gesellschaft befaßte. Aber selbst wenn er bei dieser Gelegenheit die Anwesenden unter deren Jubel als »Genossen« bezeichnete, muß man danach fragen, von welchen Voraussetzungen aus sich Frisch zum demokratischen Sozialismus bekennt. Liegen dem Bekenntnis christliche, allgemein humanistische oder marxistische Vorstellungen zugrunde?

Von Anfang an, schon im Tb I, hat Frisch seine Skepsis gegenüber der zu sozialer Ungleichheit führenden Demokratie westlichen Musters und dem zu persönlicher Unfreiheit führenden Sozialismus östlichen Zuschnitts zum Ausdruck gebracht. Die Auseinandersetzung mit der konservativen Schweiz war oft genug eine mit ihrer kapitalistischen Wirtschaftsordnung; in seiner Festrede zum Nationalfeiertag 1957 glaubte er sogar einerseits feststellen, andererseits voraussagen zu dürfen, daß sie zu »blühenden Geschäften zum Beispiel mit Adenauer-Deutschland« führe, »das sich demnächst, sobald genug deutsche Helden und deutsche Stiefel und Atomgeschosse fabriziert sind, als Gegenteil einer Demokratie entpuppen wird« (IV, 222). Aber Frisch hat sich andererseits auch ganz eindeutig gegen den starren Kommunismus sowjetischer Prägung ausgesprochen. Im Jahr 1968 verurteilte er in einem Artikel der Züricher »Weltwoche« (»Zurück zum Kalten Krieg?«) und in einer »Rede nach der Besetzung der Tschechoslowakei« das Eingreifen des Warschauer Paktes, und dies war keine Pflichtübung. Denn in dem im selben Jahr geschriebenen Nachwort zu Sacharows »Wie ich mir die Zukunft vorstelle« verurteilte er in aller Eindeutigkeit den Sowjetkommunismus. Frisch irgendeinem »Lager« zuzuordnen, kann also nicht gelingen; zu fragen ist allerdings, ob seine politische Grundauffassung nur negativ oder nicht auch positiv zu bestimmen ist.

In der umfangreichsten und im ganzen wohl auch bedeutsamsten Stellungnahme Frischs zu diesem Fragenkomplex, in seiner Rede bei der Verleihung des Friedenspreises des deutschen Buchhandels 1976, der er den Titel »Wir hoffen« gab, finden sich höchst aufschlußreiche Passagen: »Sicher in der Verneinung jeder Art von Diktatur, sowohl einer sogenannten Diktatur des Proletariats als auch einer Diktatur der Besitzenden [.,.] bin ich Demokrat, als Demokrat nicht euphorisch. Demokrat ist man in der Hoffnung, daß Herrschaft in rationale Autorität überführt werde [...] Man weiß es: je mündiger wir wären, um so weniger Staat wäre vonnöten« (VII, 8). Es begegnet zunächst wiederum die doppelte Absage an den autoritären Kommunismus wie an den autoritären Kapitalismus; aber es bleibt nicht bei bloßer Negation, sondern Frisch setzt an die Stelle der Macht »rationale Autorität« und die Hoffnung auf den mündigen Bürger. Beide Begriffe signalisieren den aufklärerischen Charakter seiner politischen Grundüberzeugung, zumal sie an Kants Wort von der Aufklärung als dem »Ausgang des Menschen aus seiner selbstverschuldeten Unmündigkeit« und seine Bestimmung »Mündigkeit ist das Vermögen, sich seines Verstandes ohne Leitung eines anderen zu bedienen« erinnern (I. Kant, Werke in sechs Bänden, hg. v. W. Weischedel, Wiesbaden 1956–1964, Bd. VI S. 53, erster und zweiter Satz der Schrift). In der Tat wäre wohl weniger Staat nötig, wenn die Menschen »mündiger« wären, sich also autonom »ihres Verstandes [...] bedienen« würden; vor allem aber vermag ein Staat, der in der Mündigkeit seiner Bürger wurzelt, am ehesten die Vorstellung von einer wirklichen Demokratie zu realisieren. Was aber verhindert das Entstehen einer solch aufgeklärten Demokratie? Für Frisch sind es vor allem die jeweils Mächtigen, die sich an der Macht halten wollen, deshalb ein Feindbild aufbauen und so die Bürger in politischer Unmündigkeit halten:

> »Auf der andern Seite: Gäbe man nicht die stereotypen Hinweise auf die inhumane Praxis im Privatkapitalismus, die schale Schadenfreude über Arbeitslosigkeit anderswo, Kriminalität anderswo usw., wie trüge die Bevölkerung arbeitsam und stumm die Mißwirtschaft des Staatskapitalismus und die totale Entmündigung des Staatsbürgers? Auf unserer Seite: Wie ließe sich Herrschaft erhalten ohne das Feindbild, das die Existenzangst des Einzelnen in einer Gesellschaft mit rechtsstaatlich geschützter Ausbeutung ummünzt in die gemeinschaftliche Angst vor der Sowjetunion? Also Feindbilder, die innenpolitisch benötigt werden.« (VII, 16)

Doch die Beherrschten, wir selber also, kommen diesen Absichten der Mächtigen entgegen; denn wir entwerfen unsererseits Feindbilder, »da Ressentiment allemal bequemer ist als die Exerzitien politischen Bewußtseins« (VII, 14 f.). Das Durchschauen der Zusammenhänge, das allein die Mündigkeit des Bürgers verbürgt, wird nicht nur von den Herrschenden hintertrieben, sondern ist uns selbst beschwerlich. Das zeigt sich auch daran, daß wir davor zurückschrecken, es mit unserer Geschichte aufzunehmen, weil dies die kritische Auseinandersetzung mit uns selbst bedeuten würde. »Ich halte für ein eigentliches Unglück«, sagt Frisch bereits 1949 im Tb I, »das Vergessen der Dinge, die nicht durchschaut, nicht begriffen, nicht überwunden und daher nicht vergangen sind«. (II, 647) Erkenntnis, rationales Erfassen der Vergangenheit stellt die Bedingung für eine politische Gegenwart dar, die nicht von der Wiederholung der Vergangenheit bedroht wird. An die Stelle des Feindbildes, des Vorurteils und der Verdrängung hat das Durchleuchten der Zusammenhänge zu treten, ja Frisch geht so weit, festgefügte Meinungen überhaupt für verderblich zu halten: »Wer eine Überzeugung hat, wird mit allem fertig. Überzeugungen sind der beste Schutz vor dem Lebendig-Wahren.« (II, 613) Nur Skepsis gegenüber allen angeblich unerschütterlichen Weltvorstellungen und das auf ihr gründende aufklärerische Durchstoßen von Ideologien aller Art versetzen den Menschen in die Lage, das Lebendige – d. h. das dauernd im Wandel Befindliche – und damit das Wahre zu erkennen. Indem sich Frisch dies zur Aufgabe macht, wirkt er daran mit, den Bürger in den Stand der Mündigkeit zu versetzen: »Ich bin Aufklärer«, hat Frisch denn auch bekannt (W 78, 123), und an anderer Stelle formuliert er, er komme »vom Aufklärerischen her« (W 77, 25).

Der aufklärerisch-rationalistische Grundzug in Frischs Weltbild läßt sich mit zwei Wesensmerkmalen seiner Persönlichkeit in Zusammenhang bringen, mit seiner Schweizer Herkunft und seiner poetischen Produktivität. »Die Jahre des Kalten Krieges zeigten in einem Kleinstaat, der militärisch ohnehin verloren wäre, vielleicht besonders deutlich, [...] daß das Feindbild [...] nicht zuletzt einen innerstaatlichen Zweck hat, die Erhaltung eben einer Herrschaft, die ohne Abschreckung nicht auskommt« (VII, 11), heißt es in der Friedenspreis-Rede. Die Überlegung erinnert an die, die Frisch am Anfang seines politisch engagierten Schriftstellertums ins Feld führte, nämlich daß gerade seine Außenseiterposition dem Schweizer die Möglichkeit gebe, über einen »zwiefachen Anblick« (II, 286) zu verfügen, »gerecht zu bleiben« und auf »keine Rache« (II, 287) zu sinnen. So läßt sich durchaus eine Kontinuität in der Entfaltung von Frischs politischer Grundanschauung seit dem Umschlag von seinem den Zeitereignissen abgewandten in ein gesellschaftlich engagiertes Schriftstellertum feststellen. Daß Frischs aufklärerische Anschauungen zudem etwas mit seiner poetischen Produktivität zu tun haben, geht schon aus den wenigen im folgenden zitierten Äußerungen hervor. »Literatur«, so formuliert er 1968, »ist (unter anderem) Zweifel an der Unfehlbarkeit des Menschen und seiner Veranstaltungen, Selbstkritik« (»Rede nach der Besetzung der Tschechoslowakei«: VI, 480 f.); in der für die Entwicklung seiner dramaturgischen Vorstellungen wichtigen Rede auf der Frankfurter Dramaturgentagung 1964 (»Der Autor und das Theater«) legt er zunächst dar, »daß das Theater niemals die vorhandene Welt abgebildet«, sondern »sie immer verändert« habe (V, 344). »Wie immer das Theater sich gibt, ist es Kunst: Spiel als Antwort auf die Unabbildbarkeit der Welt. Was abbildbar wird, ist Poesie [...], und was sich darstellen läßt, ist immer schon Utopie.« (V, 345) Dichtung bezieht ihrem Wesen als Spiel und Utopie entsprechend nicht direkt Stellung, weshalb eine Identifizierung mit einer bestimmten politischen Ideologie nicht in Frage kommt. Aufgabe des Schriftstellers ist es vielmehr, auf *beiden* Seiten »Dogmatismus abzubauen durch Kritik an ihren Ergebnissen« (VI, 483). »Wir erstellen auf der Bühne nicht eine bessere Welt, aber [...] eine durchschaubare« (V, 346), d.h. dem Drama eignet nach Frisch der Grundzug ideologiekritischer Aufklärung. Der Dichter kann das »Arsenal der Phrasen, die man hüben und drüben zur Kriegführung braucht, durcheinanderbringen« und hat gerade dann »durchaus eine Wirkung« (IV, 236), wenn er, auf ideologische Glaubensbekenntnisse verzichtend, ein »individuelles Engagement an die Wahrhaftigkeit« eingeht (IV, 243). Indem er »keine Stellung [nimmt] zu Alterntiven, die keine sind«, indem er also darauf verzichtet, sich mit politischen Systemen zu identifizieren, gelingt es ihm, eine »bedingungslose Aufrichtigkeit gegenüber dem Lebendigen« zu wahren und wie das Lebendige »Widerspruch zu sein« und »die Ideologie« zu zersetzen (IV, 236). Im Tb II spricht Frisch schließlich davon, daß ein »Schriftsteller offen bleiben« müsse und nur – wie Günter Grass – »als Wahlkämpfer eindeutig sein« dürfe (VI, 307).

Es wird verständlich, warum Frisch als gesellschaftlich engagierter Schriftsteller keinem bestimmten politischen Lager zuzuordnen ist: Dem steht schon seine Vorstellung vom Künstler und dessen Funktion entgegen. Damit aber stellt sich die Frage nach der ästhetischen Konzeption, die Frisch im Zusammenhang mit seiner Wendung zum politisch engagierten Schriftsteller 1945 entworfen hat.

b) Drama und Dramaturgie des Engagements

Von einer »Poetik des Engagements« zu sprechen, wäre wohl schon zu viel, denn Frischs politisch engagiertes Schriftstellertum äußert sich dichterisch beinahe ausschließlich im Drama. So tut man gut daran, die Grundlinien einer »Dramaturgie des Engagements« nachzuzeichnen und deren Realisation in den zugehörigen Bühnenstükken Frischs darzustellen. In seiner Rede auf dem Frankfurter Dramaturgentag hat sich Frisch ironisch-kritisch zu den allenthalben erhobenen Forderungen geäußert, der Dramatiker im besonderen und der Künstler im allgemeinen beziehe seine Daseinsberechtigung allein aus seiner politischen Verantwortung: »Also, ich schreibe aus Bedürfnissen nicht der Gesellschaft, sondern meiner Person«. Die Motivation künstlerischer Tätigkeit sei »Spieltrieb«, »Lust« (V, 350), aber »daraus abzuleiten, daß das schriftstellerische Produkt, in seinem Ursprung ohne didaktische Absicht, deswegen ohne Folge auf die Gesellschaft bleibe, wäre nicht naiv, sondern unrealistisch.« (V, 351) Die Kunst besitzt bei aller artistischen Freiheit, die ihr eignet, also doch eine gesellschaftliche Funktion, und diese beruht auf ihrem aufklärerischen Charakter: »Gäbe es die Literatur nicht, liefe die Welt vielleicht nicht anders, aber sie würde anders gesehen« (V, 353). Dies zu erreichen, bekommt die Kunst bei Frisch – und hierin stimmt er mit Brecht überein – einen Zeige-Charakter. Man kann durchaus von einer *Demonstrationsästhetik* sprechen: »Wir erstellen auf der Bühne nicht eine bessere Welt, aber eine spielbare, eine durchschaubare.« Durchschaubarkeit erreichen die Dramatiker mit Hilfe einer Demonstration der Welt in ihrem eigentlichen Wesen, dadurch, daß sie die Welt nicht abbilden, sondern »deuten« (V, 346).

Schon in den ersten dramaturgischen Äußerungen Frischs aus dem Jahre 1945 ist vom Aussparen des direkten Zeitbezugs die Rede. Es gibt »keinen Grund«, heißt es in »Über Zeitereignis und Dichtung«, »der das Zeitereignis selber als Gegenstand verlangt«, weil sich »die Gesinnung, die vom Künstler verlangt wird«, nicht in der Wahl seines Gegenstandes, sondern »allein in der Art« Geltung verschafft, »wie er sich mit seinen Gegenständen befaßt« (II, 287). Über dieses Wie hat Frisch sich wenig später im Zusammenhang mit einer Kritik an Wiechert und Bergengruen geäußert, in der er gegen »die Ausflucht in den Nebel, die Ausflucht ins Gemüthafte« (»Stimmen eines anderen Deutschland?«: II, 304), gegen die »Tendenz, die den vorhandenen Abgrund leugnen, vergessen, ästhetisieren oder sonstwie übertünchen will« (II, 311), Stellung bezieht. Erst der Verzicht auf das Übertünchen und Ästhetisieren lasse Kunst entstehen. Auch im Tb I hat Frisch sich entschieden gegen die gerade nach dem Zweiten Weltkrieg hochgeschätzte Dichtung gewandt, die sich aus der Wirklichkeit zurückzuziehen trachtete: »Ausflucht – in eine Welt, die schon gereimt ist.« Und indem er die seinerzeit so beliebten Dichterlesungen in heimeliger Atmosphäre ironisiert, plädiert er zugleich für eine aufklärerische Dichtung: »Die Angst vor dem Banalen: man stellt Blumen auf den Tisch, um Gedichte vorzulesen, und einen Kerzenleuchter, man zieht die Vorhänge, Verdunkelung des Bewußtseins«. Wenig später wirft er dem alle Härte und Banalität des Tatsächlichen ausklammernden »Singsang« vor, das »Bewußtsein einzulullen« statt »etwas Ernstes mitzuteilen« (II, 538). Von Anfang an eignet Frischs Ästhetik also ein Zug des Enthüllens, des Zeigens. Genau zehn Jahre später erweist sich in einer Brecht betreffenden Formulierung, daß dieser Wesenszug gerade auch die Basis seiner dramaturgischen Auffassung bildet; er wendet sich »gegen eine gewisse Diskriminierung der Intellektualität in der Kunst« und verweist auf das »kühle Vergnügen«, welches Brecht dadurch seinen Zuschauern verschaffe, »daß man einmal nicht in die Vorgänge verwickelt ist, sondern sie zu durchschauen vermag« (»Vom Umgang mit dem Einfall«: III, 357).

Die Entwicklung einer Demonstrationsdramaturgie, d. h. der Verzicht auf die Abbildung der Welt zugunsten eines Verfahrens, das sie durchsichtig und mithin erkennbar macht, bedeutet, daß Frisch jegliche Form des »Imitiertheaters« (V, 477 u. ö.) ablehnt. Bereits 1948 verfaßte er einen in dieser Hinsicht programmatischen

Artikel unter der Überschrift »*Theater ohne Illusion*«. Noch früher, nämlich in einem Text, den er der Buchausgabe von »Nun singen sie wieder« 1946 beigab, heißt es über die Inszenierung des Stücks, es müsse »der Eindruck eines Spieles durchaus bleiben, so daß keiner es am wirklichen Geschehen« messe (II, 137). Diese Auffassung hat er dann für alle seine Stücke vertreten, und sie ist ihm etwas so Selbstverständliches geworden, daß er in der Antwort auf eine Rundfrage (»*Wie soll man neue Theater bauen?*«) 1960 über die sogenannte Guckkastenbühne folgendes sagte: »Warum übrigens dieses schofle Wort? Es ist die Bühne, die durch Rampe und Rahmen herstellt, was der Dichter braucht: die Trennung von Spiel und Welt.« (IV, 261) Und 1963, in dem »*Exposé zum Wettbewerb für einen Neubau des Schauspielhauses Zürich*«, kommt Frischs Konzeption einer Dramaturgie des Zeigens und Durchleuchtens noch deutlicher zum Ausdruck: »die Arena, das Podium, die Rahmenbühne (sogenannte Guckkastenbühne) erschaffen einen Ort, der sich vom übrigen Raum absetzt und dadurch den Vorgängen, die darin oder darauf vorgestellt werden, die Bedeutung des Exemplarischen verleiht. Jede architektonische Bemühung, Rampe und Rahmen abzubauen, ›um eine Kommunikation zwischen Schauspieler und Publikum herzustellen‹, beruht auf einem Mißverständnis dessen, was Theater ist und immer sein wird.« (IV, 272) Die Absage an jede Form des Imitiertheaters, das die Illusion weckt, auf der Bühne finde Wirklichkeit statt, wird in dem Hinweis auf das Exemplarische greifbar, das allem Bühnengeschehen eigne. Nur wenn die Bühne als eine solche funktioniert, läßt sie erkennen, was es mit der Wirklichkeit, die im Exempel vorgeführt wird, auf sich hat.

In diesem Punkt folgt Frisch durchaus der Auffassung Brechts. Das verwundert nicht, wenn man bedenkt, daß Frisch der erste Leser des »Kleinen Organon« war, daß er sich mit Brecht besprechen konnte. Erstaunlich ist vielmehr, daß Frisch in einem Punkt von den Vorstellungen Brechts abweicht, obwohl er dessen Grundauffassung über das Demonstrative des Theaters teilt. Es geht um die Realisierung dieser Vorstellung auf der Bühne, und in dieser Frage ist ein charakteristischer Dissens zwischen Frisch und Brecht, aber auch zwischen Frisch und Wilder zu beobachten. Im Tb I finden sich drei Passagen, die die Überschrift »Zum Theater« tragen; die ersten beiden handeln vom Bühnenrahmen und von der Bühnenrampe als jenen Grenzlinien, die die Trennung von Publikum und Bühne garantieren und damit dem Theatergeschehen den Charakter verleihen, »Sinn-Bild« (II, 399) zu sein, also dem Publikum das Wesen der Wirklichkeit durchschaubar zu machen. Wilder, der diese Grenze gelegentlich überspielen läßt, gesteht er dies nur als

Ausnahme zu, denn: »Jede Gebärde, welche die Rampe überspielt, verliert an Magie.« (II, 403) Daß er an dieser Stelle Brechts Auffassung unerwähnt läßt, die Bühnenrampe sei – z.B. in den songs – durch eine Hinwendung an den Zuschauer ganz betont zu überspielen, allerdings mit der Absicht, ihn dadurch ausdrücklich auf das Bühnengeschehen hinzuweisen und ihm so die Welt als veränderbar darzustellen, mag man damit begründen, daß diese Tagebuchpassagen in das Jahr 1946 fallen, also in die Zeit vor der Begegnung mit Brecht. Daß Frisch jedoch bis auf den heutigen Tag die scharfe Trennung von Bühne und Zuschauerraum für notwendig hält und damit trotz der grundsätzlichen Übereinstimmung mit Brecht eine entgegengesetzte Theatertechnik befürwortet, erklärt dies nicht.

Frisch hat zwei Wege gesehen, sich dem Imitier- und Illusionstheater zu entziehen. Der erste, den er bereits 1948 in »Theater ohne Illusion« skizzierte, betrifft das Dargestellte selbst und setzt insofern wiederum bei der Frage an, wieweit die »Wirklichkeit«, die Welt, »wie sie ist«, auf der Bühne abgebildet werden soll und kann. »Gelegentlich müßte man sich fragen, was wir überhaupt als Wirklichkeit bezeichnen«, heißt es da. »Wirklich nennen wir nicht, was geschieht; sondern wirklich nennen wir, was ich an einem Geschehen erlebe«. Hierbei handelt es sich um »eine seelische Wirklichkeit, gebunden allein an unsere Vorstellung, nicht aber an Ort und Zeit, und wenn wir das auf dem Theater erreichen wollen, geht es, ohne daß wir die Illusion erstreben.« Soll also unsere Beziehung zur Welt, unser Daseinserlebnis auf der Bühne erkennnbar gemacht werden, so bedarf es keines den Bedingungen von Raum und Zeit sich beugenden Illusionstheaters, sondern einer alle äußere Realität durchdringenden Dramaturgie des Aufweisens »seelischer Wirklichkeit«. Frisch bezieht sich ausdrücklich auf Wilder, Brecht, aber auch auf Claudel und Giraudoux, bei denen er ein solches »Auflösen der naturalistischen Illusion« beobachtet (II, 334f.).

Über den zweiten Weg hat er am deutlichsten im Zusammenhang mit einer Retrospektive Auskunft gegeben, nämlich in »*Illusion zweiten Grades*«, einem Abschnitt aus dem als Ganzes unveröffentlichten Vortrag »Theaterprobleme« von 1967. Es heißt da: »›Biedermann und die Brandstifter‹ sowie ›Andorra‹ haben sich vor dem Imitiertheater zu retten versucht in die Parabel. Ein erprobtes Verfahren nicht erst seit Brecht. Sinn-Spiel: Realität, die gemeint ist, wird nicht auf der Bühne imitiert, sie kommt uns zum Bewußtsein lediglich durch den ›Sinn‹, den das Spiel produziert; die Szenen selbst geben sich offenkundig als ungeschichtlich, als Beispiele fingiert, als Modell und also aus Kunst-Stoff.« (V, 477) Auch dieser Weg dient also der Erkenntnis der Welt. Wird beim ersten Weg nicht die »Wirklichkeit, wie sie ist«, sondern wie sie erlebt wird, d. h. in ihren Bedeutungszusammenhängen auf die Bühne gebracht, so auf dem zweiten Weg ihr zu einer Parabel verdichteter »Sinn«. Frischs aufklärerische Grundposition im Gesellschaftlich-Politischen schließt sich hier mit seiner Ästhetik des Zeigens zu einer Dramaturgie des Engagements zusammen.

Beide Wege, dem Imitiertheater zu entgehen, hat Frisch ausprobiert, den ersten bereits vor der Wendung zu politisch engagierter Dichtung im Jahre 1945. Denn in »Santa Cruz« begegnet jene Überschreitung der Grenzen von Raum und Zeit, von der Frisch in »Theater ohne Illusion« spricht, und wie dort erläutert, dient diese Überschreitung dem Ziel, »seelische Wirklichkeit« (II, 334) sichtbar zu machen. Im Tb I findet sich eine in diesem Zusammenhang aufschlußreiche Stelle über das Phänomen »Zeit«: »Sie wäre damit nur ein Zaubermittel, das unser Wesen auseinanderzieht und sichtbar macht, indem sie das Leben, das eine Allgegenwart alles Möglichen ist, in ein Nacheinander zerlegt« (II, 361). Natürlich folgen die Szenen in einem zeitlichen Nacheinander, aber indem das Zuvor und das Später des Geschehens in einer anderen als seiner zeitlichen Abfolge vorgeführt wird, macht das Nacheinander nur das eigentlich gemeinte Zugleich »sichtbar« und damit das »Wesen«, nämlich das Wesen des Menschen, das eben darin besteht, daß er das Beieinander von Realität und Sehnsucht, von gelebtem und ungelebtem Leben ertragen muß. »Die Sichtbarmachung des Wesens durch Zerlegung des Zugleichs in ein Nacheinander der Zeit« nennt Durzak dies (L 64, 157); dazu ist allerdings zu ergänzen, daß das Stück das Nacheinander selbst aufhebt, indem es ein Ineinander von Vergangenheit, Zukunft und Gegenwart, von Traum und Wirklichkeit bewerkstelligt. Der Kerngedanke, den dieses Prinzip demonstriert, ist die fehlende Identität des Menschen, der sich nämlich niemals realisieren kann, weil »Sehnsucht«, also das Noch-nicht, ja das Niemals des Ich, sein »bestes Teil« ist.

c) »Nun singen sie wieder«

In dem ersten Drama, das die Kehre zu einem politisch ausgerichteten und den Zeitereignissen zugewandten Schriftstellertum zeigt, in dem Anti-Kriegsstück »Nun singen sie wieder«, geht Frisch auf dem Weg der Überschreitung von Raum- und Zeit-Grenzen zum Zwecke des Sichtbarmachens eigentlicher Zusammenhänge noch einen Schritt weiter. Denn hier läßt er nicht nur, wie in »Santa Cruz«,

Vergangenheit, Gegenwart und Zukunft aufeinandertreffen, sondern auch Diesseits und Jenseits, die Welt der Lebenden und das Reich der Toten. Er benutzt das Zugleich beider Bereiche, um die Inhumanität des Krieges zu demonstrieren. Denn indem er sie miteinander konfrontiert, erhält die Welt des Hasses, des Tötens und Leidens ihr Korrektiv durch die das Leben bejahende Gegenwelt der Getöteten. So beginnt z. B. das sechste Bild mit einer ganz und gar idyllischen Szene, deren arkadische Atmosphäre in scharfem, aber gerade darum die Grausamkeit des Krieges enthüllendem Gegensatz zur »Wirklichkeit« steht. Benjamin und Maria, der abgeschossene alliierte Flieger und die von Brandbomben getötete junge Deutsche, begegnen sich in einer Frühlingslandschaft und finden einander in der Trauer um das verlorene Dasein und das unrealisierte Glück: »Und um alles war immer so eine große Erwartung ... besonders im Frühling« (II, 127), sagt Benjamin, und »wir hätten einander lieben können.« (II, 128) Aber direkt im Anschluß an diese Worte läßt Frisch Herbert mit dem Oberlehrer auftreten und konfrontiert so die über das verlorene Leben trauernden Toten mit der Erschießungsszene im Reich der Lebenden. Schon am Anfang des Stücks wählt Frisch eine Technik der Perspektivwechsel: Das erste Bild spielt an der Front, wir werden Zeugen einer Geiselerschießung; das zweite spielt in der (deutschen) Heimat, in der die Menschen im Bombenhagel der Alliierten umkommen; das dritte Bild führt uns die Anschauungen, Ängste und Leiden einer alliierten Bomberbesatzung vor Augen. Immer werden die anderen schuldig gesprochen, immer die anderen als Feinde gehaßt, immer wird die Menschlichkeit der jeweils anwesenden Personen oder ihres Volkes hervorgehoben – allerdings mit der Einschränkung, daß im ersten Bild nur Karl, nicht Herbert, als eine im innersten humane Figur zu verstehen ist. So korrigiert die Sehweise der einen Seite immer die der anderen und demonstriert die Unfähigkeit des Menschen, aus seiner Subjektivität herauszukommen, um Haß und Rachegefühle zu überwinden und so dem Krieg seine Basis zu entziehen. Das Stück führt noch andere Momente menschlichen Fehlverhaltens, andere Ursachen des Vernichtungstriebes vor (Feigheit, Selbstbezüglichkeit, ziellosen und ungebundenen Intellektualismus) – aber entscheidend bleibt doch die Dekuvrierung der Befangenheit des Menschen in seiner verhängnisvoll selbstgerechten Subjektivität, seiner überheblichen Animosität gegenüber allen »andern«. Diese an das Bildnis-Problem rührende Grundthematik des Stücks wird mit Hilfe der die Kategorie von Raum und Zeit, Diesseits und Jenseits überspringenden Dramaturgie der Konfrontation beider Bereiche am deutlichsten in der Schlußszene zum Ausdruck gebracht: Während Jenny am Grab ihres Mannes schwört, den Sohn so zu erziehen, das Haus so zu bauen und das Geschäft so zu führen, wie er es gewünscht habe, ruft ihr Mann aus dem Jenseits: »Es ist ein Irrtum gewesen, Jenny, das meiste!« (II, 134) Während Eduard mit den Worten »Das Schwert des Richters liegt in eurer Hand« und »euer Tod ist nicht umsonst gewesen« für die Zukunft Rache schwört, verurteilt der getötete Funker die Unbelehrbarkeit der Menschen, die sich in Eduards Schwüren zeigt: »sie machen aus unserem Tode, was ihnen gefällt, was ihnen nützt.« (II, 135) Auch hier demonstriert erst das Überschreiten der Grenzen von Raum und Zeit bzw. von Diesseits und Jenseits und damit der Verzicht auf jegliche Form von Wirklichkeitsimitation dem Zuschauer, was es mit der Heldenverehrung auf sich hat.

d) »Die Chinesische Mauer«

Während das »Versuch eines Requiems« genannte Anti-Kriegsstück als Reflex auf die Schrecken des Zweiten Weltkriegs im allgemeinen zu verstehen ist – das Wort »Versuch« im Untertitel kennzeichnet die Zurückhaltung des außenstehenden Schweizers (vgl. dazu die drei Entwürfe eines Briefes im Tb I: II, 469 ff.) –, zieht Frisch in seinem dritten Drama, »Die Chinesische Mauer«, die Konsequenz aus der Entwicklung von Atom- und Wasserstoffbombe. Wie Brecht in der zweiten Fassung seines »Galileo Galilei« oder Dürrenmatt in den »Physikern« reagiert er poetisch auf die möglich gewordene Selbstvernichtung der Menschheit, doch wählt er eine andere Konzeption als Brecht, der auf eine historische Figur zurückgreift, oder Dürrenmatt, der seine Komödie in der Gegenwart spielen läßt. Frisch folgt wiederum dem in »Santa Cruz« entwickelten Prinzip der Überschreitung räumlicher und zeitlicher Grenzen und läßt – wenn auch nur in einem als solches gekennzeichneten Spiel (»Ort der Handlung: diese Bühne« – »Vorspiel«: II, 145) – die Gegenwart in Gestalt des Heutigen mit der Vergangenheit in Gestalt Hwang Tis bzw. der »Masken« Napoleons, Pilatus', Brutus', Philipps von Spanien etc. aufeinandertreffen. Diese Konzeption hat Frisch in allen vier Fassungen beibehalten, die bis heute existieren: der ersten von 1945/46, der sie vor allem in den Szenen 7, 10, 20 (die Nummern beziehen sich auf die letzte Fassung) stark verändernden und um Szene 13 erweiternden Fassung von 1955, der gestrafften Fassung von 1965 und der heute gültigen von 1973.

Diese zwar nicht komplizierte, aber doch bewegte Textgeschichte zeigt, daß Frisch lange dieses oder jenes Problem als nicht gelöst ansah. Dabei handelt es sich vornehmlich um die Frage, wie die Rolle des Intellektuellen bzw. des Dichters in einer durch den Atomtod bedrohten, aber nach wie vor gemäß dem Prinzip des Willens zur Macht regierten Welt zu bestimmen sei und wie man den Widerspruch zwischen Herrschaft und Leiden, Macht und Wahrheit, Gewalt des einzelnen und Recht des Volkes auf die Bühne bringen könne. In der Fassung von 1946 hatte Frisch Min Ko, die Stimme des Volkes, als Intellektuellen konzipiert, der die Gefahren der neuen Zeit kennt und zugleich die Wahrheit vertritt; erst in der Fassung von 1955 unterscheidet er zwischen Min Ko und dem Heutigen. Sie entstand für die von Oscar Fritz Schuh in Berlin vorgenommene Inszenierung, während die Uraufführung der ersten Fassung 1946 im Zürcher Schauspielaus stattfand. Die dritte Fassung, ebenfalls von Schuh angeregt und 1965 in Hamburg uraufgeführt, unterscheidet sich von der zweiten nicht so stark wie diese von der ersten (Schlußszene 20 = jetzige Szene 24 wurde neu geschrieben, Frisch nahm eine Einteilung in zwei Akte mit der Trennung nach Szene 18 vor) und wurde nicht gedruckt. Die vierte Fassung entstand in Zusammenarbeit mit dem Regisseur Miquel und dem Übersetzer Bergerot für das Théâtre National de l'Odéon in Paris und wurde dort 1972 uraufgeführt. Im gleichen Jahr mit dem Untertitel »Version für Paris« versehen und gedruckt, wurde sie auch in die Ausgabe der »Stücke« übernommen und wird seither als gültige Fassung angesehen.

Die Bezüge der »Chinesischen Mauer« zu der in »Santa Cruz« entwickelten Dramaturgie werden besonders deutlich, wenn man die folgenden Äußerungen Frischs nochmals heranzieht: In »Zu ›Santa Cruz‹« spricht er von der »Bühne unseres seelischen Erlebens« und davon, daß die »Dinge« auf der Bühne so gespielt werden sollen, »wie sie in unserem Bewußtsein spielen« (II, 76). In den Anmerkungen zur »Chinesischen Mauer« (»Wo spielt unser Stück?«) im Programmheft zur Uraufführung 1946 heißt es ganz ähnlich, nämlich daß »dieses Theater [...] unsere Seele ja täglich« spiele (II, 217) oder daß wir »eine solche Bühne« im »Kopfe tragen« (II, 218). Gemeint ist mit einer »solchen Bühne« das Zusammentreffen der Gegenwart mit ihren naturwissenschaftlich-technisch bedingten Möglichkeiten, die Welt zu zerstören, und der Vergangenheit mit ihren autokratisch-diktatorischen, volksfeindlich-imperialistischen Prinzipien der Machtausübung. Daß sich angesichts der veränderten Technik die Herrschaftsformen ändern müssen, wenn die Menschheit am Leben bleiben soll, dies ist es, was das Stück vorführen will: »Die Sintflut ist herstellbar. Technisch kein Problem [...] Entscheiden wir uns aber: Es soll die Menschheit geben! so heißt es: Eure Art, Geschichte zu machen, kommt nicht mehr in Betracht.« (II, 206) Die Begegnung des Heute mit dem Gestern hat eine dekuvrierende Funktion: sie deckt die inhumanen Herrschaftsmethoden auf, um sie als für heutige Zeiten tödlich zu entlarven und so zur Veränderung unseres Bewußtseins beizutragen. Doch außer dieser gesellschaftlich-politischen Wirkung resultiert aus der dramatischen Konzeption auch die gattungsmäßige Einordnung des Stücks als Farce.

Frisch hat sich anläßlich der Überarbeitung des Stücks im Jahre 1955 zu der Frage geäußert, in welchem Sinne er »Die Chinesische Mauer« »Eine Farce« nennt. Es handle sich hier um »eine Parodie auf unser Bewußtsein, eine Farce des Inkommensurablen« (II, 225), heißt es da. Sie besteht in dem Beisammen der (schon immer und schon wieder) sich durchsetzenden Machtwillkür der Herrschenden und den (naturwissenschaftlich-technischen) Bedingungen, unter denen unsere heutige Welt existiert. So sagt denn auch der Heutige, zum Publikum gewandt: »Zeit der Handlung: heute abend. (Also in einem Zeitalter, wo der Bau von Chinesischen Mauern, versteht sich, eine Farce ist.)« (II, 145) Aber wie schon das am Anfang (II, 147) und am Schluß (II, 215) auftauchende Motiv der Spieluhr und die letzten Worte in der vorletzten Szene (»Weil die ganze Farce soeben von vorne beginnt ...«: II, 213) erkennbar machen, erweist sich auch unsere Gesellschaft als nicht reif, die Aufgabe der Selbsterhaltung durch Demokratisierung und Humanisierung der Herrschaftsverhältnisse zu lösen. Eben dies demonstriert die Dramaturgie des Zusammentreffens der Jahrhunderte, und darin besteht ihre aufklärerische Funktion. Andererseits ruft diese Konstellation aber auch jene Komik hervor, ohne die eine Farce nicht denkbar ist. Wenn die Maske Romeo die Verse deklamiert

> Was heißt das: Entropie? Was heißt: Atom?
> Ein jeder sagts, doch keiner kanns verstehen.
> Was heißt: der Wärmetod der Welt? Und so.
> Ich fühle bloß: Die Zeit, die Zeit blieb stehn. (II, 147)

so beruht die komische Wirkung auf dem Kontrast zwischen der Zeit, aus der die Maske stammt, dem Drama, dessen Stil sie verwendet, und dem Inhalt bzw. dem Vokabular, das dem Zeitalter der Technik zugehört. Dies ist mit dem Inkommensurablen gemeint, das Frisch als Wesenselement dieser Farce hervorhebt. Natürlich tritt dementsprechend das Farcehafte dann besonders deutlich hervor, wenn weit auseinanderliegende Epochen und entsprechend unterschiedliche Perspektiven aufeinanderstoßen wie z.B. in der Begegnung des Heutigen mit Napoleon; es handelt sich um eine der Passagen, die die aufklärerische Funktion dieser *Dramaturgie der Grenzüberschreitung* deutlich zutagetreten lassen:

NAPOLEON	Europa ist die Welt –
DER HEUTIGE	Nicht mehr, Exzellenz, nicht mehr!
NAPOLEON	– wer ist Herr von Europa?
DER HEUTIGE	Exzellenz! ...
NAPOLEON	Warum sprecht Ihr nicht, Bürger?
DER HEUTIGE	Exzellenz – das Atom ist teilbar.
NAPOLEON	Was heißt das?
DER HEUTIGE	Die Sintflut ist herstellbar. Sie brauchen nur noch den Befehl zu geben, Exzellenz. Das heißt: Wir stehen vor der Wahl, ob es eine Menschheit geben soll oder nicht. Wer aber, Exzellenz, hat die Wahl zu treffen? die Menschheit selbst oder – Sie?
NAPOLEON	Ihr seid Demokrat?
DER HEUTIGE	Ich bin besorgt, ja. Wir können uns das Abenteuer der Alleinherrschaft nicht mehr leisten, Exzellenz, und zwar nirgends auf der Erde; das Risiko ist zu groß.

(II, 148 f.)

Gewiß wirken auch andere Momente bei dem Versuch mit, die Bedrohung der Gegenwart durch die Kriegstechnik erkennbar zu machen; so stoßen die Feigheit des Intellektuellen, die opportunistische Lüge der Mutter, der Absolutheitsanspruch der jeweils herrschenden Weltanschauung und die sich ständig wiederholende Ausbeutung der Massen durch die Mächtigen den Zuschauer ab und machen ihn so auf die Gefahren aufmerksam, die den Menschen der Gegenwart drohen, wenn sie sich nicht auch in diesen Punkten anders zu verhalten lernen. Aber die entscheidende Bedeutung besitzt doch das Aufeinandertreffen der unterschiedlichen Zeiten, d. h. der unterschiedlichen Sehweisen, weil diese Konfrontation die tödlichen Folgen selbstherrlicher Machtausübung in unseren Tagen am deutlichsten zeigt.

Man kann sagen, daß sich in »Die Chinesische Mauer« Frischs Dramaturgie der Überschreitung von Raum/Zeit-Grenzen zum Zweck gesellschaftspolitischer Aufklärung in gewisser Weise vollendet, weil dieses Stück gewissermaßen das Ganze der Zeit, zumindest der Menschheitsgeschichte in deren Anfangs- und Endpunkten zusammenfaßt (bzgl. des Ortes verhält es sich ähnlich: Amerika, Europa, China, Ägypten werden auf die Bühne gebracht). Andererseits muß man feststellen, daß Frisch die Erfahrungen mit dieser Dramaturgie auch später noch durchaus genutzt hat, wenn auch in anderer Absicht. Aber in »Öderland«, in »Biografie: Ein Spiel« und auch in »Triptychon« greift Frisch auf Elemente dieser Dramaturgie der Grenzüberschreitung zurück.

e) »Als der Krieg zu Ende war«

Das auf »Die Chinesische Mauer« folgende Bühnenwerk »Als der Krieg zu Ende war« gilt als »Frischs konventionellstes Drama« (Karasek L 39, 45). Zwar hat Frisch ein paar epische Passagen eingebaut – Agnes orientiert den Zuschauer über Vorgefallenes oder gibt, vor allem im dritten Akt, eine Art moralischer Lehre von sich –, aber sie wirken unnötig, modisch aufgesetzt. Vielleicht hat Brecht, der das Werk in einem Brief vom Juli 1948 freundlich-kollegial kritisierte, auch diese Konventionalität mit im Blick gehabt, als er meinte, Frisch habe hier »dem Theater als einer Institution erheblich weniger zugemutet [...], als es von früheren Stückeschreibern Ihrer Begabung geschah.« (II, 766) Jedenfalls gewinnt »Als der Krieg zu Ende war« Bedeutung nicht wegen seiner ästhetisch-dramaturgischen Eigenheiten, sondern weil Frisch die Bildnis-Thematik hier zum erstenmal in den Mittelpunkt eines poetischen Textes größeren Umfangs rückt.

Das Schauspiel geht auf einen Vorfall im Berlin der Besatzungszeit zurück, von dem Frisch 1947 in Deutschland hörte und den er im Tb I (II, 530 ff. u. 536) notierte. Auch weil er bei der Erzählung von den Warschauer Ereignissen auf historisches Quellenmaterial zurückgriff – er nennt ausdrücklich den »Bericht des Brigadeführers Josef Stroop« (II, 280) –, zählt er das Schauspiel zur »Gattung der historischen Stücke« (II, 278). Es wurde 1947/48 geschrieben, im Juli 1948 abgeschlossen und trug zunächst den Titel »Ihr Morgen ist die Finsternis«; später nannte Frisch es »Judith«, möglicherweise unter dem Einfluß Brechts, der es zwar selbst »Berliner Thema« betitelte, aber auf die in dem Stück verborgene Judith-Geschichte aufmerksam machte (Brief an Frisch vom Juli 1948: II, 766 f.). Der Stoff, vor Frisch u. a. von Hans Sachs, Opitz und Hebbel bearbeitet, erfährt in »Als der Krieg zu Ende war« eine bezeichnende Veränderung. Denn während in dem apokryphen »Buch Judith« die Heldin den Feind (Holofernes) mit ihrer Schönheit betört, um ihn in Sicherheit zu wiegen und umso leichter töten zu können, verkehrt Frisch diese Geschichte insofern in ihr Gegenteil, als in seinem Stück das Feindbild korrigiert und aus tödlichem Haß Liebe wird.

Über den Zusammenhang zwischen der Geschichte von der Frau eines an den Warschauer Vernichtungsaktionen beteiligten deutschen Offiziers, die sich in einen Oberst der russischen Besatzungsarmee verliebt, und dem Bildnismotiv hat sich Frisch sowohl im Tb I als auch im »Nachwort« zu dem Stück – und zwar in völlig gleichem Sinne – geäußert: Was ihn an dem Fall fessele, so Frisch im Tb I, sei die Tatsache, daß »er eine Ausnahme darstellt, ein Besonderes, einen

lebendigen Widerspruch gegen die Regel, gegen das Vorurteil [...]
Überwindung des Vorurteils; die einzig mögliche Überwindung in
der Liebe, die sich kein Bildnis macht.« (II, 536; vgl. II, 279f.) In
Umkehrung der Vorstellung, daß Sprache Kommunikation ermög-
liche, verwendet Frisch hier Sprache als Mittel der Verstellung,
Sprachlosigkeit hingegen als Zeichen unverstellter Gefühlsunmittel-
barkeit: Agnes täuscht ihren im Keller lebenden Mann über ihre
Beziehung zu Iwanow, während die beiden Liebenden einander
sprachlos, und mithin ohne etwas zu verbergen, begegnen können.
Indem die »Sprache als Gefäß des Vorurteils« (II, 536) ihre Macht
verliert, kann das Vorurteil selbst in der Liebe überwunden werden.
In der ersten Fassung hatte Frisch dieses zentrale Thema insofern
weniger deutlich herausgearbeitet, als er dem zweiten Akt, der mit
dem Weggang Iwanows und also mit dem Zerbrechen der Beziehung zwischem ihm und Agnes schließt, noch einen dritten folgen
ließ. In ihm entpuppt sich Horst, der durch sein Auftreten das
Verhältnis zwischen Agnes und Iwanow zerstört hat, mehr und
mehr als charakterloser Befehlsvollzieher in Warschau und opportunistischer Nachkriegsgewinnler: Agnes nimmt sich das Leben, weil
sie Horsts Schuld und Charakterlosigkeit nicht mehr ertragen kann.
Dadurch jedoch wird das Bildnis-Thema in den Hintergrund ge-
drängt. Frisch hat deshalb 1962 den gesamten dritten Akt gestrichen
(nur dadurch unterscheidet sich die zweite von der ersten Fassung)
und auf diese Weise den Grundgedanken des Stücks schärfer hervortreten lassen.

Die Erkenntnis, daß der dritte Akt das Thema des Stücks eher
verhüllt als zur Geltung bringt, geht allerdings mindestens schon auf
das Jahr 1949 zurück. Im Tb I setzt sich Frisch aus Anlaß der
Uraufführung des Stücks am 8. 1. 1949 mit Wesen und Unwesen der
Kritik auseinander und erklärt, offensichtlich im Hinblick auf die
Rezensenten von »Als der Krieg zu Ende war«: »man spürt, wie froh
sie darum sind, daß der dritte Akt mißraten ist – ich hätte ihnen einen
größeren Gefallen nicht tun können.« (II, 639) Daß Frisch in die
Buchausgabe, die ebenfalls 1949 erschien, den dritten Akt trotzdem
aufnahm und das Stück nicht schon zwischen Uraufführung und
Buchausgabe durch Streichung des dritten Aktes überarbeitete,
dürfte auch damit zusammenhängen, daß die beiden ersten Akte
quantitativ kaum für eine selbständige Publikation ausgereicht hätten.

Wesentlich komplizierter ist die Textgeschichte von Frischs oft als letztlich mißglückt geltender »Moritat« »Graf Öderland«; der Autor selbst hat die Arbeit als das ihm »liebste« und »lebendigste«, aber auch als »kein gelungenes Stück« bezeichnet (W 77, 34). Erste Spuren dieses Werks finden sich abermals im Tb I; diesmal handelt es sich sogar um eine Reihe von Texten, die erste Hinweise auf das Stück geben und später in ihm verarbeitet wurden: die durch die Lektüre eines Inserats ausgelöste Erzählung von einem Professor, dessen Leiche aufgrund eines von einem Hellseher gegebenen Hinweises aufgefunden wird (II, 362); die »Aus der Zeitung« überschriebene Anekdote von einem Kassierer, der ohne irgendein Motiv seine Familie erschlägt (II, 403 f.); schließlich gehört zu den ersten Spuren des »Öderland«-Stücks im Tb I auch die Passage »Am See« (II, 404 ff.), in der sich erstmals Äußerungen Frischs zum Ausbruch aus der reglementierten Eintönigkeit unseres Lebens finden. Daß indessen auch »Skizze«, der letzte fiktionale Text im Tb I, mit »Graf Öderland« zu tun hat, wurde bisher in aller Regel übersehen. Dabei spielt der Hellseher in Frischs Stück nur eine vergleichsweise unbedeutende Rolle, und die Kassierer-Geschichte übernimmt Frisch nur unter Tilgung des eigentlich entscheidenden Motivs der grundlosen Tat; denn im Stück führt der Mörder sein Handeln letzten Endes auf die Lebensöde und Sinnentleerung eines zivilisatorisch bis in alle Einzelheiten reglementierten Daseins zurück, weiß also einen Grund für seine Tat zu nennen. Der in »Skizze« geschilderte Ausbruchsversuch des Rechtsanwaltes Schinz hingegen ähnelt dem des Staatsanwalts nicht nur äußerlich – z. B. durch das beiden Texten gemeinsame Motiv des Schnees, der den Übergang von der Realität in die Gegenwart der Freiheit signalisiert, oder durch den nach dem Ausbruchsversuch eintretenden Tod des Hundes –, sondern vor allem darin, daß es sich jeweils um eine Abkehr von den Normen der Gesellschaft, auch von deren eingefahrenen Denkweisen handelt. Während der Staatsanwalt den Mord des Angeklagten als Ausdruck der alles Leben tötenden Eintönigkeit des reglementierten Daseins begreift, versteht der Rechtsanwalt plötzlich, daß man die als Verbrechen bezeichneten Handlungsweisen auch unter einem sozialen Aspekt sehen kann, wodurch sie sich ganz anders darstellen, vor allem nicht mehr einfach auf die Freiheit des Willens zurückgeführt und also als Schuld aufgefaßt werden können. Beide stellen sich außerhalb der Gesellschaft, beide betreten eine Gegenwelt; zwar wird der eine zum Täter, der andere zum Opfer, aber eben dadurch erscheint die Schinz-Episode wie eine

Gegenvariante zur »Öderland«-Geschichte und insofern dem »Öderland«-Komplex durchaus zugehörig.

Zu ihm zählen außer den genannten vier Stücken der szenische Entwurf »Der Graf von Öderland«, den Frisch im Tb I dem Jahr 1946 zuordnet und der sieben Szenen umfaßt. Von allen sonstigen Unterschieden zu den Bühnenfassungen abgesehen, fehlen noch die Eingangsszene und die in der Kanalisation, in der Residenz, in dem beschlagnahmten Haus des Staatsanwalts spielenden Szenen. Sie sind aber bereits in der im Jahre 1950 erarbeiteten, im Februar 1951 in Zürich uraufgeführten ersten Fassung des Stücks enthalten. Die Aufführung war ein Mißerfolg. Die 1956 von Fritz Kortner geplante Inszenierung führte zu einer Umarbeitung der Szenenfolge. Neben einer Erweiterung von 10 auf 11 Bilder und einer Reihe von Abänderungen ist vor allem die Politisierung der Handlung auffällig: »Ich rückte das ganze Stück in den aktuellen Vordergrund, wo es im Grund seines Wesens unverständlich werden mußte [...] Am Schluß verbeugten wir uns vor einem Publikum, das eine Hitler-Karikatur glaubte gesehen zu haben.« (»Werkbericht«: III, 93) Wohl sind Bezüge zu Brechts »Arturo Ui« vorhanden, aber anders als Brecht arbeitet Frisch nicht mit der Karikatur, sondern mit dem Mythos, der Sage, der Legende. Jedenfalls fühlte er sich völlig mißverstanden und sperrte Buchausgabe und Aufführungsrechte. Die dritte Fassung entstand 1961 und schließt sich – nicht nur, weil sie als einzige in Szene V die Begegnung mit den Köhlern vorführt – am engsten an den szenischen Entwurf im Tb I an. Frisch selbst schrieb an Siegfried Unseld, den Nachfolger seines verstorbenen Verlegers Peter Suhrkamp, daß er das Stück nunmehr »vom Direkt-Politischen der zweiten Fassung wie auch vom Privaten der ersten Fassung [...] weggenommen habe in Richtung auf den Spuk, was es in der ersten Skizze war« (III, 840). Am leichtesten kann man dies an der Gestaltung des Schlusses erkennen: In der Fassung von 1951 sucht der Graf sozusagen seinen pivaten Tod, indem er Selbstmord begeht, weil er mit der Paradoxie, in die er geraten ist, nicht fertig wird; in der zweiten Fassung stellt er sich in einer etwas heldenpathetischen Szene als Verräter seinen Mitrevolutionären; die dritte Fassung hingegen besitzt einen offenen Schluß, der nach Frischs Aussage allein dem Wesen der Öderland-Figur entspricht (III, 93): Der Staatsanwalt, dem sich zum Zeichen, daß er nun die Macht übernehmen soll, die Tore der Residenz öffnen, möchte aus dem Alptraum seiner paradoxen Situation erwachen (»Erwachen – jetzt: rasch – jetzt: erwachen – erwachen – erwachen! ...«); und er »bleibt sitzen unter den Klängen der Musik« (III, 89), trifft also keine Entscheidung in der Frage der Machtübernahme.

Die Aufforderung zu erwachen, kommt zweimal vor. Das erstemal richtet sie der Staatsanwalt an sich selbst, beim zweitenmal hingegen heißt es nicht – wie vorher – »Ich habe geträumt« (III, 83), sondern – und zwar unmittelbar vor der Aufforderung zu erwachen – »Man hat mich geträumt« (III, 89). Diese Verallgemeinerung kennzeichnet den Ausbruch in die Freiheit als einen Menschheitstraum, der sich allerdings in einer Rebellion nicht verwirklichen läßt, weil sie zu jener Paradoxie führt, die der Präsident auf folgende Weise beschreibt: »Wer, um frei zu sein, die Macht stürzt, übernimmt das Gegenteil der Freiheit, die Macht« (III, 89). Das »erwachen!« richtet sich also an die Menschheit – konkret: an das Publikum – und besitzt insofern durchaus eine politische Komponente: Wir sollen nicht den Wunsch nach Freiheit aufgeben, sondern nach einem Weg suchen, der aus dem Alptraum der Paradoxie von Macht und Freiheit herausführt. Aus diesem Grund dürfte Durzak, der Frisch »fehlende politische Reflexion« vorwirft (L 64, 194), wohl einem groben Mißverständnis erlegen sein. Gerade die Offenheit des Schlusses muß man als Zeichen politischen Engagements verstehen, das den Rezipienten zum Nachdenken auffordert, und so dürfte auch Brecht das Stück verstanden haben, der sich gerade bei diesem Werk, das ihm doch ohne die kritisch-politische Komponente fremd geblieben wäre, um die Lösung von Inszenierungsproblemen kümmerte (vgl. dazu III, 839).

Daß sich das Publikum zur Reflexion darüber aufgerufen fühlt, wie der Freiheitswille des einzelnen in einer ganz und gar reglementierten Umwelt zu realisieren sei, hängt auch mit dem Verfahren Frischs zusammen, das Rebellionsgeschehen aus seiner bloßen Legendenhaftigkeit zu lösen und es in eine (fiktionale) Realität zurückzuholen. In ihr hatte das Stück begonnen, aber schon am Schluß der ersten Szene, mit der Regieanweisung »der Staatsanwalt sieht zu, als wäre es nicht getan, sondern bloß gedacht« und der Anspielung Hildes auf die Öderland-Sage (III, 12 f.) verläßt das Geschehen den Bereich fiktionaler Wirklichkeit und begibt »sich in einen sogenannt phantastischen Raum«. Der Übergang ins Reich der Sage und der Legende bewirkt zweifellos einen Verfremdungseffekt, den Frisch auch bezweckte, denn er fügt an: »der Zuschauer soll die Geschichte erst dann, wenn er sie als Ganzes kennt, mit unserer Wirklichkeit konfrontieren.« (III, 839; Anmerkung Frischs »Zur Inszenierung« der ersten Fassung) Dies wird durch die Rückkehr zur fiktionalen Realität am Schluß bewerkstelligt (vgl. dazu die schmutzigen Stiefel als Indiz für die Wirklichkeit des Vorgefallenen). Insofern greift Frisch hier nochmals auf Elemente der von ihm in den vorausliegenden Stücken erprobten Dramaturgie der Grenzüberschreitung zurück: Zunächst führt er den Zuschauer aus der fiktionalen Wirklichkeit heraus und läßt ihn auf diese Weise Abstand zum Geschehen gewinnen; dann aber holt er ihn in die Wirklichkeit zurück, so daß es nicht etwa bei der Unverbindlichkeit einer weit entrückten Sage bleibt. Das Zusammentreffen des (Verfremdung bewirkenden) Phantastischen mit dem (fiktional) Wirklichen ruft das Publikum auf, die eigene Situation zu überdenken, »die Geschichte [...] mit unserer Wirklichkeit [zu] konfrontieren«.

Zu dieser Wirkung trägt gewiß auch der Verlauf der Handlung selbst bei. Holzschnittartig gearbeitet, führt sie in groben Zügen den Weg in die Aporie vor, und die Übertragung ins Phantastische, d. h. die Verfremdung, bildet das notwendige ästhetische Gerüst solcher Vergröberung. Insofern eignet schon »Graf Öderland« der Grundzug des Parabolischen: das Stück läßt sich als Parabel von der Vergeblichkeit der Rebellion des einzelnen, von der Paradoxie von Freiheit und Macht, von der Daseinsentleerung durch öde, mechanistisch geordnete Zivilisation lesen. Die Moritat stellt den Übergang von einer Dramaturgie der Grenzüberschreitung zu einer *Dramaturgie des Parabolischen* dar, dem zweiten Weg, auf dem Frisch dem Imitiertheater zu entgehen suchte.

g) Der »Biedermann«-Komplex

»›Biedermann und die Brandstifter‹ sowie ›Andorra‹ haben sich vor dem Imitiertheater zu retten versucht in die Parabel«, erklärt Frisch in »Illusion zweiten Grades« und erwähnt dabei Brecht, der auf diese Entwicklung einen bedeutsamen Einfluß ausübte. Was Frisch unter einer Parabel versteht, deckt sich weitgehend mit dem literaturwissenschaftlichen Begriff: »Sinn-Spiel: Realität, die gemeint ist, wird nicht auf der Bühne imitiert, sie kommt uns zum Bewußtsein lediglich durch den ›Sinn‹, den das Spiel produziert« (V, 477). Dieser Sinn läßt sich freilich nicht eindeutig festlegen, Vieldeutigkeit stellt einen Grundzug der Parabel dar. So wurde »Biedermann und die Brandstifter« denn auch als Parabel des untergehenden Bürgertums im Kapitalismus, als Parabel von der Machtergreifung Hitlers, als Parabel vom Umsturz in der Tschechoslowakei 1948 verstanden. Diese letzte Interpretation läßt sich damit stützen, daß sich die erste Fixierung der Biedermann-Geschichte, die aus einer »Burleske« überschriebenen Prosa-Skizze in Du-Form besteht, im Tb I direkt im Anschluß an die Mitteilung vom Umsturz in der Tschechoslowakei findet (II, 556 f.). Sie enthält im Gegensatz zum Szenarium des

»Grafen Öderland« bereits alle wesentlichen Handlungsmomente, ist also zu Ende geführt. Die erste umfänglichere Behandlung der Geschichte von dem Haarwasserfabrikanten mit dem sprechenden Namen Biedermann, der aus Angst und Opportunismus zwei Landstreichern Unterschlupf gewährt, obwohl er deren Identität mit den gesuchten Brandstiftern von Anfang an ahnt, verdanken wir dem Bayrischen Rundfunk, der 1952 Frisch den Auftrag erteilte, ein Hörspiel zu verfassen, und ihn, als der Autor nach einem Stoff suchte, auf das Tb I verwies. Das Hörspiel »Herr Biedermann und die Brandstifter«, das 1953 gesendet wurde, besitzt alle wesentlichen Momente, die auch das Bühnenstück prägen, welches Frisch auf Anregung des Zürcher Schauspielhauses im Oktober und November 1957 verfaßte und mit dem stärker generalisierenden Titel »Biedermann und die Brandstifter« versah. Allerdings fehlt im Hörspiel nicht nur der Intellektuelle, »Dr. phil.« genannt, eine Variante des »Dr. jur.« in »Die Chinesische Mauer«, sondern auch die dramaturgische Technik unterscheidet sich – dem andersartigen Medium entsprechend – von der des »Lehrstücks ohne Lehre«. Damit ist nicht gemeint, daß z. B. die Dialogführung im Bühnenstück noch komischer, noch einfallsreicher wirkt als im Hörspiel, sondern daß sich die epischen Mittel wandeln. Im Hörspiel tritt ein Verfasser auf, der Herrn Biedermann eine von ihm erdachte Geschichte (mit diesem Herrn Biedermann im Mittelpunkt) spielen läßt, die Handlung ist also bekannt; entsprechend kann der Verfasser vorausdeuten oder Herrn Biedermann verulken, weil er alle Geschehnisse schon kennt. So ist nach Auskunft des Verfassers z. B. Schmitz' Darstellung seiner Lebensgeschichte, »was nur Herr Biedermann nicht merkt, nichts als ein schmitziger Schwindel« (IV, 286). Vor allem informiert der als Spielleiter fungierende Verfasser – das Vorbild Wilder ist, stärker noch als in »Santa Cruz«, deutlich zu erkennen – den Leser über die Gedanken des Herrn Biedermann; dies freilich tut er nicht, um die Neugier des Hörers zu befriedigen, sondern um Herrn Biedermann ironisch bloßzustellen, was im folgenden mit Hilfe des parodistischen Gebrauchs der erlebten Rede und des inneren Monologs geschieht: »Und gesetzt den Fall, die beiden Gesellen führten wirklich etwas im Schilde, gerade dann wäre es nicht ratsam grob zu werden. Solange ich ihr Freund bin, werden sie wenigstens mich verschonen.« (IV, 302) Im Bühnenstück hingegen übernimmt der Chor – komisch-parodistische Variante des antiken Vorbilds – die Funktion, das Geschehen zu kommentieren, ohne jedoch eigentlich allwissend zu sein; am Ende zieht er eine provokative Bilanz:

Sinnlos ist viel, und nichts
Sinnloser als diese Geschichte:
Die nämlich, einmal entfacht,
Tötete viele, ach, aber nicht alle
Und änderte gar nichts. (IV, 388)

Es handelt sich um eine Parodie auf die ersten Zeilen des ersten
Stasimon aus Sophokles' »Antigone«:

Ungeheuer ist viel und nichts
Ungeheurer als der Mensch.

Während Sophokles den »klugen Menschen« darstellt, den es »zum
Bösen [...] bald / Und bald zum Guten« treibt, zeigt die Geschichte
Frischs nur die Sinnlosigkeit des in »Biedermann und die Brandstifter« vorgeführten Verhaltens. Denn das dort eintretende Geschehen
vermag – auch dies im Gegensatz zur antiken Tragödie – niemanden
zur Einsicht zu führen oder gar zu verändern. Dies meint Frisch,
wenn er das Werk »Ein Lehrstück ohne Lehre« nennt. Zwar hat es,
wie jede Parabel, eine didaktische Grundstruktur, die sich vor allem
in den Kommentaren des Chors Geltung verschafft; aber da es zeigt,
daß sich nichts ändert und niemand etwas lernt, fehlt ihm – im
Widerspruch zu der von ihm selbst vertretenen Gattung des Parabelstücks – die eigentliche »Lehre«. Das »Nachspiel«, das Frisch im
Juni 1958 zur Aufführung des nicht abendfüllenden »Biedermann«
in Frankfurt schrieb (bei der Uraufführung in Zürich hatte Frisch
noch den Schwank »Die große Wut des Philipp Hotz« nachspielen
lassen), hebt die Unbelehrbarkeit Biedermanns und seiner Gattin
noch hervor. Denn im Jenseits angekommen, sind beide völlig sicher, im Himmel zu weilen, da sie sich nicht als Täter, sondern als
unschuldige Opfer fühlen, und sie empfinden es daher als Ungerech-
tigkeit, als sie merken, daß man sie der Hölle zugewiesen hat.

h) »Andorra« und die Technik poetischer Provokation

Nach dem Mißerfolg des »Öderland«-Dramas gelang Frisch mit
»Biedermann und die Brandstifter« ein Erfolgsstück, das im In- und
Ausland große Beachtung fand. Im Interview mit Bienek gesteht
Max Frisch: »Ich habe nicht damit gerechnet, daß ich von diesem
Haarölschwindler leben werde.« (W 64, 32) Im deutschen Sprach-
raum war nur noch »Andorra« erfolgreicher, das letzte Werk
Frischs, das er selbst zum »engagierten Theater« (W 77, 36) zählt.
Die Fabel notierte er 1946 im Tb I, begann aber erst nach »Bieder-

mann und die Brandstifter« 1958 mit der dramatischen Bearbeitung
des Stoffes, die bis ins Jahr der Uraufführung (1961) dauerte (insgesamt gab es fünf nicht erhaltene Fassungen). Im Gegensatz zu »Biedermann« ist »Andorra« bis auf den heutigen Tag umstritten. Im
deutschsprachigen Raum als Kunstwerk gleichermaßen geschätzt
wie verworfen, stieß es im Ausland, vor allem in den USA, weitgehend auf Unverständnis, und auch die heutigen Interpreten sind sich
keineswegs darüber einig, wie das Werk zu verstehen ist.

Während manche Kritiker dem Stück eine antisemitische Tendenz
vorwerfen (vgl. dazu Bänziger L 23, 110) – schon aus Anlaß der
ersten Aufführung hatte sich Torberg (L 210) in diesem Sinne geäußert –, weil Andris Untergang bloß auf einem Mißverständnis beruhe, das das Rassenvorurteil mehr bekräftige als in Frage ziehe,
erklärt Karasek, »daß das Stück [...] dem Zuschauer Gefahr und
tödliche Mechanik des Vorurteils« vor Augen führt (L 39, 86);
während Durzak Frisch zwar didaktische Absichten konzediert,
ihm aber den Vorwurf macht, das »Phänomen des Antisemitismus
[...] als geschichtliches Faktum unangetastet« zu lassen (L 64, 230),
hält Pütz dem entgegen, daß Frisch gar nicht die Absicht verfolgt
habe, Historie aufzuarbeiten, sondern – im Gegenteil – zeige, daß
»eine fundierte Auseinandersetzung mit dem historischen Phänomen des Nationalsozialismus [...] noch gar nicht begonnen hat« (L
221, 42); und während sich die meisten Interpreten wenigstens darin
einig sind, daß Rassendiskriminierung im besonderen und Vorurteilsverfallenheit im allgemeinen am Beispiel der Andorraner als
menschliche Grundhaltung zugleich dekuvriert und verworfen werden, erklärt Jurgensen, Andris »grausames Ende« müsse »als Selbstmord bezeichnet werden« und sei Folge seiner »Egozentrizität« (L
41, 81).

Einige dieser Streitfragen müßten sich einer Entscheidung nahe-
bringen lassen. Befragt man nämlich den Autor selbst, wie Arnold es
getan hat, so erhält man die Antwort, »Andorra« sei »für viele
Zuschauer doch, wenn auch ein Anfängerkurs, aber doch ein Kurs
gewesen in der Beschäftigung mit dem Phänomen Vorurteil – Mas-
senvorurteil – das hat wohl schon ein gewisses Bewußtsein ge-
schärft.« (W 77, 37) Daraus geht hervor, daß eine adäquate Bewältigung der grausigsten Phase deutscher Geschichte in der Tat nicht
beabsichtigt war, daß jedoch immerhin »Bewußtseinsklärungspro-
zesse« (ebd.) ausgelöst werden sollten und daß nicht eigentlich
Andri, sondern die Andorraner im Mittelpunkt stehen (»Massen-
vorurteil«). Bezeichnend ist in diesem Zusammenhang ja schon die
Änderung der Überschrift »Der andorranische Jude« in »Andorra«.
Scheint der Titel im Tb I Andri in den Mittelpunkt zu stellen, so

betont der viel allgemeinere des Bühnenstücks eher das Verhältnis, in dem die Andorraner und Andri zueinander stehen. Darauf weist auch die Vorbemerkung zur Bühnenfassung hin. Sie stellt nicht nur klar, daß mit Andorra weder die Schweiz noch irgendein anderer Kleinstaat, erst recht nicht der Kleinstaat gleichen Namens, gemeint ist, sondern auch, daß Andorra »den Namen für ein Modell« abgibt (IV, 462). Zu dem Begriff des Modells hat sich Frisch schon vor Vollendung des Stücks geäußert (das noch 1960 »Modell Andorra« hieß; vgl. IV, 579); in *Die Schweiz ist ein Land ohne Utopie* « von 1960 schreibt Max Frisch: »das ›Andorra‹ meines nächsten Theaterstücks [ist] nicht mehr und nicht weniger als das Modell einer Gemeinschaft, die mit sich selber nicht identisch ist« (IV, 258). Was er damit meint, läßt sich wohl am ehesten dem Kontext des Prosaentwurfs im Tb I entnehmen. »Der andorranische Jude« findet sich dort vier Seiten nach jenem berühmten Abschnitt, der mit dem Gebot »Du sollst dir kein Bildnis machen« überschrieben ist, und die Prosaskizze schließt mit einer als Interpretation zu verstehenden Passage, die auf dieses Gebot nochmals Bezug nimmt: »Du sollst dir kein Bildnis machen, heißt es, von Gott. Es dürfte auch in diesem Sinne gelten: Gott als das Lebendige in jedem Menschen, das, was nicht erfaßbar ist. Es ist eine Versündigung, die wir, so wie sie an uns begangen wird, fast ohne Unterlaß wieder begehen – // Ausgenommen wenn wir lieben.« (II, 374) Alle Andorraner entwerfen zufolge ihres Vorurteils ein Bild von Andri, zwingen ihm eine Rolle auf, die dieser dann, um mit sich selbst identisch zu werden, schließlich annimmt. Wie im Tb I taucht die Bildnisthematik also als Doppelproblem auf, als Versündigung derer, die den Menschen entsprechend ihrem Vorurteil festlegen, und als innere Not dessen, der, um mit sich ins Reine zu kommen, den Entwurf der Umwelt akzeptiert. Man könnte sogar eine dritte Dimension dieser Problematik darin erblicken, daß selbst diejenigen, die – wie Andris Eltern – nicht der Repression schuldig werden, gleichwohl dem rassistischen Vorurteil erliegen. Denn wenn der Vater zunächst Andris jüdische Herkunft beteuert, so heißt das doch, daß er die Sonderstellung eines Menschen aufgrund seiner Rasse akzeptiert, zumindest toleriert, jedenfalls das Vorurteil seiner Umwelt ausnutzt; und wenn er später – wie auch Andris Mutter – den Irrtum richtigzustellen sucht, so doch ebenfalls unter der stillschweigenden Anerkennung rassischer Besonderheit: Eigentlich müßten sie sich für Andri einsetzen, ohne seine angebliche rassische Eigenart zu verteidigen oder abzustreiten, d. h. sie müßten, gegen das rassistische Vorurteil selbst angehend, für Andri als menschliches Wesen einstehen.

Aber angesichts der ans Grundsätzliche rührenden Äußerungen

Frischs zum Bildnis-Thema muß man sich hüten, das Stück als Versuch zu interpretieren, Rassismus überhaupt und den der Nationalsozialisten im besonderen zu geißeln. Pütz hat gewiß recht, wenn er formuliert: »So sehr sich das Drama versteht als Darstellung gesellschaftlichen Rollenzwangs, versinnbildlicht am Modell ›Andorra‹, demonstriert am historischen Beispiel des Antisemitismus, kritisch bezogen auf eine fehlende oder verfehlte Auseinandersetzung der Nachkriegsdeutschen mit ihrer Vergangenheit, so sehr werden die hier in Verbindung gebrachten Probleme zu einem universalen Befund ausgeweitet.« (L 221, 43) Ihn dem Zuschauer nahezubringen, benutzt Frisch einerseits die Parabel mit ihrem prinzipiell didaktischen Gepräge – »Die Parabel impliziert Lehre« (V, 477) – und andererseits eine vom epischen Theater Brechts bekannte, hier allerdings leicht abgewandelte Technik: Die Bühne wird in einen »Spielraum« und den »Vordergrund« mit »Zeugenschranke« geteilt; vor sie treten sieben Andorraner und erläutern retrospektiv ihr Verhalten, was – abgesehen vom Padre – jeweils ihre Uneinsichtigkeit enthüllt. Anders als bei Brecht, reden sie nicht ad spectatores, sondern stehen quer zum Publikum und sollen auf diese Weise den Zuschauer nicht zum Richter, sondern zum Mitzeugen machen. So unterstellt Frisch ihm die gleiche Uneinsichtigkeit, die sie zu erkennen geben. Wie aber, so ist zu fragen, kann das Publikum aus den selbstgerechten Entschuldigungen der Andorraner etwas lernen, wenn es sich mit ihnen identifizieren soll?

Wir stehen hier, bei dem letzten Beispiel für Frischs Drama des gesellschaftlichen Engagements, vor der gleichen Frage wie bei seinem ersten. Schon in »Nun singen sie wieder« ziehen die Überlebenden aus ihren leidvollen Kriegserfahrungen keine Konsequenzen, sie geloben vielmehr, die Toten zu rächen, den Haß also weiter zu schüren; »Die Chinesische Mauer« endet mit der Perpetuierung der Farce, die Menschen haben nicht gelernt, daß die alte Art der Machtausübung im Atomzeitalter zur Vernichtung des gesamten Lebens führt; auch »Graf Öderland« endet in einer Aporie, im Widerspruch von Macht und Freiheit, ohne daß eine Lösungsmöglichkeit angedeutet würde. Es scheint, als lasse Frisch alles beim alten, da er doch keinen Weg aus den Schwierigkeiten weist, und insofern ist verständlich, wenn man ihm einen Mangel an politischen Perspektiven vorwirft. Auch in »Andorra« scheint ja jede Hoffnung auf Veränderung der gesellschaftlichen Zustände, des menschlichen Bewußtseins und des persönlichen Verhaltens zu fehlen. Ohne sie ist jedoch jede »Lehre«, jedes gesellschaftliche Engagement sinnlos, da es doch keinen Lernprozeß auszulösen scheint, weshalb man fragen möchte, ob nicht Frischs Dramen aus den Jahren 1945 bis 1961 ihr Ziel völlig verfehlen.

Wollte man dies behaupten, so würde man davon ausgehen, daß eine Einwirkung auf Bewußtsein und Verhalten nur dann zustande kommt, wenn der Rezipient gewissermaßen angewiesen wird, wie er den Verlauf eines Stückes zu verstehen, was er aus ihm zu lernen habe. In Brechts »Kaukasischem Kreidekreis« z. B. ist das der Fall, und den »Epilog« zu »Der gute Mensch von Sezuan« schließt Brecht mit der Aufforderung ans Publikum, sich »selbst den Schluß« zu suchen. Bei Frisch fehlen nicht nur Anweisungen, es fehlt auch die bei Brecht im Stück verborgene Lösung, und es fehlt die Aufforderung ans Publikum. An ihre Stelle tritt die Provokation des Rezipienten; sie besteht darin, daß ihm auf der Bühne zwar einerseits die Inhumanität des Krieges, die Gefahren des Atomzeitalters, die Aufhebung individueller Freiheit im Verwaltungsstaat, die tödlichen Wirkungen des Vorurteils vor Augen geführt, daß ihm aber andererseits keine Vorschläge gemacht werden, wie man den Gefahren entgehen, wie man die Wirklichkeit verändern kann: der Zuschauer kann nur die Unfähigkeit des Menschen, aus seinen Erfahrungen zu lernen, sein Verhalten zu ändern, Freiheit und Leben zu sichern, zur Kenntnis nehmen. Die Provokation besteht darin, daß er sich entweder mit den lernunfähigen Bühnenfiguren identifizieren oder sich von ihnen distanzieren muß; wählt er die Distanzierung, so bedeutet das, daß er sich aufgerufen fühlt, durch die Veränderung seiner selbst und seiner Welt die Behauptung von der Unveränderbarkeit des Menschen und des Daseins, die das Stück aufstellt, zu widerlegen. Frisch versucht also mit dem Mittel der Provokation zu erreichen, was sonst die direkte Hinwendung an den Zuschauer bezweckt: die Veränderung menschlichen Denkens und Handelns. In diesem Sinne erweist sich Frischs Dramaturgie des gesellschaftlichen Engagements als eine *Dramaturgie der Provokation*.

Im Tb I findet sich eine Passage, in der Max Frisch diese dramaturgische Konzeption begründet. In einer Diskussion mit Studenten, notiert er, »zeigt sich bald«, daß die Zuschauer »von einem Schauspiel [erwarten], daß es eine Lösung liefere. Das kommt immer wieder vor; Bedürfnis nach Führung.« Er hält dem entgegen, daß nichts gewonnen wäre, wenn der Autor Lösungen präsentieren würde; denn in diesem Fall handelte es sich um die persönliche Ansicht des Autors, die als solche vollkommen wirkungslos bliebe: »Was würde geschehen? Nichts.« Die Antwort auf die von einem Schauspiel aufgeworfenen Fragen müsse der Zuschauer selber geben, denn die »Lösung ist immer unsere Sache, meine Sache, eure Sache.« Deshalb umreißt Frisch im Anschluß an das Ibsen-Zitat »Zu fragen bin ich da, nicht zu antworten« seine Konzeption von der Wirksamkeit des Theaters auf folgende Weise: »Als Stückschreiber hielte ich meine Aufgabe für durchaus erfüllt, wenn es einem Stück jemals gelänge, eine Frage dermaßen zu stellen, daß die Zuschauer von dieser Stunde an ohne eine Antwort nicht mehr leben können – ohne ihre Antwort, ihre eigene, die sie nur mit dem Leben selber geben können.« (II, 467) Bewußt verzichtet er also auf Lösungsangebote; stattdessen will er den Zuschauer – durch Provokation – dazu bewegen, selbst eine Antwort auf die gestellten Fragen zu suchen und sein Bewußtsein wie sein Dasein (sein »Leben«) entsprechend zu ändern.

An dieser Stelle zeigt sich wieder der aufklärerische Charakter seiner Ästhetik, hier: seiner Dramaturgie der Provokation. Es geht darum, den Menschen aufzurütteln und ihn auf seine eigenen Probleme aufmerksam zu machen, damit er sich seine Lösungen überhaupt suchen kann: »Wenn ich Ihnen Erfahrungen, die Sie haben, evident machen kann, und Sie kommen zu einer Stellungnahme – damit emanzipiere ich Sie.« (Interview mit Schülern: W 78, 124)

i) »Wilhelm Tell für die Schule«

Mit dem Mittel der Provokation, die hier freilich auf das mythisch geprägte Nationalgefühl des Schweizers zielt, arbeitet Frisch auch in seiner Prosaarbeit »Wilhelm Tell für die Schule«, die auf eine Anregung Brechts zurückgeht. In der »Schillerpreis-Rede« von 1965 heißt es: »der pfiffige Vorschlag von Brecht, ich solle ein Tell-und-Rütli-Stück schreiben, das den Bauernaufstand der Vierwaldstätte als reaktionär zeigt gegenüber der Habsburger-Utopie, ist, wenn auch auf aktuell-demagogische Legitimation heutiger Vögte hin gedacht, der geschichtlichen Wirklichkeit näher als das Idol, das wir Friedrich Schiller mit dem Rütli-Denkmal gedankt haben« (V, 363). Auch im Tb II, in den »Erinnerungen an Brecht«, berichtet Frisch: »Eine Zeit lang bedrängte mich Brecht, ich solle als Schweizer endlich ein Tell-Stück schreiben. Zu zeigen wäre, daß der Bauernaufstand der Vierwaldstätte zwar erfolgreich war, aber reaktionär gegenüber der Habsburger-Utopie, eine Verschwörung von Querköpfen.« (VI, 25) Der Anstoß zur Bearbeitung des Tell-Stoffs geht also auf das Jahr 1948 zurück, unmittelbarer Anlaß für die Arbeit an »Wilhelm Tell für die Schule« wurde jedoch das Attentat der Palästinensischen Befreiungsfront auf den Flughafen Zürich-Kloten am 18. 2. 1969: »Die Aussage der Verhafteten, die sich auf Wilhelm Tell beriefen, hat mich irritiert.« (W 68) Statt eines Bühnenstücks hat Frisch einen Prosatext geschrieben, der ursprünglich Teil des Tb II sein sollte, aber seines Umfangs wegen 1971 selbständig veröffentlicht wurde.

Wenigstens zwei Ideen Brechts finden sich in dem Text wieder: die Vorstellung von der reaktionären Verschwörung dreier Grundbesitzer (»Die Idee, ein Volk der Hirten habe sich verschworen, ist späteren Datums und verkennt den mittelalterlichen Geist der Verschwörung vom 1. 8. 1291«: VI, 447, Anm. 45) und der Vorschlag, den Mythos von Tell und Rütli-Schwur für eine kritische Durchleuchtung der Gegenwart fruchtbar zu machen. Beides führt zu einer ironischen Durchstoßung des Mythos, der nach Frisch in der Tat »von Zeit zu Zeit demontiert werden muß« (VI, 509). Die Demontage des den Schweizer scheinbar als Ur-Demokraten und Verfechter persönlicher Freiheit ausweisenden Mythos erreicht Frisch mit vielfältigen Mitteln. Gleich der erste Satz entzieht der Tell- und Rütli-Geschichte ihren historischen Wirklichkeitsgehalt, weil er völlig offen läßt, wer der Landvogt Gessler eigentlich gewesen ist: »Wahrscheinlich Konrad von Tillendorf [...], vielleicht auch ein anderer, der Grisler hieß und in den gleichen Diensten stand, jedenfalls aber ein Ritter ohne Sinn für Landschaft« (VI, 407). Gerade die Technik, die Geschichte mit dem Wahrheitsanspruch der Wissenschaft zu konfrontieren – und dies geschieht in Imitation wissenschaftlicher Publikationen durch die Einfügung von Fußnoten –, läßt die Nationalsage in fragwürdigem Licht erscheinen, erst recht, wenn – wie an der folgenden Stelle – Daten und Fakten in Zweifel gezogen werden: »Die Datierung des Bundesschwurs bei Melchior Russ und Etterlin ›ungefähr 1292‹, ›ungefähr 1294‹ sowie im ersten Tellenspiel ›ungefähr 1296‹ sowie bei den Chronisten Brennwald und Tschudi ›1314‹, ›1307‹ haben sich nach neuerer Forschung als irrig erwiesen.« (VI, 446) Vor allem wird dem Nationalmythos dadurch alle Großartigkeit genommen, daß Frisch ihn gelegentlich mit noch immer vorhandenen Konventionen in der Schweiz oder politischen Zuständen unserer Zeit konfrontiert. Das geschieht, wenn er z. B. der Erzählung vom verweigerten Hutgruß die Anmerkung anfügt »Solche Rituale des Grußes haben sich bis heute erhalten« – und dazu auf das »Dienstreglement der schweizerischen Armee« verweist (VI, 449; Anm. 47), oder wenn er in einer Anmerkung konstatiert, »die Vogt-Tötung bei Küßnacht, wie die schweizerischen Chroniken sie darstellen, entspricht den Methoden der ›El-Fatah‹« (VI, 467; Anm. 71). Treten an solchen Stellen die gesellschafts- und zeitkritischen Züge deutlich in den Vordergrund, so an anderen Stellen mehr die des Humors, des den Mythos demontierenden Witzes. Nicht nur, daß alles Heroische schwindet, wenn der Erzähler die Schweizer als dumpfe Hinterwäldler schildert; vielmehr nimmt er vor allem durch die Psychologisierung mancher Vorgänge oder die Betonung des Alltäglichen der Geschichte von Tell und dem Rütli-Schwur alles Heldenhafte. So stattet Frisch z. B. den Ritter mit höchst biederen Charakterzügen aus, schildert seine Empfindungen angesichts des schweizerischen Hirtenvolks, seine heimlichen Gelüste und Ängste, seine Furcht vor einem Eklat und der etwa notwendig werdenden Verhaftung Tells nach dessen Vergehen. Wenn es über Konrads Gefühle anläßlich dieses Vorfalls heißt »Es paßte dem dicklichen Ritter gar nicht«, »Er sagte kein Wort, so ärgerte ihn dieser Zwischenfall«, »Seine Waffenknechte hatten den Mann leider gefaßt« (VI, 450); wenn er alle möglichen Gründe unterstellen läßt, nur damit der Vorfall übergangen werden kann; wenn andererseits auch Tell den Fauxpas auf ein Versehen, ja schlicht auf seine Dummheit zurückführt, schließlich nur störrisch wird, weil er meint, die Umstehenden nicht enttäuschen zu dürfen; wenn er einen Habsburger Hut nicht von einem kaiserlichen zu unterscheiden vermag und – um sich sozusagen auf jeden Fall richtig zu verhalten – deshalb laut erklärt, weder einen Habsburgerischen noch einen kaiserlichen Hut grüßen zu wollen, weil er doch »die öffentliche Blamage nicht auf sich sitzen lassen konnte« (VI, 452) usf., – dann wird deutlich, daß Frisch in der Tat auch mit Hilfe der Charakterzeichnung der Tell-Sage das Heroische nimmt und damit den Mythos untergräbt, der dem Schweizer ein, wie Frisch meint, ungerechtfertigtes Selbstbewußtsein vermittelt.

Diese Form von Gesellschaftskritik hängt eng mit Frischs Neigung zusammen, sich nicht nur mit politisch-sozialen Tatbeständen überhaupt, sondern konkret mit denen seines Landes auseinanderzusetzen. Sie begegnet von Anfang an, also seit seiner Wendung zu einem politisch orientierten Schriftstellertum. Während jedoch zunächst neben einem umfangreichen essayistischen Œuvre, d.h. neben der direkten Stellungnahme, das Drama die bevorzugte Form ist, in der sich Frischs gesellschaftskritisches Engagement poetisch Geltung verschafft, sind es später eher Schriften wie »Wilhelm Tell für die Schule«, in denen Frisch kritisch Stellung bezieht. Sie zeichnen sich – wie das poetische Spätwerk überhaupt – durch humoristisch-ironische Züge aus. Partien des Tb II und des »Dienstbüchleins« gehören hierher.

IV. Retrospektive und Tagebuch:
Selbstbeschreibung, Zeitbeschreibung, Dichtung

Mit besonderer Vorliebe haben die Interpreten des literarischen Werks von Max Frisch auf seine autobiographisch gefärbten Schriften zurückgegriffen, wenn es darum ging, seine poetologischen Vorstellungen, seine zeit- und gesellschaftskritischen Anschauungen, die Stufen seiner geistig-künstlerischen Entwicklung zu analysieren. Die Versuche, über sich selbst in immer neuer Weise Aufschluß zu erhalten und Aufschluß zu geben, machen von Anfang an ein Gutteil seiner literarischen Produktion aus. Es kommt hinzu, daß die Mehrzahl dieser Arbeiten auch als ästhetische Gebilde verstanden werden will und insofern keineswegs nur das biographische, sondern auch das auf das Künstlerische gerichtete Interesse der Wissenschaft auf sich lenkt.

Rolf Kieser hat mit Recht bemerkt, daß Frischs Tagebücher nichts mehr mit dem »Journal intime« des 19. Jh.s zu tun haben (L 87, 13), und auch Steinmetz versteht sie kaum als biographisch-psychologisches Material, sondern bringt sie immer wieder mit den Romanen Frischs in Zusammenhang. In der Tat besitzt das Tagebuch Frischs eine große Nähe zu seinen Romanen, die entweder zu guten Teilen aus Tagebuchpassagen und Selbstbeschreibungen bestehen (»Stiller«, »Homo faber«, »Montauk«) oder die Fiktionen eines nur in diesen erkennbaren Individuums, also dessen (innere) Selbstentwürfe protokollieren (»Mein Name sei Gantenbein«). Doch auch abgesehen davon, daß den autodeskriptiven Arbeiten Frischs eine formale Nähe zu seinen Romanen eignet, hat er sie bewußt als ästhetische Gebilde konzipiert. Das gilt noch nicht für »*Blätter aus dem Brotsack*« und die ihnen vorausliegenden ersten Versuche mit dem Tagebuch, obwohl Frisch schon damals darauf verzichtete, den Texten durch Datierungen oder chronologische Lückenlosigkeit den Anstrich des Dokumentarischen zu geben; auch die »Notizen einer kleinen deutschen Reise«, die Frisch unter dem Titel »*Death is so permanent*« 1946/47 veröffentlichte und z. T. in das Tb I übernahm, hat er nicht mit einem Datum versehen. Erst das »*Tagebuch mit Marion*« von 1947 ist als durch und durch ästhetisches Produkt anzusehen. Die Arbeit, die – von kleineren Veränderungen, vor allem von einigen Streichungen abgesehen – als erster Teil in das Tb I eingegangen ist, läßt erkennen, daß es Frisch nicht auf das Festhalten bestimmter Ereignisse oder Erlebnisse, nicht auf die Registrierung von Ideen, literarischen Stoffen und theoretischen Grundpositionen ankommt, sondern daß er die Behandlung eines bestimmten Themas in den Mittelpunkt rückt. In diesem Fall handelt es sich um das Verhältnis des Künstlers (Marion) zu der ihn umgebenden Gesellschaft, um die Frage, wieweit sein Wahrhaftigkeitsanspruch realisierbar erscheint. Bereits in diesem ersten »literarischen« Tagebuch verknüpft Frisch den Kerngedanken mit der Darstellung von Alltagsbeobachtungen, er konfrontiert die Fiktionalität der Marion-Geschichte mit nicht-fiktionalen Texten, in denen Zeitereignisse und persönliche Erlebnisse beschrieben werden.

Die »permanente Konfrontation [...] von Fiktion und Faktum« sowie des »persönlichen Lebens« (W 77, 41) hat Frisch geradezu als das Wesensmerkmal des von ihm entwickelten literarischen Tagebuchs bezeichnet; diese Konzeption führt zu einer vielfachen Spiegelung sehr unterschiedlicher Text- und Gedanken-Komplexe.

a) »Tagebuch 1946–1949«

Über die Umstände, unter denen das »Tagebuch mit Marion« bzw. das Tb I (erschienen 1950) entstand, hat Frisch im Interview mit Bienek folgendes mitgeteilt: »Ich war damals, wie schon erwähnt, Architekt. Auf dem Heimweg vom Atelier, in einem Café, manchmal sogar im Atelier, wenn die Angestellten es nicht sehen konnten, schrieb ich solche Skizzen wie die Skizze vom andorranischen Jud; abgesehen davon, daß ich nie das hehre Gefühl von Berufung kannte, hatte ich damals gar nicht Zeit, die Entwürfe auszuführen.« (W 64, 31) Demnach ist die Tagebuchform zunächst keineswegs ästhetischen Absichten, sondern der Zeitnot eines Berufstätigen zu verdanken; im Interview mit Arnold hat Frisch diesen Tatbestand noch deutlicher hervorgehoben: »Ich hatte schlicht und einfach nicht die Zeit für eine große Form; so entstand das Tagebuch 1946–1949. Ein Sonntagsschreiber, wenn Sie so wollen. Ich hatte Stoffe, hatte Ideen, die ich aber nur in Skizzenform niederschreiben konnte; das Tagebuch war also zunächst eine Notform für mich.« (W 77, 41)

Bei näherem Zusehen zeigt sich jedoch sehr schnell, daß die Texte einander keineswegs regellos folgen, was der Fall sein müßte, wenn das Tagebuch tatsächlich nicht mehr als eine Notform, lediglich eine Sammlung von Einfällen, Ideen, Stoffen wäre. Man darf wohl davon ausgehen, daß das Notieren von Skizzen, also die Sammlung von

Einzeltexten, in der Tat auf die Zeitnot des hauptberuflichen Architekten zurückzuführen ist; das Aussortieren der Texte, vor allem ihre Anordnung erfolgte jedoch ersichtlich nicht mehr nach Maßgabe des Zufalls, sondern wurde von Frisch bewußt und, wie sich zeigen wird, nach einem eigens gewählten Strukturprinzip vorgenommen.

Frisch unterscheidet zwischen einzelnen Textarten, und mit der Bemerkung, in seinen Tagebüchern träfen »Fiktion«, »Faktum«, und »persönliches Leben« aufeinander, hat er auch die Gesichtspunkte genannt, nach denen die einzelnen Passagen zu ordnen sind. Zum Bereich der Fiktion gehören Texte, die wie die Marion-Episode, die »Kalendergeschichte«, »Story«, »Harlekin« oder »Skizze« (Schinz) später direkt nicht mehr aufgegriffen wurden, aber auch das Szenarium »Der Graf von Öderland« sowie Erzählungen und Kurzgeschichten, die den Grundstock für spätere Dichtungen bilden, also z. B. »Der andorranische Jude«, »Burleske«, in gewissem Sinne auch »Arabeske«. Diesem poetisch-fiktionalen Komplex stehen Texte gegenüber, in denen Frisch sich mit den Ereignissen des Tages, insonderheit mit politischen Fakten auseinandersetzt und die häufig auf seine Beobachtungen im Ausland zurückgehen. Solche von einem Erlebnis ausgelösten Passagen hat Frisch meist dadurch kenntlich gemacht, daß er sie wenigstens durch eine Monatsangabe datiert. Die stark subjektiv gefärbten Beobachtungen erweitert er gelegentlich zu kleinen Erzählungen, die – wie die vom Besuch im KZ Theresienstadt (II, 555 f.) – sich in ihrem poetischen Charakter von fiktionalen Texten nicht wesentlich unterscheiden und – wie der »Fall aus der sogenannten Russenzeit« (II, 530 f.) – mitunter ebenfalls den Stoff für ein größeres, später in Angriff genommenes dichterisches Werk abgeben. Die Auswertung von Erlebnissen und Beobachtungen kann aber auch auf ganz andere Weise geschehen, etwa in Form eines essayistischen Exkurses. Das ist im Tb I sehr häufig der Fall, z. B. in den Abschnitten »Café de la Terrasse«, »Unterwegs«, »Café Odeon« etc. Dadurch wird dieses Tagebuch für jeden, der Frischs Geisteshaltung in der Nachkriegszeit untersuchen will, zu der vielleicht wichtigsten Quelle. Der Abschnitt »Nach einem Flug« (II, 386 ff.) etwa beginnt mit der Schilderung eines Flugs über die Alpen und der Empfindungen, die Frisch bei diesem Unternehmen überkommen; er gelangt zu der Erkenntnis, daß sich der Mensch, den normalen, ihm vertrauten Maßstäben entrückt, zu Handlungen fähig fühlt, die er normalerweise weit von sich weisen würde. Jetzt aber wäre er sogar fähig, aus großer Distanz einen Menschen zu töten: »Ich meine nur den Unterschied, der darin besteht, ob ich Bomben streue [. , .] oder ob ich [. . .] mein Sackmesser öffne und auf einen Menschen zugehe« (II, 388). Von hier aus eröffnen sich Einsichten in die allgemeine Entfremdung des Menschen durch die Technik, die uns »aus dem erlebbaren Verhältnis« (II, 391) entbindet. Mit dem Durchdenken dieses Sachverhaltes schneidet Frisch in der Form eines Kurzessays jenes Thema an, das er zehn Jahre später in »Homo faber« poetisch verarbeitet: »Technik [...] als Kniff, die Welt so einzurichten, daß wir sie nicht erleben müssen« (IV, 169). Nicht nur die fiktionalen, sondern auch die gedanklichen Texte zählen gelegentlich zu den Quellen einer später erst verfaßten poetischen Arbeit.

Manche Textpassagen sind mit Frischs klassifizierenden Stichworten »Fiktion«, »Faktum«, »persönliches Leben« nicht zureichend zu fassen. Zu ihnen gehören Abschnitte wie »Du sollst dir kein Bildnis machen« (II, 369 ff.) oder »Höflichkeit« (II, 393 ff.), in denen Frisch menschliches Grundverhalten reflektiert, ebenso wie die jeweils unter den Überschriften »Zur Schriftstellerei« oder »Zum Theater« stehenden poetologischen Überlegungen. Hingegen lassen sich neben Reisebeschreibungen auch die »Letzigraben« überschriebenen Berichte vom Fortgang der beruflichen Tätigkeit dem Textkomplex »persönliches Leben« zuordnen. Neben den Zeitereignissen geltenden kritischen Texten, den poetisch-fiktionalen, den essayistischen und poetologischen Reflexionen finden sich also durchaus auch solche Passagen, die man in einem Tagebuch normalen Typs erwartet: Berichte von Beobachtungen, Erlebnissen, vom Alltag.

Indes hat Frisch nicht nur davon gesprochen, daß diese verschiedenen Textarten in seinen literarischen Tagebüchern vorkommen, sondern daß ihre »Konfrontation«, ihre Beziehung zueinander das eigentliche Wesensmerkmal des von ihm konzipierten Tagebuchtyps darstelle. In der Tat beginnt Frisch sein Tb I damit, das Verhältnis von persönlichem Erleben und Fiktion zu thematisieren, indem er beide Bereiche aufeinandertreffen läßt. Der erste Text des Werkes gehört dem Bereich des Faktischen zu, er hält eine Situation fest, die Frisch »wirklich« erlebt hat: »Gestern, unterwegs ins Büro, begegne ich einem Andrang von Leuten« (II, 351). Sie schauen einem Marionettenspieler zu, der eine Christus-Marionette über die Straße spazieren läßt, was von einem Polizisten schließlich verboten wird. Diese Beobachtung eines Faktums bzw. dieser persönliche Bericht bildet den Ausgangspunkt für den Komplex der fiktionalen Marion-Texte: Marion wird als Puppelspieler von dem allgewaltigen Cesario entdeckt und in die Hauptstadt geholt, wo Marion seine Puppen im Café vorzeigt, bis »jener Gendarm kommt« (II, 353). Das »jener« stellt die Beziehung von Nicht-Fiktionalem und Fiktionalem heraus, und zwar hier vor allem den Übergang zwischen beiden Textbereichen. Das Tagebuch bildet mit der Konfrontation, Vermischung oder Überlappung der genannten Textbereiche ein bisher noch nicht untersuchtes dichtungsontologisches Versuchsfeld.

Frisch hat denn auch das Tagebuch keineswegs nur als Notform bezeichnet und die Eigenart des Tb I nicht ausschließlich mit der Zeitnot begründet, in der er sich als Architekt befand. Vielmehr hat er betont, das Tb I sei – wie auch das Tb II – ganz bewußt geformt und von vornherein für die Publizierung bestimmt gewesen; er habe sogar – neben dieser Arbeit – auch noch ein privates Tagebuch geführt. Dieser Hinweis im Gespräch mit Arnold findet seine Entsprechung in einer kurzen Passage in »Montauk«, in der Frisch unter dem Stichwort »JOURNAL INTIME« davon spricht, daß er es gelegentlich brauche, um Daten nachzuschlagen (VI, 672). Das bedeutet, daß er ein solch persönliches Tagebuch tatsächlich neben dem literarischen führt oder geführt hat. »Aber alles, was in diesem ersten Tagebuch steht, ist für die Veröffentlichung geschrieben worden. Die Tagebücher eins und zwei geben nie vor, nicht mit dem Leser zu rechnen; es ist eine Form wie der Briefroman usw.« Daraus geht hervor, daß Frisch die beiden Tagebücher als Kunstwerke konzipiert hat. Er spricht deshalb auch vom »Tagebuch als Kunstform« (W 77, 42) und hat dem Tb I eine Vorbemerkung »An den Leser« vorausgeschickt, in der er den Kunst-Charakter dieses Buches verdeutlicht. »Der verehrte Leser«, so heißt es dort, »täte diesem Buch einen großen Gefallen, wenn er, nicht nach Laune und Zufall hin und her blätternd, die zusammensetzende Folge achtete«. Es handelt sich nicht um eine chronologische, sondern um eine »zusammensetzende«, d.h. bewußt komponierte Folge, die Texte sind nicht nach zeitlichen, sondern offenbar nach ästhetischen Prinzipien miteinander verbunden. Worum es sich dabei handelt, verdeutlicht Frisch am Schluß seiner Vorbemerkung: »die einzelnen Steine eines Mosaiks, und als solches ist dieses Buch zumindest gewollt, können sich allein kaum verantworten.« (II, 349) Unselbständig und unzureichend als Einzeltexte, bekommen sie Sinn und Halt offenbar nur im Bezug zueinander, als gegenseitige Erläuterung, Variation, als Kontrast in der Konfrontation, wie es der Struktur eines Mosaiks entspricht. Liest man die Texte nach dieser Anweisung, so muß sich herausstellen, in welchem Sinnzusammenhang sie zueinander stehen.

Die Beziehungen aller Mosaiksteine, also aller Textpartien zueinander und untereinander sind bisher noch nicht im Zusammenhang dargestellt worden. Aber man braucht nur – beinahe willkürlich – an irgendeiner Stelle zu beginnen, um Sinnverflechtungen bestimmter

Passagen mit andern zu entdecken und sie weiter verfolgen zu können. In sehr deutlicher Beziehung zueinander stehen Anfang und Schluß des Tb I, also Marion- und Schinz-Episode. Beide Figuren stellen sich gegen die Normen der Gesellschaft, indem sie ihrer Vorstellung von Wahrhaftigkeit folgen; der Ausbruch beider wird mit der Christus-Gestalt symbolisch in Verbindung gebracht; während Marion seine Christus-Marionette nicht auf der Straße unter den Menschen auftreten lassen darf, begegnet Schinz in dem Förster mit dem »fertigen Christuskopf« (II, 744) »dem Geist«, der ihn der »Außenwelt« entfremdet (II, 723); während Marion »Spuren von Irrsinn« zeigt (II, 357) und sich umbringt, endet Schinz im Wahnsinn, beide werden von der Umwelt »als klinischer Fall« (II, 723) betrachtet. »Marion« und »Skizze« (Schinz) sind aber nicht nur untereinander, sondern gemeinsam auch mit dem »Öderland«-Komplex verbunden, und zwar dadurch, daß in allen drei Texten bzw. Textkomplexen die Ausbruchsthematik variiert wird. Die Marion-Geschichte (und über sie auch »Skizze« und »Der Graf von Öderland«) steht zugleich in einer spiegelbildlichen Beziehung zu dem Prosatext »Der andorranische Jude«, und zwar nicht, weil beide in Andorra spielen, sondern weil die Bildnis-Thematik, die in der Marion-Erzählung aufgegriffen wird, in »Der andorranische Jude« zu einer Entfaltung gelangt. In der Marion-Episode taucht die Bildnis-Problematik in zwei Varianten auf: Marion erliegt nicht nur seinem Vorurteil gegenüber Pedro, dem Künstler (»Marion und das Gespenst«: II, 364 ff.), sondern muß auch erkennen, daß er sich selbst den Erwartungen und Tabus seiner Umgebung anpaßt – wie Andri, der allerdings wirkliches Opfer der Vorurteilsverfallenheit der Andorraner wird. Während die Andorraner im Spiegel sehen, »daß sie selber die Züge des Judas tragen« (II, 374), heißt es von Marion: »Jetzt, in jedem Spiegel, sah er den Judas –« (II, 358). Einmal wird die Gesellschaft, die den Menschen dem Bildnis anpaßt, das sie sich von ihm gemacht hat, als Verräter entlarvt, das andere Mal wird derjenige in seiner Fragwürdigkeit enthüllt, der sich selbst verrät, indem er sich vom Urteil der Gesellschaft abhängig macht: Es handelt sich also um eine spiegelbildliche Verkehrung ein und derselben Problemstellung. In der Notiz über den russischen Oberst und die deutsche Frau gewinnt Frisch dieser Thematik eine weitere Variante ab, diesmal die der Überwindung des Vorurteils durch die Liebe. Wenn er dann unter der Überschrift »Höflichkeit« oder im Abschnitt »Kampen, Juli 1949« (II, 693 ff.) »über Ehrlichkeit« (II, 701) nachdenkt und die Schwierigkeiten darstellt, die die Forderung, zugleich wahrhaftig und höflich zu sein, nicht nur für Marion, sondern für jeden Menschen alle Tage mit sich bringt, so wird deutlich, daß er diesen Themenkomplex keineswegs als von der Realität des täglichen Lebens losgelöstes literarisches Motiv verstanden wissen will. Auch die Bildnisproblematik behandelt er in einem nicht-fiktionalen Text, z. B. wenn er in den Bericht über den Friedenskongreß in Breslau und seinen Aufenthalt in Polen kritische Bemerkungen zu der ideologischen Voreingenommenheit der Kommunisten einflicht, die die Teilnehmer, die aus dem Westen kommen oder nicht kommunistischer Gesinnung sind, von vornherein disqualifizieren: »Wer eine Überzeugung hat, wird mit allem fertig. Überzeugungen sind der beste Schutz vor dem Lebendig-Wahren.« (II, 613) Die von Frisch zum Darstellungsprinzip für das Tagebuch erhobene Konfrontation von Fiktion, Faktum und persönlichem Leben, die sich in der Gegenüberstellung entsprechender Textarten Geltung verschafft, gewinnt die Funktion, dem Fiktionalen eine gewisse Verbindlichkeit für das tägliche Leben zu geben, da es mit entsprechenden Texten in Korrespondenz gebracht wird.

Dies ist nur eine Möglichkeit, den mosaikartigen Textzusammenhang im Tb I zu skizzieren; andere Spiegelungen, Variationen, Fortführungen der hier dargestellten Bezüge lassen sich denken. Denn das Mosaik kennt als Strukturprinzip weder eine von der Chronologie der Ereignisse noch eine von der Reihenfolge der Texte gebildete Ordnung. Freilich kann diese Tatsache auch allzuleicht dazu verführen, sich bloßen Assoziationen hinzugeben.

b) »Tagebuch 1966–1971«

Wie sehr es Frisch darum geht, die verschiedenen Textbereiche in eine Beziehung zueinander zu bringen, zeigt sich in seinem zweiten Tagebuch noch deutlicher als in seinem ersten. Der Plan, die Tagebuchform nochmals zu erproben und zu variieren, entstand nach der Rückkehr aus Rom 1965, doch widmete Frisch sich zunächst hauptsächlich der Arbeit an »Biografie: Ein Spiel«; erst nach Abschluß des Stücks, also seit 1968, konzentrierte er sich stärker auf das Tb II. Auch dieses Werk liegt in zwei Fassungen vor, in der des Erstdrucks von 1972 und in der, die in die »Gesammelten Werke in zeitlicher Folge« Aufnahme fand. Die zweite unterscheidet sich von der ersten Fassung dadurch, daß Frisch ihr Texte, die er schon seinerzeit verfaßte, bei der Drucklegung 1972 aber gestrichen hatte, nun wieder einfügt (vgl. dazu VI, 787 f.).

Zu wenig hat man sich bisher mit dem äußerlichen Hauptunterschied zwischen dem Tb I und dem Tb II befaßt. Er besteht darin, daß im Tb II unterschiedliche Lettern Verwendung finden. Wir unterscheiden Passagen in Antiqua, in Kursiv- und Schreibmaschinensatz sowie in Grotesk. Die Auffassung, daß die Drucktypen den jeweiligen Textbereich äußerlich kennzeichnen, hat Steinmetz zurückgewiesen; ein solches Prinzip werde nämlich keineswegs konsequent befolgt, sonst hätte der Bericht von einem Lunch in Wall Street (VI, 351 ff.) nicht »in der gleichen Letter wie Fiktionen« (L 77, 86) gesetzt werden dürfen, hingegen hätte Frisch die Berichte über Demonstrationen in Zürich (VI, 157 ff.) im gleichen Druckbild wie die über Vietnam-Demonstrationen in Washington (VI, 363 f.) erscheinen lassen müssen. Steinmetz zieht daraus den Schluß, Frisch wolle den Leser irritieren, indem er eine äußerlich sichtbare Ordnung der Textarten vornehme, die innerlich jedoch keine Entsprechung besitze und daher unstimmig bleibe: »Das Resultat ist die Zerstörung des ersten Leseeindrucks, der Tagebuch-Autor scheide zum Beispiel Fiktionen von Fakten und trenne sich selbst dabei gleichsam in zwei verschiedene Verfasser« (L 77, 86). Dadurch, daß er dem Leser »die Berechtigung stets wieder« entziehe (ebd.), das Tb II als einen Text zu lesen, in dem zwischen Faktum, Fiktion und persönlichem Erleben unterschieden werde, mache Frisch die »substantielle Einheitlichkeit« (L 77, 87) aller Texte deutlich.

Allein, aus Irritation darüber, daß inhaltlich ähnliche Texte in unterschiedlichen, inhaltlich unterschiedliche in gleichen Lettern gesetzt werden, zu schließen, das Ganze sei eine bewußt betriebene Irreführung des Lesers, ist eine Interpretation, die allzu viele Textphänomene unberücksichtigt läßt. Denn man darf nicht übersehen, daß der Kursivsatz ausschließlich Textpassagen aus dem »Handbuch« für Mitglieder oder für Anwärter der »Vereinigung Freitod« vorbehalten bleibt und daß die Grotesk-Type ebenso ausschließlich der Wiedergabe dokumentarischer Texte (Interviews, Zeitungsmeldungen, Statistiken, Reden etc.) dient. Hier waltet strenge Übereinstimmung von Textbereich und Textbild, d. h. eine im Drucksatz zum Ausdruck gebrachte Abgrenzung zwischen der reinen Fiktion und dem reinen Faktum. Auch der Schreibmaschinensatz wird einem bestimmten Textbereich zugeordnet, nämlich jenen Passagen, in denen Frisch seine eigenen Meinungen, persönlichen Erlebnisse, individuellen Erfahrungen als solche notiert. Sie wirken daher meist wie Eintragungen in ein privat geführtes Tagebuch:

Mutter im Sterben. Zeitweise meint sie, daß wir zusammen in Rußland sind. Sie ist 90. Ob sich in Odessa viel verändert habe seit 1901. (VI, 38)

Immer ichhaft-persönlich, fast immer im Präsens gehalten, handelt es sich um Texte, in denen Max Frisch – soweit überhaupt möglich – als empirische Person erscheint, also weder in der Rolle des Erzählers auftritt noch als Übermittlungsmedium von Fakten fungiert. Diese drei Textbereiche sind nicht zu verwechseln, entsprechen den drei von Frisch genannten Kategorien und werden auch von Steinmetz nicht gegeneinander ausgespielt. Schwierigkeiten bereitet allein der vierte Komplex, der in Antiqua gesetzt ist und offenbar sowohl reine »Erfindungen« (Fiktionen) als auch die Wiedergabe von wirklich Geschehenem (Fakten) umschließt und ebenso in der Ich-Form gehalten und von höchst subjektiven Vorstellungen geprägt sein kann wie ein in Schreibmaschinensatz gesetzter Abschnitt persönlichen Erlebens:

Meine jüngste Tochter ist dabei gewesen, aber nicht verprügelt und nicht verhaftet worden. Sie sagt: es war ein Plausch, alle ganz fröhlich, man saß mitten auf der Straße (Bellevue), das war der Plausch. (VI, 157)

Auch abgesehen von der ein wenig distanziert wirkenden Eingangsformulierung, hat der Text das Gepräge des Nur-Persönlichen verloren, weil er in einem anderen Drucksatz erscheint als die persönliches Erleben ausdrückenden Passagen im Schreibmaschinensatz; er wirkt im Gegensatz zu dem Abschnitt von den Demonstrationen in Washington als eine Eintragung, in der das persönliche Erlebnis nicht als ein solches notiert, sondern literarisch verarbeitet wurde. Damit rührt Frisch an ein dichtungsontologisches Problem, das weder im allgemeinen – also etwa im Hinblick auf die Fiktionalität von Zeitungsartikeln, von sogenannter dokumentarischer Literatur, von reproduzierten Gebrauchs- und Werbetexten in Textcollagen etc. – noch in bezug auf das Tb II als geklärt gelten kann. In »Wilhelm Tell für die Schule«, in jener Arbeit also, die er eigentlich ins Tb II integrieren wollte, habe er sich, so erläutert Frisch, »mit dem Problem des Präteritums, mit der Glaubwürdigkeit, der Fiktionalkraft des Präteritums« befaßt (W 77, 56); dichtungsontologische Fragen haben ihn seinerzeit also durchaus beschäftigt, und es scheint, als habe er im Tb II die Fiktionalkraft überhaupt (und nicht nur die des Darstellungstempus') erproben wollen, indem er die drei sein literarisches Tagebuch konstituierenden Textkomplexe einander auch optisch gegenüberstellt und zugleich in einem vierten Textkomplex miteinander vermittelt.

Dabei ist offenbar nicht entscheidend, ob der berichtete Vorgang selbst persönlich erlebt wurde, faktisch stattgefunden hat oder dem

Arsenal von Fiktionen entstammt, sondern wie der Rezipient den Text einordnet. Gewiß wird er zunächst in eine bestimmte Lesehaltung versetzt, die es ihm überhaupt erst ermöglicht, die Texte gemäß ihrer ontischen Differenzen (Fiktion, Faktum, persönliches Erleben) unterscheiden zu können; aber fortan kommt es auf die Art seines Verständnisses, nicht auf den Herkunftsbereich des Textes an. Dies zeigt sich am Beispiel sehr deutlich: Der oben wiedergegebene Text würde – in Schreibmaschinenlettern gesetzt – als direkte Wiedergabe des individuellen Erlebens verstanden, als Spiegelung des wirklichen Bewußtseins von Max Frisch; in Grotesk gesetzt, erschiene er als Dokument oder Quelle, z. B. als Wiedergabe eines Leserbriefes; kursiv gesetzt, erhielte die Passage den Anstrich des Erfundenen, der bloßen Erzählung; in Antiqua gesetzt, handelt es sich hingegen um einen die drei Bereiche vermittelnden, ihren Gegensatz aufhebenden »literarischen« Text. Wir wählen hilfsweise diesen Terminus, weil der Literaturbegriff heute alle Textarten umschließt und insofern gerade der dichtungsontologischen Vielschichtigkeit der in Antiqua gesetzten Textpassagen in Frischs Tb II entspricht. Die Wirkung des literarischen als eines zwischen Fiktion, Faktum und Persönlichem vermittelnden Textes stellt sich beim Leser natürlich erst dadurch ein, daß in ihm durch den Wechsel der Lettern das Bewußtsein von den Unterschieden der Textbereiche geweckt wurde. Die Beobachtung von Steinmetz, daß Texte ähnlichen oder gleichen Inhalts im Tb II in unterschiedlichen Lettern gesetzt werden, ist keineswegs falsch; aber das beruht weder auf einer völlig inkonsequenten Haltung Frischs noch etwa auf der Absicht, den Leser völlig zu verunsichern und ihn in Unkenntnis über die ontischen Differenzen zwischen den Texten zu lassen, sondern ist als Fortführung des im Tb I erstmals begegnenden Ansatzes zu verstehen: Es bleibt bei der Gegenüberstellung der drei Textbereiche, ja sie wird sogar auch optisch hervorgehoben, aber es kommt der Versuch hinzu, die Textarten in einem neuen, vierten, »literarisch« genannten Textbereich miteinander zu vermitteln.

Im Tb II stellt Frisch also Texte zusammen, die schon der drucktechnisch-optischen Unterschiede wegen die Übergänge der einzelnen Bereiche oder ihre Konfrontation deutlicher als im Tb I zur Geltung gelangen lassen. So finden sich z. B. fiktionale Texte, die die vorhergehende, persönliches Leben schildernde Passage poetisch verarbeiten. Der Textkomplex »Vereinigung Freitod« etwa wird durch eine Mitteilung eröffnet, die inhaltlich unmittelbar an den Bericht von einem Kuraufenthalt anschließt: der das persönliche Leben spiegelnde Abschnitt endet mit der Schilderung einer abendlichen Situation im Kurhaus; der die unmittelbar anschließende Geschichte von der »Vereinigung Freitod« einleitende Abschnitt beginnt mit einem Satz, der – wäre er nicht in Antiqua, sondern ebenfalls in Schreibmaschinenlettern gesetzt – als direkte Fortsetzung des vorhergehenden und diesem zugehörig wirken würde:

Alle Herren in dunklen Anzügen, Damen mit Juwelen; wartend vor dem Lift studieren sie den Diät-Zettel für morgen.

Im Kurhaus wissen sie natürlich nicht, was für ein Club das ist, der aufs Wochenende hundert Betten bestellt hat. Die Direktion, zuvorkommend wie immer und besonders zuvorkommend gegen Ende der Saison (in der Höhe hat es schon geschneit), entschuldigt sich nochmals, daß nur noch ein einziger Masseur am Platz ist – (VI, 79).

Hier nimmt der Leser an der Verarbeitung persönlicher Eindrücke und Erlebnisse in einem literarischen Text teil, der gegenüber der subjektiven Erlebnisbeschreibung die Dimension fiktionaler Objektivität hinzugewinnt. Solche Übergänge bzw. Gegenüberstellungen aller Textbereiche bilden das Rückgrat des Tb II. An der folgenden Stelle kann man z. B. sehen, wie sich Persönliches und Faktisches zu einem die gesellschaftlichen Zustände in Amerika spiegelnden Text vermitteln.

Unter dem Datum vom 5. 5. 71 notiert Frisch eine Fülle von Beobachtungen und kleinen Erlebnissen. Die Passage – der Textart entsprechend im Schreibmaschinensatz – schließt mit einer Notiz über Verhaftungen von Anti-Vietnamkrieg-Demonstranten:

Eine Hochzeitsgesellschaft, zum Beispiel, kommt auch in das Massenlager, sie feiern da ihre Hochzeit. Seit vier Tagen insgesamt 12 700 Verhaftungen.

Diesem Abschnitt folgt ein dokumentarisches Zitat aus der New York Times (und daher in Grotesk gesetzt) über den Kursverfall des Dollar, den die europäischen Nationalbanken nicht länger aufhalten könnten, nachdem sie durch den bisher getätigten Ankauf von US-Dollars ohnehin sowohl den Vietnamkrieg als auch den Erwerb europäischer Industrien durch amerikanische Konzerne mitfinanziert hätten:

This morning, immediately after the Swiss National Bank gave up its attempt to maintain the standard exchange of 4.2950 francs to the dollar, Swissair announced that it would not longer sell tickets for dollars . . . (VI, 378)

Im Anschluß an dieses Dokument findet sich unter der Überschrift »Brownsville« ein in Antiqua gesetzter, halb beschreibender, halb erzählender Text (VI, 378 ff.), in dem das Elend vor allem der Schwarzen in den Slums geschildert, durch den Bericht von einem Besuch bei einer puertoricanischen Familie konkretisiert und durch den Einsatz optischer wie stilistischer Mittel, die die persönliche Erfahrung erkennen lassen, beglaubigt wird:

Leute wohnen hinter Pappe, die die eingestürzte Hauswand ersetzt, ringsum Trümmer, Schutt, Tümpel usw., Gewimmel von schwarzen Kindern auf dem Schutt oder in einem Fenster mit Fliegengitter. (VI, 378)

Die persönliche Beobachtung der Reaktion junger Menschen auf den Vietnamkrieg, ein Dokument über dessen wirtschaftlich-monetäre Folgen, vermittelt in einem das soziale Elend der Verarmten dieser Gesellschaft und die persönliche Betroffenheit des Autors sichtbar machenden Text, setzen sich zu einem Kaleidoskop sozialer Zustände in den USA zusammen.

Zwar erweckt der Letternwechsel den Eindruck, das Tb II sei variantenreicher, vielleicht gar komplizierter als das Tb I, doch ist dies nicht der Fall, wenn man davon absieht, daß mit der Einführung des »literarischen« Textbereichs eine dichtungsontologische Dimension mehr als im Tb I vorhanden ist. Verfaßt von einem Autor, der mehr als zehn Jahre zuvor aus der Schriftstellerei seinen Beruf gemacht hatte und nicht nur literarische, sondern auch kommerzielle Erfolge verzeichnet, weist es nicht mehr die Spuren eines Notizbuchs auf, in das ein durch die Tageslast des Brotberufs in Zeitnot geratener Dichter Einfälle und Stoffe notiert. Zwar finden sich im Tb II – allerdings in geringerem Umfang – durchaus poetische Skizzen, die sich zu Erzählungen, vielleicht auch zu Theaterstücken erweitern ließen (»Skizze eines Unglücks« wurde z. B. für das Fernsehen verfilmt), aber ihre Integration in das Ganze des Tagebuchs vollzieht sich nach einem bewußteren, nämlich Regelmäßigkeit und Gleichgewichtigkeit als Maßstäbe berücksichtigenden Kalkül. Überhaupt kann man von einer tektonischen Strategie sprechen, nach der das Tb II angelegt ist. Denn es gliedert sich nicht nur nach Jahreskapiteln, nicht nur nach wechselnden Drucktypen, sondern auch innerhalb der einzelnen Textbereiche nach größeren Partien, die schon äußerlich miteinander in Zusammenhang gebracht werden. Innerhalb der in Antiqua gesetzten Abschnitte fügen sich beispielsweise schon wegen ihrer Textstruktur die zehn Fragebögen und die vier Verhöre zu regelmäßig über das Tb II verteilten Textblöcken zusammen. Zu der gegenüber dem Tb I größeren kompositorischen Geschlossenheit des Tb II trägt darüber hinaus auch bei, daß sich seltener Nachträge zu früheren Texten finden (vgl. »Nachtrag zu Marion«, »Nachtrag zur Reise«, »Nachtrag« und nachgeholte Texte zum Marion-Komplex etc. im Tb I).

Und doch kommt diese Geschlossenheit weniger durch strukturell-tektonische als durch inhaltlich-thematische Momente zustande. Wie im Tb I finden sich im Tb II Texte zur Poetik, erzählerische Passagen, Berichte und Skizzen, Reisebeschreibungen und Anekdotisches, Unterhaltsames und Belehrendes; aber Frisch hat die Texte doch stärker als im Tb I einem zentralen Themenkomplex zugeordnet, dem Problembereich ›Tod und Gewalt‹. Gewiß gibt es Texte, in denen Tod und Gewalt nur beiläufig zur Sprache kommen, aber selbst in Abschnitten, die auf den ersten Blick mit der zentralen Thematik nichts zu tun haben, finden sich meist Elemente, die auf sie verweisen. »Skizze eines Unglücks« läßt z. B. erkennen, wie sich zwei Liebende ungewollt, aber zwangsläufig Gewalt antun; in dem Fragebogen, in dem es um das Phänomen Hoffnung geht (VI, 170 ff.), ist auch von der Revolution die Rede, die ohne Hoffnung nicht zu denken sei und die gleichwohl immer auch Hoffnungen enttäusche, wodurch die Gewaltanwendung auch in einem fragwürdigen Licht erscheint; und selbst die Tagebucheintragung zu Beginn des Jahres 1971 (VI, 333), die sich nur auf die persönlichen Lebensumstände, nämlich die durch starke Schneefälle noch gesteigerte Abgeschiedenheit im Haus in Berzona bezieht, bekommt durch den Hinweis auf »die Welt [...] mit Staatsmännerbesuchen, Raumfahrt, Papst, Vietnam, Musik und Sport« eine Dimension, die Politik und Krieg, also Gewalt und Tod mit berücksichtigt, erst recht angesichts der Tatsache, daß Frisch die Geschichte »Glück« anschließt, die von der sich in physischer Gewaltanwendung entladenden Eifersucht handelt. Andere Textblöcke werden ganz und gar von der zentralen Thematik getragen, das »Handbuch«, die Abschnitte »Vereinigung Freitod«, eine Menge von Geschichten (»Der Goldschmied«, »Skizze«, »Skizze eines Unglücks (II)«) handeln vom Tod, die Verhöre von der Dialektik der Gewaltlosigkeit, die Reiseberichte von der gewalttätigen Unterdrückung von Minderheiten, von Kriminalität und dem Machtmißbrauch der Wirtschaft wie der Bürokratie. Die Beziehungen solcher Textpartien untereinander sind im Tb II leicht zu erkennen.

Daß dem Tb II eine größere kompositorische und thematische Geschlossenheit zugesprochen werden muß als dem Tb I, bedeutet jedoch sicher nicht, daß es eintöniger wirkt. Seinen Facettenreichtum erhält es aber nicht wie das Tb I durch Themenfülle, Momente von Spontaneität und die Fixierung literarischer Stoffe, sondern als Kaleidoskop der Zeit. Es ergibt sich aus dem Mosaik, aus der Montage von unterschiedlichen Perspektiven, die sich in der Collage der vier Textarten realisiert: Die Zeit wird dokumentiert, ihre Brechung in einem individuellen Bewußtsein, ihre Spiegelung in der Fiktion und ihre Wirksamkeit in einem »literarischen« Text kommen gleichermaßen zum Ausdruck und lassen Weltereignisse und Zeiterscheinungen unter vielerlei Aspekten erkennbar werden. In beiden Tagebüchern finden wir verschiedene Arten der Selbstbeschreibung, z.B. Retrospektiven und Gegenwartsschilderungen; beide umschließen Texte, in denen sich Frisch mit seinen Arbeiten, mit Inszenierungen seiner Stücke oder mit seinen poetologischen Vorstellungen befaßt (»Zur Schriftstellerei« im Tb I, »Vom Schreiben in Ich-Form« im Tb II); und schließlich begegnen wir in beiden Werken einer Menge poetisch-fiktionaler Texte. Aber während im Tb I die Beziehungen zwischen den verschiedenen Texten durch mehrere ihnen gemeinsame Motive und Themen gestiftet werden, treten die Texte im Tb II dadurch in Korrespondenz, daß sie die Aspekte des einen Hauptthemas ›Tod und Gewalt‹ durchspielen. Schließlich verknüpft und unterscheidet sie noch deutlicher als im Tb I die Tatsache, daß sie als persönlich-individuelle, dokumentarische, fiktionale und – diese miteinander vermittelnd – »literarische« Texte die Grundthematik nach dichtungsontologischen Gesichtspunkten variieren.

c) *»Dienstbüchlein«, »Schweiz ohne Armee?« und »Notizen von einer kurzen Reise nach China 28. 10. bis 4. 11. 1975«*

Gemessen an solch komplexen und komplizierten Darstellungsweisen wirken »Dienstbüchlein« und die »Notizen von einer kurzen Reise nach China 28. 10. bis 4. 11. 1975« hinsichtlich ihrer Struktur geradezu simpel. Aber es wäre falsch, von dem Rückfall in ein monolineares, z.B. rein chronologisches Verfahren zu sprechen. Der Verzicht auf ein kontinuierliches Berichten nach Maßgabe des Zeitverlaufs zeigt sich in dem 1973 geschriebenen, 1974 veröffentlichten »Dienstbüchlein« schon auf den ersten Seiten. Frisch will keinen Sachbericht über seine Militärzeit schreiben, sondern er fügt Eindrücke, Erinnerungen an Begegnungen, Erlebnisse aneinander, ohne nach zeitlichen oder sachlichen Zusammenhängen zu fragen. Daß er sich überhaupt mit seiner Militärzeit beschäftigt, kann nicht überraschen, denn sie spielt in seinen Arbeiten immer wieder eine gewisse Rolle. Schon das erste größere Tagebuch »Blätter aus dem Brotsack« schildert sie, ins Tb I nimmt Frisch eine Episode auf (»Reminiszenz«: II, 704 ff.), die er auch im »Dienstbüchlein« verzeichnet (VI, 601 f.), und in den Roman »Stiller« hat er ebenfalls seine Erfahrungen mit der schweizerischen Militärkultur eingebracht (III, 502 ff. u. ö.). Wie dort, so geht es ihm auch im »Dienstbüchlein« weniger um Vergangenheitsbewältigung als um Gegenwartskritik: Er möchte mit Hilfe der Reflexion über die erinnerte Vergangenheit einen Einblick in die gegenwärtige Situation erhalten: »Immerhin sind Erfahrungen nicht abzugeben mit der Uniform, Erfahrungen mit unserem Land, mit sich selbst« (VI, 538). Die Eingangsformeln, die Frisch an den Anfang vieler Textblöcke stellt, bringen diesen Doppelaspekt zum Ausdruck: »Was das Gedächtnis gerne freigibt« (VI, 538), »Was man auch nicht vergißt« (VI, 542), »Woran erinnere ich mich genau?« (VI, 544), »Was wir damals vom Krieg wußten?« (VI, 547) usf. Die Erinnerungen charakterisieren das vergangene Geschehen ebenso wie die Bewußtseinslage dessen, der sich erinnert, und so heißt es denn auch an einer Stelle: »Indem ich mich heute erinnere, wie es damals so war, sehe ich es natürlich nach meiner Denkart heute.« (VI, 556) Frisch kommt es keineswegs auf die Darstellung seiner individuellen Erfahrungen an: »Ich beklage mich nicht. Ich beklage nicht mich« (VI, 576), – dies ist der Kernsatz der Schrift. Das Wortspiel drückt aus, daß Frisch nicht sich selbst, nicht das persönliche Geschick oder etwa die eigenen unerfreulichen Erfahrungen beklagt, sondern andere und anderes, also wohl den Zustand der Gesellschaft überhaupt.

Faßt man die kritischen Passagen des Textes zusammen, so zeigt sich, daß Frisch am Beispiel des Militärs jene Gefahren verdeutlichen will, die mit der Entindividualisierung des Menschen durch das Kollektiv, mit dem Verlust der Einzelpersönlichkeit unter der alles nivellierenden Einwirkung herrschender Lebensauffassungen verbunden sind. Deshalb deckt er die Mechanismen auf, die individuelles, kritisches Denken überdecken, verhindern, ausräumen. »Nicht auffallen, als Erscheinung immer vertauschbar bleiben, das lernt sich in wenigen Wochen« (VI, 554), heißt es da. »Die Armee entmündigte« (VI, 603) und entmündigt noch immer; damit aber untergräbt sie gerade jene Haltung, in die sie angeblich einübt, nämlich die Disziplin: »Disziplin entspringt dem Bewußtsein, daß man über sich selber verfügt, nicht dem Bewußtsein, daß über uns verfügt wird.« (VI, 560) Das Präsens zeigt, daß Frisch nicht nur die Vergangenheit seiner Militärzeit, sondern ebenso die Gegenwart meint; diese Funktion erfüllt es auch bei der Klage darüber, daß die Entpersönlichung des Menschen durch das Kollektiv damals wie heute Gewissenlosigkeit erzeugt: »Die hauptsächliche Erinnerung: wie die Uniform uns das Gewissen abnimmt, ohne daß jemand es als Gewissen übernimmt.« (VI, 613) Frisch spricht sogar von der »Tilgung der Person« (VI, 559) und führt in einer parodistisch-ironischen Passage vor, wie sie von einer kollektiven Meinung bewerkstelligt wird (und zwar wiederum »damals wie heute«): »Was man damals wie heute einen rechten Schweizer nannte: – es gibt einfach Dinge, die ein rechter Schweizer nicht tut«. Da bedarf es keiner Begründungen, und wer »nicht wissen sollte, was ein rechter Schweizer ist, lernt es spätestens beim Militär. Die rechten Schweizer sind die Mehrheit [...] Da der rechte Schweizer eben sagt, was er denkt, schimpft er viel und meistens im Einverständnis mit den anderen; daher fühlt er sich frei.« (VI, 557 f.)

Passagen wie diese, in denen Frisch direkt polemisiert, bleiben jedoch in der Minderheit; das Verfahren, das Frisch wählt, erinnert in seiner didaktisch-kritischen Indirektheit eher an die Ästhetik der Provokation, die ja auch den »Dienstbüchlein« zeitlich recht naheliegenden Prosatext »Wilhelm Tell für die Schule« prägt. Denn er nimmt weniger unmittelbar Stellung, als daß er durch die Schilderung der eigenen Erfahrungen ein Modell jener Gefahren entwirft, die dem Menschen und der Gesellschaft durch die Entpersönlichung drohen, welche die herrschenden Denkweisen betreiben. Dabei vertraut er darauf, daß der Leser auch ohne ausdrücklichen Hinweis des Autors dessen persönliche Eindrücke vom Militär als überindividuelle Einsichten in die gesellschaftliche Wirklichkeit der Gegenwart interpretiert. Das Schlußwort Frischs ist in diesem Sinne als Mahnung an den Leser zu verstehen, es besser zu machen, nämlich »zu denken, was denkbar ist«, seine Persönlichkeit gegen die Gefahren einer kollektiven öffentlichen Meinung zu verteidigen und sich nicht den Einblick in die wirklichen Verhältnisse durch eine »Legende« oder einen »Glauben« verstellen zu lassen: »Ich wagte nicht zu denken, was denkbar ist. Gehorsam aus Stumpfsinn, aber auch Gehorsam aus Glaube an eine Eidgenossenschaft. Ich wollte ja als Kanonier, wenn's losgeht, nicht draufgehen ohne Glauben.« (VI, 616) Dieser Satz wird denn auch am Schluß der jüngsten, diesmal als Dialog zwischen Großvater und Enkel geschriebenen polemischen Aufklärungsschrift Frischs mit dem Titel »Schweiz ohne Armee?« (W 50a) zitiert. Max Frisch greift hier mehrfach auf »Dienstbüchlein« zurück und zeigt auf höchst ironische Weise, wie sehr das Alter dazu neigt, die eigenen, unbefangenen, aber vernünftigen Ansichten aus der Jugendzeit zugunsten eines irrationalen Konservatismus zu verabschieden.

Die Beschreibung des Besuchs in der Volksrepublik China, den

Frisch auf Einladung des Bundeskanzlers Schmidt in dessen Gefolge im Herbst 1975 machte, stellt die bisher letzte zum Tagebuch-Komplex zählende Arbeit Max Frischs dar. Hier hat der Autor auf die bei ihm sonst so starke Komponente der Selbstdeskription beinahe ganz verzichtet und stattdessen versucht, die uns meist unverständlichen politisch-gesellschaftlichen Eigenheiten Rot-Chinas zu umschreiben. Der Bericht wurde zunächst im Februar 1976 im »SPIEGEL« unter dem Titel »Nein, Mao habe ich nicht gesehen« abgedruckt und dann unter der Überschrift »Notizen von einer kúrzen Reise nach China 28. 10.–4. 11. 1975« in die »Gesammelten Werke in zeitlicher Folge« aufgenommen. Er setzt bei der Unkenntnis des westlichen Besuchers an: Schon Bundeskanzler Schmidt empfiehlt seinen Begleitern vor dem Abflug, »sich in China einfach rezeptiv zu verhalten« (VI, 757); dementsprechend verzichtet Frisch darauf, aus der Distanz rückblickender Überschau zu berichten, und notiert seine Beobachtungen meistens (scheinbar) in dem Augenblick, in dem er sie macht. Präsens als Darstellungstempus, Stil des unmittelbaren Erlebens (»Ja, das Hotel sehr ordentlich«: VI, 759), Perspektive des Zuschauers sind Kennzeichen dieses Verfahrens. Da jeder Beobachter subjektiv ist und dazu neigt, politische Tatbestände unter dem Aspekt seiner eigenen Überzeugungen zu betrachten und zu beschreiben, entwickelt Frisch die Konzeption, feste Vorstellungen von diesem Land wieder aufzubrechen und der Korrektur, dem Widerspruch auszusetzen. Deshalb wählt er die Textcollage als Darstellungsmittel: In die Beobachter-Notizen integriert er sowohl Texte, in denen sich »westliches« Gesellschaftsverständnis zum Ausdruck bringt, als auch solche, die das Selbstverständnis der Volksrepublik China bzw. ihrer Führer erkennbar machen. Dadurch ergeben sich Bezüge zwischen den eigentlichen Notizen (Beobachtungen) und den durch Kursivsatz abgesetzten Zitaten des Bundeskanzlers, auch zu den die chinesischen Vorstellungen von einer intakten Gesellschaft verdeutlichenden, ebenfalls kursiv hervorgehobenen Passagen und schließlich auch zwischen diesen Zitaten selbst. Dieses Spiel mit Spiegelungen, Korrekturen und Kontrasten vermittelt einen Eindruck, aber eben keineswegs ein festes Bild von China und seinen Problemen; es relativiert zugleich die westlichen Gesellschaftsauffassungen und stellt sie in Frage.

Schon am Anfang seiner »Notizen« stellt Frisch mit Hilfe von zwei Zitaten »Maos revolutionären Romantizismus« (VI, 757) und Schmidts rationalistische Auffassung, daß der »kritische Geist eine notwendige Voraussetzung für eine erfolgreich verändernde, d.h.: fortschrittliche Politik« sei, einander gegenüber. (VI, 758) Dem entspricht am Schluß die Charakterisierung Schmidts als »eines

Mannes der rationalen Präsenz« (VI, 783) einerseits und Maos als eines Mannes politischer Transzendenz andererseits: »wenn es das gibt, Politik mit Transzendenz, so gibt es sie in China.« (VI, 784) Doch dieser Polarisierung widerspricht dann wieder die Beobachtung chinesischer Wirklichkeit. Denn Frisch erkennt durchaus eine pragmatische Politik der kleinen Schritte; durch die Konfrontation dieser Beobachtungen und dreier Zitate von Chang Si-Ren über die Zustände im vorrevolutionären China entsteht das Bild von einem steten Fortschritt. (VI, 760 ff.) Andererseits genügt der Hinweis auf das Fehlen jeglicher Meinungsfreiheit, es genügt die bloße Frage »Was geschieht in China mit den Dissidenten« (VI, 768) oder ein Zitat über die »Renegatenclique um Breschnew« (VI, 781), um die Fragwürdigkeit des chinesischen Systems aufzudecken. Die Eigenart dieses Systems zieht jedoch wiederum auch unsere Anschauungen in Frage: »Wir sind hier nicht das Wunschbild, unser Urteil also nicht das Maß für ihre Anstrengungen. Das irritiert mehr als die chinesische Atombombe.« (VI, 776)

Das Bild, das Frisch vermittelt, ist weder ein schwankendes noch ein unvollständiges, sondern ein ganz und gar unfertiges; wie es »wirklich« ist, läßt sich nicht erkennen, und daß dies eben auch darauf beruht, daß wir nur mit unseren Augen beobachten können, macht Frisch mit seiner Collagetechnik deutlich. In den Tagebüchern I und II verquicken sich Selbstbeschreibung, Zeit- oder Weltbeschreibung mit poetischen Texten, in »Dienstbüchlein« hat Frisch die Selbstdeskription als Mittel der Beschreibung gesellschaftlich bedingter Entindividualisierung verwendet; in den »Notizen« hingegen tritt die Selbstbeschreibung zugunsten des Versuchs in den Hintergrund, eine fremde, rätselhafte Welt dennoch in Umrissen erkennbar zu machen.

V. Rolle und Identität

In den Interpretationen des dichterischen Werkes von Max Frisch begegnen besonders häufig die Begriffe »Rolle«, »Identität«, auch »Selbstidentität«. Sie sind der Soziologie und der Psychologie entlehnt und bezeichnen das Verhältnis, in dem der einzelne zu sich selbst und zu anderen Menschen steht. Wiewohl dieses Thema nicht erst in »Stiller« auftaucht, sondern viel früher, genau genommen schon in Frischs ersten poetischen Versuchen, wurde es erst mit dem Erscheinen dieses Romans in seiner zentralen Bedeutung erkannt.

Beinahe alle Rezensenten konzentrierten sich auf das Problem der Selbstflucht und der Identitätssuche: Karl Korn schrieb über den »Mann, der sich selbst sucht« (FAZ v. 16.11. 1954), Heinz Beckmann über »Die eigene Wirklichkeit« (RM v. 26.11. 1954), gleich drei Kritiker betitelten ihre Besprechung »Flucht vor sich selbst« (Heinz Rohde in den StN v. 11.12. 1954, der nicht genannte Kritiker des »SPIEGEL« am 15.12. 1954, W. B. in »Zeitwende«, September 1955), und Rudi Goldschmitt nannte seine Rezension »Die verlorene Identität« (StZ v. 18.12. 1954). Zehn Jahre später begann sich auch die Literaturwissenschaft mit der Frage nach Rollenspiel und Identitätssuche im Werk Frischs zu befassen. In einer der ersten Dissertationen über Max Frisch, die 1965 herauskam, ging es bereits um das »Problem der Identität« (Monika Wintsch-Spieß, L 37), 1970 erschien in den USA eine Dissertation, die den programmatischen Titel »Dasein heißt keine Rolle spielen« führte (Victoria-M. Lindemann L 53), Tildy Hanhart konzentrierte sich in ihrer 1976 erschienenen Arbeit über »Zufall, Rolle und literarische Form« (L 98) auf die poetischen Mittel, mit denen Frisch die Rollen- und Identitätsthematik zur Geltung bringt, während Gunde Lusser-Mertelsmann im gleichen Jahr eine weniger literaturwissenschaftliche als psychologische Arbeit vorlegte (»Max Frisch. Die Identitätsproblematik in seinem Werk aus psychoanalytischer Sicht«, L 99) und Gisela Ulrich die Frage unter soziologischem Aspekt behandelte (»Identität und Rolle«, L 104).

Ohne Rücksicht auf die Bedeutung, in der die Alltagssprache das Wort verwendet, konzentrieren wir uns ganz auf diejenige, die der Begriff ›Rolle‹ in Psychologie und Soziologie besitzt. Von allen Nuancierungen abgesehen, die das Wort hier und da erfährt, bezeichnet es in beiden Disziplinen ein meist unbewußtes oder unterbewußtes Verhalten, das sich an bestimmten überindividuellen Modellen orientiert. So sprechen wir von der Rolle des Außenseiters, des Bürgers, des Lehrers oder von der des Hilfsbedürftigen, des Erfolgreichen, des Führenden. Solche Rollen kennzeichnen in gewisser Weise die Uneigentlichkeit menschlichen Daseins: Wir alle spielen Rollen, in die wir uns flüchten, die wir uns aus Bequemlichkeit oder innerer (psychischer) Notwendigkeit zuweisen oder die uns aufgezwungen wurden usf. Aber andererseits können wir überhaupt nur existieren, indem wir irgendwelche Rollen übernehmen, wir brauchen die Rolle, um sein zu können: Es gibt kein rollenfreies Dasein. Wollen wir also wir selbst sein, so müssen wir zugleich doch auch eine Rolle übernehmen. Auf diesem Zusammenhang zwischen Eigentlichkeit und Uneigentlichkeit beruht die Tatsache, daß die Rollenhaftigkeit des Daseins überhaupt zu einem Problem geworden ist, das Wissenschaft und Literatur aufgegriffen haben.

In dem Inverview mit Bienek, das in diesem Punkt fast dieselben Aussagen enhält wie »*Unsere Gier nach Geschichten*« und der dieser Arbeit zugrundeliegende Aufsatz »*Das Lesen und der Bücherfreund*« aus dem Jahr 1960, hat Frisch die Meinung vertreten, »daß jedes Ich, das sich ausspricht, eine Rolle ist. Immer. Auch im Leben. Auch in diesem Augenblick.« (W 64, 27) Die Äußerung, den Überlegungen im Umkreis des »Gantenbein«-Romans zugehörig, wurde in diesen z. T. wörtlich übernommenen (vgl. V, 48). Wenn sie also auch nicht in jedem Punkt für frühere poetische Konzeptionen gültig ist, so trifft sie doch für »Stiller« zu, denn hier findet sich eine ähnliche Bemerkung: »Kann man schreiben, ohne eine Rolle zu spielen? Man will sich selbst ein Fremder sein. Nicht in der Rolle, wohl aber in der unbewußten Entscheidung, welche Art von Rolle ich mir zuschreibe, liegt meine Wirklichkeit.« (III, 677) Die von Psychologie und Soziologie erforschte Beziehung von personaler Wirklichkeit und Rollenhaftigkeit wird von Frisch an dieser Stelle auf charakteristische Weise aufgegriffen. Nicht die Rolle selbst, aber doch die unreflektierte Wahl einer Rolle gibt Aufschluß über die eigentliche Realität der Person, d. h. daß für Frisch ›Rolle‹ keineswegs bloße Maskerade meint. Auch der im Interview mit Bienek fallende Satz deckt die Beziehung zwischen der Wirklichkeit eines Ich und seiner Rolle auf. Denn sofern das Ich nur dann eine Rolle darstellt, wenn es sich ausspricht, muß es »an sich« sozusagen »Substanz« sein; es muß etwas Nicht-Rollenhaftes an ihm geben; vor und hinter dem Sich-aussprechen waltet Selbstidentität, auch wenn diese andererseits nicht vollständig und unmittelbar zum Ausdruck zu kommen vermag. Eine Rolle, so will es scheinen, kann nur übernehmen (oder, wie Frisch formuliert: *sein*), wer *auch* eine Identität besitzt. »Jeder Mensch«, so fährt Frisch an derselben Stelle im Interview mit Bienek fort, »erfindet sich früher oder später eine

Geschichte, die er [...] für sein Leben hält, oder eine Reihe von Geschichten, die mit Namen und Daten zu belegen sind, so daß an ihrer Wirklichkeit, scheint es, nicht zu zweifeln ist.« (W 64, 27. Vgl. »Mein Name sei Gantenbein«: V, 49) Demnach wäre das ganze menschliche Leben eine Erfindung und mithin frei von der Wirklichkeit der jeweiligen Person, – und das hieße: der Mensch ist nie in seiner Eigentlichkeit. Aber erfinden kann doch andererseits nur ein Individuum, und so hängt alle Rollenhaftigkeit auch wieder mit der Personalität des jeweiligen Ich zusammen. Rolle und (eigentliche) Person stehen offenbar in einer dialektischen Beziehung: Mag die (erfundene) Rolle auch das Gegenteil zur Identität eines Ich darstellen, so bestätigt sie doch andererseits nur dessen Existenz, und ist Identität des Ich auch das Gegenteil zu dessen Rolle, so existiert diese Identität doch nach Frisch immer nur in ihrer Aufhebung, nämlich in dem Entwurf der eigenen Erfindung. Zwar verdeckt unser erkennbares Dasein, da es nur als Erfindung, als Rolle in Erscheinung tritt, auch unsere Identität; das bedeutet aber nicht, daß wir uns ständig verstellen und unser Leben nichts als eine ängstliche Maskerade unserer personalen und individuellen Wirklichkeit ist, – denn dies setzte bewußte Irreführung voraus, die, da wir nach Frisch die von uns entworfene Geschichte, d.h. unsere Rolle, »für [unser] Leben« halten, keinen Sinn besäße. Vielmehr scheint unsere Rollenhaftigkeit nicht nur ein verdeckendes, sondern zugleich auch ein entdeckendes Moment zu enthalten, sofern von ihr immer auch die Eigentlichkeit des Menschen umschlossen wird.

Wenn schon »jedes Ich, auch das Ich, das wir leben und sterben, eine Erfindung ist« (W 64, 28), so räumt dies doch nicht jede »Wahrheit« beiseite. »Was wir in Wahrheit haben, sind Erfahrungen, Erlebnismuster.« (Ebd. Vgl. »Mein Name sei Gantenbein«: V, 49) Die Lebensereignisse stellen keine (objektiven) Fakten, sondern Spiegelungen unserer »Wahrheit« dar, die »unser Erlebnismuster ausdrücken« bzw. »unsere Erfahrung lesbar machen.« (Ebd.) Dementsprechend begreift Frisch unter »Erfahrung« nicht einen Lernprozeß des Menschen nach Maßgabe seiner Erlebnisse, sondern umgekehrt: Der Mensch erlebt die Welt nach Maßgabe seiner Erfahrung, und das heißt: nach Maßgabe seines Selbstverständnisses, seines Selbstentwurfs. »Erfahrung ist ein Einfall, nicht ein Ergebnis aus Vorfällen« (W 64, 29), lautet der in diesem Zusammenhang entscheidende Satz. Steht es so, dann muß die Rollenhaftigkeit unseres Lebens immerhin als Erfahrung unseres »Einfalls«, d.h. unseres Selbstentwurfs und insofern auch unserer »Wahrheit« verstanden werden. Zwar bleibt der Entwurf unseres Selbst »eine Fiktion« (W 64, 28), also Rolle, da sich unsere Art zu sein eben nur einem

Entwurf verdankt, mithin nicht einfach identisch ist mit der Wahrheit des jeweiligen Ich, sondern – im Gegenteil – reine Selbstidentität und Eigentlichkeit verhindert; aber weil es sich dabei doch immerhin um einen Entwurf, einen »Einfall« eben dieses Selbst und seiner Wahrheit handelt, waltet in der Rolle auch immer Identität, in der Uneigentlichkeit immer auch Eigentlichkeit und damit die Wirklichkeit des Ich: das dialektische Verhältnis von Identität und Rolle des Menschen macht deutlich, daß dessen Daseinsart seine Wahrheit verschleiert, aber zugleich doch auch präsentiert.

Diese Gedanken Frischs zum Thema Identität und Rollenhaftigkeit im Dasein des Menschen stehen am Ende der ersten Phase poetischer Produktion, die der Darstellung und Bewältigung dieses Problems galt, und am Anfang einer zweiten Periode, in der Frisch die Identitätsfrage auf ganz neue Weise wieder aufgreift. In »Stiller« gibt es eine Fülle von Textstellen, die die Behandlung dieses zentralen Themas in der ersten Phase erkennbar machen: »Ich bin nicht ihr Stiller«, heißt es z. B., »Ich bin ein unglücklicher [...] Mensch, der kein Leben hinter sich hat, überhaupt keines. Wozu mein Geflunker? Nur damit sie mir meine Leere lassen, meine Nichtigkeit, meine Wirklichkeit, denn es gibt keine Flucht, und was sie mir anbieten, ist Flucht, nicht Freiheit, Flucht in eine Rolle.« (III, 401) Hier scheint die »Wirklichkeit« des einzelnen in einem undialektischen Gegensatz zu dessen »Rolle« zu stehen und insofern durchaus erreichbar zu sein. Etwas später findet sich jedoch eine Bemerkung, die dieser Vorstellung widerspricht: »Man kann alles erzählen, nur nicht sein wirkliches Leben; – diese Unmöglichkeit ist es, was uns verurteilt zu bleiben, wie unsere Gefährten uns sehen und spiegeln, sie, die [...] nimmer gestatten, daß ich mich wandle, und jedes Wunder [...] zuschanden machen« (II, 416). Da man sein »wirkliches Leben« nicht ausdrücken, sich gegen die Vorurteile der Umwelt also auch nicht zur Wehr setzen kann, wird man an der Realisierung seiner selbst gehindert und damit in Uneigentlichkeit gehalten. Der Versuch, sich zu wandeln und so die Sehnsucht zu stillen, anders zu sein und sich im Anderssein zu finden, scheint zum Scheitern verurteilt. Weil das »wirkliche Leben« nicht zum Ausdruck kommt, bleibt der Mensch Opfer des Bildnisses, das sich die Umwelt von ihm macht, und in diesem Sinne eine verfehlte, sich selbst stets verfehlende Existenz mit der unerfüllbaren Sehnsucht nach Selbstidentität durch Selbstverwandlung. Deutlich ist zu erkennen, daß Frisch schon in dieser ersten Phase der poetischen Entfaltung des Identitätsthemas auf das Bildnis- und auf das Sehnsuchtsmotiv aus dem Frühwerk zurückgreift. Er tut es, wie sich schon in »Don Juan« zeigt, auf eine charakteristische Weise: Nicht nur die von der Umwelt aufgezwungene, sondern die vom Individuum selbst entworfene und gewählte Rolle rückt ins Zentrum der Darstellung, Bildnis und Selbstbildnis erweisen sich als Hemmnis bei der Suche nach der eigenen Identität.

a) »Don Juan oder Die Liebe zur Geometrie« und »Die große Wut des Philipp Hotz«

Die Komödie »Don Juan oder Die Liebe zur Geometrie«, im Jahr 1952/53 weitgehend in New York geschrieben und am 5. 5. 1953 in Zürich uraufgeführt, hat im Herbst 1961 eine Überarbeitung erfahren, die zur Streichung des Intermezzos nach dem dritten Akt (zwischen Don Lopez und Celestina) und zu einer Textkorrektur in der Rede des Bischofs über die Theateraufführung des Juan-Stückes von Tellez führte. Erste Spuren einer Beschäftigung Max Frischs mit der Figur des Don Juan finden sich bereits im Tb I (»Arabeske«: II, 628) und in »Die Chinesische Mauer« in der Fassung von 1946, in der sich Juan allerdings noch nicht als literarische Figur entlarvt wie in der Fassung von 1955. Brecht unterbreitete Frisch 1948 den Vorschlag, das Drama »Celestina« des Fernando de Rojas aus dem Jahr 1499 »einzurichten für die Giehse« (Tb II: VI, 26), wozu Brecht selbst die Songs verfassen wollte. Frisch las das Stück und kannte, als er seinen »Don Juan« 1952 konzipierte, außerdem noch »Don Juan Tenorio« von José Zorilla y Moral, »Don Juan und Faust« von Christian Dietrich Grabbe, »Man and Superman« von George Bernhard Shaw, während er nach eigenen Angaben im Interview mit Raeber (W 65, 55) die Don-Juan-Dramen Tirsos de Molina und Molières erst 1952 las, nachdem er das Stück weitgehend vollendet hatte (auch Mozarts »Don Giovanni« weckte erst jetzt seine Aufmerksamkeit). Offensichtlich wurde Frisch auch durch seine Spanienreise im Herbst 1950 zu seinem Stück angeregt (vgl. *»Spanien – Im ersten Eindruck«*: III, 179 ff.); in den Anmerkungen zu dem Stück (*»Nachträgliches zu ›Don Juan‹«*: III, 168 ff.) hat er ausdrücklich auf sie verwiesen.

Frisch nennt sein Stück eine Komödie und deutet schon mit dem zweiten Titel an, daß das Verfahren, die mit dem Namen Don Juan verknüpften Rollenerwartungen zu täuschen, hier konstitutives Merkmal des Komödienhaften ist. Während die Zuschauer einen spanischen Kavalier und galanten Draufgänger erwarten, stellt Frisch einen ängstlichen Zauderer auf die Bühne; nicht die Liebe zu den Frauen, sondern die »Liebe zur Geometrie« zeichnet ihn aus, ja es heißt gar, er mache sich nichts aus Frauen und besitze kein Herz

(III, 97). Erwartet der Zuschauer einen begabten Liebhaber, so begegnet ihm ein Intellektueller, freut er sich auf einen Verführer, so erblickt er einen Verführten, erhofft er den Eingriff des Himmels, der den Sünder in der Komtur-Szene bestraft, so wird er gewahr, daß Frischs Juan seine Höllenfahrt selbst inszeniert, um einen sein Leben schützenden Mythos in die Welt zu bringen. Mit diesem Prinzip der Verkehrung des Erwarteten verknüpft Frisch als zweites komisches Grundmoment das Motiv des Rollenzwangs. Von dem Vater Donna Annas wird ihm die Rolle des Helden aufgezwungen, später auch die des Totschlägers; die Gesellschaft zwingt ihm die Rolle des Frauenhelden auf, schließlich die Verbindung mit der Herzogin von Ronda, am Ende wird er wohl auch noch die Rolle des Vaters spielen müssen. Don Juan lebt nicht sich selbst, sondern die Rollen, aus denen ihn die Verhältnisse nicht entlassen; er ist, wie es scheint, ein Liebhaber wider Willen, und dies umso mehr, als er im Dasein eines Geometrie treibenden Intellektuellen die einzige Möglichkeit der Selbstverwirklichung erblickt. Geometrie ist für ihn »etwas Höheres als das Weib« (III, 121); er setzt »dem Sumpf unserer Stimmungen« (III, 131) und den »Launen [...] der menschlichen Liebe« (III, 132) »das nüchterne Staunen vor einem Wissen, das stimmt«, das »Genaue« (III, 131) entgegen: »So und nicht anders! sagt die Geometrie«, während die Liebe immer nur »irgendwie« (III, 132) sagt. Da er in der Beschäftigung mit der Geometrie sein eigentliches Lebensziel erblickt, empfindet er die Rolle des Liebhabers als Selbstentfremdung. Vor dem »Weib«, das »unersättlich« ist, aus dem Fenster zu springen, sieht er als die einzige Möglichkeit an, sich vor dem Abgleiten in ein uneigentliches Dasein zu bewahren: »Es gibt keinen andern Ausweg zu dir selbst.« (III, 128)

So mag es scheinen, als beruhe die mit Don Juan verknüpfte Komik allein darauf, daß er in andere und immer andere Rollen gezwungen wird als die, die er selbst anstrebt. Indes hat Frisch die Figur keineswegs ganz und gar als Opfer äußerer Zwänge angelegt, sondern ihr noch eine andere Dimension verliehen, nämlich die der inneren Widersprüchlichkeit. Die gesamte wissenschaftliche Literatur hat sich Frischs Äußerung angeschlossen, Don Juan sei »ein Narziß« und liebe »nur sich selbst« (»Nachträgliches zu ›Don Juan‹«: III, 169). Jurgensen nennt ihn sogar »Solipsist«, macht aber die Einschränkung, daß Juan auf »einer selbstgenügsamen Individualität« bestehe, »ohne dieses Streben allerdings mit der Wirklichkeit in Einklang bringen zu können.« (L 41, 39) So ist es in der Tat, doch bewirken das nicht nur die äußeren Umstände, sondern auch die inneren Bedürfnisse, denen er sich – seinen eigentlichen Absichten zum Trotz – nicht entziehen kann. Wird er auch zum begehrten Liebhaber wider seinen Willen, so bedarf er doch auch andererseits der Frau. Frisch hat Don Juan nicht als platten Weiberfeind konzipiert, der von den Frauen verführt, ja vergewaltigt wird. Immerhin nennt Don Juan die weibliche Wesensart »zauberisch« (III, 135), Donna Anna »die einzige, die ich geliebt habe, die Erste und Letzte« (III, 141), und stünde es so, daß Frauen ihm gar nichts bedeuteten, dann wäre die Erkenntnis für ihn nicht so betrüblich, daß die Menschheit sich in Mann und Frau teilt: »Welche Ungeheuerlichkeit, daß der Mensch nicht allein das Ganze ist! Und je größer seine Sehnsucht ist, ein Ganzes zu sein, um so verfluchter steht er da, bis zum Verbluten ausgesetzt dem andern Geschlecht« (III, 164). Auch hier zeigt sich durchaus seine Egozentrizität, sofern er die Frauen nur zu benötigen scheint, um selbst ein Ganzes sein zu können, doch nimmt diese Äußerung seinen erotischen Abenteuern auch das bloß äußerlich Erzwungene. Wenn Juan liebt, so wider Willen, aber doch auch als Zeichen seiner Sehnsucht, ein Ganzes zu sein. »Ich habe darüber nachgedacht: über Mann und Weib, über die unheilbare Wunde des Geschlechts, über Gattung und Person, das vor allem, über den verlorenen Posten der Person« (III, 146), heißt es im vierten Akt. Um ganz er selbst zu sein, bedarf Don Juan des weiblichen Du, Solipsismus läßt sich paradoxerweise nur in seiner eigenen Aufhebung realisieren, weil die Welt »gespalten« ist in die Geschlechter. Deshalb spricht Don Juan auch von dem »verlorenen Posten der Person«: die Identität, die Realisierung des Ich als Person bleibt für Narziß insofern unerreichbar, als er zur Erlangung des eigenen Ganzen eben auch des andern bedarf. So kommt es, daß alles, was Don Juan unternimmt, nicht nur wegen der äußeren, sondern auch wegen der inneren Zwänge zum Signum seines rollenhaften Daseins wird, daß er sich als Liebhaber ebenso verfehlt (da er doch Geometrie treiben möchte) wie als frauenabgewandter Intellektueller, – eine Lebensart, die ihn, wie Mirandas Schwangerschaft zeigt, in Wahrheit ebenfalls nicht ausfüllt. Zu seiner Identität bedarf Don Juan immer dessen, was ihm gerade fehlt. Aber das bedeutet auch, daß die Rolle, die er jeweils spielt oder spielen muß, nicht nur die Verwirklichung des eigenen Selbst unmöglich macht, sondern zugleich auf dieses Selbst verweist. Sein Verhältnis zu Frauen, seine Rolle als Liebhaber zeigt Juan nicht nur in seiner Uneigentlichkeit, sondern auch einen Aspekt seines wirklichen Wesens. Im Grunde waltet hier eben jene Dialektik von Rolle und Identität, von der eingangs die Rede war: Juan kann nur er selbst – nämlich ein die Welt im ganzen verkörperndes Ego – sein, wenn er sich auf das Gegenteil des Ego, den anderen einläßt; und indem er sich – die Frauen liebend

– der Uneigentlichkeit preisgibt, findet er seine Ganzheit, also sich selbst.

Fünf Jahre später hat Frisch dem Motiv der Selbstverfehlung noch einmal den Aspekt des Komischen abgewonnen, in dem mit »Biedermann und die Brandstifter« zusammen aufgeführten Schwank »Die große Wut des Philipp Hotz« (1958). Freilich hat er hier ein anderes dramatisches Verfahren gewählt als in »Don Juan«, wo der Held in jenen Situationen gezeigt wird, denen er entfliehen möchte und in denen er sich nach anderen Daseinsweisen sehnt. In diesem Punkt ähnelt Frischs Komödie seinem ersten Drama »Santa Cruz«, in dem Pelegrin und der Rittmeister auch jeweils von dem Land ihrer Träume sprechen, aber nicht im Land ihrer Träume weilen. Im »Hotz« wählt Frisch eine etwas andere Darstellungstechnik, denn er läßt den Protagonisten die Rollen spielen, die dieser sich scheinbar erträumt: Hotz ist entschlossen, Dorli endlich zu verlassen, und tut das (zunächst) auch; seine Unbeugsamkeit zeigt sich beim Zerstören der Wohnung; nach wie vor behauptet er, nicht eifersüchtig zu sein, ja er beweist seine liberale Eheanschauung (»Bündnis in Freiheit und Offenheit«: IV, 435) auch dadurch, daß er selbst einen Seitensprung gesteht. Die Komik ergibt sich dadurch, daß Hotz – als epischer Kommentator seiner selbst auftretend – seine Glaubwürdigkeit selbst untergräbt und dadurch klarstellt, daß er jetzt nur die Rolle spielt, die ihm die Wirklichkeit stets versagt hat: Nichts fürchtet er in Wahrheit mehr als die Trennung von Dorli, er geht nur, weil sie ihm sonst nicht glaubt, daß er die Kraft aufbringen werde, sie zu verlassen; der Ehebruch hat gar nicht stattgefunden; sein Zögern widerspricht seiner zur Schau gestellten bärbeißigen Entschlossenheit (»Nur jetzt nicht die Wut verlieren«: IV, 425 u. ö.), seine Wut der Behauptung, er sei nicht eifersüchtig. So entlarvt er sich dadurch, daß er die Rolle, die er gerade spielt, als bloße Maskerade dekuvriert, mit der er seine Verletzlichkeit, Bedürftigkeit, Unterlegenheit zu vertuschen sucht. In diesem Schwank ist »Rolle« ein Synonym für Maske, und man kann sagen, daß sich die Wahrheit der Person Hotz, also ihre eigentliche Identität, hinter der Maskerade durchaus zeigt. Aber ebenso deutlich ist zu erkennen, daß Hotz selbst eben diese eigene Wirklichkeit fürchtet, ablehnt, ihr zu entfliehen sucht. Insofern klingt hier auf komische Weise an, was auf eher tragische Weise in »Stiller« dargestellt wird, nämlich die Selbstverneinung des Menschen, seine Flucht in eine selbstentworfene Rolle, seine Weigerung, sich selbst anzunehmen.

b) »Rip van Winkle« und »Stiller«

Nicht nur durch ihr gleichartiges Thema sind »Stiller« und »Rip van Winkle« mit den beiden Theaterstücken verbunden. »Hotz« und »Stiller« verbinden einige Motive und eine Szenenähnlichkeit (vgl. den Einzug Rolfs ins neue Haus: III, 578, auch die Zertrümmerung des Ateliers: III, 721 f.; vgl. zudem die Angst Stiller-White's, daß seine »Wut nicht ausreichen würde« oder seine Selbstmahnung »Nur jetzt nicht auf halber Strecke bleiben!« in III, 721 mit Hotz' Leitsatz »Nur jetzt nicht die Wut verlieren«). Detailbezüge dieser Art sind auch über »Die große Wut des Philipp Hotz« hinaus zu finden; so verweisen der »Haarölgangster« auf Herrn Biedermann, Florence auf Helen in »Biografie: Ein Spiel«, die Mexiko- und Dschungelpassagen auf »Homo faber«. »Don Juan« und »Stiller« bzw. »Rip van Winkle« hängen hingegen aus entstehungsgeschichtlichen Gründen, aber auch wegen ähnlicher philosophischer Voraussetzungen und – daraus resultierend – wegen der ähnlichen Behandlung des Rollen- und Identitätsthemas zusammen. Frischs Spanienreise 1950 zählt z. B. nicht nur zu den biographischen Voraussetzungen des »Don Juan«, sondern auch zu denen von »Stiller« (vgl. dazu die Stierkampfbeschreibung in »Spanien – Im ersten Eindruck«: III, 181 f. – mit der in »Stiller«: III, 605 ff.), und wie an der Komödie hat Frisch auch an dem Roman 1951/52 während seines einjährigen USA- und Mexiko-Aufenthaltes gearbeitet. Er gab »Stiller« (damaliger Arbeitstitel »Was macht ihr mit der Liebe«) jedoch zunächst auf, setzte die Arbeit erst nach Abschluß und Uraufführung von »Don Juan« 1953 fort und beendete sie 1954; im gleichen Jahr erschien der Roman. Bereits vor der Uraufführung und im Anschluß an »Nachträgliches zu ›Don Juan‹«, im Februar und März 1953, entstand als Auftragsarbeit des Bayrischen Rundfunks das stofflich wie thematisch mit »Stiller« direkt zusammenhängende Hörspiel »Rip van Winkle«, was die entstehungsgeschichtlich höchst engen Beziehungen zwischen dem Juan-Stück und dem »Stiller«-Komplex zeigt. Freilich verarbeitet Frisch in seinem Roman weitaus mehr biographische Momente als in dem Drama, und er verarbeitet sie auch intensiver. So greift er ganz offensichtlich auf Erlebnisse und Erfahrungen in den USA (1951/52) zurück, wenn er das Leben White's in Amerika schildert, den Essay »Orchideen und Aasgeier« übernimmt er z. T. wörtlich in den Roman (vgl. III, 212 f. und »Stiller«: III, 380 f.; III, 214 ff. und »Stiller«: III, 666 ff.), und die Kritik, die er nach seiner Rückkehr aus den USA an der schweizerischen Gesellschaft unter Hinweis auf die schweizerische Architektur übt, wird ebenfalls in den Roman integriert (vgl.

»Unsere Arroganz gegenüber Amerika« und »Cum grano salis« mit »Stiller«: III, 593 ff.). Insonderheit nutzt Frisch das im Tb I notierte Motiv- und Gedankenmaterial für »Stiller« und – mit Einschränkungen – für »Rip van Winkle« in ganz anderem Umfang als für »Don Juan«. Alle drei Werke werden von dem Bildnisgedanken aus dem Tb I getragen (vgl. »Stiller«: III, 467, 499 f., 647, 718, 749 f. etc.), aber der Engel, der im Tb I Marion zu sich selbst führen will, taucht nur in dem Roman mehrfach wieder auf, ebenso wie das Motiv des Wandelns über das Wasser. Im Tb I wünscht sich Marion von dem Engel, er möge ihn nur einmal »über das Wasser, über die Tiefe voll perlmutterner Wolken« wandeln oder »nur eine Weile lang« fliegen lassen. Dabei geht es gar nicht so sehr um das Wunder, sondern darum, daß der Engel Marion die Kraft geben soll, das Wissen von dem Wunder mit niemandem zu teilen, sich also von seinem Bedürfnis nach Anerkennung durch die Umwelt zu befreien: »Und niemand, den ich im Ehrgeiz bedenke, niemand muß es erfahren und glauben. Es sei mir genug, wenn ich allein es weiß« (II, 359). Als der Engel zum zweitenmal auftritt, will er Marion über das Wasser locken. »Wo«, fragt Marion, »wenn du ein Engel bist, führst du mich hin?« Und der Engel antwortet: »Zu dir –.« (II, 501) Beide Episoden bringen das Wunder der Selbstidentität ins Bild: Wie Marion sich bei der ersten Begegnung wünscht, daß ihm das Erlebnis genüge und er der Anerkennung durch die Umwelt nicht bedürfe, so besteht bei der zweiten das Wunder darin, daß der Mensch zu sich selbst geführt wird. In diesem Sinn verwendet Frisch das Motivmaterial auch in »Stiller«: »Zuweilen, offen gesprochen, kommt es mir vor wie ein Versuch, auf dem Wasser zu wandeln, und zugleich weiß ich, wissen wir beide, daß das Wasser steigt und steigt, um uns zu ertränken, und immerzu steigt, auch wenn wir es nicht versuchen, auf dem Wasser zu wandeln.« (III, 689) So spricht – in Gedanken – Stiller zu Julika, um ihr einen Neuanfang vorzuschlagen. »Ich kann nicht übers Wasser wandeln!« (III, 770) ruft er Rolf in seiner Verzweiflung zu und drückt damit aus, daß er das Unmögliche nicht zustandebringen kann. Beide Male geht es um die Beziehung zwischen Julika und Stiller; ihr Gelingen wäre ein Wunder, das beide zu sich selbst führen würde. Das Wandeln über das Wasser wird im Tb I also wie in »Stiller« als Bild für die Selbstfindung und ihre Unmöglichkeit gebraucht. Auch den Engel verwendet Frisch als symbolische Figur für das Wunder der Befreiung von jeder Art des Rollenspiels, im Tb I nicht anders als in »Stiller«, wo der Engel für die radikale Selbsterfahrung in einer äußersten Situation steht, die Stiller die Entscheidung über Leben und Tod, Selbstannahme und Selbstverneinung ermöglicht; diese Situation bezeichnet er daher auch als

seine Begegnung mit dem Engel. Schließlich greift Frisch in »Stiller«
auch auf Partien aus der Schinz-Skizze im Tb I zurück, so bei der
Gestaltung des Verhörs am Anfang des Romans (vgl. Tb I: II,
739 ff.) und bei der Skizzierung der Smyrnow-Affäre (vgl. Tb I: II,
742 ff.).

In der Verwendung des von Frisch selbst entworfenen Motivma-
terials weit über »Don Juan« hinausgehend, basiert der Roman
gleichwohl auf den gleichen geistigen Bedingungen wie das Theaterstück, und zwar auf Kierkegaards Philosophie. Anders als bei seinen
übrigen Werken hat sich Frisch zu den gedanklichen Voraussetzungen von »Don Juan« und »Stiller« etwas genauer geäußert. In seinem
Kommentar zu »Don Juan« findet sich eine überraschende Bemerkung: »Die beste Einführung zu Don Juan, ausgenommen Kierkegaard, bleibt der Besuch eines spanischen Stierkampfes.« (III, 173)
»Stiller« schickt Frisch zwei Zitate aus »Entweder/Oder« voraus,
wobei er allerdings die Reihenfolge der beiden Textstellen ver-
tauscht (in etwas anderer Übersetzung in: Gesammelte Werke, 2.
und 3. Abtlg., Entweder/Oder, Zweiter Teil übers. v. Emanuel
Hirsch, Düsseldorf 1957, S. 230 u. 231). Was »Don Juan« und »Stiller« miteinander verbindet, ist tatsächlich die von Kierkegaard vor
allem in »Entweder/Oder« entfaltete Frage nach dem Absoluten im
Menschen, das nur im Akt der Selbstwahl hervorleuchtet, der der
Akt der Freiheit ist: nur indem er sich selbst wählt, löst er sich
davon, bestimmt zu werden. Dies gilt, obwohl der Mensch nicht
einfach definieren kann, was sein von ihm gewähltes (und zugleich
gesetztes) Ich (inhaltlich) ist. Eben darum geht es in »Don Juan« wie
in »Stiller«, nämlich daß das Ich sich wähle oder – wie es im Roman
meist etwas unschärfer heißt – sich »annehme«. Die Komik in »Don
Juan« beruht nicht nur auf dem Prinzip der verkehrten Welt, auch
nicht allein darauf, daß Juan von außen bestimmte Rollen aufgezwungen werden, sondern sie besteht vor allem darin, daß er – vor
erotischen Beziehungen auf der Flucht und die Ruhe des Geometrie
treibenden Intellektuellen suchend – ständig vor sich selbst flieht,
jeweils sich selbst verfehlt und in Uneigentlichkeit verharrt, obgleich
er sich doch stets auf der Suche nach sich selbst befindet. Daß er sich
um so sicherer verfehlt, je dringlicher er sich sucht, beruht darauf,
daß er den Widerspruch in sich – seine erotische Bedürftigkeit
einerseits, seine narzißhafte Selbstliebe andererseits – nicht »annimmt«, sich also nicht selbst wählt. Auch am Schluß des Stücks hat
Juan den Widerspruch und damit sich selbst nicht angenommen,
allerdings schließt die Komödie mit einer Hoffnung Mirandas, die
Juans Wesen immer schon richtiger einschätzte als dieser selbst –
z. B. auch, als sie ihm anbot, getrennt im Schloß zu wohnen, wohl

wissend, daß Juans Bedürfnis nach dem »Ganzen« zu einer Liebesbeziehung führen werde. Nachdem sie ihm berichtet hat, daß sie
wahrscheinlich ein Kind bekomme, sagt Miranda zu Don Juan: »Du
mußt jetzt nicht behaupten, daß es dich freut, Juan, aber es wird
mich glücklich machen, wenn ich eines Tages sehe, daß es dich
wirklich freut.« (III, 167) Auch dies will noch als komische Schluß-
bemerkung verstanden werden: Don Juan wird (als Vater) wohl
tatsächlich einmal das Gegenteil dessen sein, was »man« von ihm
erwartet. Im Sinne des Stücks (und im Sinne Kierkegaards) wäre dies
aber zugleich eine Form der Selbstannahme: die Bejahung des eigenen Widerspruchs.

In Stiller hat Frisch eine Figur konzipiert, die wesentlich mehr
Eigenschaften besitzt, sich wandelt und überhaupt äußerst »schwierig« ist, weshalb die Wahl des eigenen Ich in einem komplizierten
und lang dauernden Prozeß erfolgt. Aber auch Stiller wählt sich,
ohne eigentlich seine »Wahrheit«, seine »Wirklichkeit«, sein Wesen
beschreiben und es gegen seine Rolle, seine Uneigentlichkeit aus-
spielen zu können. »Umsonst versuche ich ihm [dem Verteidiger]
klarzumachen, daß ich die volle und ganze Wahrheit selber nicht
weiß« (III, 418), notiert er, und auch im Hinblick auf die Begegnung
mit dem Engel gesteht er sich ein, daß er weder dieses Erlebnis noch
sein eigenes Ich wirklich zu beschreiben vermag: »Ich weiß, daß ich
nicht der verschollene Stiller bin. Und ich bin es auch nie gewesen.
Ich schwöre es, auch wenn ich nicht weiß, wer ich sonst bin.« (III,
681) Es steht mit Stiller-White wie mit Rip van Winkle, der Mär-
chenfigur: »Wer er denn selber wäre? fragte man ihn, und er besann
sich. Gott weiß es! sagte er: Gott weiß es, gestern noch meinte ich es
zu wissen, aber heute, da ich erwacht bin, wie soll ich es wissen?«
(III, 427) Sich selbst zu wählen, heißt nicht, einverstanden mit sich,
seinem Charakter, seinen Schwächen zu sein, denn dies setzte nicht
nur eine genaue Kenntnis des Menschen von sich selbst voraus,
sondern auch einen vollständigen Mangel an kritischer Distanz sich
selbst gegenüber. Wohl aber bedeutet die Selbstwahl, daß man seine
Mängel erkennt und als solche, also als Mängel akzeptiert. Vor allem
aber meint Selbstwahl die Befreiung von der Bestimmung durch
andere und anderes. Deshalb bedeutet Selbstverwirklichung auch
nicht einfach Realisierung vorhandener Anlagen und das Ausleben
empfundener Neigungen, sondern Herstellung der Selbstidentität
durch Überwindung unangemessener Anforderungen, die aus der
Anpassung an die Umwelt und ihre Ansprüche entstehen können.

Es ist durchaus zu fragen, wieweit Frisch die Philosophie Kierkegaards richtig interpretiert hat, und es fällt nicht schwer zu zeigen,
daß er manche Komponenten des Kierkegaardschen Denkens unbe-

rücksichtigt läßt (z. B. den moralischen Aspekt, weitgehend auch den Unterschied zwischen ethischem und ästhetischem Dasein, nicht jedoch den christlich-metaphysischen Gesichtspunkt, von dem deshalb auch noch die Rede sein muß). Gleichwohl läßt sich erkennen, daß die Identitätsdarstellung in »Don Juan« wie in »Stiller« von Kierkegaard bestimmt wird, daß die Bemerkung in »Nachträgliches zu ›Don Juan‹« und das Doppelmotto über »Stiller« nichts weniger als literarische Gelehrsamkeit dokumentieren. Es geht in beiden Werken tatsächlich um die Selbstwahl des Protagonisten, d. h. um die Setzung des mit sich selbst identischen Ich durch eine Abkehr dieses Ichs von den Ansprüchen der Außenwelt und den Selbstüberforderungen. In diesem Punkt berühren sich Bildnisgedanke und Kierkegaards existenzphilosophische Überlegungen, und deshalb nimmt es auch nicht wunder, daß Frisch Kierkegaards Philosophie und seinen im Tb I niedergelegten Bildnisgedanken zum gedanklichen Fundament beider Werke macht.

Ihre Verquickung vollzieht sich in »Rip van Winkle« noch sichtbarer als in »Stiller«, was Frischs Konzeption besonders deutlich erkennbar macht. Dafür fehlen in dem Hörspiel alle psychologischen Feinheiten und tektonischen Raffinessen, die den Roman auszeichnen. Es wirkt »objektiver«, da keine Figur als Medium eingesetzt wird, während der Romanleser mit Stillers Geschichte durch Stiller-White und durch den Staatsanwalt, zwei selbst betroffene Figuren, unterrichtet wird.

Aber auch abgesehen von solchen gattungsspezifischen Unterschieden, liegt die thematische Substanz in »Rip van Winkle« überaus offen zutage, und sie läßt sich deshalb ziemlich eindeutig als Verknüpfung der von Kierkegaards Philosophie der Selbstwahl her verständlichen Problematik von Identität und Rollenspiel einerseits und des Bildnisgedankens andererseits interpretieren. Daß der Fremdling, der sich selbst nach der Figur des amerikanischen Märchens Rip van Winkle nennt, aber mit dem gesuchten Schweizer Staatsbürger Wadel identisch sein soll, sowohl der Frage ausgesetzt war, ob es ihm gelinge, sich selbst anzunehmen, als auch dem Problem ausgesetzt wird, mit dem Bild, das seine Umgebung von ihm entwirft, identifiziert zu werden, spricht der Staatsanwalt aus: »Anatol Wadel war ein Mensch wie so viele, ein Mensch, der sich selbst überfordert. Mit dem Ergebnis: er lebte nicht, er spielte eine Rolle, die er sich selbst glaubte schuldig zu sein. Daher das schlechte Gewissen, das lebenslängliche Gefühl, etwas schuldig zu bleiben, das haben ja alle Leute, die sich selbst nicht annehmen.« (III, 826 f.) Von den Rollen, die Wadel an die Stelle seiner Wirklichkeit setzte, ist – gemessen an der Darstellung in »Stiller« – nur umrißhaft die Rede:

Gegenüber einem Auftraggeber, der ihn nicht bezahlte, hat der Bildhauer Wadel sich entsprechend den gesellschaftlichen Gepflogenheiten »anständig« verhalten, statt »daß er diesen Haarölgangster [...] einfach die Treppe hinunterwarf« (III, 827), wie der Staatsanwalt meint; sein allenthalben geschätztes Künstlertum, dem er selbst nicht mehr traute, hatte er beibehalten, weil man nun einmal die Vorstellung von einem Bildhauer Wadel besaß und ihn entsprechend behandelte; seiner Frau Julika gegenüber spielte er die Rolle des verständigen, nachgiebigen Gatten, weil sie es vermocht hatte, ihn stets ins Unrecht zu setzen: »Wenn etwas nicht klappt, betrachtet er es stets als seine Schuld. Darum liebe ich ihn ja so.« (III, 830) In Wahrheit ist sie unfähig, überhaupt irgendjemanden zu lieben. Georges, ihr Pariser Freund, eine Figur, die als Dmitritsch in »Stiller« jeden Zug eines Liebhabers verloren hat, drückt sich unmißverständlich aus: »du bis eine Dulderin, du liebst ihn so wenig wie mich, du liebst es, wenn ein Mann deinetwegen ein schlechtes Gewissen hat, und dazu habe ich kein Talent, das weißt du.« (III, 825) Wadel indessen fühlte sich durch seine Liebe zu Julika dazu genötigt, stets die Rolle des Schuldigen zu übernehmen, der alles Leid, das Julika beklagte, über sie gebracht hatte, damit sie sich als Dulderin zu gerieren vermochte.

Dieser Form uneigentlichen Lebens hat sich Wadel durch einen Akt der Selbstannahme entzogen, von dem im Hörspiel – anders als im Roman – weiter nicht die Rede ist, auf den allein durch seine Weigerung geschlossen werden kann, der Bildhauer Wadel und der Gatte Julikas zu sein. Wiederum bedeutet diese Selbstwahl nicht, daß Wadel weiß, wer er ist, daß er sich definieren könnte: »Sie können es niemals erkennen, wer ich wirklich bin, ich selber kann es nicht: – solange ich nicht meinen Whisky habe.« (III, 797) Nur wenn er sich der nüchternen Alltagsnormalität entzieht, findet er seine Identität, ebenso wie in den Lügengeschichten; beides zeigt, daß die Wahrheit des Menschen nicht in angepaßtem Verhalten zutagetritt, sondern davor oder dahinter zu suchen ist. Daß Wadel, der Rollenhaftigkeit seines Daseins entflohen, die Eigentlichkeit gewählt hat, kommt aber auch an den Stellen zum Ausdruck, an denen von der Veränderung seines Wesens die Rede ist: »Er ist so anders, als ich ihn kenne« (III, 815), berichtet Julika dem Verteidiger und dem Staatsanwalt. Wadel hat im Anderssein seine Selbstidentität gefunden.

An dieser Stelle gewinnt das Bildnismotiv eine tragende Bedeutung. Der Staat, die Gesellschaft, kann ohne die Beachtung einmal aufgestellter Regeln und Normen nicht existieren, selbst Julika mag nicht darauf verzichten, in Wadel ihren früheren Gatten zurückzugewinnen, denn alle wollen sich nicht von der Vorstellung trennen, die sie nun einmal mit einem Menschen verknüpfen. Nachdem man ihn auch amtlicherseits dazu verurteilt hat, Wadel, der Bildhauer und Gatte Julikas zu sein, ihn also in seine Rolle, in sein uneigentliches Dasein zurückgezwungen hat, ist es wiederum der Staatsanwalt, dem als einzigem aufgeht, wie sehr man hier einem Menschen Gewalt antut, indem man ihn seiner eigentlichen Identität beraubt: »Wir haben einen Menschen verurteilt, zu sein, was er gewesen ist [...] Wir machen uns ein Bildnis von einem Menschen und lassen ihn nicht aus diesem Bildnis heraus. Wir wissen, so und so ist einer gewesen, und es mag in diesem Menschen geschehen, was will, wir dulden es nicht, daß er sich verwandle.« (III, 834)

Diesen Zwang, wieder in die abgelegte Rolle schlüpfen und damit seine Identität aufgeben zu müssen, kann Wadel nicht ertragen. Schon vorher hat er Julika, die er noch immer – oder genauer: aufs neue – liebt, versichert, er werde sie umbringen, wenn sie auf seiner Rolle als Gatte bestehe. Er hat ihr vorgeworfen: »Ihr aber, ihr alle, das ist es, ihr wollt ja nur, daß ich nicht wage, ich selbst zu sein – auch du, meine Liebe« (III, 824). Als man ihn gerichtlicherseits dazu zwingt, seine alte Rolle wieder anzunehmen, und auch Julika darauf besteht, wehrt er sich, indem er Julika zu ermorden versucht. Denn entsprechend dem Motto zu »Stiller« besteht in der Freiheit der Selbstwahl die Seligkeit des Menschen, um die er mit allem, d.h. unter Einsatz seiner Person, kämpft.

Abgesehen von dem Mordversuch Wadels unmittelbar nach der Urteilsverkündung stimmt das Hörspiel mit dem ersten Teil des »Stiller«-Romans in der äußeren Handlung weitgehend überein. Was jedoch die innere Handlungsstruktur angeht, die Entfaltung der Kernfrage, auf welchem Weg der Protagonist zur Wahl seiner selbst gelangt und wie er sich der Definition seiner selbst durch die Umwelt zu entziehen vermag, unterscheiden sich beide Werke beträchtlich. Das Hörspiel weist eine deutlich erkennbare innere Zweierstruktur auf: Wadel hat sich selbst gewählt und weigert sich deshalb jetzt, mit der durch die Selbstwahl verworfenen Person identifiziert zu werden. In »Stiller« ist nicht nur diese Zweierstruktur einer komplizierten Verflechtung der einzelnen Phasen der Selbstwahl gewichen, es lassen sich auch Änderungen feststellen, die bestimmten Aktionen einen ganz entgegengesetzten Sinn geben. So stellt Stillers Flucht aus Zürich noch kein Zeichen für seine Selbstannahme dar, sondern nur für die Erkenntnis seiner selbst, d.h. seines uneigentlichen, rollenhaften Daseins. Vor allem aber verankert Frisch die Handlung des Romans tief im Psychologischen und motiviert damit die Verhaltensweise der Figuren wesentlich besser als im Hörspiel.

»Stiller« ist – wiewohl das Thema Ichverlust und Selbstwahl, Rollenhaftigkeit und Identität im Vordergrund steht – auch ein psychologischer Liebes- und Künstlerroman. In welchem Maße Frischs eigene Erfahrungen mit der Krise als Künstler 1936/37 und mit seiner scheiternden ersten Ehe eine Rolle spielen, ist nicht nur nicht auszumachen, sondern auch von allenfalls nebensächlicher Bedeutung, weil es nicht um Autor-Psychologie, sondern um das Psychologische als Grund der Verhaltensweisen Stillers und Julikas, also um die psychologischen Momente in der Romanhandlung geht. Über Frischs psychologische Studien ist – soweit sie überhaupt bekannt sind – im ersten Kapitel die Rede gewesen. Man kann sagen, daß sie sich in keinem Werk so deutlich niedergeschlagen haben wie in »Stiller«. Außerdem ist in diesem Roman die Thomas-Mann-Lektüre in besonderem Maße fruchtbar gemacht worden, und auch der Einfluß *Strindbergs* läßt sich nicht übersehen. Stindberg, von dem Frisch schon im Tb I (II, 362 f.) berichtet, dessen »Traumspiel« sich in Stillers Bücherbord befindet (vgl. III, 705) und den Frisch auch in »Montauk« im Zusammenhang mit dem Jugendfreund und Mäzen W. erwähnt (VI, 647), dürfte die psychologische Analyse sexueller bzw. erotischer Schwierigkeiten beeinflußt haben; auch im Tb I tritt er ja als der Inbegriff des eifersüchtigen Liebhabers und Ehemanns auf. Thomas Mann, dessen »Zauberberg« das Modell für die Davos-Passagen in »Stiller« abgab (III, 463–501), hat auch hier – wie bereits bei einigen frühen Erzählungen Frischs (vgl. Kap. II) – im Hinblick auf die dekuvrierende Funktion psychologischer Analyse als Vorbild zu gelten. Durchaus psychologisch erklärt Frisch das schwierige Verhältnis zwischen Stiller und Julika. Schon zu Beginn des zweiten Heftes stellt Stiller-White bündig fest: »Jeder einigermaßen erfahrene Mann – Stiller war es offenbar durchaus nicht – hätte in diesem so faszinierenden Persönchen ohne weiteres einen Fall hochgradiger Frigidität erkannt, mindestens auf Anhieb vermutet und seine Erwartung danach geregelt.« (III, 437) Diese Eigenschaft löst in Julika »eine heimliche Angst [aus], keine Frau zu sein.« (III, 440) Daß Stiller ihr trotzdem verfällt, beruht keineswegs auf seiner Unerfahrenheit, auch nicht allein auf seiner Liebe zu ihr, sondern zum Teil auch darauf, daß er selbst ebenfalls »unter einer steten Angst« leidet, »in irgendeinem Sinn nicht zu genügen«, und daher ihrer bedarf. Die beiden paßten »auf eine unselige Weise zueinander«, sie »brauchten einander von ihrer Angst her« (ebd.), d. h. ihre Verbindung wird von der Hoffnung beider getragen, den eigenen Defekt im Umgang mit dem Partner kompensieren zu können. Die Bedeutung, die in diesem Zusammenhang Julikas Frigidität hat, besitzt für Stiller sein Erlebnis am Tajo während des Spanischen Bürgerkriegs, das er als Niederlage versteht: »– warum ich nicht geschossen habe? [...] Weil ich ein Versager bin. Ganz einfach! Ich bin kein Mann.« (III, 615) Tatsächlich interpretiert er seine Hemmungen in einer militärischen Situation als Beweis für eine eingeschränkte Männlichkeit: »Ich bin kein Mann. Jahrelang habe ich noch davon geträumt: ich möchte schießen, aber es schießt nicht – [...] es ist der typische Traum der Impotenz.« (III, 617) Sein Selbstgefühl zurückzugewinnen, wählt er – wie Rolf, der Staatsanwalt, erkennt – die frigide Julika als »Prüfstein« (III, 752) und macht sie zu seiner »Lebensaufgabe«: »Du als ihr Erlöser [...], du wolltest es sein, der ihr das Leben gibt und die Freude« (III, 765). Am Ende dieser ersten Phase, kurz bevor er Julika verläßt, analysiert Stiller ihr psychopathisches Verhältnis zueinander mit einem klaren Blick für die beiderseitigen Defekte: »Wäre nicht diese Niederlage in Spanien gewesen [.,.] wäre ich dir mit dem Gefühl begegnet, ein voller und richtiger Mann zu sein – ich hätte dich schon verlassen, Julika [...] Was für eine Aufgabe! Ich bildete mir ein, du brauchst mich. Und deine Müdigkeit immer, deine Herbstzeitlosenblässe, dein Hang zum Kranksein, das war ja genau, was ich unbewußtermaßen brauchte, eine Schonungsbedürftige, um mir selbst um so kraftvoller vorzukommen.« (III, 496) Und Julika brauchte ihrerseits gerade diesen von Unterlegenheitsgefühlen gequälten Mann als Partner: »du warst verliebt in meine heimliche Angst. Das gefiel dir, meine Liebe, so ein Mann, der nicht einfach kommt und umarmt, sondern zittert, ein verängstiger Mann, ein irgendwie gebrochener Mann, der sich an dir glaubte bewähren zu müssen, ein Mann mit schlechtem Gewissen von vornherein, ein Idiot, der es stets als seine Schuld empfinden wird, wenn etwas nicht klappt.« (III, 497)

Diese psychologische Konstellation führt zu einem unerträglichen, beide niederdrückenden, sie ihres Selbstgefühls beraubenden Verhältnis, wobei jeder – immer abhängig von der Reaktion des anderen – stets auf diesen fixiert bleibt und jegliche Unbefangeheit einbüßt, d.h. unfrei, uneigentlich existiert: »Ich denke jetzt oft: Hätte ich dich nicht zu meiner Bewährungsprobe gemacht, wärest du auch nie auf diese Idee gekommen, mich durch dein Kranksein zu fesseln, und wir hätten einander auf natürliche Weise geliebt, ich weiß es nicht, oder uns auf natürliche Weise getrennt.« (III, 499) Mit der Einsicht Stillers in seinen psychischen Defekt und in die daraus resultierende Übernahme der Erlöser-Rolle, dessen Männlichkeit sich erst an einer frigiden Frau bewährt, endet die erste Handlungsphase: Stiller verläßt die Schweiz.

Die Selbstüberforderung Stillers bezieht sich nicht nur darauf, mutiger Spanienkämpfer und der Erlöser Julikas sein zu wollen, sondern auch auf sein Künstlertum, das allerdings als Gegenstand der Selbstbewährung gegenüber der Frau in den Hintergrund tritt. Immerhin gibt Stiller im Gespräch mit Sibylle darüber Auskunft, wie er in die Rolle des Künstlers schlüpfte, um den Erwartungen der Umwelt zu entsprechen: »Eines Tages erwachst du und liest es in der Zeitung, was die Welt von dir erwartet [...] Und schon kommen die Arrivierten, um dir die Hand zu schütteln, weißt du, liebenswürdig, aus lauter Furcht wie vor einem jungen David. Es ist lächerlich. Aber da stehst du nun mit deinem Größenwahn« (III, 612). Trotz aller selbstkritischen Ironie, die die latente Einsicht in die Mittelmäßigkeit seines Talents signalisiert, mißt Stiller sich an selbstgesetzten höchsten Ansprüchen, überfordert sich in unmäßigem Ehrgeiz, der nichts weiter als eine Kompensation der Einsicht ist, daß es mit seiner Begabung nicht allzu weit her ist. Eben dies führt zum Verlust seiner Identität, weil jetzt die Anerkennung der Außenwelt zum Maßstab der eigenen Tätigkeit wird und den (ästhetischen) Qualitätsmaßstab verdrängt. Stiller gerät durch Selbstüberforderung in Uneigentlichkeit, nämlich in die Abhängigkeit vom Urteil anderer: »Ganz im Anfang meiner Künstlerei, mag sein, war ich allein, vermochte ich es beinahe, in einem wirklichen Sinn allein zu sein in der Hoffnung, in Lehm oder Gips mich verwirklichen zu können; aber diese Hoffnung währte nicht lang, und schon war der Ehrgeiz da, die Freude in Hinsicht auf Anerkennung, die Sorge in Hinsicht auf Geringschätzung« (III, 682). Das Motiv des Alleinseins, das später eine entscheidende Bedeutung gewinnt, begegnet schon hier als Kennzeichen innerer Identität, nämlich als Beweis für die Unabhängigkeit des Menschen von äußeren Erwartungen und Meinungen. Stiller vermag diese Einsamkeit bald nicht mehr zu ertragen, richtet sich an den Vorstellungen der Umwelt aus, spielt nur noch die Rolle des Künstlers. Auch dieser Selbstüberforderung setzt er schließlich die Selbsterkenntnis entgegen und flieht.

Aber Flucht ist Verdrängung, und so muß man feststellen, daß Frisch im Gegensatz zu »Rip van Winkle« in »Stiller« mit der Beendigung dieser Phase durch Selbsterkenntnis noch kein Zeichen für Selbstannahme setzt; in diesem Punkt täuscht Rolf sich, wenn er glaubt, Stiller sei zu diesem Zeitpunkt schon über die »Melancholie der bloßen Selbsterkenntnis« (III, 750) hinausgelangt.

Denn die Tatsache, daß Stiller in Amerika einen Selbstmordversuch unternimmt, zeigt, daß er noch nicht zu einer Möglichkeit der

Selbstannahme vorgestoßen ist. Selbsterkenntnis, so scheint es, führt über Selbstflucht zur Selbstverneinung. Lediglich dem Zufall, daß der Schuß, mit dem sich Stiller töten will, ihn nur streift, verdankt er die Chance, seinem »Engel« zu begegnen. Da dieser das Symbol der Selbstheit, der personalen Identität darstellt, vermag sich Stiller-White über ihn nicht zu äußern: »sobald ich ihn zu schildern versuche, verläßt er mich, dann sehe ich ihn selber nicht mehr.« (III, 702) Denn da Mitteilung eine Hinwendung nach außen bedeutet, ist sie nicht nur von der Wahrheit des Mitgeteilten – der Erfahrung eines Engels, der eigenen Wirklichkeit, der Selbstheit –, sondern auch von den Erfahrungen, Erwartungen, der Verständnisfähigkeit des Zuhörers bestimmt. Deshalb bezeichnet Stiller-Whithe an einer anderen Stelle die »Wirklichkeit« auch als das »Unaussprechliche« (III, 677).

Das Erlebnis mit dem Engel, der Moment der Selbstannahme also, ist zugleich der Moment äußerster Freiheit, und das bedeutet: äußerster Unabhängigkeit. Stiller-White beschreibt diesen Augenblick folgendermaßen:

»Es bleibt mir die Erinnerung an eine ungeheure Freiheit: Alles hing von mir ab. Ich durfte mich entscheiden, ob ich noch einmal leben wollte, jetzt aber so, daß ein wirklicher Tod zustande kommt [...] Ich hatte die bestimmte Empfindung, erst jetzt geboren worden zu sein, und fühlte mich mit einer Unbedingtheit, die auch das Lächerliche nicht zu fürchten hat, bereit, niemand anders zu sein als der Mensch, als der ich eben geboren worden bin, und kein anderes Leben zu suchen als dieses, das ich nicht von mir werfen kann.« (III, 727)

Deshalb vermag sich White nicht zu dem Namen Stiller zu bekennen.

Offensichtlich vollzieht sich hier, was Kierkegaard die Wahl seiner selbst nennt, ein Vorgang also, der in »Rip van Winkle« nicht ausgespielt wird. Von dem Hörspiel unterscheidet den Roman aber auch die Nachgeschichte. Denn während Wadel sich als Rip van Winkle gefunden hat und deshalb einen Mordversuch unternimmt, als man ihm seine Identität – wenn auch nur äußerlich – zu nehmen versucht, stellt sich Selbstannahme in »Stiller« als ein länger dauernder Prozeß dar und nicht als das Ergebnis eines tief erlebten Augenblicks. Jedenfalls zeigt sich, daß Stiller-White keineswegs sicher sein kann, sich nach dem Erlebnis mit dem »Engel« wirklich und auf Dauer selbst gefunden zu haben.

Dies verdeutlicht Frisch vor allem mit Hilfe der komplizierten epischen Struktur des Romans. Im ersten Teil, der aus den sieben Heften mit den Eintragungen Stiller-White's besteht, von denen die

Hefte 1, 3, 5 und 7 die Zellenerlebnisse, Lügengeschichten und Reflexionen des Einsitzenden, die Hefte 2, 4 und 6 hingegen die Vorgeschichte um Stiller, Rolf, Julika und Sibylle umfassen, begegnen wir einem Wechsel von Er- und Ich-Form, wobei freilich die Er-Form oft dadurch kompliziert erscheint, daß White, wenn er von Stiller berichtet, ja von sich auf einer früheren Lebens- und Entwicklungsstufe spricht. Vor allem aber berichtet kein Ich-Erzähler, der am Ende seiner Entwicklung Rückschau hält, sondern eine Figur, die sich selbst noch entwickelt, und zwar während des Erzählens, ja sogar durch das Erzählen; denn dadurch, daß sie sich im Erzählen mit ihrer Gegenwart und ihrer Vergangenheit konfrontiert, gelangt sie auch zu Beschlüssen, die ihre Zukunft bestimmen. Während Stiller-White beispielsweise am Anfang seiner Aufzeichnungen klar erkennt, daß Julika gefühlskalt ist (III, 437) und wenig später anmerkt, Stiller habe seinerzeit »ihre Frigidität« offenbar »nicht angenommen« (III, 449), zeigt sich im Verlauf seiner Darstellung, daß er selbst trotz dieser Einsichten von Julika nicht loskommt, daß seine Begegnung mit dem Engel noch nicht das Äußerste darstellt, das erreicht werden muß, wenn die Freiheit der Selbstwahl erlangt werden soll. Rolf äußert sich dazu mit aller Entschiedenheit: »Allein auch mit der Selbstannahme ist es noch nicht getan! Solange ich die Umwelt überzeugen will, daß ich niemand anders als ich selbst bin, habe ich notwendigerweise Angst vor Mißdeutung, bleibe ihr Gefangener kraft dieser Angst« (III, 670). Stiller-White indessen beginnt aufs neue, Julika zu lieben, und will, indem er nochmals den Versuch unternimmt, mit ihr zusammenzuleben, seine Selbstidentität unter Beweis stellen: »Alles, aber wirklich alles [...] hängt davon ab, ob wir, du und ich, über alles Gewesene hinaus zu einer Begegnung kommen« (III, 689), formuliert er in seinem fiktiven Gespräch mit Julika, und kurz zuvor heißt es: »Das ist nämlich die Wahl, die uns noch bleibt, glaube ich; entweder machen wir uns am andern kaputt oder es gelingt uns, einander zu lieben« (III, 688). Sie können nicht einfach auseinandergehen, denn: »Wir sind nicht fertig geworden miteinander.« (III, 689)

Der Neuanfang, den Stiller-White anstrebt, bedeutet also den Versuch, sich in seinem Anderssein zu bewähren, d.h. von Julika als ein Mensch erkannt und akzeptiert zu werden, der sich gewandelt hat. Der Wandel besteht aber gerade darin, daß er sich selbst angenommen und damit von der Beziehung zu anderen und der Bestimmung durch andere befreit hat, d.h. nicht mehr ihre Forderungen, Erwartungen, Vorstellungen zum Maßstab seines Handelns nimmt, sondern die eigenen. So gesehen, waltet hier ein Widerspruch, den Stiller-White zwar beschreibt, aber noch nicht aufzulösen vermag:

In der Selbstannahme besteht sein Wandel gegenüber der Uneigentlichkeit und Rollenhaftigkeit seines früheren Daseins, besteht seine neu gewonnene Eigentlichkeit, die ihn aus der Abhängigkeit von anderen löst; wenn er sie aber leben will, so muß er sie nach außen deutlich machen, d. h. es bleibt ein Rest von Abhängigkeit: Abhängig bleibt Stiller vor allem von Julika, die seine Verwandlung erkennen soll. Man könnte in Anlehnung an Hegel formulieren, daß Stiller-White »an sich« zur Selbstannahme gefunden hat, aber »für andere« und noch nicht »für sich«.

Auch der Staatsanwalt analysiert Stiller-White's Situation in diesem Sinne: »Bei aller Selbstannahme, bei allem Willen dazu, sich endlich unter die eigene Wirklichkeit zu stellen, hatte unser Freund nur eins noch gar nicht geleistet, nämlich den Verzicht auf die Anerkennung durch die Umwelt« (III, 751). Und wenn er nach und nach auch vom Urteil der Menschen frei zu werden scheint, so gelingt ihm das doch nur, »sofern es nicht um Frau Julika ging.« (III, 752) Dies bestätigt nur, was Stiller-White gegen Ende seiner Aufzeichnungen selbst notiert: »Es ist ja nicht wahr: – ich kann nicht allein sein, genau genommen, und ich habe es noch kaum eine Stunde in meinem Leben gekonnt!« (III, 681) Nachdem er eine Fülle von Beispielen dafür verzeichnet hat, gesteht er, daß er auch jetzt noch nicht allein zu sein vermag, daß er der Beziehung zur Umwelt, mindestens der Anerkennung durch Julika bedarf: »Ich werde ihr gestehen, daß alles nicht wahr ist: Ich bin nicht fähig, allein zu sein, ich habe es versucht, jedoch vergeblich. Und offen heraus: daß ich sie vermißt habe.« (III, 687) Er weiß genau, daß dieses Bedürfnis nach Gemeinschaft eine Gefährdung seiner Selbstwahl bedeutet, daß seine aufkeimende Liebe zu Julika ihn erneut in Abhängigkeit und Uneigentlichkeit zu stürzen vermag. Denn seine Aufzeichnungen beendet er mit dem Ausruf »Mein Engel halte mich wach« (III, 729): Julika nähert sich ihm, und in diesem Moment erhält der Engel, das Symbol für Selbstwahl und Identität, wiederum seine Funktion, Stiller-White vor einem Rückfall in die Rollenhaftigkeit zu bewahren. Julika stellt also durchaus eine Bedrohung für Stiller-White's Identität dar.

Warum bedarf Stiller-White der Anerkennung durch die Umwelt, wenigstens durch Julika? – Die Frage läßt sich nur beantworten, wenn man sich bewußt macht, daß Frisch Kierkegaards Denken in einem Roman des 20. Jh.s verarbeitet und insofern einen Widerspruch austrägt. Er besteht darin, daß das (existenzphilosophisch-) christliche Denken den Grundriß für den Versuch abgibt, das Problem der Rollenhaftigkeit menschlichen Daseins in unseren Tagen, also sozusagen in nachmetaphysischer Zeit, darzustellen. Rolf äußert sich zu den Schwierigkeiten der Selbstwahl auf folgende Weise: »Ohne die Gewißheit von einer absoluten Instanz außerhalb menschlicher Deutung, ohne die Gewißheit, daß es eine absolute Realität gibt, kann ich mir freilich nicht denken [.,.] daß wir je dahin gelangen können, frei zu sein.« (III, 670) Dieser Gedanke, daß Selbstwahl als Akt der Freiheit nur möglich erscheint, wenn Gott existiert, ist in Kierkegaards Philosophie von entscheidender Bedeutung. Denn da Selbstannahme Wahl der eigenen Nichtigkeit und Verzicht auf die Möglichkeit des Andersseins für alle Zukunft bedeutet und insofern – wie in dem als Motto dienenden Zitat formuliert – »absolute Isolation« impliziert (und dies umso mehr, als die Wahl auch die Annahme der eigenen Vergangenheit in ihrer ganzen Fragwürdigkeit meint: »tiefste Kontinuität«), kann sie nur Sinn bekommen im Blick auf eine höhere, »wesentlichere« Ordnung. In seiner Stiller-Analyse im zweiten Teil des Romans greift der Staatsanwalt, der hier die Position Kierkegaards zu vertreten hat, den Gedanken, daß Freiheit der Selbstwahl nur im Hinblick auf eine metaphysische Instanz zu ertragen ist, wieder auf:

»Wie aber sollen wir darauf verzichten können, wenigstens von unseren Nächsten erkannt zu werden in unserer Wirklichkeit, die wir selbst nicht kennen, sondern bestenfalls nur leben können? Es wird nie möglich sein ohne die Gewißheit, daß unser Leben von einer übermenschlichen Instanz gerichtet wird, ohne wenigstens die leidenschaftliche Hoffnung, daß es diese Instanz gebe. Stiller kam sehr spät dazu. Kam er dazu?« (III, 751)

Nein, dazu kommt er nicht. In dem großen Schlußgespräch mit Rolf erklärt er deutlich und ausführlich seinen Unglauben, auf den er schon am Ende seiner Aufzeichnungen zu sprechen gekommen war (III, 671 u. 690). Rolf solle sich nicht in religiösen Andeutungen ergehen, mahnt er, sondern ohne Umschweife sagen, was er meine, nämlich:

»Sein Wille geschehe! Gott hat es gegeben, und selig sind, die es nehmen, und tot sind, die da nicht hören können wie ich, nicht lieben können in Gottes Namen, die Unseligen, wie ich, die da hassen, weil sie lieben wollen aus eigener Kraft«. Und er fährt, sich auf die Seite der Glaubenslosen schlagend, fort: »Und verloren sind [...] die Kleinmütigen, wie ich, die mit dem kindischen Trotz gegen das Leiden, ja, sollen sie sich besaufen, die Selbstherrlichen in ihrer Sünde wider die Hoffnung, die Verstockten, die Glaubenslosen, die Gierigen, die da glücklich sein möchten, [...] die Glaubenslosen, die mit ihrer zeitlichen Hoffnung auf Julika!« (III, 769)

Während Gott dem Gläubigen die Kraft gibt, sich selbst zu wählen – weil diese Selbstwahl ihren Sinn durch eine »wesentlichere« Ordnung erhält –, wie umgekehrt die Selbstwahl einen Akt der Buße, d.h. der Hinwendung zu Gott bedeutet, braucht der Glaubenslose das menschliche Gegenüber und dessen Bejahung, da ihm das göttliche fehlt. »Ganz einfach: ich krepiere, wenn ich nicht lieben kann« (III, 762), ruft Stiller-White aus, und Rolf fragt, ob Julika für ihn etwa ein Ersatz-Gott oder ein Gott-Ersatz sei: »Vergötterst du sie – noch immer – oder liebst du sie?« (III, 772).

In Rolf und Stiller-White treffen Grundpositionen menschlichen Denkens und Daseins aufeinander. In Rolf begegnet der Mensch, der sein Leben metaphysisch verankert sieht, dessen Zusammenleben mit anderen, vor allem mit Sibylle, sich eben deshalb glücklich gestaltet, weil er ihm nur eine eingeschränkte Bedeutung beimißt; in Stiller-White begegnet hingegen ein Mensch ohne metaphysischen Halt, dem die irdische Existenz, das irdische Leiden wie das irdische Glück alles bedeuten muß. Am Ende des Gesprächs mit Rolf formuliert Stiller-White daher auch: »Bete für mich, daß sie nicht stirbt!« (III, 777) Er selbst ist unfähig zu beten, Gott kommt für ihn nicht in Betracht; sein einziger Bezugspunkt ist Julika, für deren Leben zu beten er deshalb auch Rolf bittet.

Andererseits ist es gerade diese Beziehung zu Julika, die ihn zerstört. Indem Frisch eine frigide Frau und einen liebebedürftigen, sich selbst in der Liebe suchenden Menschen aufeinandertreffen läßt, läßt er die Erlösung des glaubenslosen, nachmetaphysischen Menschen durch den Menschen nicht zu. »Ich kann nicht allein lieben, Rolf, ich bin kein Heiliger« (III, 763), sagt Stiller-White, »Ich bin's, der auf sie wartet [...], ich bin's, der ein Zeichen braucht!« (III, 767) Aber das Zeichen, das er benötigt, ist von der gefühlskalten Geliebten nicht zu bekommen, und deshalb sieht sich Stiller-White ständig abgestoßen und auf sich selbst zurückgeworfen. Selbstannahme ist nur zu ertragen, so scheint es, wenn ihr die Annahme durch ein Gegenüber korrespondiert; wo dies nicht geschieht und außerdem auch keine metaphysische Instanz als sinnspendender Bezugspunkt fungiert, muß der Mensch verzweifeln. Ja, es scheint lange Zeit so, als verliere sich Stiller-White wieder, als entziehe sich ihm seine Selbstidentität dadurch, daß er seine Existenz auf Julika hin ausrichtet, – auch wenn er keineswegs mehr die Rolle des sich selbst peinigenden, auf Selbstbewährung angewiesenen Erlösers spielt. Die sich weder in Tränen noch im Rausch lösende Verzweiflung während des letzten Gesprächs macht deutlich, daß hier nicht mehr der frühere Stiller spricht, aber doch auch, daß die Befreiung von der Umwelt, hier: von Julika, noch nicht wirklich vollzogen worden ist. Doch die Textfakten sprechen dafür, daß sich Stiller-White ganz zum Schluß von Julika zu lösen vermag, um sich selbst zu bewahren, sich nicht in Verzweiflung zu verlieren,

sondern endgültig zu sich selbst zurückzufinden. Er sieht sich nämlich nicht durch die bloße Tatsache ihres Todes auf sich selbst
verwiesen, sondern sucht ganz unabhängig davon nicht mehr länger
Julikas Anerkennung, weil er sie nicht mehr als Orientierungspunkt
seines Lebens betrachtet. Denn am Morgen nach dem Gespräch mit
Rolf ist er nicht, wie erwartet, ins Hospital gefahren, um Julika zu
besuchen, sondern in seine Werkstatt gegangen. Als Rolf und Sibylle
ihn treffen, redet »er von anderem. Nicht einmal angerufen hatte er.
Ich sollte in die Klinik fahren, meinte er, und seiner Frau doch sagen,
er käme gegen elf Uhr. Von seinen Ausreden war nicht eine einzige
stichhaltig.« (III, 778) Als ihm der Tod Julikas mitgeteilt wird,
reagiert er mit der »erschreckenden Gefaßtheit eines Geistesabwe-
senden« (III, 779), er weint nicht, wie in der Nacht, kehrt rasch von
seinem Besuch in der Klinik zurück. »Im übrigen hatte ich nicht das
Gefühl, daß Stiller mich brauchte, und zu Gesprächen kam es nicht
mehr«, heißt es. Der Schlußsatz ist von besonderer Bedeutung:
»Stiller blieb in Glion und lebte allein.« (III, 780) Er korrespondiert
offensichtlich dem umfangreichen Abschnitt am Ende der Aufzeichnungen Stiller-White's, in dem er schildert, daß er es nicht fertig-
bringt, allein zu sein, eben weil er einen Bezugspunkt braucht, der
für ihn nicht Gott sein kann, den daher Julika bildet. Während er zu
diesem Zeitpunkt Julika braucht und ihr das auch sagen will, indem
er notiert »Ich werde ihr gestehn, daß alles nicht wahr ist: ich bin
nicht fähig, allein zu sein« (III, 687), – endet der Roman damit, daß
Stiller-White »allein« lebt. Das Wort »allein« stellt das Schlüssel-
wort für die Selbstwahl dar: Nur am Anfang seiner künstlerischen
Tätigkeit vermochte er »in einem wirklichen Sinn allein zu sein in
der Hoffnung, in Lehm oder Gips mich verwirklichen zu können«
(III, 682), denn zu diesem Zeitpunkt war er mit sich identisch, weil
er noch an sein Talent glauben konnte; dann, durch Selbstüberforderung in die Uneigentlichkeit getrieben, bedarf er der Umwelt und
ihres Zuspruchs, bedarf er auch Julikas; am Ende aber bricht er die
Beziehungen zur Außenwelt ab, er bleibt allein in Glion, ohne
menschliches Gegenüber, weil er nur so seine Selbstannahme auch
leben kann. Das Wort »allein«, letztes Wort des Romans, betont die
»absolute Isolation« des modernen, der Metaphysik nicht mehr
fähigen (ihrer gleichwohl bedürftigen) Menschen, der sich aus der
Abhängigkeit von anderen befreien muß, um ganz er selbst sein zu
können, während der Gläubige, während Rolf mit Sibylle davon-
fährt, also der vollständigen Isolation nicht bedarf, um die Selbstwahl auch zu leben, denn er macht sich nicht vollkommen abhängig
von seiner Umgebung.

Richtet man sein Augenmerk nochmals auf die Tatsache, daß der nachmetaphysische Mensch, als welchen man Stiller-White betrachten kann, immer des menschlichen Gegenübers bedarf, um seine Selbstannahme leben zu können, so wird deutlich, daß seine Abhängigkeit Ausdruck seines Mangels an transzendenter Bindung ist. Dies bedeutet aber, daß seine Rolle immer auch auf sein Selbst, seine Uneigentlichkeit auf seine Eigentlichkeit verweist: Die dialektische Beziehung von Rolle und Identität wird deutlich. Der Schluß aber, der Weg in die Isolation, bildet insofern einen Schritt über diese dialektische Beziehung hinaus, als Stiller sich nun wohl gefunden und gewählt hat, aber diese Wahl nur außerhalb eines »normalen« Daseins leben kann.

c) »Homo faber«

Im Gegensatz zu »Stiller«, der Max Frisch zwar sofort große Anerkennung von seiten der literarischen Kritik eintrug, ihm aber erst nach und nach den Zuspruch eines breiteren Publikums gewann, fand »Homo faber« – ähnlich wie »Biedermann« und »Andorra« – rasch eine große Verbreitung. Das hängt gewiß mit dem geringeren Umfang, aber auch mit der Thematik dieses »Berichts« zusammen. Die Frage, wieweit es dem Menschen gelingt, seine Identität in einer technisierten Welt zu bewahren oder wiederzufinden, mußte im Zeitalter der Atombombe aktueller wirken als das stärker im Bereich des Privaten angesiedelte Identitätsproblem, das Frisch in den Mittelpunkt des »Stiller« gerückt hatte. Gleichwohl verbindet die beiden Arbeiten auch in thematischer Hinsicht manches miteinander. Schon die Entstehungsgeschichte von »Homo faber« läßt solche Bezüge erkennen. In beiden Werken verarbeitet Frisch Eindrücke, die er während seines Amerika-Aufenthaltes 1951/52 gewonnen hatte, in »Homo faber« zusätzlich noch solche von der Reise im Jahr 1956. Die Ursprünge dieses Romans reichen jedoch weiter zurück, und zwar bis in die 30er Jahre. Recht deutlich sind die Spuren zu erkennen, die Frischs Biographie hinterlassen hat, vor allem die Beziehung zu jener »jüdischen Braut«, von der er im Interview mit Arnold (L 77, 20), aber auch in »Montauk« (VI, 640) berichtet und deren Namen er sogar mitgeteilt hat:

»Die jüdische Braut aus Berlin (zur Hitler-Zeit) heißt nicht HANNA, sondern Käte, und sie gleichen sich überhaupt nicht [...] Gemeinsam haben sie nur die historische Situation und in dieser Situation einen jungen Mann, der später über sein Verhalten nicht ins klare kommt [...] Sie ist meine erste Partnerin; wir wohnen nicht zusammen, aber wir treffen uns jeden Tag. Sie ist Studentin [...] Sie möchte ein Kind, und das erschreckt mich; ich bin zu unfertig dazu, als Schreiber gescheitert und am Anfang einer andern Berufslehre, um kein Taugenichts zu bleiben [...] Dann bin ich bereit zu heiraten, damit sie in der Schweiz bleiben kann, und wir gehen ins Stadthaus Zürich, Zivilstandesamt, aber sie merkt es: das ist nicht Liebe, die Kinder will, und das lehnt sie ab, nein das nicht.« (VI, 727 f.; vgl. auch Tb II: VI, 163)

Deutlich sind Parallelen, aufgenommene und abgewandelte Motive zu erkennen: Die jüdische Studentin, die im Grunde nicht heiraten will, der sich unfertig fühlende junge Mann, der am Anfang seines zweiten Studiums steht, woraus im Roman eine erste Berufschance wird, die Tatsache, daß er keine Kinder will, mit seinem Verhalten nicht ins klare kommt usf. Aber die erste literarische Verarbeitung dieses zwanzig Jahre zurückliegenden Erlebnisses bildet nicht der Roman »Homo faber«, sondern die »Kalendergeschichte« im Tb I. Die Geliebte heißt hier weder Käte noch Hanna, sondern Anja, erstmals taucht das Motiv der beruflichen Chance auf, die eine bleibende Verbindung der beiden Liebenden verhindert, erstmals auch das Motiv der Abtreibung:

»meine Verdienste im Feld, der plötzliche Tod unseres Vaters, das überraschende Angebot seiner herzoglichen Durchlaucht, die mich zum Botschafter erkor, das alles hatte ich Anja erklärt [...] – ich erklärte ihr eindringlich genug, wie unsinnig es unter diesen Umständen wäre, das Kind zur Welt zu bringen [...], und das einzige, was sie einwendete, war natürlich der liebe Gott, der stets die letzte Karte ist, wenn man keine Gründe mehr weiß ...« (II, 455 f.)

Das Gottesmotiv, das in der »Kalendergeschichte« eine bedeutende Rolle spielt, weil es die Unvermeidbarkeit eines machtpolitisch begründeten Krieges in einer Welt erklärt, die ohne religiöse Fundamente ist, taucht in »Homo faber« in ganz ähnlichem Sinnzusammenhang wieder auf. Nicht, daß Hannas »Hang [...] zum Mystischen« (IV, 47) an die Stelle der Religiosität Anjas träte, – Hanna weigert sich ja nicht strikt, die Abtreibung vornehmen zu lassen; aber bei der Frage der Geburtenregelung zeigt sich Fabers von der Berechenbarkeit der Welt ausgehendes metaphysikfernes Weltbild: »Grundsätzlich betrachtet: Wo kämen wir hin ohne Schwangerschaftsunterbrechungen? Fortschritt in Medizin und Technik nötigen gerade den verantwortungsbewußten Menschen zu neuen Maßnahmen. [...] Heiligkeit des Lebens! [...] Der liebe Gott!« (IV, 105 f.) Mehr noch als die Parallelität der Motive zeigt dieser zentrale Gedanke von einer Welt ohne Gott die Bedeutung, die die »Kalendergeschichte« für »Homo faber« besitzt. Und schließlich klingt in der »Kalendergeschichte« bereits das Inzestmotiv an, wenn der

Protagonist merkt, daß die Frau, die er in Prag für Anja hält, viel jünger ist als gedacht: »Daß Anja noch lebte und daß sie ihr Kind, das ich damals nicht haben wollte, dennoch geboren hätte, es war möglich, gewiß, aber nicht wahrscheinlich, und ich konnte es eigentlich nicht glauben, nicht ernsthaft, ich spielte nur so mit dem Gedanken« (II, 461 f.). In »Homo faber« verhält sich Hanna so, wie es sich die Hauptfigur in der »Kalendergeschichte« für einen Moment vorstellt, und Faber, der auch immer von Wahrscheinlichkeit und Möglichkeit redet, verhält sich ähnlich wie der Fremde in Prag, der auch »nur so mit dem Gedanken« spielt.

Mit »Stiller« verbindet »Homo faber« die Konzeption, das Geschehen von einer fiktiven Figur berichten zu lassen. Nach allem, was darüber bekannt ist, ähnelte die erste Fassung von »Homo faber« sogar in der gesamten erzählerischen Struktur stark dem Roman »Stiller«. In dieser ersten Fassung, die Frisch weitgehend zwischen August 1956 und Februar 1957 schrieb und deren Abschluß er in einem Brief von 23. 2. 1957 seinem Verleger mitteilte, bildet der Aufenthalt Fabers im Krankenhaus Rahmen und epischen Bezugspunkt ähnlich der Gefängnissituation im ersten Teil von »Stiller«, und erst die zweite Fassung, die Frisch zwei Monate später konzipierte, nach seiner Griechenlandreise im Mai 1957 ausführte und vor dem 12. 8. 1957 (Brief an Peter Suhrkamp) endgültig fertigstellte, zeigt die stark aufgelockerte epische Struktur, die als Verschachtelung von mehreren Zeitschichten und ihnen entsprechenden Bewußtseinslagen zu charakterisieren ist. Man kann drei Handlungsphasen unterscheiden. Die erste umfaßt die Ereignisse zwischen 1933 (Assistentenzeit Fabers an der ETH Zürich) und dem 4. 6. 1957 (Tod Sabeths); die zweite dauert vom 8. 6. 1957 bis zum 18. 7. 1957: Faber fliegt nach New York, Caracas und Kuba und reist über Düsseldorf und Zürich nach Athen zurück; die dritte Phase dauert vom 19. 7. 1957 bis etwa zum 25. 7. 1957 (der Zeitraum ist nur ungefähr zu erschließen), umfaßt also den Aufenthalt im Krankenhaus in Athen. Den drei Handlungsphasen entsprechen drei Darstellungsschichten: Die erste Phase (»Erste Station«) wird als Retrospektive in Caracas vom 21. 6. bis 8. 7. abgefaßt, die zweite durch Tagebuchaufzeichnungen per Schreibmaschine (Antiqua), die dritte durch handschriftliche Tagebucheintragungen (kursiv) festgehalten; die Eintragungen mit der Schreibmaschine sind Notizen von der Reise nach New York und zurück nach Athen, umfassen und begleiten also die zweite Handlungsphase, die handschriftlichen Notierungen stammen ausschließlich aus den letzten Lebenstagen Fabers, die er in der Klinik verbringt, decken sich also mit der dritten Handlungsphase. Die Wiedergabe der Schichten und Phasen erfolgt aber nicht in chronologischer Reihenfolge, sondern der erste Teil des Romans wurde erst in der zweiten Phase geschrieben, eben nach dem Besuch in New York, und die Tagebuchaufzeichnungen der zweiten Phase werden mit denen der dritten verknüpft. Und schließlich ist auch die Darstellung innerhalb der drei Phasen nicht streng an eine chronologische Reihenfolge gebunden: Die Retrospektive wird von Vorausdeutungen und Nachholungen durchsetzt, und auch die Tagebuchaufzeichnungen bestehen z. T. aus Erinnerungen an Ereignisse aus der ersten Phase. Die Schwierigkeit für den Leser, das alles genau zu durchschauen, wurde durch die Tatsache verstärkt, daß Frisch selbst Unstimmigkeiten bei einigen Daten unterliefen. Sie wurden jedoch inzwischen durch entsprechende Korrekturen in Bd. VII, S. 407 der Jubiläumsausgabe beseitigt.

Die Funktion der komplizierten Verschränkungen besteht zunächst darin, daß jeglicher Fixpunkt aufgehoben erscheint. Die in der herkömmlichen Ich-Retrospektive begegnende Erzählstruktur, die in der Konfrontation des sich wandelnden, irrenden, versagenden Ich, von dem erzählt wird, mit dem zurückblickenden, überlegenen, bei sich angekommenen Ich, das erzählt, besteht – wobei das erzählende Ich wegen seiner Überlegenheit für den Leser das Orientierungszentrum bildet –, wurde hier außer Kraft gesetzt. Denn auch das den umfänglicheren ersten Teil erzählende Ich erweist sich keineswegs als eine Figur, die sich als handelnde Person zureichend einzuschätzen weiß, denn es wandelt sich noch und taugt daher keineswegs als verläßlicher Fixpunkt: In Caracas, während der Aufzeichnung seines Lebensrückblicks, kennt Faber zwar den Ausgang der Begegnung mit Sabeth und läßt dies auch durchaus deutlich werden; aber die Fragwürdigkeit seiner Lebensanschauung geht ihm erst in Kuba, also eine Woche später auf, und die Verbannung des Technischen aus seinem Leben, die sich in der Reduzierung des menschlichen Daseins auf das bloße, naturbestimmte Existieren zeigt, gelingt ihm erst unmittelbar vor seinem Tod im Krankenhaus in Athen: »*Auf der Welt sein: im Licht sein*«, schreibt Faber nun in sein Heft. »*Irgendwo (wie der Alte neulich in Korinth) Esel treiben, unser Beruf!*« (IV, 199) Während Frisch die letzte Wandlung des Protagonisten in »Stiller«, also dessen Selbstwahl in Unabhängigkeit von Julika, von einem neu eingeführten Erzähler (Rolf) schildern läßt, verwendet er in »Homo faber« das Verfahren, bis zum Schluß die Ereignisse von einem dauernd im Wandel befindlichen Erzähler darstellen zu lassen. Das in den ersten Phasen Gesagte verliert dadurch seine Gültigkeit, weil die Erzähler-Figur ihre Lebensauffassung ständig ändert.

Die Verschränkung der einzelnen Phasen miteinander und die

dadurch bewirkte Aufhebung eines epischen Fixpunktes dient der Dekuvrierung der technisch-orientierten Lebensanschauung in ihrer Fragwürdigkeit. Denn da Faber eine Geschichte erlebt, die wie eine Verkettung von Schicksalsschlägen wirkt und darum seiner Grundanschauung von der Berechenbarkeit der Welt einerseits und der bloßen Zufälligkeit aller Lebensereignisse anderseits widerspricht, sieht er seine Daseinsauffassung in Frage gezogen; sofern er in den Tagebuchaufzeichnungen der zweiten Phase zu erkennen gibt, daß er sein Leben angesichts dieser Erfahrung nunmehr ändern möchte, nimmt er von der Denkart des »Homo faber«, des Menschen als eines technischen Wesens, prinzipiell Abschied; und indem er schließlich seine Hoffnung und Sehnsucht nur noch auf das bloße, »natürliche« Dasein richtet, gibt er sein früheres Leben als uneigentliches Existieren preis.

Daß Faber durch sein auf den Vorstellungen von neuzeitlicher Technik beruhendes Weltbild in die Uneigentlichkeit gerät, daß seine Daseinsweise mithin als Rolle verstanden werden will, hat Frisch selbst klargestellt: »Dieser Mann lebt an sich vorbei, weil er einem allgemein angebotenen Image nachläuft, das [!] von ›Technik‹. Im Grunde ist der ›Homo faber‹, dieser Mann, nicht ein Techniker, sondern er ist ein verhinderter Mensch, der von sich selbst ein Bildnis gemacht hat, der sich ein Bildnis hat machen lassen, das ihn verhindert, zu sich selber zu kommen.« (W 78, 121) Der Hinweis auf das Bildnismotiv rückt »Homo faber« werkgeschichtlich in die Reihe der Arbeiten, in denen Frisch den im Tb I formulierten Gedanken poetisch entfaltet, und hebt damit nochmals die Beziehung zu »Stiller« hervor. Wie Stiller von sich die Vorstellung eines männlichen Erlösers und eines begabten Künstlers entwickelt, die den Grund seines Versagens wie den seines rollenhaften Daseins bildet, so paßt sich Faber einer Vorstellung vom modernen, technisch geprägten Menschen an, ohne zunächst zu merken, daß er sich damit von sich selbst entfernt. Dies meint Frisch mit der Formulierung, Faber sei »ein verhinderter Mensch«. Zugleich gewinnt er damit dem Titel des Buches eine dritte Bedeutungsnuance ab: »Homo faber« verweist zunächst auf das Thema ›Der Mensch als Techniker‹; der Titel spielt zudem auf den Namen der Hauptfigur an; außerdem aber – dies ist Frischs Deutung des Technikers Faber als eines verhinderten Menschen zu entnehmen – geraten »homo« und »faber« in einen Gegensatz: Das Technische verhindert das Menschliche.

Genau genommen, behauptet Frisch nicht, daß die Technik selbst dem Menschen sein Wesen entziehe, sondern das Bild, das »Image«, das ihr anhafte. Aber die Frage, ob Technik »an sich« auch etwas anderes darstellen könne als die Unterwerfung der Welt unter den Anspruch ihrer Berechenbarkeit, hat Frisch nirgends erwogen. Entscheidend ist, daß »man« Technik so erlebt, daß der Mensch ihr als einer Wissenschaft verfällt, die die Welt in ihre definierbaren Tatbestände auflöst.

So geht es auch Walter Faber, und Hanna macht an seinem Beispiel den Wesensentzug des Menschen bewußt, den die alles zu einem berechenbaren Wirkbestand reduzierende Technik betreibt, wenn es heißt: »*Technik (laut Hanna) als Kniff, die Welt so einzurichten, daß wir sie nicht erleben müssen*« (IV, 169). Eben diesen Gedanken hat Frisch schon im Tb I notiert (II, 391), das deshalb auch in diesem Punkt als Quelle für »Homo faber« gelten darf. Im ersten Teil der Retrospektive zeigt sich in der Tat, daß Faber alles, was man »erlebt«, der Berechenbarkeit unterwirft und damit als etwas dem Menschen Bedeutsames tilgt, so wie er alles, was geschieht, dem bloßen Zufall zuschreibt und auf diese Weise den Menschen seiner Verantwortlichkeit enthebt.

»Ich habe mich schon oft gefragt, was die Leute eigentlich meinen, wenn sie von Erlebnis reden. Ich bin Techniker und gewohnt, die Dinge zu sehen, wie sie sind.« Er rückt das, was man erlebt, und das, was »ist«, in einen Widerspruch und glaubt sich als Techniker auf der Seite des Existierenden; denn Berechenbarkeit, nicht Erlebbarkeit, ist der Maßstab des Daseins: »Ich sehe den Mond über der Wüste von Tamaulipas – klarer als je, mag sein, aber eine errechenbare Masse, die um unseren Planeten kreist, eine Sache der Gravitation, interessant, aber wieso ein Erlebnis?« (IV, 24) Der gesamte Bericht über die Notlandung und den Aufenthalt in der Wüste ist durchsetzt mit solchen Äußerungen Fabers, die er als erzählendes Ich, also als das Medium, das den Ausgang der Geschichte mit Sabeth schon kennt, einflicht. Noch begreift er keineswegs, daß das Dasein nicht in seiner Berechenbarkeit aufgeht, so wenig wie er im ersten Teil des Romans schon versteht, was es mit der Verantwortlichkeit des Menschen auf sich hat. Kurz vor der eben zitierten Stelle, also ebenfalls innerhalb des Berichts über die Notlandung, findet sich eine Passage, in der Faber über Fügung und Schicksal nachdenkt: »Ich glaube nicht an Fügung und Schicksal, als Techniker bin ich gewohnt mit den Formeln der Wahrscheinlichkeit zu rechnen [...] Ich bestreite nicht: Es war mehr als ein Zufall, daß alles so gekommen ist, es war eine ganze Kette von Zufällen. Aber wieso Fügung? Ich brauche, um das Unwahrscheinliche als Erfahrungstatsache gelten zu lassen, keinerlei Mystik; Mathematik genügt mir.« (IV, 22)

Die Tatsache, daß das Geschehen gerade diese Auffassung wider-

legt, ist kein Grund, »Homo faber« als einen Roman zu interpretieren, in dem Frisch »Schicksal«, »Fügung« und »Mystik« das Wort
redet. Ein Teil der Kritiker hat den Roman in diesem Sinne interpretiert: Weil das Geschehen der technisch geprägten Weltanschauung
widerspreche, weil Fabers Reise in Griechenland, dem klassischen
Land des abendländischen Mythos ende, weil zudem das Inzestmotiv anklinge und sogar auf Ödipus angespielt werde (IV, 192), stehe
hier das Verhältnis von Technik und Mythos zur Diskussion, und
Frisch stelle sich eindeutig auf die Seite des Mythos. Dabei hat Frisch
selbst erklärt, es genüge, »wenn darauf aufmerksam gemacht wird,
daß der Inzest zwischen Walter Faber und seiner Tochter der Oedi-
pus-Geschichte zuwiderläuft« (s. Schmitz L 196, 57), um zu erkennen, daß hier keine Identifikation mit dem Mythos beabsichtigt sei.
Wollte man die aufdringliche Verkettung von Unwahrscheinlichkei-
ten als schicksalhaftes Walten der Götter verstehen, so würde man
Frisch gar zu einem Metaphysiker ohne literarischen Geschmack
machen; dagegen wehrt er sich mit Nachdruck: »Der Witz des
Buches, der Kniff [...] ist ja der: Es ist fast die unwahrscheinlichste
Geschichte, die man sich ersinnen kann, nicht? Da ist wirklich ein
Zufall nach dem anderen [...] Wenn ich das mit Schicksalsgläubig-
keit erzählen würde, so würde jeder mit Recht nach fünfzehn Seiten
auflachen« (W 78, 121). »Schicksalsgläubigkeit« will Frisch also
nicht hervorrufen, er hängt ihr selbst auch gar nicht an, sondern er
benutzt die sich zum Schicksalsschlag zusammenfügenden Zufälle
als Mittel, das technische Denken der Fragwürdigkeit preiszugeben:
»Und der Witz daran ist, daß ein Mensch, der in seinem Denken die
Zufälligkeit postuliert, eine Schicksalsgeschichte erlebt.« (Ebd.)
Entscheidend ist, daß nicht der Autor eine »Schicksalsgeschichte«
erzählt, sondern daß seine Figur eine solche erlebt, obwohl sie
Fügung und Schicksal leugnet: Indem er alles dem Zufall überant-
wortet, wird Faber selbst zum Schicksal seiner Tochter, zum Zer-
störer ihres, Hannas, seines eigenen Lebens. Die Fülle der Zufälle
erhält einen Sinn – das bedeutet: die Zufälle werden zu einem
Schicksal.

Frisch greift hier auf die Definition des Zufalls zurück, die er am
Ende des Tb I gibt: »Der Zufall ganz allgemein: was uns zufällt ohne
unsere Voraussicht, ohne unseren bewußten Willen. Schon der Zufall, wie zwei Menschen sich kennenlernen, wird oft als Fügung
empfunden; dabei, man weiß es, kann dieser Zufall ganz lächerlich
sein« (II, 749). Frisch sagt nicht, der Zufall sei Fügung, sondern er
formuliert, der Zufall werde »als Fügung empfunden«; der jeweilige
Mensch entscheidet also darüber, ob etwas zufällig Geschehenes als
Fügung gilt, – und zwar wirkt der Zufall dann als Fügung, wenn er

für diesen Menschen eine Bedeutung gewinnt; und sofern er gar über dessen Dasein zu entscheiden vermag, erhält er geradezu den Anstrich des Schicksalhaften. Der Zufall ist also abhängig vom Individuum, das ihn erlebt, denn erst dadurch, daß er in eine Beziehung zu ihm gerät, wird der Zufall als solcher überhaupt wahrgenommen: »Das Verblüffende, das Erregende jedes Zufalls besteht darin«, daß er zeigt, »wofür ich zur Zeit ein Auge habe«. Deshalb kann Frisch sogar von Zufällen sprechen, die »zu uns gehören«; denn »wir erleben keine, die nicht zu uns gehören. Am Ende ist es immer das Fälligste, was uns zufällt.« (II, 750)

Die Zufälle, die Frisch in »Homo faber« häuft, erhalten ihren Sinn für Faber dadurch, daß sie sein Fehlverhalten als Ausdruck des technisch orientierten Denkens aufdecken, ihm die Fragwürdigkeit seiner Rolle vor Augen führen, indem sie ihn in der Katastrophe enden lassen. Sie gehören zu Faber, weil sie sein technisches, d. h. jede Verantwortung verdrängendes Verhalten zutage treten lassen. Deshalb kann Hanna – den Bemerkungen Frischs im Tb I voll entsprechend – behaupten, eigentlich handle es sich bei dem Geschehen nicht bloß um einen Irrtum:

»Es ist kein zufälliger Irrtum gewesen, sondern ein Irrtum, der zu mir gehört (?) wie mein Beruf, wie mein ganzes Leben sonst. Mein Irrtum: daß wir Techniker versuchen, ohne den Tod zu leben. Wörtlich: Du behandelst das Leben nicht als Gestalt, sondern als bloße Addition, daher kein Verhältnis zur Zeit, weil kein Verhältnis zum Tod [...] Leben ist nicht Stoff, nicht mit Techniken zu bewältigen. Mein Irrtum mit Sabeth: Repetition, ich habe mich so verhalten, als gebe es kein Alter, daher widernatürlich. Wir können nicht das Alter aufheben, indem wir weiter addieren, indem wir unsere eigenen Kinder heiraten.« (IV, 169 f.)

Was Faber mit dem ständigen Hinweis auf die Zufälligkeit des Zusammentreffens verdrängt, das ist das eigentliche Erleben dieser Begegnung selbst, d. h. die Reflexion über die Einzigartigkeit der Beziehung eines alternden Mannes zu einem Mädchen und die Frage, wie sie zu gestalten sei. Da er nur »additiv« denkt und ohne den Gedanken an den Tod, d. h. an die eigene Veränderung, wiederholt er Sabeth gegenüber jene Verhaltensweisen, die er Frauen gegenüber stets an den Tag legte, z. B. auch in seiner Beziehung zu Ivy. Unfähig zu erkennen, daß Sabeth für ihn nicht die gleiche Rolle spielen kann wie andere Frauen in seinem Leben, wird er schuldig, weil er sie an sich zu binden sucht und in dieser »Repetition« über alle natürlichen Unterschiede gedankenlos und verantwortungslos hinweggeht. Ein Gefühl für seine Schuld entwickelt er allerdings durchaus; es wird erkennbar gerade auch dann, wenn er sich verteidigt, indem er alles dem Zufall zuschreibt: »Was ändert es, daß ich meine Ahnungslosigkeit beweise, mein Nichtwissenkönnen! Ich habe das Leben meines Kindes vernichtet und ich kann es nicht wiedergutmachen [...] Ich war nicht verliebt in das Mädchen [...], ich konnte nicht ahnen, daß sie meine eigene Tochter ist« (IV, 72), »Was ist denn meine Schuld?« (IV, 123) Und wenn er sich fragt »*Warum sagt sie's nicht, daß ich ihr* [Hannas] *Leben zerstört habe?*« – oder sich eingesteht: »*Ein einziges Mal habe ich Hanna verstanden, als sie mit beiden Fäusten in mein Gesicht schlug, damals am Totenbett*« (IV, 193) – dann kommt auch darin ein Schuldbewußtsein zum Ausdruck, das Faber allerdings zu verdrängen, statt zu begründen sucht. Entscheidend ist, daß diese Schuld mit dem technisch orientierten Denken Fabers zusammenhängt, daß er – das Leben als »Gestalt« ignorierend und als bloße »Addition« von Vorkommnissen betrachtend – stets und nur die Frage nach den Gründen des Geschehens stellt und sie sich mit dem Hinweis auf den bloßen Zufall beantwortet, anstatt nach seinem eigenen Verhalten zu fragen.

Noch andere Erscheinungen erfüllen die Funktion, das nur auf die Berechenbarkeit der Welt gestellte Denken in Frage zu ziehen. Zu ihnen zählt vor allem die Tatsache, daß Faber seinen von ihm selbst so betonten Rationalismus gar nicht durchhält, sondern ständig irrational reagiert. Fragt er sich rückblickend, warum er seine Dienstreise änderte und mit Herbert nach Guatemala flog, so muß er sich eingestehen: »Ich weiß nicht, was es wirklich war.« (IV, 33) Obwohl er »entschlossen« ist, angesichts des Klimas nach Mexico City zurückzufliegen, bleibt er: »Warum ich es nicht tat, weiß ich nicht.« (IV, 35) Vor allem benimmt er sich Sabeth gegenüber irrational: »Warum ich nicht fragte, ob Hanna noch lebt, weiß ich nicht« (IV, 29); und in dem gleichen Abschnitt, in dem er entsprechend seiner Rolle als rational reagierender Techniker versichert: »Ich schätze es, Gewißheit zu haben« – erklärt er:

»Heute, wo ich alles weiß, ist es für mich unglaublich, daß ich nicht schon damals, nach dem Gespräch an der Via Appia, alles wußte [...] Dabei dachte ich nicht einen Augenblick daran, daß Sabeth sogar mein eigenes Kind sein könnte. Es lag im Bereich der Möglichkeit, theoretisch, aber ich dachte nicht daran. Genauer gesagt, ich glaubte es nicht. Natürlich dachte ich daran [...] Natürlich dachte ich daran, aber ich konnte es einfach nicht glauben, weil zu unglaublich« (VI, 118).

Da wundert es nicht, daß er so lange rechnet, »bis die Rechnung aufging, wie ich sie wollte: Sie konnte nur das Kind von Joachim sein! Wie ich's rechnete, weiß ich nicht; ich legte mir die Daten zurecht bis die Rechnung wirklich stimmte, die Rechnung als solche.« (IV, 121) Die Vorstellung von der puren Berechenbarkeit der Welt, Grundanschauung des Technikertyps, den Faber repräsentieren will, wird von ihm selbst durch irrationales Verhalten als fassadenhaft dekuvriert. Der Mensch ist gar nicht in der Lage, Welt lediglich als berechenbaren Tatbestand zu verstehen, und so wundert es nicht, daß sich Faber keineswegs so zu verhalten vermag, wie er es möchte und vorgibt. »Wir sehen, wie er sich interpretiert«, nämlich als durch und durch rationales Wesen; aber wir »sehen im Vergleich zu seinen Handlungen, daß er sich falsch interpretiert«, sagt Max Frisch (W 70, wiedergegeben bei Schmitz, L 196, 17). Der Widerspruch zwischen Fabers Selbsteinschätzung als Rationalist und seiner irrationalen Verhaltensweise deckt die Rollenhaftigkeit seiner Existenz auf. Schließlich hat Frisch darauf hingewiesen, daß auch die Sprache, die Faber spricht, dessen Denkart disqualifiziert: »Er lebt an sich vorbei, und die Diskrepanz zwischen seiner Sprache und dem, was er wirklich erfährt und erlebt, ist das, was mich dabei interessiert hat.« (Ebd.) In der Tat begegnet – vor allem in der Retrospektive – eine salopp wirkende elliptische Redeweise, deren aufdringliche Nonchalance den Leser distanziert: »Kinder sind etwas, was wir wollen, beziehungsweise nicht wollen. Schädigung der Frau? Physiologisch jedenfalls nicht, wenn nicht Eingriff durch Pfuscher; psychisch nur insofern, als die betroffene Person von moralischen oder religiösen Vorstellungen beherrscht wird [...] Dann müßte man schon konsequent sein und jeden Eingriff ablehnen, das heißt: sterben an jeder Blindarmentzündung. Weil Schicksal!« (IV, 107) Dieser mitunter kaum erträgliche Jargon, in dem sich die besessene Oberflächlichkeit des Klischee-Technikers ausspricht, stößt den Leser ab und läßt ein Einverständnis zwischen ihm und dem Ich-Erzähler nicht zustandekommen. Die am Ende erfolgende Disqualifizierung aller Aufzeichnungen als falsch bestätigt die Richtigkeit der distanzierten Lesehaltung des Rezipienten:

»Verfügung für den Todesfall: alle Zeugnisse von mir wie Berichte, Briefe, Ringheftchen, sollen vernichtet werden, es stimmt nichts. Auf der Welt sein: im Licht sein. Irgendwo (wie der Alte neulich in Korinth) Esel treiben, unser Beruf! – aber vor allem: standhalten dem Licht, der Freude (wie unser Kind, als es sang) im Wissen, daß ich erlösche im Licht über Ginster, Asphalt und Meer, standhalten der Zeit beziehungsweise Ewigkeit im Augenblick. Ewig sein: gewesen sein.« (IV, 199)

Die Rückführung des Daseins auf das Elementare (*»Im Licht sein«*, *»Esel treiben«*) zeigt den Abschied von der Rolle des alles berechnenden Technikers, bedeutet den Versuch, die eigene Identität im Gefühl eines welterfüllten Augenblicks zu gewinnen, in der Daseinsfreude, die auch nicht von der Todesgewißheit zu tilgen ist. Daß *»Freude«, »Licht«, »Ewigkeit im Augenblick«* zu zentralen Chiffren werden, zeigt, daß Fabers Kult des Berechnens dem Erleben von Welt gewichen ist und daß er sich in dieser Hingabe an das erlebbare Dasein selbst findet.

VI. Das Ich und seine Varianten

a) »Mein Name sei Gantenbein« und »Zürich-Transit«

Im Jahr 1960 begann Max Frisch mit der Arbeit an seinem Roman »Mein Name sei Gantenbein«. Diesen Titel erhielt das Werk allerdings erst später; ein erstes Manuskript, das im Mai 1963 vorlag, trug noch die Überschrift »Lila oder Ich bin blind«. Es umfaßte nach Frischs Worten (vgl. V, 585) auch »opernhafte Szenen um die Hermes-Gestalt«, über die er in »Montauk« folgendes mitteilt: »HERMES GEHT VORBEI // Titel einer Oper, die ich einmal habe schreiben wollen: ein Paar, das sich ins Museum geflüchtet hat, und dann eine Gruppe mit Führer, der die Statue kennerhaft erläutert, und niemand bemerkt, daß die Statue gar nicht mehr da ist; Hermes ist vom Sockel gestiegen, um das Paar zu führen – Komödie mit viel Irrungen ›...« (VI, 680) Diese »Oper ohne Sänger« (V, 585) wurde später gestrichen, der Text ist inzwischen verlorengegangen. Die Buchausgabe des Romans erschien im Sommer 1964.

Mit einer für ihn ungewöhnlichen Intensität hat sich Frisch um die theoretische Grundlegung des Erzählverfahrens bemüht, das er in »Mein Name sei Gantenbein« erprobt. Dabei handelt es sich nicht nur um nachträgliche Reflexionen wie sonst, sondern um Äußerungen, die der Abfassung des Werkes vorausliegen oder sie begleiten. Schon 1960 veröffentlichte er unter dem Titel »Unsere Gier nach Geschichten« die Kurzfassung eines Aufsatzes (»Das Lesen und der Bücherfreund«), in dem er sich mit dem Verhältnis des Menschen zu seiner Vergangenheit und zu seiner »Wirklichkeit« befaßt. Er liegt den erzähltheoretischen Passagen im Interview mit Bienek zugrunde, bildet mit diesem das theoretische Fundament des »Gantenbein«-Romans und ist – wie in Kapitel V erwähnt – z.T. wörtlich in ihn eingegangen. Im Jahr 1964 publizierte Frisch unter dem Titel »Ich schreibe für Leser« und in der Form von »Antworten auf vorgestellte Fragen« (so der Untertitel) ein fiktives Interview, in dem er »Mein Name sei Gantenbein« zugleich anzeigt und interpretiert. Außerdem findet dieses Werk im Briefwechsel mit Höllerer (»Dramaturgisches«, W 37) Erwähnung. Über keines seiner poetischen Werke hat sich Frisch so ausführlich und mit so hohem theoretischen Anspruch geäußert wie über diesen Roman.

Die Ähnlichkeiten zwischen »Stiller« und »Mein Name sei Gantenbein« liegen ebenso deutlich zutage wie die Unterschiede. Der Satz, mit dem Frisch den früheren Roman beginnen läßt, scheint dem Titel des späteren zu korrespondieren; denn der Ausruf »Ich bin nicht Stiller« weist auf eine Negation der formalen Identität, d. h. der bloß äußerlichen Wahrheit hin, aber auch der Konjunktiv im Titel »Mein Name sei Gantenbein« signalisiert das Überschreiten vorfindlicher Wirklichkeit. Während jedoch in »Stiller« die Suche nach der eigentlichen Realität der Hauptfigur betrieben wird, kann davon im »Gantenbein«-Roman keine Rede sein: Stiller-White sucht in der Auseinandersetzung mit seiner Vergangenheit der Uneigentlichkeit seines Daseins zu entgehen und seine Eigentlichkeit zu finden; das Ich, das in »Mein Name sei Gantenbein« als episches Medium auftritt, besitzt hingegen gar keine personale Identität, da wir von ihm nur erfahren, was es sich ausdenkt. Dementsprechend steht dem Satz »Ich protokolliere« (III, 636 u. ö.), mit dem Stiller-White die Schilderung zurückliegender Ereignisse einleitet, der Satz »Ich stelle mir vor« (V, 8 u. ö.) gegenüber, mit dem das Ich in »Mein Name sei Gantenbein« seine Geschichten beginnt; was dort (literarisch-fiktionale) Wirklichkeit darstellt, bleibt hier erklärtermaßen reine Fiktion und reine Möglichkeit.

Verwandtschaft und Unterschiedlichkeit der beiden Romane zeigen sich am deutlichsten, wenn man die Lügengeschichten Stiller-White's mit den Lügengeschichten Gantenbeins vergleicht. Die den »Gantenbein«-Roman tragende Konzeption, ein ansonsten völlig undefiniertes Ich Geschichten erfinden und erzählen zu lassen, wurde schon in »Stiller« partiell realisiert, denn Stiller-White vermag seine Identität allenfalls in erfundenen Geschichten auszudrücken, die die Fakten völlig außer Betracht lassen und nur als Sinnbilder des eigentlich Erlebten fungieren. Wie stark gerade in diesem Punkt »Stiller« die »Gantenbein«-Konzeption vorgeprägt hat, zeigt sich deutlich, wenn man die Antworten Stiller-White's und die des Ich-Erzählers in »Mein Name sei Gantenbein« auf Knobels bzw. Camillas Fragen nach dem Realitätsgehalt der eben gehörten Geschichten vergleicht. Nach der Erzählung von Jim in der Höhle fragt Knobel: »– sind Sie denn Jim White?« – »Nein«, antwortet Stiller-White, »das gerade nicht! Aber was ich selber erlebt habe, sehen Sie, das war genau das gleiche – genau.« (III, 521) Während Knobel nach der äußeren Wahrheit fragt, geht es Stiller-White darum, seine inneren Erfahrungen in einer erfundenen Geschichte sagbar zu machen, deren Realitätsgehalt daher nicht am Maßstab bloßer Faktizität, sondern an dem innerer Selbsterfahrung gemessen werden will. Ganz ähnlich antwortet das erzählende Ich in »Mein Name sei Gantenbein«, als Camilla fragt, ob es sich bei der eben gehörten Erzählung um »eine wahre Geschichte« handelt: »›Ja‹, sage ich, ›ich finde.‹« (V, 163) Bei ähnlicher Gelegenheit gesteht der Erzähler zwar, etwas (faktisch) Falsches berichtet zu haben, behauptet aber, daß es sich trotzdem um eine »wahre« Geschichte handle. Denn: »Ich kann es mir nur vorstellen«, und das »ist das Wahre an der Geschichte.« (V, 117)

In »Stiller« fungieren die Erzählungen wie in »Mein Name sei Gantenbein« als Ausdrucksmittel der inneren Wahrheit eines Ich, aber der Mensch geht nicht in seinen Fiktionen auf. Vielmehr macht er sich auf die Suche nach seiner Identität, das Ich existiert auch außerhalb seiner Erfindungen. In »Mein Name sei Gantenbein« hingegen läßt Frisch keine Figur auftreten, die handelt, erlebt und zudem noch Vorstellungen besitzt, sondern er identifiziert das Ich mit der Menge der ihm möglichen Fiktionen, und sofern der Roman aus nichts besteht als aus der Wiedergabe dieser Vorstellungen, entfaltet er sich als reine, d. h. totale Fiktion. Damit ist nicht gemeint, daß »Mein Name sei Gantenbein« – wie alle anderen Dichtungen auch – zu den fiktionalen Texten zu rechnen ist, sondern daß der Roman – im Gegensatz zu fast allen anderen Romanen – keine »immanente«, d. h. fiktionale Wirklichkeit besitzt. »Reine Fiktion« heißt, daß »Mein Name sei Gantenbein« keine Wirklichkeit mehr vortäuscht, sondern sich als Komplex von Vorstellungen, Erfindungen, Fiktionen ausdrücklich zu erkennen gibt.

In der Selbstanzeige »Ich schreibe für Leser« hat Frisch dieses Werk daher auch »Eine Monographie seiner [des Erzählers] Fiktionen« genannt (V, 328, Zif. 14) und erklärt, das hier angewandte Erzählverfahren bestehe darin, »die Wirklichkeit einer Person zu zeigen, indem sie als weißer Fleck erscheint, umrissen durch die Summe der Fiktionen, die dieser Person möglich sind.« (V, 325, Zif. 6) Diese Bestimmung weist auf die entscheidenden Merkmale des Werkes hin. Die eigentümliche Erzählform, die Frisch hier entwickelt, ergibt sich aus dem Verfahren, eine Person erzählen zu lassen, die keine individuellen Eigenschaften besitzt und auch nicht durch den Bericht über Vorausliegendes – also etwa in einer Retrospektive – definierbar wird. Bleibt sie insofern auch frei von jeglicher Individualität, so handelt es sich doch immerhin um ein Ich, das erzählt, und deshalb muß man von einer Ich-Form sprechen; darauf verweist ja auch schon der Titel des Buches. Andererseits erzählt das Ich nicht von sich und seinem Leben, sondern es berichtet von seinen Vorstellungen; in ihnen sieht es sich als Enderlin oder Gantenbein, Liebhaber oder Ehemann, Betrogenen oder Betrüger, d. h. das Ich erzählt von Figuren, die es entwirft, und insofern handelt es sich um eine Er-Form. Die folgenden Textpassagen sind Beispiele für dieses zugleich ichhafte und erhafte Erzählen:

»Ich spüre es, jetzt verfalle ich genau in die Melancholie, die den Männern so steht, die sie unwiderstehlich macht. Es hilft nichts, daß ich jetzt den fremden Herrn genau beobachte. Wie erwartet (ich kenne ihn!) redet er jetzt mit spielerischer Offenheit, intimer, als mir zumute ist, gradaus über Lebensfragen« (V, 63 f.), »Enderlin möchte fliegen. Je rascher, umso lieber. Enderlin vertreibt sich die Zeit, die auf Erden ihm gegeben ist, wieder einmal mit Kaffee, später mit Cognac. Sein Gepäck ist aufgegeben, und so bin ich frei und ledig, abgesehen von seiner Mappe, die ich auf die Theke stelle« (V, 123).

Da der Roman fast ausschließlich aus der Beschreibung von Vorstellungen des erzählenden Ich besteht, dominiert das Präsens als Erzähltempus; von wenigen anderen Beispielen abgesehen, findet sich das Imperfekt nur in den Erzählungen, mit denen die vom Narrator entworfene Figur Gantenbein seine Manicure Camilla Huber unterhält. Das Erzähltempus wird von Frisch bewußt eingesetzt: »ich [...] finde mich unerwachsen, wenn ich so erzähle, als ob ich nicht erfinde, sondern berichte.« (V, 326, Zif. 8) Als Kennzeichen der Fiktion macht das Präsens dem Leser bewußt, daß der Roman eine »Monographie [von] Fiktionen« darstellt. Es gestattet dem Leser nicht die Illusion, Wirklichkeit zu erleben, sondern hält ihn in jener Distanz, in die Frisch auch den Zuschauer seiner Bühnenstücke versetzt. Bereits im Tb I fragt sich Frisch, ob der Gedanke Brechts von der Verfremdung des Bühnengeschehens nicht auch auf das Erzählen zu übertragen sei:

»Es wäre verlockend, all diese Gedanken auch auf den erzählenden Schriftsteller anzuwenden; Verfremdungseffekt mit sprachlichen Mitteln, das Spielbewußtsein in der Erzählung, das Offen-Artistische, das von den meisten Deutschlesenden als ›befremdend‹ empfunden und rundweg abgelehnt wird, weil es ›zu artistisch‹ ist, weil es die Einfühlung verhindert, das Hingerissensein nicht herstellt, die Illusion zerstört, nämlich die Illusion, daß die erzählte Geschichte ›wirklich‹ passiert sei usw.« (II, 601)

Mit Recht ist Gockel diesem Problem nachgegangen und hat untersucht, inwieweit »Mein Name sei Gantenbein« ein Beispiel für dieses verfremdende, »offen-artistische« Erzählen abgibt (L 237). Es zeigt sich vor allem in dem ständigen Gebrauch der Formel »Ich stelle mir vor«, der dem Leser die Fiktivität alles Erzählten bewußt hält.

Es überrascht zunächst, daß Frisch den Fiktionen durchaus die Funktion zuspricht, Realität erkennbar zu machen, nämlich »die

Wirklichkeit einer Person zu zeigen«. Dabei handelt es sich um das Ich, das zwar selbst lediglich »als weißer Fleck« erscheint, weil wir von ihm weiter nichts erfahren als seine Vorstellungen, dessen Wesen andererseits jedoch auch gar nicht durch die Kenntnis seines Namens, seiner Lebensumstände, seiner Lebensgeschichte zu erfassen wäre: »Es wird nicht erzählt, als lasse sich eine Person durch ihr faktisches Verhalten zeichnen; sie verrate sich in ihren Fiktionen.« (V, 325, Zif. 6) Faktizität und Wirklichkeit werden einander gegenübergestellt: Nicht die Fakten, sondern die Fiktionen geben Aufschluß über das Wesen eines Menschen.

Schon im Frühwerk kommen ähnliche Überlegungen zum Ausdruck, denn sowohl in »Bin oder Die Reise nach Peking« als auch in »Santa Cruz« wird der Gedanke entfaltet, daß »Sehnsucht [...] unser bestes« Teil sei, sich der Mensch also weniger in seinem tatsächlichen Leben als in seinen Wünschen zu erkennen gebe. In »Mein Name sei Gantenbein« hat Frisch die Überwindung der Faktizität als des einzigen Maßstabs für die menschliche Wirklichkeit zum Prinzip erhoben: Die Vorstellungen des Menschen machen dessen Wirklichkeit aus, die Person existiert nicht außerhalb ihrer Fiktionen. Darauf beruht die totale Fiktivität des Romans.

Daß die Fiktionen eine Person erkennbar machen, welche sonst »als weißer Fleck« erscheint, hängt damit zusammmen, daß die Vorstellungen der »Ausdruck [ihrer] Erfahrung« sind. Es handelt sich daher nicht um beliebige Fiktionen, sondern um solche »die dieser Person möglich sind« (V, 325, Zif. 6), wie Frisch sagt, d. h. sie haben durchaus individuelles Gepräge. Diesen Gedanken hat er an einer anderen Stelle der Selbstanzeige noch deutlicher ausgesprochen: Die »Person ist eine Summe von verschiedenen Möglichkeiten, meine ich, eine nicht unbeschränkte Summe, aber eine Summe, die über die Biographie hinausgeht.« (V, 327, Zif. 11) Wenn das Ich sich aber als »Summe von verschiedenen Möglichkeiten« definieren läßt und zudem – wie in Ziffer 6 ausgedrückt – ihre »Wirklichkeit« durch die »Summe der Fiktionen« erkennbar wird, »die dieser Person möglich sind«, dann machen die Möglichkeiten die Wirklichkeit des Ich aus: Die Wirklichkeit des Menschen entfaltet sich als Fülle seiner Möglichkeiten.

Frisch verarbeitet hier einen Grundgedanken der Existenzphilosophie Martin Heideggers, der in »Sein und Zeit« den Menschen – in Heideggers Sprache: das »Dasein« – als das Wesen denkt, das im Verfügen über Möglichkeiten, in seinem »Seinkönnen«, aufgeht: »Dasein ist nicht ein Vorhandensein, das als Zugabe noch besitzt, etwas zu können, sondern es ist primär Möglichsein« (»Sein und Zeit«, Tübingen [8]1957, S. 144). Deshalb steht auch nicht die Frage im Vordergrund, welche Möglichkeiten das Dasein wählt oder realisiert; vielmehr zeichnet den Menschen aus, daß er der Vielheit von Möglichkeiten ausgesetzt ist und daher über Varianten seiner selbst verfügt. Das Ich bestimmt sich nach seinem »Seinkönnen«, d.h. nach seinen möglichen Varianten.

Eben dies meint Frisch, wenn er unter der Ziffer 10 der »Antworten auf vorgestellte Fragen« formuliert: »Und da nichts so berichtet wird, als sei es geschehen, sind plötzlich Varianten möglich.« (V, 326) Das Verfahren, Geschichten ausschließlich als Vorstellungsvarianten, als Möglichkeiten eines Ich zu erzählen, macht die totale Fiktivität des Werkes aus. Nur weil (fiktionale) Wirklichkeit vollkommen ausgeschlossen bleibt, ist es möglich, den Roman als Entfaltung von Daseinsvarianten zu konzipieren, nur dadurch bleibt die Frage nach der Realisierung der vorgeführten Möglichkeiten, nach der Verwirklichung einer der Vorstellungen durch das Ich außer Betracht. Das Ich ist nicht eine der Varianten, sondern es hat sein Wesen im Verfügen über die Vielzahl ihm möglicher Varianten.

Weil in dem Roman nur von diesen Varianten die Rede ist, erfahren wir auch von der Ich-Person, die erzählt, nichts als ihre Entwürfe. Lediglich der Schlußabsatz, eingeleitet mit dem Hinweis »Alles ist wie nicht geschehen« (V, 319), spielt außerhalb der Vorstellungen des Erzähler-Ichs in einer fiktionalen Realität. Auch die Szenen in einer verlassenen Wohnung, die von dem Ehemann wieder betreten wird, sind nicht – wie es meist geschieht – unbedingt als in der fiktionalen Wirklichkeit angesiedelt zu interpretieren. Die Auflösung des Ich in seine Möglichkeiten vollzieht sich in aller Radikalität, und außer unserer Neigung, die personale Wirklichkeit einer Figur erst hinter deren Vorstellungen und Fiktionen zu vermuten, zwingt uns nichts in diesem Roman, nach einem Punkt außerhalb der Entwürfe des Ich zu suchen.

Wie radikal Frisch die Wirklichkeit eines Menschen in der Tat als Summe seiner Möglichkeiten versteht, zeigt sich an der Darstellung der Fiktionen, vor allem an dem Verfahren, Widersprüche nicht zu entscheiden, sondern bestehen zu lassen. Das Buch-Ich stellt sich ebenso als Liebhaber Enderlin wie als Ehemann Gantenbein vor, dessen vorgetäuschte Blindheit es zunächst ermöglicht, eifersuchtsfrei mit einer umschwärmten Schauspielerin zu leben; aber es entwirft sich auch als Svoboda, der versucht, seine Souveränität zu bewahren, als Gatte einer rauschgiftsüchtigen Contessa, sogar als Freund von Gantenbein usf. »Man glaubt schon, man sei der Geliebte, und unversehens ist man der Gatte, der sich einen Geliebten vorzustellen hat, und der Geliebte wiederum hat sich nach und nach den Gatten auch vorzustellen« (V, 326, Zif. 10). Frisch kennzeichnet mit diesen Worten das menschliche Bewußtsein als ein Geflecht von widersprüchlichen Vorstellungen, die alle eine ihm mögliche Rolle zum Ausdruck bringen. Diese Auffassung führt zur Konzeption des »Gantenbein«-Romans als eines Mosaiks von unterschiedlichen, geradezu widersprüchlichen Geschichten, die gleichwohl in ihrer Beziehung zueinander das Ich umreißen. Das Buch-Ich selbst äußert sich in diesem Sinne, z.B. anläßlich der Szene, die Enderlin nach einer Liebesnacht auf dem Flugplatz zeigt; er weiß nicht, ob er bleiben soll, um die Geliebte wiederzusehen, oder ob er fliegen soll, um die Einmaligkeit der Beziehung zu retten:

Ich kann mir beides vorstellen:
Enderlin fliegt.
Enderlin bleibt.
Langsam habe ich es satt, dieses Spiel, das ich nun kenne: handeln oder unterlassen, und in jedem Fall, ich weiß, ist es nur ein Teil meines Lebens, und den anderen Teil muß ich mir vorstellen; Handlung und Unterlassung sind vertauschbar [...] (V, 129)

Beides, das Handeln wie das Unterlassen, das gelebte wie das ungelebte, aber vorgestellte Leben, macht das Wesen des Menschen aus, und darum bedarf es keiner Auflösung dieser Widersprüche, bedarf es keiner Entscheidungen. In »Santa Cruz«, wo noch zwischen Vorstellung und Realität, Wunsch und Wirklichkeit unterschieden wird, treten sozusagen »halbe« Menschen auf, nämlich solche, die ihre Wahrheit mit Notwendigkeit verfehlen und ein uneigentliches Leben führen müssen, weil sie immer nur ein Leben leben können und alle anderen Möglichkeiten – da unrealisiert – der Nichtigkeit anheimgegeben werden. In »Mein Name sei Gantenbein« hingegen führt Frisch den Menschen in seinem »Seinkönnen«, in seiner »reinen« Möglichkeit vor. Hier stellt sich die Frage nach der Realisierung des Potentiellen gar nicht, weil die Fülle der Möglichkeiten, die ihm zugehören, als Fiktionen dargestellt werden und Wirklichkeit, also auch Verwirklichung, außer Betracht bleibt. Eben darin, daß die Frage der Verwirklichung, d.h. jegliche Form von Modalität, unbeachtet bleibt, handelt es sich um »reine« Möglichkeit.

Sofern freilich die Fülle dieser in Geschichten gefaßten Möglichkeiten »die Person ist« (V, 327, Zif. 11) oder, wie Frisch auch formuliert, »die Wirklichkeit einer Person« umreißt (V, 325, Ziff. 6), bekommen jene in den Roman integrierten Sätze ihre Gültigkeit, in denen Frisch Leseanweisungen gibt: »Immerhin sind Sätze stehen geblieben, die dem Leser unauffällig, hoffe ich, den Weg weisen. ›Ich probiere Geschichten an wie Kleider.‹ [...] Vor allem aber: ›Ein Mann hat eine Erfahrung gemacht, jetzt sucht er die

Geschichte dazu.‹« (V, 327, Zif. 13) Der eigentliche Kernsatz jedoch, der die Fiktivität alles Geschehens im Bewußtsein hält, lautet: »Ich stelle mir vor« (V, 8 u. ö.). Schon in »Unsere Gier nach Geschichten« hat Frisch die Auffassung vertreten, daß die Menschen, wenn sie etwas erzählen, als sei es tatsächlich geschehen, in Wahrheit »fabulieren«, um ihre inneren Erfahrungen auszudrücken: »Wohin sonst sollen sie mit ihrer Erfahrung? Sie entwerfen, sie erfinden, was ihre Erfahrung lesbar macht.« (IV, 264) Nicht die Geschichten sind wahr, sondern die sich in ihnen ausdrückenden Erfahrungen. Dabei wird Erfahrung nicht als Produkt von Vorkommnissen verstanden, sondern meint bei Frisch das Grunderlebnis des einzelnen Menschen selbst, also seine eigentliche Individualität. In den Geschichten, die er erzählt, entfaltet sich daher seine »Wahrheit«, weil sich seine Grunderfahrung in ihnen zur Darstellung bringt: »Jeder Mensch, nicht nur der Dichter, erfindet seine Geschichten – [...] anders bekommen wir unsere Erlebnismuster, unsere Ich-Erfahrung, nicht zu Gesicht.« (IV, 263)

Welche Erfahrung hat nun das Buch-Ich in »Mein Name sei Gantenbein« gemacht, welches »Erlebnismuster«, welche »Wirklichkeit« drücken die Geschichten aus, die es wie Kleider anprobiert, ablegt, verwirft, wieder überstreift? – Zunächst kommt in der Fülle von Variationen des Ich die Tatsache zum Ausdruck, daß eine modale Beziehung von Fiktion und Wirklichkeit ausgeschlossen ist, daß Verwirklichung nicht stattfindet. Seit ›Santa Cruz‹ hat Frisch dieses Thema durchgespielt; nun zeigt sich, daß der Mensch nur in seinem reinen Seinkönnen, im Verfügen über die Vielzahl seiner Möglichkeiten »ganz« ist, daß er einem uneigentlichen Dasein verfällt, sobald er sich die Frage stellt, welche Sehnsucht, Fiktion, Möglichkeit, welchen Selbstentwurf er verwirklichen will; denn Verwirklichung einer Seinsmöglichkeit bedeutet Verwerfung aller anderen Seinsmöglichkeiten und damit Preisgabe des eigenen Ganzen, des Ich in seiner Wahrheit (seinem eigentlichen Sein). Damit hängt zusammen, daß sich das Ich in »Mein Name sei Gantenbein« nicht nur immer neue Kleider überstreift, sondern auch expressis verbis deutlich macht, daß ihm die Selbstverwirklichung versagt bleibt. Als er eine neue Variante seiner selbst einführt und sich als Gatte der rauschgiftsüchtigen Contessa vorstellt, schickt der Ich-Erzähler dieser Geschichte die resignierende Bemerkung voraus: »warum es auch nicht geht« (V, 210). Das »auch« stellt klar, daß »es« überhaupt nicht geht. In der besonders aufschlußreichen Szene mit Enderlin auf dem Flugplatz erklärt das Buch-Ich, warum es »dieses Spiel, das ich nun kenne«, satt hat, nämlich immer nur »einen Teil meines Lebens« realisieren zu können: »Der nämlich bleibt, stellt sich vor, er wäre geflogen, und der nämlich fliegt, stellt sich vor, er wäre geblieben, und was er wirklich erlebt, so oder so, ist der Riß, der durch seine Person geht« (V, 130). Das Wirkliche ist der »Riß«, d. h. die Unmöglichkeit, sich zu realisieren, weil die Realität immer nur eines, aber niemals sowohl das eine als auch das andere, niemals den Widerspruch selbst zuläßt. Es läßt sich immer nur eine Möglichkeit realisieren, und da dies Tilgung aller anderen Möglichkeiten bedeutet, findet Selbstverwirklichung nicht statt, »es« geht nicht. »In Wirklichkeit« kann Enderlin nicht bleiben *und* fliegen; in der Vorstellung, der Fiktion indessen ist ihm beides, ist ihm also das »Ganze« möglich, nur hier zeigt sich daher seine Wahrheit, seine eigentliche Wirklichkeit. Während er im Bereich der Fiktion über sich selbst, also über Freiheit verfügt, bleibt der Mensch im Bereich modaler Wirklichkeit unfrei. Diese Gebundenheit des Menschen hat Frisch zweimal (V, 12; 153 f.) in das Bild vom Pferd gebracht, das aus dem Granit herauszuspringen versucht, »was im ersten Anlauf nicht gelungen ist und nie, ich seh's, nie gelingen wird« (V, 12).

Die Variante einer Geschichte für Camilla Huber (V, 248 ff.) hat Frisch 1965 als Vorwurf für die »Skizze eines Films« mit dem Titel *»Zürich-Transit«* genommen. Die Arbeit an dem Film, der als gemeinsames Produkt von Autor und Regisseur geplant war und zunächst den Titel »Je ne regrette rien«, dann »Die Asche eines Pfeifenrauchers«, schließlich »Transit« tragen sollte, bevor er seinen endgültigen Titel erhielt, begann im Herbst 1965; die Hauptrolle spielte Ernst Schröder, die Regie führte zunächst Erwin Leiser, dann Bernhard Wicki, doch brach man nach dessen Erkrankung im Dezember 1965 die Dreharbeiten ab. Die Textgrundlage des Films erschien 1966 (W 35) als Buchausgabe. Es handelt sich nicht um die erste Beschäftigung Frischs mit dem Medium Film. Schon im Tb I findet sich unter der Überschrift »Der Harlekin, Entwurf zu einem Film« (II, 648 ff.) ein umfangreicher Text, der als erste Fassung eines Filmmanuskripts zu verstehen ist, und im Interview mit Bienek hat Frisch mitgeteilt, daß er einmal damit begonnen habe, »ein Drehbuch [...] zu schreiben«, »aber [...] dann ausgestiegen« sei (W 64, 36); den Titel dieses (zustandegekommenen) Films hat Frisch jedoch nicht verraten.

Inhaltlich unterscheidet sich die Film-Skizze nicht allzu sehr von der Geschichte, die Gantenbein seiner Freundin erzählt. Aber abgesehen davon, daß manche Szenen ausgespielt werden, die in der kleinen Erzählung nur angedeutet wurden, und Frisch auch diese und jene Episode hinzugefügt hat (Aufenthalt im Museum, die Begegnungen mit Maschke, dem Gastarbeiter und der ehemaligen Klassenkameradin), ist die Geschichte von dem Ingenieur Ehrismann auch von Einblendungen durchsetzt, in denen sich der Protagonist Szenen vorstellt, die ihn stets in der Rolle des Unterlegenen, Unbeliebten, Belachten zeigen. Seine Vorgesetzten tragen z.B. einen winzigen Sarg über den Fabrikhof, in dem sich offensichtlich Ehrismann befindet, und eine Kompanie von Soldaten bricht über diesen Vorgang in Gelächter aus; seine Schwäger grinsen, als Ehrismann beim Segeln kentert, und werfen ihm »Kränze als Rettungsringe« zu (V, 419); er sieht sich als Störenfried der Familientrauer (V, 423 f.), dann in einem alles wieder gutmachenden Gespräch mit seiner Frau, schließlich zusammen mit Segelfreunden, die seine Rückkehr in den Kreis der Lebenden feiern; anschließend – eingeleitet mit dem Satz »Es könnte auch anders sein« (V, 434) – wird eine Variante durchgespielt: Ehrismann im Gespräch mit seiner Frau, die eifersüchtig ist, ihm zürnt, ihn zur Raserei treibt; kurz darauf wieder zwei Varianten: Ehrismann küßt seine Frau nach einem Tanz zum erstenmal, dann sieht er die Szene nochmals, doch diesmal hält sie der Gastarbeiter im Arm; endlich stellt er sich einen Besuch bei Victor, seinem einzigen Freund, vor, der ihn darin bestärkt, die Rolle des Verstorbenen zu übernehmen und nach Nairobi zu fliegen. Die Varianten zeigen Ehrismann, daß er ersetzbar, unwillkommen, überflüssig ist und führen deshalb zu dem Entschluß, tatsächlich die Rolle des Verstorbenen zu spielen. Daran zeigt sich, daß das Variantenspiel in »Zürich-Transit« eine grundsätzlich andere Funktion erfüllt als in »Mein Name sei Gantenbein«. Zwar handelt es sich dort wie hier um Fiktionen, aber in dem Roman umgrenzen sie das ansonsten völlig unbestimmt bleibende Buch-Ich, dessen Wirklichkeit sich also ausschließlich in seinen Vorstellungen zeigt; in der Filmskizze hingegen handelt es sich um Vorstellungen einer (fiktional) wirklichen Person, die namentlich, beruflich, auch durch ihre Lebensgeschichte definierbar ist und durch ihre Fiktionen zu einem Entschluß gebracht wird, der zwar die Lebensumstände, aber nicht die personale Realität verändert und sie erst recht nicht erst konstituiert. Ehrismanns Vorstellungen sind Möglichkeiten, von denen er eine verwirklicht, nämlich die, als Totgeglaubter fortzuexistieren; in »Mein Name sei Gantenbein« handelt es sich hingegen um reine Möglichkeit, die als solche die Wirklichkeit der vorstellenden Person ausmacht. In der Filmskizze rückt Frisch das modale, in dem Roman das existenziale Verhältnis von Möglichkeit und Wirklichkeit in den Mittelpunkt. »Zürich-Transit« setzt Frischs Variantentechnik fort, und deshalb bildet diese Filmskizze eine werkgeschichtlich wichtige Station auf dem Weg zwischen »Mein Name sei Gantenbein« und »Biografie: Ein Spiel«. Hier deutet sich aber schon an, was sich in »Biografie: Ein Spiel« dann deutlich zeigt: Varianten des Ich sind als Ausdruck reiner Möglichkeit nur in der totalen, nicht in einer partiellen Fiktion darstellbar; deshalb scheint der Roman das tauglichere Medium für eine Poesie der Möglichkeit zu sein.

b) Dramaturgie der Permutation und »Biografie: Ein Spiel«

Nach Abschluß des »Gantenbein«-Romans, aber in deutlichem Zusammenhang mit den ihm zugrundeliegenden poetologischen Überlegungen, und etwa zu der Zeit, als er an »Zürich-Transit« arbeitete, befaßte sich Frisch mit der Entwicklung einer neuen dramaturgischen Konzeption. Er will das Variationsprinzip auf die Bühne bringen und damit das Theater traditionellen Zuschnitts, das kausal bestimmte Handlungen und Zustände vorführt, radikal verändern. Erste Überlegungen trug er am 13.11.1965 als Dankrede bei der Entgegennahme des Schillerpreises vor, den ihm das Land Baden-Württemberg verliehen hatte.

Frisch setzt bei dem Gefühl der Verdrossenheit an, das das Gegenwartstheater mehr und mehr in ihm erzeuge, und er erklärt sich diese Erscheinung damit, daß auf der Bühne wie eh und je kausal bestimmte Handlungen vorgeführt werden: »Die Meinung, ein Vorgang könne nur überzeugen, wenn er sich aus der Entwicklung als zwingend darstellt, ein Axiom der klassischen Dramaturgie, [...] geistert noch immer nicht nur im Urteil der Kritik, sondern auch in der Praxis unseres Schreibens«. Als Belastung empfindet er die Tatsache, daß diese Dramatik jedes Anders-sein-Können ausschließt: »Die Fabel, die den Eindruck zu erwecken sich bemüht, daß sie nur so und nicht anders hätte verlaufen können, befriedigt [...] eine Dramaturgie, die uns als klassisches Erbe formal belastet: eine Dramaturgie der Fügung, eine Dramaturgie der Peripetie.« Stärker noch als der Vorwurf formaler Eintönigkeit, zu der die Dramatik der Fügung und Peripetie führe, fällt für Frisch ein anderes Argument ins Gewicht: »Dabei ist unser Lebensgefühl ein ganz anderes« (V, 366), wendet er ein und verweist damit auf den Widerspruch, der zwischen einer Dramaturgie der Fügung und der Wirklichkeit walte: »Tatsächlich sehen wir, wo immer Leben sich abspielt, etwas viel Aufregenderes: es summiert sich aus Handlungen, die oft zufällig sind, und es hätte immer auch anders sein können, es gibt keine Handlung und keine Unterlassung, die für die Zukunft nicht Varianten zuließe.« Die »Dramaturgie der Fügung« gibt dem Geschehen den Anstrich des zwingend Notwendigen »durch Unterstellung eines Sinns« (V, 367), so daß die beklagenswerte Kluft zwischen dramatischer Kunst und wirklichem Leben nach Frisch dadurch zustandekommt, daß das nach der alten Dramaturgie »Gespielte [...] einen Hang zum Sinn [besitzt], den das Leben nicht hat« (V, 368). Soll die Kunst dem Leben wieder angenähert, mit der Wirklichkeit in Übereinstimmung gebracht werden, so muß man eine Dramaturgie entwickeln, die den Sinn alles Geschehens bezweifelt, ja leugnet und jedem Vorgang auf der Bühne den Anstrich des Zwingenden und Einmaligen nimmt.

Wenn Frisch hier auch bezeichnenderweise die Beobachtung des Lebens und nicht etwa Nietzsches Philosophie oder die der Materialisten als Argument heranzieht, um auf die Fragwürdigkeit einer Dramaturgie aufmerksam zu machen, die allem Geschehen einen Sinn unterstellt, so läßt sich doch erkennen, daß sich hinter Frischs dramaturgischem Ansatz ein Weltbild verbirgt, in dem der Mensch nicht mehr als ein von der Hand der Götter, Gottes oder einer anderen metaphysischen Kraft geleitetes Wesen verstanden wird; vielmehr entbehrt das menschliche Leben wie das Dasein überhaupt jeglicher Sinnhaftigkeit. Dementsprechend hat alles Geschehen seinen Grund nicht in einem zu erreichenden Ziel, ist alles Handeln nicht mehr teleologisch zu vestehen, sondern, wie Frisch zunächst meint, zufallsbestimmt: Das »Leben [...] summiert sich aus Handlungen, die oft zufällig sind« (V, 367). Will das Drama als Kunstform dem Leben entsprechen, so darf das »Zufällige« nicht länger »als dramaturgischer Makel« (V, 366) erscheinen: »was der letzte Akt uns zeigt, ergibt sich nicht zwingend aus einer Peripetie, sondern aus einer Summe von Zufällen, und eine Gesetzmäßigkeit, die sich freilich erkennen läßt für die große Zahl, hat Wahrscheinlichkeitswert, aber nicht mehr; auch das Unwahrscheinliche ist möglich« (V, 367 f.).

Die Auffassung vom Wesen des Zufalls, die Frisch hier entwickelt, widerspricht deutlich derjenigen, die er am Ende des Tb I vertritt und die der Häufung von Zufällen in »Homo faber« Sinnhaftigkeit abgewann. Im Zusammenhang mit einer Dramaturgie, die sich ausdrücklich gegen Fügung und Peripetie wendet, erhält der Zufall nämlich die Funktion, in völliger Blindheit gegenüber einem »Handlungssinn« aus der Fülle der Möglichkeiten eine auszuwählen und sie in die Wirklichkeit zu überführen. Dadurch, daß das Wirkliche lediglich ein vom Zufall realisiertes Mögliches darstellt, hat es nicht mehr Bedeutung als jedes andere Mögliche auch; folglich gilt es, alle teleologischen Strukturen in einem Drama zu tilgen, d. h. an die Stelle einer Dramaturgie der Fügung hat eine Dramaturgie der Variation des Wirklichen durch ein Spiel mit Möglichkeiten zu treten.

Auch der Begriff des Möglichen scheint sich damit für Frisch zu wandeln. In einer *Dramaturgie des Zufalls* ist das Mögliche mögliches Wirkliches und bleibt daher der Kategorie der Modalität zugeordnet. In »Mein Name sei Gantenbein« hatte Frisch hingegen das existenziale Verhältnis von Möglichkeit und Wirklichkeit dargestellt, und im Tb I, in dem er zum erstenmal auf diesen Fragenkomplex zu sprechen kommt, notiert er Überlegungen, in denen das Mögliche wenigstens partiell aus seinem rein modalen Bezug zum Wirklichen gelöst wird. In seiner Auseinandersetzung mit dem Phänomen ›Zeit‹ sagt Frisch: »Die Zeit verwandelt uns nicht. / Sie entfaltet uns nur.« Die Begründung für diese Auffassung gibt er zwei Abschnitte später:

»Sie wäre damit nur ein Zaubermittel, das unser Wesen auseinanderzieht und sichtbar macht, indem sie das Leben, das eine Allgegenwart alles Möglichen ist, in ein Nacheinander zerlegt; allein dadurch erscheint es als Verwandlung, und darum drängt es uns immer wieder zur Vermutung, daß die Zeit, daß Nacheinander, nicht wesentlich ist, sondern scheinbar, ein Hilfsmittel unsrer Vorstellung, eine Abwicklung, die uns nacheinander zeigt, was eigentlich ein Ineinander ist, ein Zugleich, das wir allerdings als solches nicht wahrnehmen können, so wenig wie die Farben des Lichtes, wenn sein Strahl nicht gebrochen und zerlegt ist.« (II, 361)

Diese Äußerung, die ihre Bedeutung auch im Zusammenhang mit der Entwicklung einer Dramaturgie der Überschreitung von raumzeitlichen Grenzen gewinnt (s. Kap. III, b), berücksichtigt sowohl die existenziale als auch die modale Beziehung von Möglichem und Wirklichem. Der existenziale Bezug kommt in der Auffassung vom Zugleich aller Möglichkeiten zum Ausdruck, die die Wirklichkeit des Menschen ausmachen; der modale Bezug wird hier nur als Folge der Wirksamkeit des Nacheinander in der Zeit gedacht: Die Wandlungen, d. h. die Überführung eines Zustands in einen anderen, der dann wieder als Mögliches den Ausgangspunkt für ein neues Wirkliches (einen wiederum neuen Zustand) bildet, versteht Frisch nur als zeitliches Nacheinander eines eigentlichen Zugleich, und deshalb muß er die Phasen des individuellen Erlebens als Entfaltungen, nicht als Verwandlungen des Ich verstehen. Während im Tb I also noch beide Dimensionen des Möglichen Beachtung finden, in »Mein Name sei Gantenbein« der existenziale Bezug zwischen Potentiellem und Realem allein die Basis bildet, sieht Frisch bei der Entfaltung seiner *Dramaturgie der Permutation* zunächst nur im Zufall und damit letztlich nur innerhalb des modalen Bezugssystems von Möglichkeit und Wirklichkeit einen Weg, gegen die Sinn-Unterstellung zu Felde zu ziehen. Ist alles Geschehen nicht sinn-, sondern zufallgesteuert, so ist das Wirkliche nichts als das eine, durch einen

Zufall realisierte Mögliche unter vielen, durch andere Zufälle ebenso realisierbaren Möglichen und hat ontologisch keinen höheren Rang. Deswegen versucht Frisch, wie er in der »Schillerpreis-Rede« formuliert, eine Dramaturgie zu entwickeln, »die eben die Zufälligkeit akzentuiert«. (V, 368) Er bezeichnet sie vorläufig als eine »Dramaturgie des Unglaubens« und wählt damit einen Begriff, der die Demontage sinnorientierten Handelns kennzeichnen soll. Gleich anschließend fällt dann der Terminus »Dramatik der Permutation«; sie würde durch immer neue Verwandlung eines Geschehens, durch die Reihung möglicher Varianten eines Vorgangs der Wirklichkeit im Sinne von Faktizität ihren Anspruch bestreiten, das »Eigentliche«, »Maßgebende«, dem Möglichen Überlegene zu sein.

Frisch hat diese Gedanken in mehreren Aufsätzen wiederholt, sie dort oftmals nur zitiert. Das gilt mehr oder weniger für *Illusion zweiten Grades«*, die *»Anmerkung zu ›Biografie‹«*, den kurzen Text *»In eigener Sache«* und auch für die entsprechenden Passagen aus den Jahren 1967, 1968 und 1969 im Tb II (VI, 75 f.; 77 f.; 103). Erst in dem Briefwechsel mit Höllerer, der unter dem Titel *»Dramaturgisches«* 1969 veröffentlicht wurde und der einen schriftlichen Gedankenaustausch festhält, der zwischen dem 30. 3. und dem 20. 4. 1969 stattfand, hat Frisch den Gedanken von einer Dramaturgie der Permutation neu durchdacht; dabei beziehen sich beide Gesprächspartner auf die Erfahrungen, die bei der Aufführung von »Biografie: Ein Spiel« gemacht wurden. Sie zeigten, daß der Zufall und damit der radikal und ausschließlich modale Bezug von Möglichem und Wirklichem nicht allein die Voraussetzung für ein Drama bilden kann, in dem die alte Dramaturgie der Fügung überwunden wird.

Mit der Arbeit an »Biografie: Ein Spiel« begann Frisch nach dem Scheitern seines Filmprojekts im Frühjahr 1966. Im März 1967 lag eine vorläufige Fassung vor, die immerhin so ausgearbeitet war, daß man an eine Inszenierung denken konnte. Für sie wurde vom Schauspielhaus Zürich Rudolf Noelte als Regisseur engagiert, doch kam es zwischen ihm und dem Autor zu Auseinandersetzungen, die dazu führten, daß die für den 7. 10. 1967 geplante Uraufführung abgesagt wurde. Der anschließende, seinerzeit Aufsehen erregende Rechtsstreit über den Anspruch Noeltes, als Mitautor von »Biografie: Ein Spiel« anerkannt zu werden, wurde vom Bundesgerichtshof zugunsten Frischs entschieden. Die Uraufführung fand dann – unter der Regie von Leopold Lindtberg – am 1. 2. 1968 in Zürich statt, nachdem die Buchausgabe des Bühnenstücks bereits im Herbst 1967 erschienen war.

Das Stück beginnt damit, daß Kürmann – vom Registrator in den Stand gesetzt, seine Lebensgeschichte nochmals aufzurollen und damit zu ändern – immer wieder versucht, eine »Biografie ohne Antoinette« (V, 499) zu inszenieren. Die erste Begegnung mit seiner (zweiten) Frau soll deshalb anders verlaufen, und der Registrator schließt die erste Textpassage, die Lesung aus dem Dossier, mit der Erklärung: »Es mußte nicht sein.« (V, 484) Von Kürmann immer wieder herangezogen und auch von Antoinette bestätigt, ist dies der Schlüsselsatz für den ersten Teil des Stücks. Die Wirklichkeit soll als reversibel dargestellt werden, sie gibt nicht den einzig denkbaren Rahmen für die Existenz eines Menschen ab, sondern konkurriert mit anderen Möglichkeiten, denen sie je nach der Entscheidung des Betroffenen sogar zu weichen hat.

Dabei spielt jedoch der Zufall kaum eine Rolle, so sehr von ihm auch immer wieder einmal die Rede ist. Gewiß verdanken die Flüchtlinge ihre Rettung dem Zufall, daß Kürmann »grad an diesem Bahnhof war in diesem Augenblick« (V, 514), und auch die Entdeckung des sogenannten »Kürmannschen Reflexes« und damit ein gut Teil ihrer wissenschaftlichen Karriere verdankt die Hauptfigur einem Zufall. Aber es handelt sich nicht um bloßes erkenntnistheoretisches Geschwätz, wenn der Universitätsrektor anmerkt: »wir wissen: nicht der Zufall entdeckt, sondern der Menschengeist, der am Zufall erkennt.« (V, 517) Denn tatsächlich verdankt Kürmann nicht den Zufällen seine Biographie, sondern seiner Art zu denken, zu erleben, Zufälle zu nutzen oder ungenutzt zu lassen.

Schon im ersten Teil des Stücks erweist er sich als unfähig, seine Lebensgeschichte in wesentlichen Punkten zu korrigieren. Nicht nur, daß männliche Eitelkeit und aufkeimende Liebe zu Antoinette ihn daran hindern, die erste Begegnung so zu ändern, daß keine »Geschichte« daraus wird; vielmehr ist auch der Versuch, schon an einem früheren Punkt seines Lebenslaufs mit der Korrektur zu beginnen, zum Scheitern verurteilt, weil jede Veränderung kaum zu ertragende Konsequenzen nach sich zieht. Eine Wiedergutmachung an Rotz bedeutet eine Wendung seiner Lebensgeschichte, vor allem ein Zurück, das zur Wiederholung des gelebten Lebens zwingt: »nochmals Volksschule«, »nochmals Pubertät«, »nochmals Abitur«, »nochmals Tod der Mutter«, »nochmals Militär« (V, 505). Verläßt er Helen nicht, so trifft er nicht auf die Flüchtlinge, die ihm ihre Rettung verdanken, will er den Selbstmord seiner ersten Frau ungeschehen machen, so muß er auch das Eheversprechen brechen und auf seinen Sohn verzichten. »Ich habe mich an meine Schuld gewöhnt« (V, 516), sagt Kürmann denn auch resignierend und verzichtet auf eine Verwandlung seiner Lebensgeschichte an dieser Stelle, und schon zuvor hatte er angesichts der Verantwortung, die er auf sich lädt, wenn er sein Leben ändert, das ganze Verfahren in Frage gestellt: »Wie soll ich anders wählen …« (V, 514)

Im zweiten Teil zeigt sich noch deutlicher, daß der Zufall eine höchst nebensächliche Rolle spielt. Denn nun gelingt es Kürmann plötzlich, sich so zu verhalten, daß Antoinette tatsächlich seine Wohnung verläßt, bevor es zu Zärtlichkeiten kommt. Aber noch ehe er erfährt, daß es zu einem Unfall kommen wird, wenn sie wirklich abfährt, entscheidet er sich, diese Fassung seiner Biographie nicht beizubehalten, sondern die alte zu wählen: Antoinette soll bei ihm bleiben, er liebt sie und will sie nicht verlieren. In Wahrheit sieht er sich also gar nicht in der Lage, seine Biographie zu ändern. Denn er verdankt sie weniger der Verkettung von Zufällen als der Art, wie er die Zufälle genutzt hat: er verdankt sie seiner Persönlichkeit.

Im Grunde geben schon die Spielregeln zu erkennen, daß es nicht um den Zufall, sondern um die Entfaltung des Menschen mit Hilfe der Variierung seines Ich geht. Frisch verändert nämlich das Geschehen keineswegs dadurch, daß er andere Zufälle ins Spiel bringt, was allein ja eine »Dramaturgie des Zufalls« wirksam werden ließe; sondern er stellt das Ausprobieren von Lebensgeschichten der Wahl einer Figur anheim und entzieht auf diese Weise jede Veränderung der bloßen Zufälligkeit. Abhängig von den Entscheidungen Kürmanns, richtet sich das Geschehen nach dessen Belieben, nach dessen Sehnsüchten, Wünschen, Abneigungen, Befürchtungen, Ängsten, die sich zwar im Laufe des Lebens, genauer: im Laufe des Lebensvarianten ausprobierenden Spiels ändern, aber doch immer der Ausgangspunkt und die Ursache der (potentiellen) Biographie bleiben. Kürmann selbst entscheidet über seine Biographie, aber nicht der Zufall.

Zudem grenzen die Spielregeln auch ein, *was* er entscheiden darf, und beschränken damit die Variationsmöglichkeiten ganz erheblich. »Was Sie wählen können, ist Ihr eigenes Verhalten« (V, 490), stellt der Registrator klar, und am Ende des Stücks hebt er diese Bestimmung nochmals hervor, wenn er auf Kürmanns Frage »Was kann ich wählen?« – antwortet: »Wie Sie sich dazu verhalten, daß Sie verloren sind.« (V, 573) Unabänderlich hingegen ist das Wesen, bleibt die Persönlichkeitsstruktur Kürmanns. Als er mit dem Hinweis »Das ist das einzige, was ich wünsche, wenn ich nochmals anfangen kann: eine andere Intelligenz« den Versuch unternimmt, sein Ich in den Prozeß der Veränderung mit einzubeziehen, hält ihm der Registrator entgegen: »Sie mißverstehen unsere Spielregel: Sie haben die

Genehmigung, nochmals zu wählen, aber mit der Intelligenz, die Sie nun einmal haben. Die ist gegeben.« (V, 503) Da er seine Persönlichkeit nicht ändern kann, gelingt es ihm auch nicht, eine Biographie ohne Antoinette herzustellen, und als es ihm für einen Moment doch zu gelingen droht, macht er die Variante rückgängig. In Übereinstimmung mit sich selbst bleibt Kürmann, wenn er zwar sein Verhalten gegenüber Antoinette ändert, aber nicht seine Beziehung zu ihr überhaupt aufgibt: »Dieselbe Geschichte mit Antoinette. Nur ohne Ohrfeige.« Und außerdem schadet es seiner Identität nicht, wenn er in die KP eintritt. Denn da er weder das westliche noch das östliche Gesellschaftssystem für wünschenswert hält, ist er weder in der Partei noch außerhalb ganz zufrieden, sein Eintritt in die Partei stellt eine Variante dar, die das Ich selbst nicht verändert. Der Registrator bringt diesen Tatbestand in eine signifikante Formel: »Ferner sind Sie in die Partei eingetreten, ohne deswegen ein anderer zu werden.« (V, 562) Varianten sind als Verhaltensvarianten möglich, nicht jedoch als Persönlichkeitsvarianten; in allem Probieren, das sich der Freiheit der Wahl, nicht der Beliebtheit des Zufalls verdankt, bleibt das Ich als mit sich identische Konstante erhalten und zieht der Veränderbarkeit der Biographie enge Grenzen. Alles, so Frisch in seinen »Anmerkungen zu ›Biografie‹«, kann Kürmann verändern: »Nur er kann nicht anders sein.« (V, 580)

Auch in dem Briefwechsel mit Höllerer sieht Frisch nicht mehr in der Zufälligkeit der Lebensgeschichte, sondern in der Variation des menschlichen Verhaltens als Entfaltung des identischen Ich den Zentralgedanken, den er in »Biografie: Ein Spiel« poetisch zur Darstellung bringt. Freilich wendet er sich anfangs wie in der »Schillerpreis-Rede« und den von ihr abhängigen Äußerungen gegen eine Dramaturgie der Kausalität zugunsten einer Darstellung, die die »Beliebigkeit jeder Geschichte« (W 37, 9) verdeutlicht, allerdings sieht er anfangs im Zufall das »Element der Beliebigkeit« (13), das die Dramaturgie der Fügung, der Peripetie, der Kausalität überwindet. Aber er wehrt sich nicht, als Höllerer ihn darauf aufmerksam macht, daß der Zufall in Wahrheit kaum eine Rolle spielt, und läßt den Begriff des Zufalls fürderhin ohne ein Wort des Kommentars fallen. Hat Frisch zunächst auch eine Dramaturgie des Zufalls als Korrektiv der überkommenen Dramaturgie der Kausalität entworfen, so hat er sie doch nicht realisiert, auch nicht in »Biografie: Ein Spiel«.

»Als wenn es nur um den Zufall ginge!« ruft Höllerer aus und erklärt bündig: »Es geht aber, wenn ich Sie so, in Ihrer jetzigen Verfassung, betrachte, gar nicht um den Zufall, sondern um den Zweifel« (13), nämlich um den Zweifel an der Einmaligkeit und

Zwangsläufigkeit, erst recht an der Sinn- und Schicksalhaftigkeit alles Geschehens. »Das Wort Zufall scheidet aus« (14), so Höllerer, weil der Zufall in einer auf »einer wohlbegründeten Ordnung« basierenden Welt ebenso begründet (d. h. als bloßer Zufall aufgelöst) werden kann wie in einer vollkommen ungeordneten, ungefügten Welt (in der dann gewissermaßen alles und nichts vom Zufall abhängt). Frisch läßt schon in seiner Antwort den Begriff ›Zufall‹ beiseite und formuliert stattdessen in einer Zusammenfassung, worum es ihm in der Tat geht; und hier wird deutlich, daß er nicht nur in »Mein Name sei Gantenbein«, sondern ebenso in »Biografie: Ein Spiel« das Ich in seinen Varianten darstellen wollte: »Varianten eines Vorgangs zeigen mehr als der Vorgang in seiner definitiven Version, Auffächerung der Möglichkeiten, wie ein und dieselbe Figur sich verhalten kann. Oft kaum zu entscheiden, welche Version glaubhafter ist; keine ist die einzigrichtige.« (16) Auch hier taucht wieder der Gedanke auf, daß der Mensch sich nicht in seiner (einmaligen) Realität, sondern erst in der Fülle seiner Möglichkeiten als der zeigt, der er in Wahrheit ist. Damit hebt Frisch die Verwandtschaft zwischen »Biografie« und »Gantenbein« deutlich hervor. Schon vorher, als er dem Zufall noch ein gewisses Gewicht beimaß, hatte er beide Werke in einen engen Zusammenhang gebracht: »Ansatzmöglichkeiten zu einer Dramaturgie, die den Zufall, als Element der Beliebigkeit, in unser Kunst-Spiel einbezieht, meinte ich zu sehen bei der Arbeit am letzten Stück ›Biografie: Ein Spiel‹, davor im Roman ›Mein Name sei Gantenbein‹.« (13) Roman und Spiel basieren wirklich auf den gleichen Fundamenten, allerdings nicht auf denen, die eine Poetik des Zufalls gelegt hat.

Die Frage, die sich Frisch in diesem Zusammenhang stellt, ist die nach der seinem Ansatz gemäßen poetischen Gattung; er gesteht sich ein, daß sich die Bühne weniger zur Darstellung möglicher Lebensvarianten eines identischen Ich eignet als der Roman. Anläßlich der Uraufführung in Zürich und der drei deutschen Erstaufführungen in Düsseldorf, Frankfurt und München notiert Frisch unter dem 8. 2. 1968 im Tb II: »Stück aufgeführt, BIOGRAFIE EIN SPIEL, mit vierfachem Sieg der Bühne [...] über den Autor; er bestreitet die Fatalität, die Bühne bestätigt sie – spielend« (VI, 103). Und an Höllerer schreibt er: »ich war bei der Arbeit konsterniert: Das wird ja genau, was ich nicht wahrhaben will, ein Schicksalslauf! Und so wirkte es denn auch, trotz der radikalen Annullierung durch den Schluß, auf die meisten Zuschauer; sie applaudierten der biederen Einsicht: Wir können ja doch an unserer Biographie eigentlich nichts ändern.« (W 37, 28) Tatsächlich hebt ja nicht nur der Entschluß Antoinettes, die erste Begegnung mit Kürmann nochmals zu spielen, und zwar – da sie nun selbst wählen kann – mit dem Ergebnis, daß beide sich nicht wiedersehen, das Bühnengeschehen auf. Vielmehr hat Kürmann seinerseits wenigstens kleinere Korrekturen an seiner Lebensgeschichte selbst vorgenommen und außerdem eine Reihe von Möglichkeiten verworfen (Ohrfeige aus Eifersucht, Eifersuchtsmord etc.). Insofern spielt sich auf der Bühne doch ein Geschehen ab, das ebenso den Charakter reiner Möglichkeit zu besitzen scheint wie die Vorstellung, die das Buch-Ich im »Gantenbein«-Roman entwirft. Durch die radikale Annulierung alles Bühnengeschehens fehlt sogar scheinbar der Fixpunkt immanenter Realität ebenso wie in dem Roman, und so mag man sich fragen, wo denn die spezifischen Schwierigkeiten einer Dramatik der Permutation, eines Theaters der Möglichkeit verborgen liegen, die Frisch im Roman zu bewältigen wußte.

Ein Unterschied zu »Mein Name sei Gantenbein« besteht darin, daß »Biografie: Ein Spiel« von vornherein die Vorstellung von immanenter Realität weckt und damit alles Geschehen der Frage aussetzt, ob es sich nun eigentlich um »Wirklichkeit« oder nur um mögliche Varianten eines wirklichen Vorgangs handle. Denn da das Stück mit einem Rückblick des Registrators auf den 26.5. 1960 beginnt, der durch die präzise Datierung des Geschehens und das Präteritum als Darstellungstempus suggeriert, daß es sich um wirklich Vorgefallenes handle, entwickelt sich im Zuschauer eine Vorstellung von dem Unterschied zwischen Wirklichkeit und Möglichkeit. Sie setzt sich endgültig in ihm fest, wenn der Registrator seine einführenden Bemerkungen mit dem Schlüsselsatz beendet: »Es mußte nicht sein.« (V, 484) Denn damit scheint er doch zu bestätigen, daß etwas (wirklich) geschehen ist, das auch anders hätte verlaufen können, aber nun einmal so und nicht anders verlaufen ist; was nun noch gespielt wird – so stellt es sich dem Zuschauer dar –, ist nichts als eine Variante des Wirklichen, bleibt als Mögliches hinter dem Wirklichen zurück. Auch wenn später das, was zu Beginn als wirklich gilt, durch den Entschluß Antoinettes getilgt wird, behält es doch während des Stücks für den Zuschauer seinen Realitätscharakter bei. Insofern eröffnet das Stück am Beginn einen Spielraum, in dem nur das modale Verhältnis von Möglichkeit und Wirklichkeit zur Darstellung gelangen kann, obgleich doch eigentlich gleichrangige Varianten des einen und selben Ich vorgeführt werden sollen.

Neben dieser Wirkung, die die Anfangsgestaltung auf den Rezipienten ausübt, gilt es aber auch noch gattungsspezifische Probleme zu beachten. Für die Tatsache, daß »Biografie: Ein Spiel« ganz anders auf der Bühne wirkt, als es sich der Autor erhofft hatte, führt Frisch in »Dramaturgisches« die »Sukzessivität« (27) als Grund an, also die Tatsache, daß auf der Bühne keine Synchronie möglicher Varianten realisierbar erscheint und dadurch alles »doch wieder im Gewohnten« (28) endet. Er meint damit, daß die Art, in der wir Geschichte erleben – nämlich als kausales Nacheinander, bei dem sich das spätere Ereignis aus vorhergehenden Geschehnissen zwingend ergibt –, durch die Sukzessivität bestätigt wird, auch wenn es sich um eine Folge bloßer Möglichkeiten handelt: »durch dieses stete Anspielen von Varianten, von Möglichkeiten anderer Verhaltens, die dann doch nicht verwirklicht werden, erscheint die Sukzessivität dessen, was schließlich stattfindet, noch zwingender« (28). Tatsächlich ist das Potentielle der Bühnengeschehnisse, wie Höllerer bemerkt (23), in jenen Passagen am deutlichsten zu erkennen, in denen verschiedene Möglichkeiten gleichzeitig angedeutet werden, z.B. während des Versuchs, mit der Veränderung des Lebenslaufs vor der Begegnung mit Antoinette zu beginnen (Rotz, Korporal, Mutter, Helen etc.: V, 504 ff.). Denn die Gleichzeitigkeit des zeitlich weit auseinanderliegenden Geschehens hält dem Rezipienten das Fiktive des Vorgeführten im Bewußtsein, während er sonst das Geschehene – auch wenn es schon durch das Spiellicht der Realität entzogen erscheint – für tatsächlich Geschehenes hält. Mit dem Phänomen, daß die Bühne als Darstellungsmedium das Fiktive des Geschehens nicht in dem Maße im Bewußtsein des Rezipienten zu halten vermag wie der erzählerische Text, hängt es zusammen, daß Frischs »Biografie: Ein Spiel« als Dichtung der Möglichkeit weniger geglückt erscheint als sein Roman »Mein Name sei Gantenbein«. Denn während der Zuschauer »auf Erschütterung abonniert« sei, so Frisch, erlebe er auf der Bühne ein »Varianten-Spiel«, das nicht »die übliche Anteilnahme, nämlich Gefühle« zu wecken suche, sondern – im Gegenteil – »auf Reflexion« ziele, auf »Erschütterung unserer Gläubigkeit durch Reflexion«. Dies gelinge seinem Stück deshalb nicht recht, weil der Zuschauer als geschehen rezipiere, was auf der Bühne dargestellt werde, auch wenn es nur als Mögliches gemeint sei: »Sobald gespielt wird, und sei die Varianten-Szene noch so kurz, gilt es als geschehen. Macht des Theaters. Der fiktive Charakter (›Ich stelle mir vor‹) ist in der Erzählung leichter zu sichern – was ich nicht erwartet habe.« (32)

Es mag wohl mit dieser Auffassung von der Tauglichkeit der Bühne für eine Varianten durchspielende, permutierende Poesie der Möglichkeit zusammenhängen, daß Frisch nach »Biografie: Ein Spiel« zehn Jahre lang kein dramatisches Werk mehr veröffentlicht hat. Andererseits hat schon Höllerer die Frage gestellt, ob es wirklich an der Bühne als Medium oder nicht eher an der eigenartigen Konzeption des Stücks liege, daß Frisch nicht erreicht habe, was ihm vorschwebte. Er macht den Registrator dafür verantwortlich, aber auch die Tatsache, daß überhaupt ein Individuum im Mittelpunkt der Handlung steht, und in der Tat unterscheidet sich ja »Biografie: Ein Spiel« von dem ihm andererseits verwandten »Gantenbein«-Roman nicht nur dadurch, daß dort die Bühne, hier das Erzählen als Medium gewählt wird, sondern vor allem auch darin, daß in dem Stück ein Individuum mit Charaktermerkmalen, mit einer personalen Realität auftritt, während in dem Roman das Ich, von dessen Fiktionen berichtet wird, selbst gar nicht in Erscheinung tritt.

Darauf vor allem beruht die Tatsache, daß in »Biografie: Ein Spiel« die modale Beziehung von Möglichkeit und Wirklichkeit vorherrscht. Denn im Gegensatz zum »Gantenbein«-Roman tauchen in Frischs Stück Figuren mit individuellen Merkmalen auf, die zudem gemäß den Spielregeln nicht verändert werden dürfen, also in das Spiel mit Varianten nicht einbezogen werden können: Sie bilden die (fiktionale) Realität im Stück, den Fixpunkt, der alles andere als bloß möglich erscheinen läßt und daher das Wirkliche dem Möglichen entgegenstellt. Allerdings fällt Frisch nicht in eine Dramaturgie monolinearer Kausalität und Handlungsführung zurück, sondern er konfrontiert mehrere Möglichkeiten miteinander und variiert sie auf gleicher Handlungsebene. Insofern läßt sich eine Fortentwicklung der in »Biografie: Ein Spiel« versuchten Dramatik der Permutation zu einem »Möglichkeitentheater«, das »ins freie Spiel« kommt (Höllerer, 23), durchaus denken; Voraussetzung dafür aber wäre der Verzicht auf jeglichen Orientierungspunkt in der (fiktionalen) Realität. Während Höllerer glaubt, daß dabei ein Rückgriff auf die Parabelstücke hilfreich sein könnte, schließt Frisch einen solchen Rückgriff aus. Denn für ihn stellt die Dramatik der Permutation gerade den entscheidenden Versuch dar, das »zunehmende Unbehagen an der Parabel« (18) zu überwinden.

Es ist bezeichnend, daß Frisch dieses Unbehagen mit der Realitätsferne der Parabel und ihrer Neigung zum Lehrhaften begründet: »Parabel ist Sinn-Spiel, es wird ein Vorgang gezeigt, der so, wie er gezeigt wird, in der Realität kaum stattfinden könnte«. Auch die Tendenz der Parabel zum »Quod erat demonstrandum« (18) stößt ihn – bereits einige Jahre nach der Uraufführung von »Andorra« – ab: »Das eben: die Parabel geht meistens auf. Hang zum Sinn. Sie täuscht Erklärbarkeit vor, zumindest Zwangsläufigkeit. Sie gibt sich gültig, indem sie zugleich vage bleibt. Die Parabel, indem sie zur Lehre nötigt, verbaut mich« (19). Das Gefühl, durch das Parabolische blockiert zu werden, signalisiert einen Wandel in Frischs Lebensanschauung, vor allem in seinen Erwartungen von dem, was Dichtung zu leisten vermag. In »Andorra« (und in »Biedermann und die Brandstifter«) hatte sich sein gesellschaftlich-politisches Engagement im parabolisch-didaktischen Theater Geltung verschafft; denn die Parabel stellt ein »probates Mittel« (18) dar, dem Imitiertheater zu entgehen und an seine Stelle ein Theater der Erkenntnis von Wirklichkeit, ein Theater der Bewußtseinserhellung zu rücken. Nach 1961 jedoch, schon mit der Arbeit an »Mein Name sei Gantenbein«, scheint das offen Politische stärker in den Hintergrund zu treten. Frisch fühlt sich durch die mit der Parabel verbundene »Erklärbarkeit« der Welt, durch ihren »Hang zum Sinn« und zur Gültigkeit »verbaut«: Offenbar scheint ihm die Welt nun noch weniger deutbar zu sein als ehedem und deshalb das Belehrende der Parabel nicht zu rechtfertigen. Diese Einsicht bedeutet allerdings für Frisch keinen vollständigen Rückzug ins Private. Auf Höllerers in diese Richtung zielende Frage antwortet er in »Dramaturgisches«: »Domäne der Literatur? ... Heute keine Frage: die res publica.« (33) Damit umreißt Frisch freilich lediglich den Zustand, in dem sich die Gegenwartsliteratur befindet; keineswegs fordert er, jeder Dichter habe das Öffentlich-Politische zum Gegenstand seiner Bemühungen zu machen. Im Gegenteil: Er meldet »Zweifel an der Wirksamkeit eines direkt-politischen Engagements der Literatur« (38) an und setzt sich gegen die Forderung nach einem Bekenntnis des Schriftstellers zur unmittelbaren gesellschaftlichen Funktion von Literatur zur Wehr:

»Domäne der Literatur? Was die Soziologie nicht erfaßt, was die Biologie nicht erfaßt: das Einzelwesen, das Ich, nicht mein Ich, aber ein Ich, die Person, die Welt erfährt als Ich, die stirbt als Ich, die Person in allen ihren biologischen und gesellschaftlichen Bedingtheiten; also die Darstellung der Person, die in der Statistik enthalten ist, aber in der Statistik nicht zur Sprache kommt und im Hinblick aufs Ganze irrelevant ist« (34).

Es handelt sich hier um das weitgehend wörtliche Selbstzitat einer ins Tb II übernommenen Interview-Antwort, in der Frisch die Frage »Domäne der Literatur?« sogar mit dem Satz »Fast wage ich zu sagen: das Private« beantwortet, bevor er fortfährt: »Was die Soziologie nicht erfaßt [...]« (VI, 89) Die Passage ist auf den Herbst 1967 zu datieren, gehört also in den engsten Umkreis von »Biografie: Ein Spiel« und zeigt, daß nach Frischs Auffassung das Politische nur im Zusammenwirken mit dem Privaten als Wesenselement der Literatur zu bezeichnen ist. In »Dramaturgisches« heißt es daher auch: »das ›Private‹ [ist] selbstverständlich ein Gegenstand der Literatur und nicht nur einer apolitischen, sondern gerade einer Literatur, die sich auf eine gesellschaftliche Situation bezieht; diese bestimmt ja die Personen in ihrer ›privaten‹ Existenz«. (W 37, 40)

In »Biografie: Ein Spiel« will Frisch dieses Zusammenwirken von Öffentlichem, Politischem und Privatem, Persönlichem durch die Integration der Zeitereignisse in die Permutation des Variantenspiels verdeutlichen (V, 508; 518; 542; 553; 556; 568 etc.). Die Zeitereignisse »apostrophieren [...] die Irrelevanz dieser Kürmann-Probleme, ihre politische Irrelevanz, zugleich ironisieren sie auch die geläufige oder zumindest geforderte Meinung, daß es nur eine Art von Relevanz geben könne [...] Die Todesgewißheit eines Ich und die Gefahr eines Weltkrieges, das ist inkommensurabel – ja – aber eben dieses Bewußtsein, diese unleugbare Erfahrung, daß Relevanz sich nicht nur auf *einer* Ordinate abspielt, schiene mir darstellenswert.« (W 37, 29 f.) Damit bekommt das Politische zumindest eine andere Funktion als in den früheren, parabolischen Stücken: Es wird wirksam erst in der Konfrontation mit dem Privaten und nicht mehr als es selbst. Mit der Entfaltung des Ich in seine möglichen Varianten verliert das Politische in Frischs Dichtung also das Moment des Offensichtlichen; es kommt nur noch mittelbar – vermittelt durch das Persönliche – zum Ausdruck. Eine Äußerung im Interview mit Raeber, bezeichnenderweise aus dem Jahr 1962 stammend, macht die nach »Andorra« einsetzende Wandlung in der Auffassung Frischs von dem Verhältnis zwischen Literatur und Politik deutlich; auf die Frage, ob er sich für Politik interessiere, antwortet Frisch: »Mich interessiert die Beziehung zwischen Menschen. Wie machen es drei Menschen, um miteinander zu harmonieren? Der Mensch ist einerseits frei, andererseits aber doch nur ein Abbild seiner Umwelt. Hält man das Interesse für diese Frage für politisches Interesse, so habe ich politisches Interesse.« (W 65, 55)

Im Jahre 1984 hat Frisch eine Überarbeitung von »Biografie: Ein Spiel« vorgenommen, welche die Reduktion des Gesellschaftlich-Politischen zugunsten des Menschlich-Persönlichen sogar als einen fortschreitenden Prozeß in der Entwicklung seines poetischen Werks erscheinen läßt. In dieser Fassung fehlt z. B. die Flüchtlingsepisode, aber ein langes Gespräch mit Antoinettes Geliebtem Egon wird eingeblendet, im Krankenhaus wird Kürmann nicht von dem kommunistischen Agenten Krolevski, sondern ebenfalls von Egon besucht usf. Dabei hatte die Umarbeitung einen ganz anderen Anlaß als den, das Politische hinter das Private zurückzudrängen. In der Jubiläumsausgabe wird die »Neue Fassung 1984« von »Biografie: Ein Spiel« auf folgende Weise begründet: »Um den Bedürfnissen des Tourneetheaters entgegenzukommen, überarbeitete M. F. im Sommer 1984 das ›Spiel‹ *Biografie* und reduzierte die Zahl der Schauspieler auf fünf.« (VII, 408) Offenbar waren die geschilderten inhaltlichen Änderungen, die sich im übrigen auch auf die Tilgung einiger zeitpolitischer Hinweise erstrecken, nicht das Ziel der Neufassung, sondern die Folge des gewandelten Poesie-Verständnisses von Max Frisch. Indessen wirkt die zitierte Erklärung doch allzu harmlos. Es ist gewiß richtig, daß die Anzahl der handelnden Figuren auf fünf reduziert wird, auf Kürmann, Antoinette, den Spielleiter, seine Assistentin und seinen Assistenten. Aber schon die Tatsache, daß der in der ersten Fassung auftretende »Registrator« in der »Neuen Fassung 1984« zum »Spielleiter« wird, signalisiert Frischs Versuch, das Fiktive der Bühnenhandlungen, das er im Gespräch mit Höllerer als nicht deutlich genug hervorgehoben bezeichnete, stärker in den Vordergund zu rücken. Die Wirkung der Bühne, das Gespielte als faktisch geschehen erscheinen zu lassen, zeigt sich ja gelegentlich schon daran, daß manche Interpreten den Titel-Teil »Ein Spiel« nicht als Unterminierung des Faktischen, sondern als Gattungsbezeichnung mißverstehen. Frisch unternimmt in der »Neuen Fassung 1984« deutlich den Versuch, die Unterminierung des Faktischen zu verstärken. Der Spielleiter leitet ein Spiel, die Vergangenheit Kürmanns tritt in den Hintergrund, es gibt weniger etwas Geschehenes zu registrieren als etwas noch nicht Geschehenes zu erproben. Aber Frisch ändert nicht nur Bezeichnungen. Vielmehr läßt er beispielsweise die Eingangsszene gar nicht mehr von Kürmann, sondern vom Spielleiter darstellen, d.h. der Charakter des Nicht-Faktischen, des Fiktiven wird durch Figurentausch scharf ins Bewußtsein gehoben. Von noch größerer Bedeutung ist es jedoch, daß die Verringerung des Spielpersonals von 32 auf 5 nicht nur theaterpraktische und kostensenkende Folgen, sondern vor allem ästhetische Konsequenzen nach sich zieht: Wenn nicht mehr Rotz auftritt, sondern der Assistent als Rotz, wenn nicht mehr Helen erscheint, sondern von der Assistentin gespielt wird, wenn in der Schlußszene der Spielleiter Kürmann jeweils erklärt, wen der Assistent jetzt darstellt, nämlich einmal Rotz, ein andermal Egon, dann wird deutlich, daß die Reduktion vor allem eine Verfremdung bedeutet, die den Spiel- und Fiktionscharakter des Stücks unübersehbar machen soll.

Indes handelt es sich um Reparaturen, die den Fundamentalmangel des Stücks nicht vergessen machen können: Hätte Frisch ein Drama geschrieben, in dem nicht Vergangenes und also Geschehenes variiert, sondern Zukünftiges ausprobiert und durchgespielt wird, so hätte er dem Stück seine Fiktivität garantiert und dem Zuschauer – ebenso wie dem Leser von »Mein Name sei Gantenbein« – vor Augen gehalten, daß hier nichts Wirkliches, sondern Gedachtes vorgeführt wird. Gedachtes indes vermag ein Theaterbesucher nicht weniger und nicht schlechter als variabel zu rezipieren denn ein Roman-Leser.

c) »Montauk«

Die meisten Rezensenten haben »Montauk«, der im Sommer 1974 in direktem Anschluß an eine Amerikareise geschriebenen und 1975 im Druck erschienenen Erzählung, eine gewisse Sonderstellung zugebilligt. Das hängt mit dem rückhaltlos autobiographischen Grundzug dieses Werkes, mit der seinerzeit von manchem Kritiker teils als sensationell, teils als etwas peinlich empfundenen Radikalität der Selbstpreisgabe zusammen, die – da sie nicht verschlüsselt erscheint – in der Dichtungsgeschichte wohl ihresgleichen sucht. Der Leser, der sich ein wenig in der Lebensgeschichte Frischs auskennt, begreift sofort, daß hier allenthalben von Lebensfakten die Rede ist: Er nimmt Einblick in die von Glück, Eifersucht, Hörigkeit, schließlich auch von Gelassenheit bestimmte Beziehung Frischs zu Ingeborg Bachmann, erfährt etwas über jene jüdische Braut namens Käte, die das Vorbild für Hanna in »Homo faber« abgab, lernt die Beziehung Frischs zu seinem Freund und Mäzen W. kennen, dessen dominantes Wesen dem jungen Autor leicht hätte zum Verhängnis werden können, erhält Kenntnis von dem Verhältnis Frischs zu seiner ersten und zu seiner zweiten Frau, liest von »Vier Abtreibungen bei drei Frauen« (VI, 688) und hat Anlaß, auch dies als biographisches Detail einzuordnen. Hier ist offensichtlich von Lebenswirklichkeit die Rede. Frisch eröffnet das Buch denn auch mit einem Montaigne-Zitat, das als Motto den nicht-fiktiven Charakter der Erzählung von vornherein festlegt: »DIES IST EIN AUFRICHTIGES BUCH, LESER [...] DENN ICH BIN ES, DEN ICH DARSTELLE [...] SO BIN ICH SELBER, LESER, DER EINZIGE INHALT MEINES BUCHES« (VI, 619). In den Text hat Frisch zwei Daten eingefügt (11. u. 12. 5. 1974), die im Zusammenhang mit der Mitteilung »Am Mittwoch werde ich 63« (VI, 710) den autobiographischen Charakter des Buches betonen, und außerdem gibt es eine Reihe anderer Indizien dafür, daß Frisch mit Bedacht ein Buch geschrieben hat, das frei blieb von Fiktionen aller Art.

Eine der Textstellen, die diesen Ansatz deutlich zu erkennen geben, findet sich schon ziemlich am Anfang von »Montauk«: »Was ich in New York zu tun habe, wäre in Zürich oder in Berlin auch noch zu tun«, nämlich die »Umweltverschmutzung durch Gefühle, die nicht mehr zu gebrauchen sind«, zu beseitigen; sie sind, so Frisch, »etwas Verfaultes, weil ich es nie ausgesagt habe oder nie ehrlich genug, nicht mit Bewußtsein verabschiedet.« (VI, 631) Die Stelle korrespondiert dem Montaigne-Zitat: Frisch will seine Vergangenheit, sein Leben, sich selbst bewältigen, indem er seine Gefühle beschreibt und so »mit Bewußtsein verabschiedet«. Insofern ist er tatsächlich »DER EINZIGE INHALT MEINES BUCHES«.

In dieser Hinsicht wirkt »Montauk« wie ein Gegenbeispiel zu »Mein Name sei Gantenbein«. Während dort alles Geschehen als fiktiv bewußt gemacht wird, hebt Frisch in »Montauk« von vornherein die Authentizität des Erzählten hervor: Der totalen Fiktion dort kontrastiert die ebenso totale Fiktionslosigkeit hier. An drei Stellen kommt er auf die Authentizität des Geschilderten zu sprechen (VI, 671; 708; 719f.), am ausführlichsten gegen Ende der Erzählung: »Es erschreckt mich nur die Entdeckung: Ich habe mir mein Leben verschwiegen [...] Es stimmt nicht einmal, daß ich immer nur mich selbst beschrieben habe. Ich habe mich selbst nie beschrieben. Ich habe mich nur verraten.« (VI, 720) Er nimmt sich daher eine radikal aufrichtige Selbstbeschreibung vor, die nicht nur die Vergangenheit, sondern auch die Gegenwart erfaßt. Unmittelbar vor der gerade zitierten Stelle heißt es nämlich, er habe beschlossen, »dieses Wochenende zu erzählen: autobiographisch, ja, autobiographisch. Ohne Personnagen zu erfinden; ohne Ereignisse zu erfinden, die exemplarischer sind als seine Wirklichkeit, ohne auszuweichen in Erfindungen [...] Er möchte bloß erzählen (nicht ohne alle Rücksicht auf die Menschen, die er beim Namen nennt): sein Leben.« (VI, 719f.) Spekulationen über die Frage, ob wirklich alles erlebt sei, was geschildert werde, verbieten sich da, zumal sich vorher eine ganz ähnliche, in poetologischer Hinsicht jedoch noch aufschlußreichere Stelle findet: »Ich möchte diesen Tag beschreiben, nichts als diesen Tag, unser Wochenende und wie's dazu gekommen ist, wie es weiter verläuft. Ich möchte erzählen können, ohne irgendetwas dabei zu erfinden. Eine einfältige Erzähler-Position.« (VI, 671)

Der Wunsch, eine »einfältige Erzähler-Position« zu finden, gliedert »Montauk« Frischs Versuchen ein, das dem jeweiligen Erzählgegenstand angemessene Erzählverfahren zu entwickeln. In diesem Fall entspräche der Unmittelbarkeit der Gegenwarts- bzw. Wirklichkeitsschilderung ein Erzählerstandort, der dem eines Beobachters vergleichbar wäre: Ereignisse sollen direkt wiedergegeben werden können. Wie wichtig Frisch die Position des Erzählers ist, zeigt eine Notiz, die sich ebenfalls in »Montauk« findet: »Eine literarische Erzählung, die im Tessin spielt, ist zum vierten Mal mißraten; die Erzähler-Position überzeugt nicht.« (VI, 630) Es handelt sich offenbar um die Erzählung »Klima«, die Frisch 1972/73 schrieb und die in ihrer vierten Fassung (Umfang: 150 Seiten) in die Verlagsplanung des Suhrkamp-Verlages für 1974 aufgenommen wurde; Frisch zog die Arbeit jedoch zurück, so daß zunächst nur das für eine Lesung am 1. 12. 1973 in der Berliner Akademie der Künste zusammengestellte und ca. 12 Seiten umfassende »*Fragment aus einer Erzählung*« bekannt wurde, das auch Eingang in die »Gesammelten Werke in zeitlicher Folge« gefunden hat (VI, 522 f.) und schließlich bei der Abfassung von »Der Mensch erscheint im Holozän« Verwendung fand. Es handelt sich um eine in der Literatur höchst selten begegnende Passage in *Du-Form* bzw. in *Sie-Form,* mit der sich die Frisch-Interpreten bisher noch nicht hinreichend befaßt haben, obgleich dieser Versuch mit der Du-Form im Werk Frischs sowohl einen Vorläufer besitzt als auch in »Montauk« wirksam geworden ist. In dem »Fragment« spricht ein personal nicht bestimmbares Medium mit einem Herrn Geiser, das entweder als dessen innere Stimme oder als unabhängige Beobachtungsinstanz fungiert. Die Du-Form hatte Frisch zuvor bereits im Tb I erprobt. In »Burleske« (II, 556 ff.) wendet sich der Erzähler nicht an ein Individuum und auch nicht an eine Figur seiner Geschichte wie in »Klima« bzw. »Der Mensch erscheint im Holozän«, sondern er spricht ein kollektives Du an, das vor allem auch den Leser meint, – ein Verfahren, das der didaktischen Absicht der Parabel voll entspricht. Sowohl in »Burleske« als auch in dem Fragment der Tessiner Erzählung bleibt das redende Medium selbst vollständig im Hintergrund und frei von irgendwelchen individuellen Merkmalen. Unter den reinen, d. h. ungemischten Erzählformen spielt die Du-Form auch bei Frisch eine höchst untergeordnete Rolle. Ich- und Er-Form hingegen kommen nicht nur häufig allein, sondern gelegentlich – wie z. B. in »Stiller« – auch kombiniert vor. In »Mein Name sei Gantenbein« hat Frisch dann ein Verfahren entwickelt, das dem von James Joyce in »Ulysses« verwendeten zwar nicht ähnlich, aber vergleichbar ist: Ich- und Er-Form werden miteinander verknüpft und entsprechen nicht mehr – wie sonst üblich – den beiden Perspektiven zweier Figuren, sondern lassen dieselbe Figur unter zwei Aspekten, in doppelter Perspektive, von innen und von außen sichtbar werden. Auch in »Montauk« begegnet eine solche Ich-Er-Form, ja in dieser Erzählung hat Frisch außerdem noch die Du-Form in der spezifischen Variante einer Ich-Du-Erzählung verwendet, so daß man sich fragen muß, ob angesichts der den beiden Werken gemeinsamen komplizierten Erzählweise »Montauk« wirklich als »Anti-›Gantenbein‹« betrachtet werden kann.

Was sich gegenüber »Mein Name sei Gantenbein« in »Montauk« ändert, betrifft – trotz der weiteren Komplizierung des Erzählverfahrens – in der Tat weniger die Erzählform als die Aufgabe der reinen Fiktion zugunsten der reinen Fiktionslosigkeit. Dabei handelt es sich jedoch nicht um eine einfache, wenn auch präzise Selbstportraitierung, nicht um einen autobiographischen Sachtext. Die Aufgabe, die sich Frisch stellt, umreißt er vielmehr folgendermaßen: »Ich möchte wissen, was ich, schreibend unter Kunstzwang, erfahre über mein Leben als Mann« (VI, 633). Frisch schreibt demnach eine Erzählung von autobiographischer Wirklichkeitsaussage, d. h. einen Text, der die personale Realität seines Verfassers zum Gegenstand hat und diese nicht verschlüsselt, der aber trotzdem nicht als Sachtext, sondern als ästhetisches Gebilde gelesen werden will. Da aber die Wirklichkeit des Autors, die beschrieben wird, nicht nur aus der »Gegenwart mit Lynn«, sondern auch aus den Assoziationen besteht, die diese Begegnung hervorruft – Erinnerungen und ihre Verknüpfung mit momentanen Vorstellungen und Reflexionen –, kann es nicht bei der »einfachen Erzählerposition« bleiben; an ihre Stelle treten andere Positionen, wenn andere Phasen des Lebens, andere Beziehungen dargestellt werden.

Die »einfache Erzählerposition« wählt Frisch bei der Beschreibung des Wochenendes mit Lynn, das als epische Gegenwart den zeitlichen Orientierungspunkt in der Erzählung bildet: Er bezieht die Stellung eines von außen beobachtenden Er-Erzählers. An wenig auffälliger Stelle erklärt er dieses Verfahren und weist ihm eine bestimmte Aussagefunktion zu: »dieses Beisammensein tagsüber: nicht langweilig, nur sehe ich dann beide von außen: sie werden einander nicht kennenlernen ...« (VI, 692) Die höchst äußerliche Beziehung Frischs und Lynns, deren Oberflächlichkeit sich schon daran zeigt, daß beide sich »nicht kennenlernen« werden und offenbar auch gar nicht kennenlernen wollen, erhält ihren adäquaten Ausdruck in einem Erzählen, das »beide von außen« zeigt. Der zweite Doppelpunkt in dem zitierten Satz ist aufschlußreich: Er kennzeichnet das Äußerliche der Beziehung, die daher auch nur von außen beschrieben werden kann. Sogar Frisch selbst bleibt sich in dieser Beziehung äußerlich. Deshalb stellt er – indem er die Begegnung mit Lynn in der *Er-Form* äußerer Beobachtung darbietet – nicht nur die ihm hinsichtlich ihres inneren Erlebens fremd bleibende Frau, sondern vor allem auch sich selbst von außen dar, wird er sich selbst zum Gegenstand lediglich äußerer Beobachtung. Es ist bezeichnend, daß die – von wenigen Ich-Er-Partien abgesehen – einzigen Passagen in Ich-Form, die sich auf Lynn beziehen, aus Mitteilungen bestehen, die aus der Retrospektive formuliert werden (z. B. VI, 624). Hier ist auch die Begegnung mit Lynn schon Erinnerung geworden.

Mit Ausnahme dieser kleinen Partien bleibt die *Ich-Form*, die die Beschreibung des Augenblicks in einer das Außen erfassenden Er-

Form äußerer Beobachtung durchbricht, der Wiedergabe dessen vorbehalten, was Frisch wesentlich geworden und daher – die Formulierung ist hier einmal am Platz – nach innen gegangen ist: Erinnerungen an frühere Begegnungen durchbrechen die Schilderungen der Gegenwart mit Lynn, und da sie von weitaus größerer Intensität waren, sieht Frisch sich hier von innen, wählt er bei ihrer Darstellung die Ich-Form. Hinzu kommen – vor allem am Anfang – solche Passagen, die monologisches Gepräge besitzen: Das Ich reflektiert, nimmt sich von innen wahr; doch diese Reflexionen werden meist von Erinnerungen an frühere Erlebnisse am gleichen Ort ausgelöst.

Daß es nicht bei der Beschreibung der Gegenwart bleibt, hat mit dem Erzählansatz Frischs zu tun. Da er sich selbst in aller Rückhaltlosigkeit darstellen will und zu seiner Wirklichkeit nicht nur die Gegenwart, sondern auch die (erinnerte) Vergangenheit gehört, muß zur Gegenwartsbeschreibung in der Er-Form die Vergangenheitsbeschreibung in der Ich-Form treten. Die Übergänge und Verflechtungen vollziehen sich auf unterschiedliche Weise. Häufig rufen die in Kapitälchen gesetzten Stichworte den Wechsel hervor, so beispielsweise das Stichwort »CENTRAL PARK« eine Erinnerung an Ingeborg Bachmann bzw. die Eichhörnchen in ihrem Hörspiel »Der gute Gott von Manhattan«: »ein Gewährsmann hat mich belehrt, daß die berühmten Eichhörnchen gar keine Eichhörnchen sind, sondern Baumratten.« (VI, 627) An einer anderen Stelle weckt die Art, wie Lynn morgens mit offenem Haar daliegt, die Erinnerung an das Gedicht »Tage in Weiß«, dessen dritte Strophe »IN DIESEN TAGEN SCHMERZT MICH NICHT, / DASS ICH VERGESSEN KANN / UND MICH ERINNERN MUSS« die umfassendste Darstellung der Liebesbeziehung zwischen Frisch und Ingeborg Bachmann auslöst (VI, 710ff.).

Auf ähnliche Art werden Erinnerungen an Erlebnisse mit Marianne, Frischs zweiter Frau, geweckt. Aber sie unterscheiden sich von allen anderen Assoziationen durch eine gesteigerte Intensität, die in der Wahl einer eigentümlichen *Ich-Du-Form* ihren literarischen Ausdruck findet. Von der Du-Form in »Burleske« grenzt sie sich dadurch ab, daß eine wirkliche Person als Du angesprochen wird, von der in dem Fragment aus »Klima« dadurch, daß das sprechende Ich ebenfalls als Person auftritt und wie das angesprochene Du individuelle Realität gewinnt. Frisch sieht sich in seiner Beziehung zu Marianne weder nur von außen (wie in seiner Beziehung zu Lynn) noch in der Weise von innen, wie er sein Verhältnis zu allen anderen Menschen geschildert hat: nämlich so, daß sie den Gegenstand des Berichtes, der Leser aber als Adressat dessen Bezugspunkt bildet. In der Ich-Du-Form, die Frisch der Schilderung seines Ver-

hältnisses zu Marianne vorbehält, wird der Leser als Orientierungszentrum ausgeschlossen; an seine Stelle tritt das Du, wodurch die
Person, von der die Rede ist, Marianne, nicht mehr als Gegenstand
eines Berichts fungiert, sondern selbst Adressat wird. Ich und Du
begegnen sich *unmittelbar*, ja in dieser Darbietungsform vermittelt
auch nicht mehr ein medialer Erzähler (Frisch) dem Leser seine
Erinnerungen an eine Person; sondern indem er sich der Person selbst
zuwendet, legt Frisch seine Funktion als Vermittler zwischen Geschehen und Leser ab, so wie Marianne nicht mehr Objekt einer
Schilderung ist. In dieser Ich-Du-Form werden vielmehr beide zu
einer »Person«, und zwar in direkter Beziehung zueinander:

»Zu beschreiben wäre die eine und andere Speise, die Du erfunden hast / wie
Du jüngere und alte Leute gewinnst, so daß sie gern ins Haus kommen / wenn
wir in den kalten Bächen schwimmen, wenn ich die Flasche entkorke, die wir
im Bach gekühlt haben: Deine frohe Anwesenheit / [...] / wie Du viele Leute
beschenkst / Deine kindliche Aufregung vor Geburtstagen / wie Du, eine
Frau, auf dem Fahrrad sitzest und dabei eine Mädchenzeit sichtbar machst«
(VI, 747).

Die Großschreibung des »Du« stellt nicht nur klar, daß es sich keineswegs um eine fiktive literarische Figur, sondern um eine reale Person
handelt; sie evoziert zudem die Vorstellung von brieflicher Direktheit und läßt vor dem Leser das Bild einer intimen Zweierbeziehung
entstehen, an der er schon aus Gründen der Diskretion nicht teilzu-
nehmen hat.

   Aber nicht nur der in der Ich-Du-Form vollzogene Ausschluß des
Lesers, nicht nur das unmittelbare Aufeinandertreffen von spre-
chender und angesprochener Person läßt das unvergleichlich intensive Verhältnis zwischen Frisch und Marianne zum Ausdruck gelangen, sondern auch die Präsenz dieser Beziehung. Sie wird nicht durch
das Präsens als Darstellungstempus hervorgerufen – denn dieses
durchzieht ja fast die gesamte Erzählung –, sondern kommt ebenfalls
in der unmittelbaren Du-Ansprache zur Geltung, bildet also den
zweiten Effekt der gewählten Darstellungsform. Während nämlich
das Ich in der Ich-Form Vegangenes erinnert, das es dem Leser
vermittelt, zeigt die direkte Ansprache des Du in der Ich-Du-Form,
daß dieses gegenwärtig ist; das Du existiert nicht – wie die anderen
Personen, wie »er« und »sie« und »es« – sozusagen im Imperfekt: das
Du ist nicht als vergangen abgetan, sondern als gegenwärtig existent.
Direktheit und Unmittelbarkeit der Ich-Du-Beziehung einerseits
und die Präsenz des Du andererseits bringt Frischs Erzählverfahren
gleichermaßen zur Geltung und hebt damit auf doppelte Weise das
außerordentliche Verhältnis zwischen Frisch und Marianne hervor.

Da er in »Montauk« nach eigenem Bekenntnis den Versuch unternimmt, sich selbst zum Gegenstand seines Erzählens zu machen, und dabei rückhaltlose Aufrichtigkeit zum Maßstab seiner Darstellung erklärt, erhebt sich die Frage, wieweit sich die Verschränkung dreier Erzählformen in den Dienst dieser Aufgabe stellt, was die komplizierte Erzählstruktur für die Bewältigung einer radikal wahrhaftigen Selbstdarstellung leistet. Gegen Ende der Erzählung, als Frisch zum dritten und letzten Mal das Vorhaben erläutert, sein Leben zu erzählen, das er sich bisher in Wirklichkeit immer verschwiegen habe, unterbricht er diese Darlegung durch ein Selbstzitat: »ICH PROBIERE GESCHICHTEN AN WIE KLEIDER« (VI, 720). Der »Mein Name sei Gantenbein« entnommene Satz löst zunächst Überraschung aus, weil Frisch die Erzählung »Montauk« gerade auch an dieser Stelle in Gegensatz zu dem rein fiktionalen »Gantenbein«-Roman bringt. Indes gibt die nachfolgende Textpassage einen Wink, wie das Selbstzitat zu verstehen ist. »Immer öfter erschreckt mich irgendeine Erinnerung, meistens sind es Erinnerungen, die eigentlich nicht schrecklich sind [...] Es erschreckt mich nur die Entdeckung: Ich habe mir mein Leben verschwiegen.« (VI, 720) Auch wenn später als fehlend bezeichnete »Bezirke« (Vater, Bruder, Schwester) in »Montauk« nicht dargestellt werden, bedeutet dies doch, daß Frisch bestimmte Phasen oder Ereignisse, deren er sich entsinnt, nun in die Darstellung mit einbezieht. Nur so vermag er sich offenbar endlich selbst zu beschreiben und nicht »nur [zu] verraten« (ebd.). Die Geschichten, die Frisch »anprobiert«, sind – anders als in »Mein Name sei Gantenbein« – nicht Fiktionen, sondern, im Gegenteil, ganz und gar autobiographisch; aber die Aufnahme des Zitats macht doch auch deutlich, daß andere Züge von Frischs Persönlichkeit zur Schilderung gelangen müssen als bisher, daß er seine Person vor allem auch unter wechselnden Aspekten sehen lassen will, damit es sich – wie im Motto versprochen – tatsächlich um ein aufrichtiges Buch handelt.

Zweifellos zeigen schon die drei Erzählformen das erzählende Ich in drei Varianten: als alternden Liebhaber einer sehr viel jüngeren Frau (die Parallelen zu »Homo faber« lassen sich nicht übersehen), an die ihn keine tiefere Empfindung bindet, – zurecht wird dieses oberflächliche Verhältnis beinahe ausschließlich von außen, in der auf äußere Beobachtung beschränkten Er-Form dargestellt; als sensiblen, mit Niederlagen, Hemmungen, inneren und äußeren Erfolgen kämpfenden Autor, Liebhaber, Freund in früheren Lebensphasen, die als Erinnerung in der Ich-Form festgehalten werden, wobei das Ich – entsprechend der Intensität der Lebensbeziehungen – seine Gefühle, sich selbst also, von innen schildert; und schließlich als gegenwärtig Liebenden, der sich freilich auch als unter den ehelichen Schwierigkeiten Leidenden erlebt (»Was machen wir zusammen falsch?« VI, 725). Das Varianten-Prinzip bringt sich aber nicht nur im Wechsel der Erzählformen zum Ausdruck, sondern auch (inhaltlich) in den unterschiedlichen, oft widersprüchlichen Berichten: Das Ich ist nur in seinem Einerseits-andererseits, in seinem Sowohl-als-auch zureichend zu fassen. Die Geschichte von dem Freund und Mäzen W. (die Abkürzung des Namens stellt die einzige Verschlüsselung in »Montauk« dar) zeigt Frisch z. B. als sozial (VI, 639 u. 643) und geistig (637) Unterlegenen, zeigt ihn in der Rolle des Verlierers (638), aber auch in der des sozial Gleichberechtigten (647), des körperlich (648) und erotisch (649) Überlegenen usw. Die Varianten des Verhältnisses zu W. bilden Varianten der Person Max Frisch, auf die auch die Stichworte hinweisen (Lügner: 651, Monster: 669, eifersüchtiger Liebhaber: 697 usw.). Oft variiert Frisch das Ich, indem er Gegenrollen schildert und mit Spiegelungen im Kontrast sein Wesen zu umgrenzen sucht: Der Schilderung seiner selbst als eines eifersüchtigen Ehemannes beispielsweise setzt er anschließend den Bericht über die eifersüchtige Ehefrau als Kontrast entgegen (VI, 702). Das Ich begegnet als berühmter Mann (655 ff.), als Betrunkener (674), als Hysteriker (680 f.), als glücklicher (682), als höriger (714), als erkaltender (717 f.) Liebhaber usf. Den erfundenen Geschichten in »Mein Name sei Gantenbein«, die als Varianten des Ich fungieren, entsprechen in »Montauk« »wirkliche« Geschichten, entspricht das Autobiographische; aber auch hier versucht Frisch die Wirklichkeit des Menschen durch die Darstellung seiner Möglichkeiten zu umreißen, – seiner Möglichkeiten, die sich in seinem Verhalten, in seinen Erlebnissen zu erkennen geben bzw. gezeigt haben.

Allerdings gelingt die zutreffende Beschreibung des Menschen trotz aller rückhaltlosen Aufrichtigkeit im Biographisch-Faktischen nicht. Auch der Weg, an die Stelle reiner Fiktion (»Mein Name sei Gantenbein«) die reine Faktizität (»Montauk«) zu setzen, führt nicht zum vollständigen Erfassen des Ich, alle Varianten reichen nicht aus, menschliches Wesen zu umreißen: »TELL ME! / sagt er öfter, als könne ein Mensch sich selbst erzählen« (VI, 739). Schon in »Stiller« zeigt sich die Unmöglichkeit, das Selbst auszudrücken; in seinen erzähltheoretischen Überlegungen zum »Gantenbein«-Roman ist Frisch diesem Gedanken nachgegangen, in »Homo faber«, auch in »Mein Name sei Gantenbein« selbst hat er ihn entfaltet, in »Montauk« schließlich ans Ende geführt: Auch die Wirklichkeit im Sinne biographischer Faktizität läßt das Ich nicht unverstellt in Erscheinung treten. Die folgende, fast am Schluß von »Montauk«

stehende Äußerung muß man wohl ebenfalls in diesem Sinne interpretieren: «DIES IST EIN AUFRICHTIGES BUCH, LESER / / und was verschweigt es und warum?» (VI, 747) Sie will kein Hinweis darauf sein, daß Frisch trotz allem manches verschwiegen und es mit der Aufrichtigkeit nicht so ernst gemeint habe, sondern im Gegenteil: trotz aller radikalen Wahrhaftigkeit gelingt es nicht, das Leben restlos aufzudecken, »sich selbst [zu] erzählen«. Hätte Frisch wirklich dieses oder jenes verschweigen wollen, so hätte er auch dieses Verschweigen verschwiegen, also nicht eigens die Frage aufgeworfen, ob er (und aus welchen Gründen) dieses oder jenes nicht zur Sprache gebracht habe. Am Ende jener Schaffensperiode, in der er versucht, das Wesen des Menschen dadurch zu fassen, daß er dessen Möglichkeiten, dessen Daseinsvarianten beschreibt, steht die Einsicht, daß personale Realität nicht einmal dann in ihrer Totalität dargestellt werden kann, wenn man über sie – wie es im Bereich des Autobiographischen der Fall ist – ohne Einschränkung verfügt und zudem gewillt ist, sich selbst in seinen Widersprüchen, in seiner Fragwürdigkeit, in Niederlagen und Glücksgefühlen vorbehaltlos preiszugeben.

»Montauk« stellt ein höchst bemerkenswertes Beispiel für den Versuch dar, Autobiographie als Poesie zur Geltung zu bringen. In gewisser Weise ist die Erzählung ein dichtungsontologisches Novum. Anders als bei Grimmelshausen und Goethe, anders als bei Strindberg und Thomas Mann werden hier Lebensfakten nicht als Material für das poetische Werk verstanden und genutzt, anders als dort bildet nicht ein bestimmtes Ereignis den Anlaß für die Produktion, anders als dort finden bei Frisch keine Verschlüsselungen statt, im Gegenteil: Hier ist die rückhaltlose Darlegung des eigenen Lebens sogar das Ziel der Darstellung. Andererseits begnügt sich Frisch nicht mit einer chronologischen Aufzählung von Fakten oder einer Selbstreflexion über äußere und innere Tatbestände, sondern es geht ihm um Selbsterfahrung und Selbstdarstellung »unter Kunstzwang« (VI, 633). Als Kunstgriff, der zwar einerseits die Realität des Zeitpunkts ignoriert, zu dem die Erzählung tatsächlich abgefaßt wurde, der aber andererseits aus der Erzählung dennoch keinen fiktionalen Text werden läßt, ist ja schon das Verfahren anzusehen, als Orientierungszeitpunkt die Gegenwart des Lynn-Erlebnisses zu etablieren. Mit »Montauk« kommt ein Text zustande, der keinen Fiktionscharakter besitzt und dennoch als ästhetisches Gebilde gelesen werden will, der uneingeschränkt dokumentarischen Charakters ist und trotzdem – sichtbar schon an der Verschränkung dreier Erlebnisebenen, denen die Integration dreier Erzählformen korrespondiert – ganz und gar ein Kunstprodukt darstellt.

VII. Das Spätwerk

Wie man das Spätwerk eines Dichters bestimmen und abgrenzen könne, welche Kriterien ausschlaggebend, welche Elemente vorhanden sein müssen, bleibt wohl eine gern gestellte und schwer zu beantwortende Frage der Literaturwissenschaft. Sicherlich setzt die Existenz eines Spätwerks ein höheres Alter beim Autor voraus, Schiller und Kleist, Novalis und Büchner haben wohl kein Spätwerk hinterlassen, weil sie zu früh gestorben sind. Das Spätwerk muß charakteristische Merkmale besitzen, die es vom Œuvre früherer Schaffensperioden abgrenzen, ob es sich nun um inhaltliche oder um stilistisch-formale Momente handelt. Denkt man an Goethe oder Fontane, an Gottfried Benn oder Thomas Mann, so mag man auf den Einfall kommen, daß Altern und Tod im Spätwerk eines Dichters ein bevorzugtes Thema darstellen. Wie steht es nun in dieser Hinsicht mit Max Frisch?

Walter Schmitz (L 136) hat ein Buch vorgelegt, das den Titel »Max Frisch: Das Spätwerk (1962–1982). Eine Einführung« trägt und die gestellte Frage eigentlich beantworten müßte. Dies ist jedoch nicht der Fall, weil keine überzeugenden Abgrenzungsmerkmale genannt werden. Gewiß wird sich Frisch in »Montauk« »selbst historisch« (L 136, 29), aber in »Triptychon«, in »Der Mensch erscheint im Holozän« und in »Blaubart« nicht oder jedenfalls nicht mehr als in »Stiller« oder in »Homo faber«, und gewiß ist er sich selbst im Tb II nicht mehr als im Tb I Gegenstand und Thema. Man kann durchaus die Meinung vertreten, daß in »Mein Name sei Gantenbein« im Gegensatz zu früheren Werken »die Sprache nicht nur selbständig, sondern völlig autonom ist« (L 136, 15), wenn man darunter den »Spielraum der Fiktion« (ebd.) versteht; aber man sollte nicht vergessen, daß dann »Montauk« und Tb II usw. nicht mit mehr Berechtigung zum Spätwerk gezählt werden als »Andorra« oder »Stiller«. Auf keinen Fall jedoch geht es an, das Spätwerk im Jahre 1961 oder 1962 beginnen zu lassen. Damals war Frisch gut fünfzig Jahre alt, wohl zu jung, um ein Spätwerk abzufassen, dem im übrigen bei einer solchen zeitlichen Eingrenzung die Hälfte der Werke Max Frischs zuzuordnen wäre. Die biographische Begründung dafür überzeugt denn auch am allerwenigsten: Die Wende zum Spätwerk werde durch die »endgültige Umsiedlung nach Rom markiert« (L 136, 9). Denn dieser Ortswechsel war so endgültig wie der folgende ins Tessin, wie der spätere nach New York und schließlich wie die Rückkehr in die Schweiz, und es ist zu vermuten, daß der Aufenthalt in Zürich eher den Charakter von Endgültigkeit hat als jeder andere.

Indes läßt es ein Blick über Frischs Gesamtwerk gar nicht so schwierig erscheinen, ein Spätwerk ab- und einzugrenzen. Seitdem Max Frisch als freier Schriftsteller lebt, hat es nur zwei größere Zäsuren in seinem Werk gegeben: Zwischen dem Erscheinen von »Biografie: Ein Spiel« und »Wilhelm Tell für die Schule« vergingen fast vier, zwischen der Publikation von »Montauk« und »Triptychon« etwa drei Jahre. Während »Montauk« noch deutlich das poetische Spiel mit der Variation erkennen läßt, also mit »Biografie: Ein Spiel« verbunden ist, macht sich in »Triptychon« eine gegenteilige Tendenz bemerkbar: Alles ist vergangen, dadurch unveränderbar, starr, unlebendig gerade auch wegen der Fixierung des Lebens durch den Tod. Es wird sich zeigen, daß dieses Thema auch in »Der Mensch erscheint im Holozän« und in »Blaubart« im Mittelpunkt steht. Und auf den ersten Blick schon erkennt der Frisch-Leser, daß in seinen drei bisher letzten Werken das Thema Altern und Tod von beherrschender Bedeutung ist. Man spricht wohl mit Recht erst seit dem Erscheinen der »Drei szenischen Bilder«, denen Frisch die Überschrift »Triptychon« gab, von einem Spätwerk.

a) »Triptychon«

Frisch hat die »Drei szenischen Bilder« 1976 und 1977 geschrieben. Sie erschienen im Jahr 1978 und wurden im Spätherbst 1979 umgearbeitet. Die Veränderungen sind gering, betreffen praktisch nur das erste Bild und bestehen zu einem guten Teil aus Umstellungen. Diese überarbeitete Fassung erschien 1980 in Suhrkamps »Spectaculum« und wurde in die Jubiläumsausgabe übernommen. Zunächst für Theateraufführungen gesperrt, wurde das Stück nach dem Text von 1978 erstmals in einer Hörspielbearbeitung durch Walter Adler inszeniert (Sendung am 15. 4. 1979). Die Uraufführung auf dem Theater fand – in französischer Sprache – am 9. 10. 1979 im »Centre Dramatique de Lausanne« statt, und erst am 1. 2. 1981 ging die deutschsprachige Erstaufführung über die Bühne (Akademietheater des Burgtheaters in Wien), der nunmehr die überarbeitete Fassung zugrundelag.

Über zehn Jahre nach »Biografie: Ein Spiel« ist Frisch also wieder mit einem szenischen Werk an die Öffentlichkeit getreten. Das hat zweifellos etwas mit den negativen Erfahrungen zu tun, die der Autor mit seiner »Dramaturgie der Permutation« und dem Variantentheater machen mußte. Darauf ist wohl auch die Tatsache zurückzuführen, daß Frisch das Werk zunächst für die Bühnenaufführung sperrte und – wie er selbst berichtet (W 79) – während der Arbeit der eigens aufgestellten These folgte, er schreibe gar kein Bühnenstück, sondern lediglich Dialoge. Trotzdem bildet »Triptychon« weniger einen Neuanfang im Dramaturgischen als ein Gegenspiel zu der in »Biografie: Ein Spiel« versuchten Dramatik der Permutation und bleibt – als deren Negation – auf das dort waltende Prinzip bezogen: Frisch führt den Gedanken der permanenten Veränderung des Daseins an ein Ende, indem er das »Phänomen, daß keine Erwartung mehr da ist« (W 79), als das eigentlich Tödliche auffaßt und den Tod als Inbegriff der Unveränderbarkeit in den Mittelpunkt seines Stückes rückt.

Schon dies zeigt, wie eng die drei Szenen mit früheren Arbeiten zusammenhängen. Seit »Jürg Reinhart« stellt der Tod ein zentrales Motiv im Werk Frischs dar, im Tb II bildet es den thematischen Orientierungspunkt, nun führt Frisch den Leser gar in den Hades. Damit knüpft er an die Dramaturgie der Grenzüberschreitung an, die er in »Santa Cruz« entwickelt und in »Nun singen sie wieder«, auch in »Die Chinesische Mauer« bis zu einer Dramaturgie der Konfrontation von Diesseits und Jenseits vorangetrieben hatte. Aber auch manche Details machen deutlich, daß »Triptychon« nicht aus dem Rahmen fällt, der das poetische Werk Frischs bisher zusammengehalten hat. So greift der Autor auch in seinem neuen Stück wie in anderen Arbeiten auf bestimmte Grunderlebnisse zurück, z. B. auf das Abtreibungsmotiv. Roger erinnert Francine: »Du bist keine Studentin mehr gewesen, als du das Kind nicht hast haben wollen, und ich bin damals vierzig geworden. Ich habe nicht bestanden darauf, nein, das habe ich nicht. Auf unsrer Fahrt nach Genf habe ich dich noch zwei oder drei Mal gefragt. Du hast nicht gemerkt, daß deine Entschlossenheit mich erschreckt.« (VII, 192) In »Montauk« schildert Frisch das zugrundeliegende biographische Faktum ähnlich: »Ich habe nicht den Mut, das Kind zu verlangen; ich sehe sie so ohne Zögern [.,.] und ich bin betroffen. Ich frage nur nochmals: Du willst es wirklich nicht? [...] aber ich bin nicht deutlich genug mit meinem Wunsch, ich wage es nicht, da ich die Geliebte so ohne Zögern sehe.« (VI, 689) Aus »Montauk« übernimmt Frisch auch beinahe wörtlich einen Satz von zentraler Bedeutung, der dort allerdings die Eintönigkeit unserer Welt, in »Triptychon« die Eintönigkeit des Hades schildert: »Im übrigen geschieht nichts, was nicht schon geschehen ist« (VI, 655) – »Es geschieht nichts, was nicht schon geschehen ist« (VII, 117). Im zweiten Bild von »Triptychon« fragt der alte Proll seine Mutter: »Möchtest du nochmals leben?« – und erhält die Antwort: »Ach nein« (VII, 158). Die Stelle hat im Tb I ihren Vorläufer; dort fragt der Engel: »Möchtest du ein Mensch sein?« – und das Ich antwortet: »Wenn ich nicht geboren wäre [...] – nein.« (II, 721) Auch in anderen Werken, z. B. in »Homo faber«, finden sich Sätze, auf die Frisch in »Triptychon« zurückgreift. Indes lassen sich erste konkrete Hinweise auf diese Arbeit erst im Tb II feststellen. Im letzten »Fragebogen« wird unter der Ziffer 22 die folgende Frage gestellt: »Wenn Sie an ein Reich der Toten (Hades) glauben: beruhigt Sie die Vorstellung, daß wir uns alle wiedersehen auf Ewigkeit, oder haben Sie deshalb Angst vor dem Tod?« (VI, 396) Ein solches Wiedersehen im Hades hat Frisch im zweiten Bild von »Triptychon« gestaltet, das ursprünglich überhaupt »das Stück [...] werden« sollte (W 79; Arbeitstitel: »Styx«), also die Kernszene des Werkes bildet. Sie wurde zunächst um das dritte, dann um das erste Bild erweitert. Vom Hades ist auch noch an einer anderen Stelle des Tb II die Rede: »Wie sich die Griechen den Hades vorgestellt haben: – ein ältliches Paar aus Zollikon, das Mühle spielt, [...] andere vereint die Langeweile nach unaufdringlicher Verbeugung [...] Dazu trinken sie Kaffee wie im Leben [...] Lachen wie im Leben« (VI, 229). Die Vorstellung von der Unterwelt, die hier entworfen wird, stattet das Reich des Todes mit den gleichen Wesensmerkmalen wie das Leben aus. Das geschieht auch in »Triptychon«, doch wird dort der Tod nicht als Pendant zum Leben, sondern als dessen Wahrheit gedacht: »der Tod [ist] letztlich die Wahrheit über unser Leben«. Er zeigt nämlich, was es mit unserem Dasein auf sich hatte, denn nun sind keine Korrekturen mehr möglich: »Wir leben endgültig [...] Es gilt, was wir leben.« (VII, 102)

Die Äußerung erinnert stark an eine Überlegung Frischs, die er im Zusammenhang mit der Dramaturgie der Permutation angestellt hat und die sich in der »Schillerpreis-Rede« ebenso wie im Tb II findet: »es gibt keine Handlung und keine Unterlassung, die für die Zukunft nicht Varianten zuließe. Der einzige Vorfall, der keine Variante mehr zuläßt, ist bekanntlich der Tod.« (V, 367; VI, 75) Dieser Gedanke bildet das Fundament von »Triptychon«, ja die radikale Aufgabe des Variantenprinzips zugunsten einer Darstellung der Variantenlosigkeit ermöglicht Frisch überhaupt erst die Rückkehr zur Szene als Darstellungsmedium.

Die Schwierigkeiten, vor die sich Frisch bei dem Versuch gestellt sah, ein Variantentheater, ein Drama der Permutation zu schaffen, waren nach eigenen Angaben auch solche des gewählten Mediums, resultierten wenigstens teilweise aus der Eigenart des Theaters. In gewisser Weise, so stellt er es in »Dramaturgisches« dar, widerspricht das Prinzip der Permutation dem Theater. Denn während die auf der Bühne betriebene Veränderung eines Geschehens dessen Wirklichkeit in der Schwebe halten und als lediglich mögliches bewußt machen soll, rezipiert der Zuschauer die probeweise in Szene gesetzten Geschichten als (wirklich) passiert: »Sobald gespielt wird, und sei die Varianten-Szene noch so kurz, gilt es als geschehen.« (W 37, 32) Nicht die unmittelbare optisch-szenische Darstellung, sondern das Erzählen scheint ihm daher das für eine Dichtung der Möglichkeit allein taugliche Medium zu sein, nicht das Drama, sondern der Roman ist die dem Prinzip der Permutation entsprechende literarische Gattung.

Aus dieser Ansicht zieht Frisch die Konsequenzen, indem er zunächst keine szenischen, sondern ausschließlich epische Arbeiten verfaßt. Die Bühne wird erst in dem Moment wieder das »richtige« Darstellungsmittel, in dem nicht die Beliebigkeit und Aufhebbarkeit eines Geschehens, sondern dessen Endgültigkeit vor Augen geführt werden soll, in dem nicht das Mögliche, sondern das definitiv Wirkliche, nicht die Veränderbarkeit menschlichen Handelns, sondern dessen Unkorrigierbarkeit das Thema bildet. Das ist in »Triptychon« der Fall. Die hier offensichtlich vollzogene radikale Umkehrung des Gedankens von der prinzipiellen Beliebigkeit aller Ereignisse führt auch zu einer Neuentdeckung des Szenischen als eines tauglichen Darstellungsmediums. Wurde das Dasein in »Biografie: Ein Spiel«, Frischs einzigem Drama der Permutation, unter dem Aspekt seiner Verwandelbarkeit dargestellt, so wird es in »Triptychon« vom Tod aus, d.h. unter dem Aspekt seiner Unveränderbarkeit gesehen.

»Es ist die Ewigkeit des Gewesenen« (VII, 102), formuliert Roger bereits in der ersten Szene und gibt damit einen Gedanken wieder, den Frisch am Ende von »Homo faber« den Protagonisten aussprechen läßt: »Ewig sein: gewesen sein.« (IV, 199) Der Satz faßt den Doppelaspekt, der der Ewigkeit eignet. Sie wird nicht als bloße unendliche Leere gedacht, denn sie umschließt das Existieren, umschließt das Sein. Der Doppelpunkt in der Formulierung Fabers drückt das ebenso aus wie der Genitiv in Rogers Formulierung: Nur dem Sein Zugehöriges kann auch der Ewigkeit zugehören. Aber beide Sätze stellen zugleich auch fest, daß nur ewig sein kann, was zeitlich zurückliegt, seine Präsenz verloren hat, im doppelten Sinne »vergangen« ist. Dadurch nämlich kann es sich nicht mehr ändern, nur deshalb vermag es zu bleiben, was es ist. Dies meint Ewigkeit. Indem Frisch seine Szenen im Jenseits oder – grenzüberschreitend –

im Diesseits und im Jenseits spielen läßt, erscheint das Leben »sub specie aeternitatis«, d. h. als »vergangen«, abgeschlossen, unveränderbar.

Auf dreifache Weise stellt Frisch die Unkorrigierbarkeit des Geschehens angesichts des Todes dar, d. h. die drei »szenischen Bilder« variieren den Kerngedanken und bleiben durch diesen miteinander verbunden. Das erste Bild zeigt eine Trauergesellschaft nach der Bestattung im Haus des Verstorbenen. Frisch läßt Figuren auftreten, deren Mangel an Individualität in ihrem stereotypen Gerede zum Ausdruck kommt: Ein Trauergast stellt fest: »Sterben müssen wir alle« (VII, 97), der Pastor zitiert die Bibel (VII, 98f.), einer der Anwesenden bedauert, daß »man sich so selten« sieht (VII, 110) usw. Dies schafft eine Atmosphäre starrer Konventionalität, die zu jenem Gespräch paßt, das die Witwe mit ihrem verstorbenen Mann führt. Auch sie redet nur, was und wie sie immer geredet hat, sie behandelt den im Schaukelstuhl sitzenden Toten auch gar nicht als individuelles Gegenüber, als Gesprächspartner, sondern redet nur – wie eh und je – auf ihn ein. In dieser den Rückgriff auf die Dramaturgie der Grenzüberschreitung von Diesseits und Jenseits zeigenden Szene formuliert sie lediglich ihre feststehenden Urteile und Vorurteile und skizziert auf diese Weise das »Bildnis«, das sie sich von ihrem Mann gemacht hat und an dem sie – klagend, anklagend, rechthaberisch – festhält: »Warum siehst du mich nicht an? Matthias, du bist fürchterlich« (VII, 104), »Immer hast du nur an dich gedacht« (VII, 105), »Alle haben Mitleid mit mir, nur du nicht« (VII, 108). Im dritten Bild erzählt Roger von seinem Vater, er habe stets zu wissen vorgegeben, was seine verstorbene Frau zu den Dingen gesagt hätte, mit denen er sich befaßte; selbstverständlich sei sie in jedem Fall seiner Meinung gewesen: »dann wußte er immer, was die Tote, meine Mutter, dazu meint [...] Die Langhaarigen, die sie nicht mehr erlebt hatte, waren ihr ein Graus wie ihm. Als er seine politische Meinung änderte, weil sie kostspieliger wurde, und als er aus der Partei austrat, war sie, die Tote, auch ausgetreten.« (VII, 177) Hier berichtet Roger von der gleichen Verhaltensweise, die Frisch auch in der ersten Szene vor Augen führt: Die Menschen sind so auf sich selbst festgelegt, daß nichts eine Modifikation ihrer Auffassungen und Handlungsweisen auszulösen vermag. Er stellt dies im ersten Bild dadurch bloß, daß er am Ende Herrn Proll seiner ihre starren Ansichten und ihre Vorwürfe wiederholenden Witwe wortlos den Rücken kehren läßt.

Im zweiten Bild verzichtet Frisch auf die Dramaturgie des Zusammentreffens von Diesseits und Jenseits und schafft stattdessen eine hermetische Welt der Starre, die allenfalls in den Erinnerungen der

Toten an das zurückliegende Leben eine Öffnung hin zum stets im Wandel begriffenen Diesseits erhält. Katrin, die zu Beginn der Szene diese eisige Welt mit dem schon in »Montauk« auftauchenden Satz »Es geschieht nichts, was nicht schon geschehen ist« beschreibt, drückt die Trauer über den Verlust der alles in Bewegung und Wandel haltenden Lebendigkeit aus, wenn sie hinzufügt: »Es kommt nichts dazu, was ich nicht schon erfahren habe. Und ich bleibe Anfang Dreißig. Was ich denke, das habe ich schon gedacht. Was ich höre, das habe ich schon gehört.« (VII, 117) Der Flötenspieler übt stets die gleiche Passage und scheitert stets an der gleichen Sequenz, der alte Proll angelt im Styx, ohne je etwas zu fangen, sein Vater, der Tankwart, macht ihm die gleichen Vorwürfe wie im Leben, der Clochard – der stark an Minetti im gleichnamigen Stück von Thomas Bernhard erinnert – zitiert ohne Unterlaß »Hamlet«, der Funker des in Februar 1970 wahrscheinlich als Folge einer El-Fatah-Sabotage in der Schweiz abgestürzten Flugzeugs durchlebt immer wieder den Absturz, und auch Xaver und Katrin vermögen ihr Leben nicht zu verändern: »Wir sagen uns, was wir schon einmal gesagt haben. Langsam weiß man es, Xaver: es kommt nichts mehr dazu.« (VII, 159) Was das Leben dem Tod voraus hat, ist die Korrigierbarkeit eines Ereignisses; im Tod jedoch »gibt's keine Erwartung mehr, auch keine Furcht, keine Zukunft, und das ist's, warum alles in allem so nichtig erscheint« (VII, 167).

Das dritte Bild zeigt ein Aufeinandertreffen des »Lebens« und des »Todes«, des Diesseits und des Jenseits und folgt mithin der gleichen dramaturgischen Konzeption wie das erste Bild, mit dem es zudem durch die hier wie dort auftretenden Figuren (Roger und Francine) zusammenhängt. Andererseits fallen auch beträchtliche Unterschiede ins Auge. Im Gegensatz zu dem toten Proll, der stumm in seinem Schaukelstuhl sitzt und die stereotypen Rechtfertigungen und Anklagen seiner Witwe ignoriert, redet die tote Francine; während die Witwe Proll schon zufolge ihrer resoluten Oberflächlichkeit keine Schwierigkeiten hat, das Leben auch ohne ihren Mann zu bestehen (»Ihre Schwester ist aber sehr gefaßt«: VII, 111), erschießt sich Roger am Ende seines (imaginären) Dialogs mit der verstorbenen Geliebten; und während Frisch am Anfang seines »Triptychon« die Beziehungslosigkeit zwischen zwei ehelich verbundenen Menschen zeigt, stellt er an den Schluß das Bild von einem zwar unglücklichen, von Unverständnis und Mißverständnissen ruinierten, aber doch lebenentscheidenden Liebesverhältnis. Es bindet Roger, obwohl er sich von der später an Krebs gestorbenen Francine getrennt hat, immer noch an die Geliebte und führt ihn in einem spontanen Entschluß von Austin zurück nach Paris: »diese irre Zuversicht: Es könnte ja sein, daß nichts vergangen ist, und wir treffen uns in dieser Allee, du und ich!« (VII, 188) Bewegt von dem Wunsch, das Zerwürfnis rückgängig machen zu können, »von unsrer Geschichte erlöst« zu werden (VII, 199), erinnert er sich an die Zeit mit Francine. Frisch setzt eine Reihe dramaturgischer Mittel ein, um die Unveränderbarkeit der Lebens- und Liebesgeschichte beider zu verdeutlichen. Francine vermag z. B. lediglich früher Gesagtes zu wiederholen: »Du brauchst mich nicht zu begleiten, Roger.« / »So hast du gesagt.« / »Manchmal hasse ich dich [...]« / »So hast du gesagt.« (VII, 175) Francine vermag nur die Handlungen und Sätze jener Nacht zu reproduzieren, in der sie sich endgültig von Roger trennt: Sie kauft eine Zeitung, sie spricht von ihrer Zukunft (»Ich werde arbeiten.« / »So hast du gesagt.« / »Viel arbeiten.« VII, 182f.), sie schlägt vor, ins Hotel zurückzukehren usf. Gegen Ende der Szene stellt Frisch Francines Sätze wie in einem Katalog zusammen (VII, 200–203), um ihre bloße Wiederholbarkeit, ihre Unveränderbarkeit zu unterstreichen. Die für diese *Dramaturgie der Unkorrigierbarkeit* alles Geschehens, also der *Invariation*, charakteristischste Stelle ist jedoch die folgende: Roger schaut zu, wie Francine sich eine Zigarette anzündet: »So hast du geraucht. Und gelegentlich werden wir frieren. Später kommt der Gendarm, der sich wundert, daß wir nicht ins Bett gehen. Das habe ich nie vergessen, wie du sagst: NOUS ATTENDONS LE MATIN, MONSIEUR! und wie er grüßt mit der Hand an der Mütze.« (VII, 181) Die Vergangenheit hat als Wiederholung die Gegenwart bereits eingeholt; Roger weiß, was geschehen wird, weil er weiß, was geschehen ist, und tatsächlich erscheint wenig später der Gendarm und erhält von Francine den Hinweis, von dem Roger sprach. Während Roger die Geschichte mit Francine ändern, ihr Verhältnis im nachhinein erneuern möchte, indem er im Gespräch mit der Toten die Vergangenheit zu klären, Irrtümer auszuräumen sucht, vermag Francine nur immer diese Vergangenheit zu reproduzieren. Denn der Tod hat ihr Leben definitiv gemacht, Rogers Bitte muß unerfüllt bleiben: »Nein, Francine – sag was du damals nicht gesagt hast. Was du später gedacht hast. Was du heute sagen würdest. Was uns von unserer Geschichte erlöst, Francine!« (VII, 199) Denn der Tod verhindert ein für allemal, daß der Mensch von seiner Vergangenheit befreit, »erlöst« werden kann. Roger hört deshalb am Schluß auch wieder jenen Vorwurf, der ihm unerträglich ist: »Du hast nie jemand geliebt, dazu bist du nicht imstande, Roger, und du wirst auch nie jemand lieben.« (VII, 203) Da auch diese Einschätzung Francines, so ungerecht sie Roger erscheinen muß, nicht mehr zu korrigieren ist, nimmt Roger sich das Leben.

In keiner Arbeit Frischs hat die Begegnung mit dem Werk Samuel Becketts so deutliche Spuren hinterlassen wie in »Triptychon«. Wenn auch die gedanklichen Fundamente und viele theatralische Mittel unterschiedlich sind, so zeigt sich doch, daß Frisch wie der Verfasser von »Warten auf Godot«, »Endspiel«, »Glückliche Tage« den Menschen in seiner Nichtigkeit und Daseinsleere, Hoffnungslosigkeit und Langeweile darstellt. Dies ist als jene »radikale Reduktion« zu verstehen, die Frisch schon im Tb II (VI, 78) als das charakteristische Merkmal des Beckettschen Theaters hervorgehoben hat. Sie zeigt sich auch in anderer Hinsicht. So erinnert das Bühnenbild, das Frisch für die erste und zweite Szene vorschreibt, im Gegensatz zu den Bühnenbildern in früheren Stücken stark an die meist requisitenarmen und eintönigen Spielräume Becketts: »Die Bühne ist schwarz, ausgenommen eine helle Grundfläche in der Größe eines Wohnzimmers« (VII, 97), »Die Bühne ist weit und leer und weiß« (VII, 117). Der Reduktion auf das bloß Räumliche korrespondiert der Verzicht auf beinahe alle denkbaren Elemente einer Spielhandlung: Das belebende Moment wechselnder Aktionen oder gar das der Spannung fehlt völlig. Wo sich nichts zu ändern vermag, muß Handlungsarmut herrschen, wo nur Vergangenheit reproduziert wird, kann keine Spannung entstehen. Dies hat Frisch schon im Untertitel seines Stücks zum Ausdruck gebracht: »Drei szenische Bilder«. Er verweist weniger auf eine gewisse Skepsis bezüglich der Bühnenwirksamkeit oder gar der Aufführbarkeit von »Triptychon« als auf dieses Moment des Statischen. Und schließlich erinnert auch die Dialogführung mitunter an Beckett. Das ist vor allem bei den Sequenzen inhaltsleerer Wechselrede der Fall; in »Wirklichkeit« haben sich nämlich – schon wegen der Leere ihres Daseins bzw. wegen der Leere ihres Totseins – weder die Figuren in Becketts Reduktions-Theater noch die Verstorbenen in »Triptychon« etwas zu sagen (»die Toten sind sehr mundfaul«: W 79): »ALTER: Haben Sie etwas gesagt? / TANKWART: Nein. / ALTER: Ich auch nicht.« (VII, 120) Ähnlich wie die Dialoge zwischen Wladimir und Estragon in Becketts »Warten auf Godot« dienen solche Gesprächsversuche der Zeitüberbrückung, der Verschleierung der Existenzleere. Wie Wladimir Estragon zuruft: »Sag doch was!« – so bittet auch Roger ohne Unterlaß: »Francine, sag etwas!« (VII, 175 u. ö.) Während die beiden Hauptfiguren bei Beckett mit ihren Spiel- und Dialogproben den Versuch unternehmen, sich »einzureden, daß wir existieren« (»Warten auf Godot«, Ffm. 1958, S. 73), trachten die Toten in »Triptychon« den Verlust ihrer Existenz, also ihre mit dem Tod verbundene Nichtigkeit zu übertünchen. Vergleicht man diesen Ansatz Frischs mit sämtlichen früheren Werken dieses Autors, so zeigt sich – bei aller Kontinuität seiner dichterischen Produktion –, wie stark verändernd Samuel Beckett auf seine poetischen Arbeiten eingewirkt haben dürfte.

Andererseits weiß man aus der Beobachtung auch anderer Werkentwicklungen, daß Vereinfachung, Verknappung, auch Verkürzung sich häufiger als Element eines Spätstils erweisen. Das ist bei Goethe wohl nicht anders als bei Fontane, bei Wieland ebenso wie bei Brecht, und – wirft man einmal einen Blick auf andere Künste – auch Klee und Matisse, Orff und Hindemith tendieren im Spätwerk zu Vereinfachung und Reduktion. Es läßt sich also zumindest vermuten, daß die Wirkung Becketts auf das Spätwerk Frischs auch einer ästhetischen Disposition des alternden Dichters zu verdanken ist. Jedenfalls ist sie nicht zu übersehen und bildet neben der Konterkarierung des Varianten- und Permutationstheaters das deutlichste Zeichen für den Wandel, der sich in dem Spätwerk von Max Frisch vollzogen hat.

b) »Der Mensch erscheint im Holozän«

Die Reduktion auf das Elementare nimmt in der Erzählung »Der Mensch erscheint im Holozän« an Intensität beträchtlich zu. Sie betrifft den Spielraum, die Handlung, Thematik und Motivik und gipfelt in einer Erzählweise, die Frisch offenbar in zahllosen Experimenten seit 1972 entwickelt und überprüft hat.

Schon die Ausgangssituation ist typisch: Herr Geiser wird in seinem Haus im Tessin durch schwere Gewitter von der Umwelt abgeschnitten, die Zugangsstraße ist offenbar tagelang verschüttet, das Dorf könnte höchstens mit Hilfe eines Hubschraubers erreicht werden, bleibt aber bis zum Schluß auf sich angewiesen. Da der Alte auch mit den Dorfbewohnern nur lockeren Kontakt hält, seine Frau schon vor Jahren gestorben ist und seine einzige Tochter in Basel lebt, tritt er in fast vollständiger Isolation auf. Unmittelbar vor dem Gewitter haben ihn Besucher Hals über Kopf verlassen, einmal ist ein nur für die Urlaubszeit im Dorf anwesendes Ehepaar dagewesen, am Ende suchen ihn zwei Dorfbewohner, die er aber verscheucht, – bis seine Tochter eintrifft, begegnet uns der alte Mann fast nur allein. Abgeschlossenheit und Lebensenge bilden die Voraussetzung dafür, daß das Elementare in den Mittelpunkt rückt: Wie klingt der Donner? Welche Arten von Blitz gibt es? Regnet es noch, regnet es weiter, regnet es wieder? Man hört das Tropfen, man hört das Prasseln auf dem Dach, man hört – anders als sonst – kein Autogehupe, jedenfalls das Hupen des Busses nicht, man fragt sich, ob Mittwoch oder Donnerstag ist, man wartet auf das Verfließen der Zeit. Zu registrieren sind die verschiedenen Töne und Bilder, die das Gewitter mit sich bringt, der Ausfall des Lichtes, die Rückkehr des elektrischen Stroms, die vorhandenen Lebensmitteln, die Spinnweben, die plötzlich auffallen, die Tiere, die sich im Haus einfinden. Es geschieht nichts, die Erzählung kennt keine Handlungsgipfel, keine Konflikte, keine Gespräche, sie handelt von der beinahe leeren Zeit und der Reduktion auf das Fundamentale, die die Situation mit sich bringt. Denn indem sich der Alte auf sich und den engen Raum seiner Behausung verwiesen sieht, da es für ihn keine Umwelt im eigentlichen Sinne gibt, sieht er sich durch die elementaren Naturerscheinungen auch an die elementaren Lebensfragen herangeführt, d.h. er geht den eigenen Gedanken nach. »Es bleibt nichts als Lesen« (VII, 211), da liest man am besten in der Bibel über die Sintflut nach, ein Buch gibt Auskunft über das Tessin, im »Lexikon in zwölf Bänden« (VII, 212) kann man manches über Blitze und Gewitter und Hochwasser nachlesen, der Salamander im Keller, dann der im Wohnzimmer legt es nahe, sich über Salamander und – von ihnen ausgehend – auch über Saurier zu orientieren und das Gelesene zu notieren, weil man es vergessen könnte.

Denn Herr Geiser ist vergeßlich, der Prozeß des Alterns tritt immer deutlicher in Erscheinung und damit jene Reduktionen, die das Physische und das Intellektuelle betreffen. Gewitter, Regen, Stille, Gartenverfall einerseits, Vergeßlichkeit, Herzschmerzen, Selbstgespräche andererseits, Saurier, Gesteinsarten, Hirn- und damit Menschengeschichte drittens, – das sind die Sektoren des Elementaren, die die Erzählung thematisch und motivlich füllen. Keine großen Gebärden, keine großen Themen: nicht Liebe, nicht Lebenskehren, keine Tragödien, keine Enttäuschungen, sondern die kleinen Dinge, Ängste und Erlebnisse des Alltags bilden den Rahmen, in dem erzählt wird. Er umschließt zugleich die zurückhaltende Darstellung des Verfalls, der dieser Erzählung wohl auch den Titel gegeben hat. Im Lexikon liest der Alte etwas über die Erdzeitalter, weil er sich im Anschluß an die von den andauernden Regenfällen nahegelegte Lektüre über Sintflut und Hochwasser fragt, wann das Leben denn wohl entstanden ist: »Wann sind die ersten Säugetiere entstaden? [...] Wann ist der Mensch entstanden und wieso?« Das sind ebenso fundamentale wie elementare Fragen, und das Lexikon gibt Auskunft: »Im Pleistozän erscheint nach bisheriger Auffassung der Mensch (Altsteinzeit); die erdgeschichtliche Gegenwart spielt sich im → Holozän ab.« (VII, 220). Wieso findet sich gegen Ende der Erzählung jener Satz, der ihr den Titel gab: »Der

Mensch erscheint im Holozän.« (VII, 271) Der Satz ist offensichtlich aus der Perspektive des Alten gesprochen, als innerer Monolog oder als erlebte Rede im Präsens zu klassifizieren (s. dazu u.), so daß man nur zwei Interpretationsmöglichkeiten hat: Der Alte korrigiert das Lexikon, weil er meint, daß der wirkliche Mensch erst in der Gegenwart, mit ihm und seinesgleichen entstanden ist. Oder er wirft das Gelesene durcheinander, der Titel der Erzählung verweist auf einen Irrtum und damit auf die durch das Alter des Protagonisten hervorgerufene Vergeßlichkeit. Letzteres ist das Wahrscheinlichere, denn diese Interpretation steht in Übereinstimmung mit den Motiven, die die Erzählung bestimmen: dem Altern, dem Verfall, der biologischen Reduktion.

Dieses Leben ist langweilig, ja es wirkt leer. Die Nichtigkeit des Daseins präsentiert sich als alles umfassende Langeweile. »Man kann nicht den ganzen Tag lesen«, heißt es einmal, aber schon sechs Zeilen später in aller Unerbittlichkeit: »Es bleibt nichts als Lesen.« (VII, 227). Der Alte versucht einen Ausbruch, indem er auf einen Bergsattel steigt und auf der Gegenseite ins Tal hinunterwandert. Das gelingt auch, freilich unter Schmerzen und mit kleinen Unfällen; aber will er wirklich nach Basel, wo er früher wohnte? »Was soll Herr Geiser in Basel?« (VII, 273) Und wenig später als innerer Zuspruch: »Was soll Herr Geiser in Basel!« (VII, 275) Es gibt keine Aussichten, keine Ziele, »Der Hut hat keinen Zweck«, »Die Kerze hat keinen Zweck«, »die Kochplatte hat keinen Zweck« (VII, 252), weil irgendetwas immer anders ist, als man es sich gedacht hat. »Was gäbe es schon zu berichten« (VII, 285), fragt sich Herr Geiser, »Es gibt nichts zu sagen.« (VII, 295) Am Ende, nach einem leichten Schlaganfall mit deutlichen, aber nicht sehr schweren Lähmungserscheinungen als Folge, gerät dem Alten mehr und mehr durcheinander, hat er Mühe, das Heute von den Erlebnissen zu trennen, die er vor einem halben Jahrhundert hatte. Er muß eigens registrieren: »Das alles ist lange her.« Oder: »Das ist heute.« (VII, 294) Oder auch: »Das ist aber nicht heute gewesen.« (VII, 288) Das Leben verrinnt mehr und mehr.

Läßt sich also kaum verkennen, daß das Stichwort ›Reduktion‹ den erzählerischen Rahmen, Hauptfigur, »Handlung«, Thematik und Motivik kennzeichnet, so zeigt sich darüber hinaus, daß auch der Darstellungsstil, daß die Erzählweise mehr und mehr dem Prinzip der Reduktion folgt. Entscheidend dafür ist, daß das Elementare und Fundamentale, das Einfache und Begrenzte nicht beschrieben, sondern dargeboten, daß Reduktion nicht geschildert, sondern erzählerisch präsentiert wird. Erst dies läßt den Spätstil von Max Frisch so unverwechselbar erscheinen. Das auffälligste Merkmal bildet in »Der Mensch erscheint im Holozän« der Collagecharakter der Erzählung, das Einfügen der handschriftlichen Notizen des Alten als (fiktive) Faksimiles sowie der Ausschnitt aus den Büchern, die Herr Geiser später sammelt und an die Wand heftet, weil er sich so die Abschreiberei ersparen kann. Seinerzeit, als der Collage- und Montageroman in der deutschen Literatur auf dem Höhepunkt war, konnte dieses Verfahren modisch und epigonal wirken. Es hatte aber mit dem Montagecharakter, der damals herrschte, deshalb nichts gemein, weil z. B. die Montage in Schmidts »Zettels Traum« wie in Wieners »die verbesserung von mitteleuropa, roman«, in Ginka Steinwachs' »marylinparis« wie in Okopenkos »Lexikon-Roman« der Freigabe der Rezeption bis zur völligen Beliebigkeit diente. Das ist in »Der Mensch erscheint im Holozän« ganz und gar nicht der Fall, hier bleibt klar, worum es geht und wie die Erzählung verstanden werden soll. Doch indem Frisch den Text mit den Notizen und Ausschnitten durchsetzt, die Herr Geiser an die Wand heftet, um die Bemerkungen über Blitz und Saurier und den Goldenen Schnitt und die Erdzeitalter stets vor Augen zu haben und nicht wieder und wieder suchen zu müssen, entbindet er den Erzähler von der Notwendigkeit, Herrn Geiser bei der Lektüre und die Lektüre selbst zu beschreiben, gewinnt das Erzählen an Unmittelbarkeit und Direktheit: Dem Leser wird vor Augen geführt, was der Alte liest und wie vergeßlich er ist; der Narrator braucht dergleichen nicht zu erzählen.

Direktheit und Unmittelbarkeit bestimmen auch die Erzählweise im engeren Sinne. Die »Erzähler-Position«, die dem Autor nach seiner Mitteilung in »Montauk« (VI, 630) so oft mißriet, läßt sich nun zumindest klar umreißen. Sie hat sich auch gegenüber der Erzähler-Position, die in dem »Fragment aus einer Erzählung« zu konstatieren ist, in einem entscheidenden Punkt gewandelt und vereinfacht. Dort schildert der Erzähler alles, was geschieht oder nicht geschieht, die Landschaft, den Regen, die Geräusche so, wie man es gewohnt ist, in der Er- oder Es-Form; Herrn Geiser gegenüber indes verfällt er in die Du- bzw. Sie-Form: »Sie stehen am offenen Fenster seit einer Stunde oder länger, Herr Geiser, es widerspricht Ihnen niemand, Sie sind allein zu Haus« (VI, 522), »Herr Geiser, was denken Sie?« (VI, 523), »Herr Geiser, Sie tragen einen Hut« (VI, 525) usw. Trotz des Präsens, das der Narrator als Erzähltempus wählt, tritt ein Element der Indirektheit hervor: Hier der Narrator, dort die Figur, von der er berichtet. Das ist in »Der Mensch erscheint im Holozän« anders, hier hat Frisch dem Erzähler eine Position verschafft, die zunächst nicht bestimmt werden kann. Versucht man sie mit narratologischen Kategorien zu umreißen, so läßt sich etwa Folgendes sagen: Der Erzähler ist nicht allwissend, er weiß nur das, was der Protagonist weiß, selbst über den Schlaganfall berichtet er nicht, sondern präsentiert nur, was Herrn Geiser nach und nach bewußt wird; er spricht im Präsens (von Abweichungen wird noch zu reden sein), das Erzähltempus hält Frisch also bei, der Begriff des Präsentierens bekommt gewissermaßen eine zweite Dimension; die Erzählweise des Erzählers ist weder reflektierend noch wertend, d.h. der Erzähler tritt nicht als auktoriales Medium in Erscheinung, erst recht nicht als frei schaltender Mittelpunkt der Erzählung, ja er gewinnt nicht den kleinsten individuellen Zug, sondern er berichtet neutral, konstatierend; wenn Wertungen oder auch nur Anklänge an Wertungen ausgesprochen werden, dann solche, die Herrn Geisers Sehweise entsprechen: »Leider hat er den Feldstecher vergessen« (VII, 229), »Wenn man ohne Schirm gehen kann, wenn nicht überall Tümpel sind, wenn es nicht tropft von jeder Tanne und wenn die Wälder am Hang gegenüber nicht schwarz sind und die Berge nicht von Wolken verhängt, [...] ist es ein malerisches Tal – sonst kämen nicht Deutsche und Holländer hierher Sommer für Sommer.« (VII, 230) Daß hier aus der Perspektive Geisers gesprochen wird, geht schon daraus hervor, daß die zitierte Passage an folgende Eingangssätze anschließt: »Manchmal bleibt Herr Geiser stehen: das graue Rauschen aus der Schlucht – aber das eiserne Geländer ist noch da. Wenn man ohne Schirm gehen kann [...]« (ebd.) Was folgt, sind also fraglos die Gedanken des Alten.

Für diesen eindeutigen und niemals aufgegebenen Perspektivismus ist eine Reihe von sprachlichen Erscheinungen kennzeichnend. »Was Elsbeth sagen würde zu diesen Zetteln an der Wand [...], ist eine müßige Frage –« Denn: »Herr Geiser ist Witwer.« Der Erzähler spricht aber nicht von Herrn Geisers Frau oder Geisers verstorbener Frau, wie es einem außenstehenden Deskriptor angemessen wäre, sondern von »Elsbeth«. Wenige Zeilen später heißt es – in Beantwortung der oben gestellten Frage: »Elsbeth würde den Kopf schütteln.« (VII, 236) Selbstverständlich kann z.B. auch der Erzähler in Thomas Manns »Buddenbrooks« die Schwester von Thomas, Christian und Clara beim Vornamen nennen; so spricht er von »Antonie«, auch von »Tony«. Aber dies ist Zeichen seiner frei schaltenden Souveränität, die sich in wechselnden Positionen, in Nähe und Distanz zu erkennen gibt. Denn er nennt Tony auch »Frau Grünlich«, »Frau Permaneder« und gelegentlich sogar »Madame Grünlich«. Außerdem hat er nicht zu ihr, sondern auch zu der Fülle der anderen Figuren mal dieses, mal jenes Verhältnis, er kann in alle hineinblicken und sich mit vielen von ihnen identifizieren, jedenfalls die Perspektive mannigfacher Personen wählen. In Frischs Erzählung steht es anders: Hier bildet zweifellos Herr Geiser den Mittelpunkt, nur sein Inneres wird erkennbar, nur seine Perspektive kann der Narrator wählen, und damit wird deutlich, daß die Wahl des Vornamens von Geisers Witwe als Hinweis auf die perspektivische Nähe zu verstehen ist.

Es gibt noch andere Kennzeichen dieses höchst personalen Perspektivismus des Erzählers. Vor allem der Gebrauch des Wortes »man« muß in diesem Zusammenhang hervorgehoben werden. An sich selbst ist dieses Indefinitum keineswegs Kennzeichen personalen und figurenperspektivischen Erzählens; aber die folgende Textstelle zeigt, daß es hier diese Signalfunktion erhält: »Was Herr Geiser zum Beispiel nicht vergessen hat: der Satz des Pythagoras. Dazu braucht er das Lexikon nicht auf den Tisch zu schleppen. Hingegen kann Herr Geiser sich nicht erinnern, wie der Goldene Schnitt (A verhält sich zu B wie A + B zu A, das weiß Herr Geiser) herzustellen ist mit Zirkel und Winkel. Natürlich hat man das einmal gewußt –« (VII, 210). Deutlich wird hier aus der Perspektive Geisers gesprochen, das »man« ist kein generalisierendes »man«, das der Erzähler verwendet, sondern der Narrator hat den Figurenstil übernommen. Denn so reden wir im Alltag, reden wir mit uns selbst, reden wir im inneren Monolog. Genauso steht es, wenn von dem Besuch des Professors für Astronomie die Rede ist, und die Passage schließt: »Wenigstens weiß man nachher, daß man nicht verrückt ist: auch andere Leute finden, es regne und regne.« (VII, 218) Beispiele dieser Art sind zahllos in »Der Mensch erscheint im Holozän«. Wir beschränken uns auf die folgenden: »Wie Flut und Ebbe entstehen, wie Vulkane, wie Gebirge usw., hat Herr Geiser einmal gewußt. Wann sind die ersten Säugetiere entstanden? Stattdessen weiß man, wieviel Liter der Heizöltank faßt« (VII, 220). Da von Geisers Vergeßlichkeit die Rede ist, kann auch der Schluß der Passage nur als figurenperspektivisches Erzählen interpretiert werden. An der gleichen Stelle geht es weiter: »Wann ist der Mensch entstanden und wieso? Trias, Jura, Kreide usw., keine Ahnung, wieviele Jahrmillionen die einzelnen Erdzeitalter gedauert haben.« (ebd.) Nicht nur die vorausgeschickte Vergeßlichkeit des Alten hebt ins Leserbewußtsein, daß Geisers Denken wiedergegeben wird, sondern an dieser Stelle auch die alltagssprachlich gebräuchliche Ellipse »keine Ahnung«, die Sprechstil und somit Figurenstil ist: »Wasser im Keller, das ist es nicht, was Herr Geiser im Keller hat nachsehen wollen; das hat Herr Geiser schon gesehen. Plötzlich ist die Zange da, aber keine Ahnung, wozu man sie vor einer Stunde gesucht hat.« (VII, 255) Für den Leser, der auf diese Weise in seine

Rezipientenrolle eingeübt wurde, bedarf es keines stilistischen Rankenwerks mehr, um einen Ausruf wie »Man verblödet –!« (VII, 224) sofort und fraglos als Ausruf des Alten zu klassifizieren; er kommt gar nicht auf die Idee, daß hier der Erzähler aus eigener Sicht sprechen könnte.

Noch ein letztes sprachliches Signal für den durchgehenden Figurenperspektivismus des Erzählens sei hervorgehoben. Ein außenstehender Narrator würde formulieren müssen: »Zum Glück ist es seine Lesebrille, die auf den Küchenboden gefallen ist«; in der Erzählung heißt es jedoch: »Zum Glück ist es die Lesebrille, die auf den Küchenboden gefallen ist« (VII, 259). Hier spricht der Erzähler aus der Sicht des Alten, hier waltet erlebte Rede. Und da es sich – was die Unmittelbarkeit der Darstellung ungeheuer verstärkt – durchgängig um Präsens-Passagen handelt, haben wir hier den außerordentlich seltenen Fall von erlebter Rede im Präsens vor uns.

Gewiß könnte man einwenden, Präsens-Passagen aus der Figurenperspektive seien innere Monologe. Klassifiziert man die Erzählweise so, dann handelt es sich jedoch um eine besondere Form des inneren Monologs, die wiederum für das eigenartige und hochartifizielle, ausgeklügelte Erzählverfahren des späten Frisch charakteristisch ist. Denn es taucht in der ganzen Erzählung nicht das Wort »ich« auf. Das widerspricht der Klassifizierung der herangezogenen Erzählsequenzen als innere Monologe nicht, zumal die wirklichen und alltäglichen inneren Monologe, mit denen wir leben, oftmals und auf lange Strecken auch ichlos sind und sich auf die Dinge und Vorgänge um uns herum beziehen. Aber dergleichen ist doch sehr selten, vor allem, wenn man so viele innere Monologe von so großem Umfang konstatieren muß wie in »Der Mensch erscheint im Holozän«. Aber es ist ein charakteristisches Kennzeichen des unmittelbaren Erzählens, der unvermittelten Präsentation des Figuren-Inneren. Denn das »ich« würde die Figur dem Leser gegenüberstellen, würde also die Unmittelbarkeit einschränken, denn es hätte zugleich den Anstrich der Reflexion, wenn das Ich von sich sprechen würde. Aber hier wird – zumal im Präsens – eigentlich weniger erzählt (im Sinne von ›vermittelt‹) als eben präsentiert.

Gegen die Klassifizierung der in Rede stehenden Passagen als innere Monologe spricht das einzige Merkmal von Mittelbarkeit bei dieser Erzählung, nämlich die Erwähnung des Namens des Alten. Wenn immer wieder – aber natürlich keineswegs zu Beginn jeder Passage – von »Herrn Geiser« gesprochen wird, dann läßt sich die folgende Sequenz nur mit Schwierigkeiten als innerer Monolog einordnen. Erlebte Rede im Präsens bietet sich als Klassifikation wohl etwas eher an. Aber für das Erzählverfahren, eine äußerste

Unmittelbarkeit der Darstellung zu bewirken und auf diese Weise das Erzählen weitgehend in ein unmittelbares Präsentieren der Vorgänge und Gedanken zu verwandeln, ist die Klassifizierung belanglos.

Der Tempus-Gebrauch als Kennzeichen unmittelbaren Erzählens schließt neben dem Präsens auch das Perfekt ein. Nicht nur ist das Perfekt in der *consecutio temporum* dem Präsens als Vorzeitigkeitstempus zugeordnet wie das Plusquamperfekt dem Imperfekt, sondern es hat auch fast dieselbe Wirkung. Wenn es etwa heißt »Somit ist Herr Geiser, seit er zuletzt auf seine Armbanduhr geblickt hat, in der Diele gewesen« (VII, 260), so läßt sich das Perfekt schon deshalb nicht vermeiden, weil dem Leser die Vergeßlichkeit und der gedankliche Versuch, ihrer Herr zu werden, vor Augen geführt wird. Dieser Perfekt-Gebrauch schränkt also den Befund, daß in dieser Erzählung durchgängig ein Präsens der Unmittelbarkeit als Erzähltempus Verwendung findet, nicht ein. Es gibt aber einige wenige Stellen in der Vergangenheitsform sowie eine längere gegen Schluß der Erzählung im Imperfekt/Plusquamperfekt, die nicht unbeachtet bleiben dürfen. Wenn es bei der epischen Darbietung des Ausbruchsversuchs heißt »Herr Geiser ist nicht gestürzt, er hat nur einen Schuh voll Wasser herausgezogen, das ist um neun Uhr morgens gewesen, also noch früh am Tag« (VII, 266), so muß man davon ausgehen, daß in die Präsenspassagen solche der Erinnerung eingeblendet werden, retrospektive Gedankenfetzen, die angesichts des nach der Wanderung erfolgenden Schlaganfalls dem Kranken durch den Kopf irren. Zu solchen Erinnerungen würden dann auch Sätze wie »Eine Rast wäre fällig gewesen« (VII, 266), »Ein Mittagsschlaf wäre fällig gewesen« (VII, 268), »Es ist ungefähr zwei Uhr gewesen« (VII, 270) gehören. Schwierigkeiten bereitet aber die »Matterhorn-Geschichte« (VII, 289), die in drei Passagen unterteilt ist, deren erste im Präsens, deren zweite und dritte jedoch im Imperfekt/Plusquamperfekt stehen. Es handelt sich um die Beschreibung bzw. Erinnerung an eine Matterhorn-Besteigung, die Geiser mit seinem verstorbenen Bruder Klaus unternahm. Hier kommt noch hinzu, daß die Geschichte auch in einer anderen Stilebene angesiedelt ist als die Erzählung insgesamt. Es ist nicht anzunehmen, daß dem Autor dergleichen ungewollt unterlief, dazu ist das gesamte poetische Verfahren in diesem späten Werk zu ausgeklügelt und artifiziell. Wahrscheinlich hat Frisch am Ende der Erzählung den Unterschied zwischen dem kranken, vergeßlichen, die Welt nur noch in kleinen, oft zusammenhanglosen Ausschnitten wahrnehmenden alten Geiser und dem jungen, unternehmungsfreudigen und leistungsfähigen Herrn Geiser darstellen wollen. Daß er dazu nicht einen ähnlich fragmentarischen Erinnerungsstil einsetzt wie sonst, sondern fast eine in sich geschlossene Geschichte offeriert, mag als differenzierendes Kennzeichen gemeint sein, ästhetisch überzeugt es nicht völlig. Auch die als Begründung interpretierbare Bemerkung »Seine Matterhorn-Geschichte kennt man, Herr Geiser hat sie oft genug erzählt, sogar die Enkelkinder mögen sie nicht mehr hören« (VII, 289) beläßt es letztlich bei einem Stilbruch.

Gleichwohl erweist sich »Der Mensch erscheint im Holozän« als ein in sich so geschlossenes und konsequentes ästhetisches Gebilde, daß man an dieser Erzählung den Spätstil Frischs ausgezeichnet studieren kann. Reduktion im Thematischen, Hervorkehrung des Elementaren, Thematisierung des Alterns und unmittelbare Präsentierung einer Figur durch Reduktion aller traditionellen epischen Vermittlungstechniken und deren Ersetzung durch den permanenten Gebrauch der erlebten Rede im Präsens, eines typischen Figurenstils sowie der ebenfalls der Unmittelbarkeit dienenden Montagetechnik, – dies sind die Elemente, die Frischs Spätstil in dieser Erzählung prägen.

b) »Blaubart«

Von ihnen finden sich einige, aber keineswegs alle auch in Frischs bisher letztem größeren poetischen Werk, der Erzählung »Blaubart«, wieder. Es handelt sich um die Präsentierung der Gedanken eines von der Anklage, eine seiner geschiedenen Ehefrauen ermordet zu haben, freigesprochenen Arztes sowie um die Wiedergabe einiger Gerichtsszenen, aber – jedenfalls gegen Ende der Geschichte – auch um Einblendungen von Vorstellungen des Protagonisten. Mit »Der Mensch erscheint im Holozän« verbindet »Blaubart« u. a. eine auffallende Handlungsarmut sowie das Verfahren, einen Menschen nicht von außen, sondern unmittelbar von innen zu zeigen; und auch hinsichtlich der Thematik läßt sich – zumindest auf den zweiten Blick – eine vergleichbare Schwerpunktsetzung konstatieren.

Denn wenn der Mediziner Dr. Schaad auch erst 54 Jahre alt, Herr Geiser aber offenbar längst pensioniert und wohl über 70 Jahre alt ist, so sehen sich doch beide vor der Lebensleere des Alters und am Rande des Todes: Geiser am Ende unter den Defekten leidend oder – z. B. was die psychischen Absonderlichkeiten betrifft, die er nicht registrieren kann – auch nicht leidend, welche der Schlaganfall ausgelöst hat, Schaad in dem langsam aufkeimenden Bewußtsein, daß er versagt hat, daß sein Leben mißglückt ist, weshalb er am Ende einen (nicht gelingenden) Selbstmordversuch unternimmt. Während aber in »Der Mensch erscheint im Holozän« die Gedanken, vor allem die Lektüre Geisers den Leser dessen Wesen und Begrenztheiten erkennen lassen, steht in »Blaubart« das letztlich Unsagbare im Mittelpunkt. Paradox formuliert: Frisch unternimmt den Versuch, das allgemeine und daher vage Empfinden von Schuld und Versagen darzustellen, obwohl es nicht bestimmbar und insofern auch nicht ausdrückbar erscheint.

Der Leser glaubt zunächst eine unmißverständliche Leseanweisung vor sich zu haben, wenn er schon nach der ersten Dialogszene und noch auf der ersten Seite der Erzählung den inneren Monolog der Hauptfigur Schaad liest: »Freispruch mangels Beweis – / Wie lebt einer damit? / Ich bin vierundfünfzig.« (VII, 303) Das läßt die Darstellung innerer Schwierigkeiten, auch gesellschaftlicher Isolierung, menschlicher Vereinsamung eines nur aus Mangel an Beweisen Freigesprochenen vermuten. Aber das ist nicht oder nur am Rande ein Motiv der Erzählung: Es ist davon die Rede, daß die Patienten ausbleiben, daß ein einziger Freund anruft, forciert und offenbar bemüht, seine Befangenheit zu überspielen, daß Schaad schließlich die Praxis verkauft. Aber wir erfahren nichts von inneren Kämpfen, nichts von Wut auf Zeugen, von Vorwürfen gegenüber den ehemaligen Ehefrauen, von Richtigstellungen, von Selbstanklagen oder Exkulpierungsversuchen, – alles, was zur Sprache kommen müßte, wenn es wirklich darum ginge, zu erzählen, wie ein Freigesprochener mit einem Freispruch mangels Beweis fertig wird, bleibt ausgespart. Und gegen Ende der Erzählung muß der Leser zur Kenntnis nehmen, daß es um solche Schwierigkeiten auch gar nicht gehen kann, denn Schaad wurde ohne Einschränkungen rehabilitiert: »Mangels Beweis – / Wieso habe ich das gehört? / Das kommt im Urteilsspruch nicht vor.« (VII, 380)

Dabei fühlt sich der Rezipient, der der scheinbar eindeutigen, sich dann aber als falsch herausstellenden Rezeptionsanweisung folgt, auch durch das epische Verfahren bestätigt: Einer Dialog-Passage, die frei von Erzählereingriffen ist und der sogar die Inquit-Formel stets fehlt, folgt eine Monolog-Passage, in der Schaad seine Gedanken formuliert. Aber sie konstatieren nur, was er tut, um sich abzulenken, sie geben indes nicht preis, wovon Schaad sich befreien möchte. Die Erzählung wird überspannt von einem Netz solcher Formeln und Floskeln, die die Sehnsucht danach, einer Bedrängnis zu entkommen, zu erkennen geben: »Was hilft, ist Billard« (VII, 304), »Was hilft, ist Billard« (314), »Wandern hilft eine Zeit lang« (320), »Was auch nicht hilft: Alkohol« (324), »Was zuverlässig hilft, aber kurzfristig: das Ergometer, was man als Arzt so oft empfohlen hat« (332), »Manchmal hilft Alkohol« (343), »Verreisen hilft gar nichts« (357), »Auch ein Zwischenhalt in Hongkong hilft wenig« (358), »Zeitunglesen hilft kurzfristig« (372), »Was hilft, ist Wandern« (382), »Was wieder nicht hilft: Alkohol« (384), »Was hilft, ist Wandern« (389), »Was helfen könnte, wäre Segeln« (391), »Es bleibt nichts als Wandern« (397), »Natürlich hilft Wandern auch nicht« (399). Wogegen hilft das alles, wogegen hilft es manchmal, wogegen hilft es nicht? – Davon ist an keiner Stelle die Rede. Offenbar läßt sich darüber nicht sprechen, läßt sich das, was Schaad quält und bedrängt, nicht ohne weiteres artikulieren; jedenfalls endet die Erzählung auch in einer Sequenz des Schweigens: Auf Fragen der Gerichtspersonen, des Staatswanwalts und/oder des Vorsitzenden usw. antwortet Schaad zunächst; also ist der mißglückte Selbstmordversuch offenbar so glimpflich verlaufen, daß er eine Vielzahl von Fragen beantworten kann. Aber nachdem man ihm den Namen des wirklichen Täters genannt hat, antwortet Schaad nicht mehr. Erst in der Verfilmung der Erzählung von Zanussi wird der Gedanke nahegelegt, daß Schaad wegen seines Gesundheitszustandes nicht antworten kann.

Worüber Schaad schweigt, was er nicht formulieren kann, obwohl es ihn offenbar bedrängt und diese Bedrängnis im thematischen Zentrum der Erzählung steht, das wird nur angedeutet, wird nur mittelbar bewußt gemacht. Daß er am Ende der Geschichte von dem Augenblick an schweigt, da man ihm den Namen des wirklichen Mörders seiner früheren Ehefrau nennt, hat gewiß damit zu tun, daß auf diesem Wege der Beweis erbracht wurde, daß sein vor dem Selbstmordversuch abgelegtes Geständnis falsch war. Doch warum legt er überhaupt ein Geständnis ab? – Der späte und schon zitierte Hinweis darauf, daß Schaad in Wirklichkeit ohne Einschränkungen freigesprochen wurde, gibt einen Wink: »Mangels Beweis – / Wieso habe ich das gehört? / Das kommt im Urteilsspruch nicht vor.« (VII, 380) Achtet man nämlich nicht nur auf das entlastende Moment, das in der Passage zweifellos erkennbar wird, sofern ja der Freispruch in Wahrheit ohne Einschränkung erfolgte, so wird der Blick für das belastende Moment frei. Denn offenbar fühlt sich Schaad schuldig, weshalb er den richterlichen Freispruch, den er ja nicht leugnen kann, (für sich) einschränkt: Nur weil man ihm nichts beweisen konnte, mußte man ihn freisprechen. In Wahrheit jedoch hat er Schuld auf sich geladen. Auch so muß der Satz gelesen und verstanden werden. Denn es gibt im Text noch einige gewichtige, wenn auch nicht zahlreiche Hinweise auf die Richtigkeit dieser Interpretation. Ganz unvermittelt und ohne Beziehung zu der vorhergehenden Dialogpassage findet sich am Ende des ersten Drittels der Erzählung folgender Monolog Schaads: »Schlimmer als alles, was Gattinnen aussagen können, sind Erinnerungen, die das Schwurgericht nicht hört: das graue Kaninchen (PINOCCHIO) unter dem Rasiermesser und wie der kleine Felix tagelang geweint hat, als das Kaninchen nicht mehr lebte, die Mama kaufte ihm ein anderes, das war aber nie wieder so lieb wie das graue.« (VII, 330) Später wird deutlich, was diese Erinnerung zum Ausdruck bringt: Schaad hat als kleiner Junge das Kaninchen aus kindlicher Neugier aufgeschnitten. Seine Mutter antwortet auf eine entsprechende Frage in Schaads Vorstellung: »Er hat das Kaninchen aufgemacht, jaja, das hat er mir schon gesagt, jaja, er hat sehen wollen, warum es gestorben ist ...« (VII, 384) Hier ist von einem Schuldgefühl die Rede, das mit dem Mordfall in keinem Zusammenhang steht, vom Freigesprochenen jedoch als viel gravierender angesehen wird als jene Schuld, die der Staatsanwalt vermutet. Offenbar wird Schaad aus Anlaß des Mordprozesses bewußt, daß Schuld das menschliche Dasein in einem ganz anderen und zudem bedrückenderen Sinn belastet als die Schuld, die er durch eine kriminelle Tat auf sich zu laden vermag: nämlich als Lebensschuld, als allgemeines und täglich unterlaufendes Verletzen und Unterlassen, Beeinträchtigen und Beiseiteschieben, Enttäuschen und Überfordern. Einmal, unter Alkoholeinfluß, hält Schaad ein neues, dem tatsächlich vorgetragenen widersprechendes Schlußwort. Es beginnt mit dem Satz »Ich bin nicht unschuldig ...« Und wenig später präzisiert Schaad: »Seit meinem vierzehnten Lebensjahr habe ich nicht das Gefühl, unschuldig zu sein« (VII, 343). Gründe, genau benennbare Ursachen für dieses Schuldgefühl nennt Schaad nicht, sie existieren offenbar nicht, sondern es handelt sich um jene unbeschreibbare, unumgrenzbare, sich auf vielfältige Art präsentierende Schuld des Menschen, die mit seiner bloßen Existenz verknüpft ist und der er – handelnd, redend, unterlassend, schweigend und eben lebend – gar nicht entgehen kann. »Was ist Schuld?« fragt Schaad, und antwortet: »Nur bin ich nicht der Täter ...« (VII, 344) Die Stelle läßt keinen Zweifel: Schaad fühlt sich schuldig, aber nicht im Sinne der Anklage, sondern in einer näher nicht deskribierbaren Weise. Es ist eine Schuld, die nicht mit einem »Täter« in Zusammenhang steht, sondern offenbar mit der bloßen Existenz selbst. Diese jedoch ist nur mittelbar darstellbar.

Und genau dies macht das Verfahren Frischs deutlich. Denn es fällt auf, daß sämtliche Zeugen, auch solche, die eher Belastendes auszusagen haben, keine Vorwürfe erheben. Selbst die sieben Ehefrauen bzw. Ex-Ehefrauen rühmen eher Schaads Großzügigkeit, als daß sie ihm schweres Fehlverhalten vorwerfen. Gewiß kommen manche unerfreulichen Eigenheiten Schaads zur Sprache, aber von schuldhaftem Handeln, von konkret beschreibbarem Fehlverhalten, von verletzenden, deprimierenden Aktionen ist nicht die Rede. Von konkreter Schuld wird also nicht gesprochen, und Schaad antwortet in seinen Monologsequenzen auch auf keinen Vorwurf, weder, indem er seine Berechtigung abstreitet, noch dadurch, daß er sich verteidigt, noch dadurch, daß er etwas erklärt. Und doch ist andeutungsweise von seinen Schuldgefühlen die Rede, am Schluß der Erzählung sogar sehr direkt, nämlich wenn er sich zu dem Mord bekennt, den er nicht ausgeführt hat, und er sich, nachdem man sein Geständnis als falsch klassifizierte, umzubringen versucht. Schuld, unbestimmte, unbestimmbare Schuld des Menschen bildet das Thema der Geschichte.

Das ist ein Widerspruch, den Frisch mit erzählerischen Mitteln zu überwinden versucht. Die Schuld, von der hier die Rede ist, kann nicht dargestellt, kann nicht vor Augen geführt, sie kann nur – wiewohl ohne Umriß – dem Leser zu Bewußtsein gebracht werden als generelles und unausweichliches Versagen des Menschen. Dazu stellt Frisch, in konsequentem und durchgängigem Wechsel, zwei Erzählbereiche einander gegenüber: Den einen bilden Erinnerungen Schaads an den Prozeß oder Vorstellungen, wie er verlaufen sein könnte oder auch wie er nach dem Freispruch fortzuführen wäre, etwa unter Einvernahme der Eltern, sogar der Toten etc. Den zweiten Erzählbereich stellt das Arsenal innerer Monologe des Freigesprochenen dar, auch kleinere Erzählpassagen, in denen Schaad spricht und die ihres Duktus wegen nicht als innere Monologe im strengen Sinn zu deklarieren sind, wie z. B. der folgende Abschnitt: »Sowie ich nüchtern bin, spätestens am nächsten Morgen, wenn ich in der Praxis sitze, die Hände hinter meinem Nacken gefaltet und die Füße auf dem Schreibtisch, geht es weiter« (VII, 344). Da nun in den Dialogsequenzen von dem Mord, in den Monologsequenzen aber von Bedrängnissen die Rede ist, die nicht präzisiert werden, da man Schaad in den Dialogsequenzen keine Vorwürfe macht, er sich aber in den Monologsequenzen so bedrückt und gequält gibt, wird dem Leser nach und nach und mehr und mehr bewußt, daß es zwar um Schuld geht, aber nicht um die konkrete, die der Prozeß zu behandeln hat, sondern um jene generelle, die das Leben bestimmt, der man nicht entgeht und die auch nicht zu sühnen ist. Diese Technik, etwas bewußt zu machen, wovon direkt nicht geredet wird und erzählt werden kann, stellt das herausragende und eigentümliche Kennzeichen dieser späten Erzählung Frischs dar.

Das Prinzip der Reduktion beherrscht auch dieses Werk. Schaad begegnet uns als melancholisch gewordener, resignierender Mann an der Schwelle des Alterns und des Todes, bewegt von dem Gefühl allgemeiner Lebensschuld. In »Montauk« findet sich der Satz »Lynn wird kein Name für eine Schuld.« (VI, 742) Hier ist also noch von einer spezifischen, personal definierbaren Schuld die Rede; sie ist auch inhaltlich bestimmbar, denn der Kontext macht deutlich, was hier gemeint ist: Frisch wird mit Lynn keine Beziehung eingehen und sie später verlassen. Die Schuld, die Schaad empfindet, ist von anderer, von unbestimmbarer Art. Es sind gleich sieben Frauen, die mit ihm nicht glücklich wurden und mit denen er nicht glücklich werden konnte, gleichwohl beschuldigen ihn diese Frauen so wenig wie er sie beschuldigt. »Es gibt kein gemeinsames Gedächtnis« (VII, 370), konstatiert Schaad lediglich: die Menschen, gerade auch Liebende, erleben ein und denselben Vorgang unterschiedlich, nur daraus resultiert der Dissens. Aber die Reduktion alles spezifischen Versagens bedeutet zugleich eine Verallgemeinerung der Schuld und des Schuldgefühls. Darum verzichtet auch diese Erzählung auf Handlungsgipfel, auf die Darstellung von Zusammenstößen, von inneren Katastrophen, sie verzichtet auch auf jede Art von Pathos, verzichtet vor allem genau wie »Der Mensch erscheint im Holozän« auf einen wertenden und reflektierenden Stil. In »Blaubart« ist sogar der Erzähler als möglicher Reflektor ausgeschaltet, hier wechseln erzählerlose Dialoge mit den Monologen Schaads. Dieser Wechsel allein läßt den Leser nach und nach erkennen, daß der Prozeß den Anlaß dafür bildet, daß sich Schaad seiner Lebensschuld gegenüber seinen Frauen, aber auch gegenüber anderen ihm ehemals nahestehenden Menschen bewußt wird. Auch in dieser Erzählung herrscht das Präsens vor: Im Dialog ebenso wie im Monolog, es handelt sich wieder um eine vollkommen unmittelbare Darstellungsart, die freilich etwas zum Vorschein bringt, was eben nicht unmittelbar zu präsentieren weil nicht zu definieren ist. Aber die Elemente des Spätstils, die »Der Mensch erscheint im Holozän« charakterisiert, lassen sich zumeist auch in »Blaubart« feststellen.

Es kommt noch ein Moment hinzu, daß den Spätstil vieler Dichter ausgezeichnet hat und auszeichnet: der Humor. Davon ist in den ohnehin nicht besonders zahlreichen kritischen Abhandlungen viel zu wenig die Rede. Schon der Titel und erst recht der Sachverhalt, auf den er anspielt, müssen als humoristische Übertreibung verstanden werden: Welcher Mann von 54 Jahren hat schon sieben Ehen hinter sich? Frisch betont die humoristische Dimension seiner Erzählung durchaus, z. B. wenn er Schaad in der Badewanne über die Einvernahme seiner früheren Ehefrauen monologisieren läßt – »Das könnte die blonde Andrea sein« (VII, 364), »Das ist Gisel« (366), »Das ist Corinne« (ebd.), »Das ist Lilian« (368), »Das ist Andrea«

(369) –, sich der Freigesprochene stets neue Verhördialoge in Erin-
nerung ruft und schließlich noch konstatiert: »Sie haben noch eine
Gattin zu verhören« (370), bevor er die Einvernahme seiner letzten
Frau, Jutta, vor dem geistigen Auge vorüberziehen läßt. Auch die
Dialoge sind oft außerordentlich komisch, erst recht, wenn die
Gesprächspartner aneinander vorbeireden:

- Ich kenne keinen Arzt, der denken kann. Ich selber habe einen
  Arzt, der sich wundert, daß ich noch lebe, und er ist mir dafür
  dankbar. Ein Arzt, der niemand umbringt, hat eben Glück ...
- Um auf meine Frage zurückzukommen:
- Schaad hatte eben Pech.
- Wie hat er über Rosalinde gesprochen?
- Damals befaßte ich mich grad mit Einstein ...
- Sie wollen sagen: Schaad kam bei Ihnen nicht zu Wort?
- Über Einstein zu reden, wenn der andere keine Ahnung von
  Mathematik hat, ist halt schwierig, aber zum Glück habe ich zwei
  Hunde [...]   (VII, 359)

Krzysztof Zanussi, der »Blaubart« 1983 für den Westdeutschen
Rundfunk und das Schweizer Fernsehen/DRS verfilmte, hat auf die
Komik und den Humor wenig Gewicht gelegt. Ihm kam es in
seinem Film eher auf das Psychologische und die Raffinements von
Farbe und Kameraführung an. So bleibt auch die Komik, die die so
unterschiedlichen Ex-Gattinnen Schaads oft unfreiwillig ausstrah-
len, eher im Hintergrund. Dafür hat Zanussi einen alten Gag eingebaut: bei einem Kameraschwenk über das Prozeßpublikum kann
man Max Frisch hinreichend lange und leibhaftig sehen. Der Gag
stammt von Hitchcock, aber er wird hier vielleicht zu Recht entlie-
hen: Wie der Regisseur so ist auch der Dichter in seinem eigenen
Werk zu sehen und tritt nicht völlig hinter es zurück. Das sind wohl
heutzutage die Insignien des Klassikers.

VIII. Rezeption und Forschung

Auf der »Liste der Dankbarkeiten«, die Frisch in das Tb II einrückt, findet sich auch der Vermerk: »die Späte des Erfolgs« (VI, 235). Offenbar hat er damit die breite Resonanz gemeint, die ihn »in den Status eines reichen Mannes« (W 78, 127) gelangen ließ. Legt man etwas bescheidenere Maßstäbe an, so ist Frisch auch zu Beginn seiner schriftstellerischen Tätigkeit keineswegs ohne Erfolg geblieben. Bereits als Zwanzigjähriger fand er durchaus genügend Zeitungen und Zeitschriften, die seine Beiträge druckten, sein erster Roman erschien in der renommierten Deutschen Verlagsanstalt Stuttgart, die auch »Antwort aus der Stille« annahm, und als Frisch aus politischen Gründen nicht mehr mit einem deutschen Verlag zusammenarbeiten mochte, fand er zunächst im Schweizer Atlantis Verlag und dann – als dieser eine von Peter Suhrkamp angeregte Fortsetzung des »Tagebuchs mit Marion« ablehnte – ab 1950 im Suhrkamp Verlag zuverlässige und erfolgreiche Partner. Es ist nicht bekannt, daß – von den frühen Dramen des Schülers abgesehen – eine fertige Arbeit Frischs abgelehnt wurde, während umgekehrt Frisch z.B. »Klima« zurückzog, obwohl der Suhrkamp Verlag die Erzählung drucken wollte. Auch bereits seine ersten Theaterstücke wurden in der Regel sofort nach Abschluß der Arbeit aufgeführt, und zwar durch das Zürcher Schauspielhaus, die damals wichtigste deutschsprachige Bühne.

Andererseits hat Frisch recht, wenn er davon spricht, daß der wirtschaftliche Erfolg, der ihn zunächst unabhängig und dann zu einem höchst wohlhabenden Mann machte, »sehr langsam gekommen« ist (W 77, 33). Im Interview mit Arnold führt er aus, daß »Stiller« im Jahr seines Erscheinens eine Auflage von 3000, im zweiten Jahr von 2000, im fünfzehnten Jahr von 8000 bis 10 000 Exemplaren erreichte. Als die Werke mit der größten Auflage bezeichnet er »Stiller« und »Homo faber«, die Stücke, die am häufigsten aufgeführt wurden, sind »Andorra« und »Biedermann und die Brandstifter«.

Langsamkeit und Stetigkeit des Erfolgs lassen sich auch daran ablesen, wie das Interesse anderer Länder am Werk Frischs wuchs. Die erste Übersetzung, die 1954 erfolgte Übertragung des »Don Juan« ins Japanische, besaß noch nicht die Bedeutung einer Initialzündung. Von reger Übersetzertätigkeit kann man erst nach dem Erscheinen von »Stiller« sprechen; seit 1957 wird jedes Buch, das Frisch veröffentlicht, in etwa zehn fremde Sprachen übersetzt, vor allem in europäische, aber es liegen außer denen ins Japanische auch Übersetzungen ins Hebräische, ins Chinesische und Koreanische vor. Am häufigsten wurde bisher »Homo faber« übersetzt, nämlich insgesamt in 25 Sprachen, ins Russische sogar dreimal. Seit den 60er Jahren wandten sich die Übersetzer auch den früheren Arbeiten Frischs zu, so daß heute außer »Jürg Reinhart«, »Antwort aus der Stille« und »Blätter aus dem Brotsack« jedes als Einzelausgabe erschienene Werk in mindestens einer Fremdsprache vorliegt.

Daß Frisch einerseits von Anfang an als Schriftsteller beachtet und geachtet wurde, daß aber andererseits das Erscheinen des Romans »Stiller«, auch was die Resonanz in der literarischen Welt angeht, einen Durchbruch bedeutete, zeigt sich zudem, wenn man verfolgt, wann und in welchem Umfang Frisch Ehrungen zuteil und literarische Preise verliehen wurden. Bereits 1938 erhielt er den Conrad-Ferdinand-Meyer-Preis, also zu einem Zeitpunkt, als erst »Jürg Reinhart« und »Antwort aus der Stille« erschienen waren. Auch sein erstes Drama, »Santa Cruz«, wurde – noch bevor es aufgeführt war – für preiswürdig befunden (Dramenpreis der Emil-Welti-Stiftung 1944). Schließlich erhielt Frisch 1950 die Ehrengabe der Schweizer Schillerstiftung und 1951 das Rockefeller-Stipendium (»Grant for Drama«). Aber nach dem Erscheinen von »Stiller« verging lange Zeit überhaupt kein Jahr mehr, in dem nicht eine Institution Frisch mit einem Preis bedachte. Den »Schleußner-Schüller-Preis« des Hessischen Rundfunks trug ihm 1955 das Funkfeature »Der Laie und die Architektur« ein, im gleichen Jahr wurde ihm der Wilhelm-Raabe-Preis bereits für »Stiller« zuerkannt. 1956 folgte die Fördergabe der Stiftung »Pro Helvetia« als Unterstützung der Arbeit an »Homo faber«, 1957 der »Charles-Veillon-Preis« für den inzwischen fertiggestellten »Bericht«, 1958 sowohl der »Georg-Büchner-Preis« als auch der Literaturpreis der Stadt Zürich. In der folgenden Zeit erhielt Frisch beinahe alle wichtigen literarischen Preise, die einem deutschsprachigen Autor verliehen werden können, aber auch den Friedenspreis des deutschen Buchhandels, was seine gesellschaftlich-politische Wirksamkeit jenseits seiner Bedeutung als Dichter dokumentiert. Es wundert nicht, daß sein Name auch in den alljährlich verbreiteten Gerüchten vor der Vergabe des Nobelpreises für Literatur immer wieder auftaucht.

Ein ähnliches Bild ergibt sich, wenn man die Entwicklung der Frisch-Rezeption im engeren Sinne verfolgt und sich dabei zunächst auf die literarische Tageskritik konzentriert. Schon »Jürg Reinhart«

wurde nicht nur – was die bisher vorliegenden Frisch-Bibliographien vermuten lassen – von Eduard Korrodi in der NZZ erwähnt; vielmehr erhielt Frischs Romanerstling, wie einer Verlagsanzeige in »Antwort aus der Stille« zu entnehmen ist, mindestens drei unterschiedliche Kritiken in der NZZ, der »Dortmunder Zeitung« und in »Die Literatur« (Berlin). Auch die von ihm als mißglückt empfundene »Erzählung aus den Bergen« wurde wenigstens zweimal rezensiert. Man braucht nur die Bibliographien durchzublättern, um zu sehen, wie kontinuierlich das Interesse an der poetischen Produktion Max Frischs in den literaturkritischen Teilen und Beilagen der Tageszeitungen wuchs. Dabei fällt freilich auf, daß seit »Blätter aus dem Brotsack« Frischs Arbeiten fast nur noch bei Rezensenten Beachtung fanden, die ihre Kritiken in Schweizer Zeitungen und Zeitschriften veröffentlichten. Hier zeigen sich die Folgen der Kriegsereignisse und der Nachkriegszeit sehr deutlich; erst am Anfang der 50er Jahre, mit dem Erscheinen des Tb I und der Uraufführung von »Graf Öderland« begannen auch wieder deutsche Zeitungen Rezensionen und Theaterkritiken über Werke Frischs zu drucken. Der Durchbruch gelang wiederum mit »Stiller«, allerdings – soweit bisher zu erkennen ist – nur im bundesrepublikanischen Raum. Bis heute kann von einer intensiven kritischen wie wissenschaftlichen Beschäftigung mit dem Werk Frischs in der DDR ebensowenig wie in den anderen »sozialistischen Staaten« die Rede sein, obwohl seine Arbeiten dort keineswegs unbeachtet blieben (vgl. dazu Schimanskis Untersuchung, L 252).

Immerhin erschien in der DDR 1980 ein umfangreicher Band »Erzählende Prosa 1939–1979« und ein Jahr später eine zweibändige Ausgabe der »Stükke«, beide Publikationen im »Verlag Volk und Welt«. Schon vorher, nämlich 1977, war bei Reclam in Leipzig ein Band »Stücke« erschienen, der neben »Nun singen sie wieder« und »Graf Öderland« auch »Biedermann und die Brandstifter« und »Andorra« enthielt. Aber als Nachwort wählte man noch die Übersetzung einer Arbeit aus der Feder des Russen *Juri Archipov*, einem DDR-Literaturwissenschaftler mochte man diese Aufgabe noch nicht zuweisen, obwohl *Schimanski* (L 252) nicht der einzige Literaturhistoriker der DDR ist, der sich gelegentlich mit Max Frisch befaßt hat. Aber eine wirkliche Frisch-Philologie ist so lange nicht zu erwarten, als nicht wenigstens die Hauptwerke ediert und einem breiteren Publikum zugänglich gemacht wurden. Bis dahin bleibt die sporadische Beschäftigung mit dem Werk Frischs doch zu sehr auf die wenigen privilegierten Frisch-Leser beschränkt.
Daß die wissenschaftliche Darstellung des literarischen Werks von Max Frisch im sogenannten sozialistischen Lager außerhalb der DDR etwas lebendiger verlief, ist der Tatsache zuzuschreiben, daß in den meisten staatssozialistischen Ländern die Hauptwerke Frischs in Übersetzung erschienen und dort oft leichter zugänglich sind oder waren als in der DDR. Bei der

Einschätzung des kritischen Umgangs mit Frisch muß man jedoch vorsichtig sein. Es existiert nämlich eine Diskrepanz zwischen dem Zuspruch, auf den Frisch in literarisch interessierten Kreisen dieser Länder stößt – worüber verständlicherweise nur wenig zu erfahren ist – und den Äußerungen der offiziellen Literaturkritik. Am Beispiel der UdSSR hat Frisch dies selbst einmal verdeutlicht. Man beruhige sich dort bei dem Gedanken, daß er – z. B. in »Stiller« – Probleme darstelle, die »in einer Gesellschaft mit verstaatlichten Produktionsmitteln nicht vorhanden« seien, die man vielmehr nur als »Krankheitserscheinungen einer kapitalistischen Gesellschaft« finde. Frisch antwortete auf solche Äußerungen: »Ich verstehe Ihre Haltung. Ich verstehe nur nicht, warum interessiert euch das dann so sehr?« Er erhebt den Anspruch, in seinen Arbeiten »zwischenmenschliche Probleme darzustellen, die auch dort vorhanden« (W 76, 491) sind und erklärt damit den Widerspruch zwischen der zögernden oder gar ablehnenden Haltung der offiziellen Literaturkritik und dem Interesse, das an seinen Arbeiten bei literarisch Interessierten auch in sozialistischen Staaten besteht.

Es versteht sich, daß unter solchen Umständen Untersuchungen zur Rezeption des Frischschen Werkes in der »sozialistischen Welt« nicht angestellt wurden. Aber auch über das Frisch-Verständnis des westlichen Auslandes wissen wir – vielleicht vom »Fall ›Andorra‹« abgesehen (vgl. Liebermann L 213, Wull-Duk Yu L 224) – kaum etwas. Die Frisch-Forschung hat es bisher nicht einmal im Ansatz zu einer Darstellung der Rezeptionsvoraussetzungen und Rezeptionsweisen, geschweige denn zu einer Rezeptionsgeschichte gebracht. Walter Schmitz hat zwar – wenn auch an dafür wenig tauglicher Stelle (L 199) – einen Aufsatz unter dem Titel »Nachfolge auf eigenen Wegen: Die Wirkungsgeschichte von Max Frischs Werk in der deutschsprachigen Gegenwartsliteratur« vorgelegt, leider jedoch nicht geboten, was der Titel verheißt. Denn er skizziert, was Härtling und Johnson und Wolf und viele andere mit Frisch verbindet und was sie von Frisch trennt, – wirkliche Einflüsse Frischs macht er kaum dingfest. Es ließ sich aber wohl schon damals (1983) und es läßt sich erst recht heute wenigstens in Umrissen erkennen, auf welche Werke und Autoren der Einfluß Frischs besonders groß war und in welcher Hinsicht er sich als schlagkräftig erwies.

Es kann keine Frage sein, daß Frisch als Dramatiker kaum auf die jüngere Generation gewirkt hat. Elemente des Grotesken und Surrealen, des karikierenden Bilderbogens oder der Polit-Collage finden sich bei ihm nicht, Hacks und Müller, Bernhard und Kroetz dürften ihm weniger verdanken als seinem Schweizer Kollegen Dürrenmatt. Auch das literarische Tagebuch hat weder in seiner ersten noch in seiner zweiten Form Nachfolger gefunden, während seine Romane, abgesehen von »Homo faber«, von außerordentlicher Durchschlagskraft waren und sich geradezu als literarische Modelle herausstellten. Zwei Elemente des »Stiller« waren besonders wirkungsvoll, das Identitäts-Thema, die Frage, wie weit ein Mensch sich selbst annehmen, sich selbst auch nur finden kann und wie weit er sich bloß in Rollen zu artikulieren und zu realisieren vermag, – und das Verfahren, Elemente personaler Identität nicht durch Beschreibung, erst recht nicht durch eine psychologisierende Innendeskription, sondern in Gestalt von erfundenen Geschichten sichtbar zu machen. Immer wieder und ganz zu Recht hat man auf Christa Wolfs Erzählung »Nachdenken über Christa T.« (1968) verwiesen, wenn von Frischs Einfluß auf die Gegenwartsliteratur die Rede war, denn in der Tat ist der gleich zu Beginn begegnende Schlüsselsatz ein »Stiller«-Satz: »Nachdenken, ihr nach-denken. *Dem Versuch, man selbst zu sein.*« Das Identitätsthema hat sie dann nochmals, wenn auch in Form einer Selbstsuche, in »Kindheitsmuster« (1976) variiert und in diesem Roman sogar gewisse erzähltechnische Modelle aus »Stiller« ausprobiert; jedenfalls erinnert das Erzählen in Ich-, Du- und Sie-Form an die Selbstdistanzierungen als Hilfe bei der Selbstfindung, die in »Stiller« in Gestalt der Lügen-Geschichten Anatols begegnen. Freilich wird man auch oder erst recht an »Mein Name sei Gantenbein« denken müssen, weil dort die Selbstdistanzierungen als Selbstentwürfe des Buch-Ich in wechselnden Erzählformen häufiger auftauchen. Ersichtlich wurde auch Peter Härtlings Roman »Hubert oder Die Rückkehr nach Casablanca« (1978) von »Stiller« beeinflußt, denn der Protagonist findet seine Identität ausschließlich in einem Rollenspiel, das sich an Filmen, vor allem solchen mit Humphrey Bogart, orientiert. Und ein Dialog wie der folgende könnte – der Sache, wenn auch nicht dem Ton nach – in »Stiller« stehen: »Erzähl noch was. Auch wenn es nicht wahr ist./ Ich erzähle nur wahre Geschichten./Ich glaub dir ja./Wirklich?/Ein bißchen.« Noch deutlicher sind die Einflüsse auf den Schweizer Romancier Walter Matthias Diggelmann zu erkennen. In dem Roman »Das Verhör des Harry Wind« (1962) wird die Hauptfigur von ihrem »Betreuer« aufgefordert, ihren Lebenslauf niederzuschreiben, genau wie Ludwig Anatol Stiller in Frischs Roman, und in Diggelmanns Roman »Aber den Kirschbaum, den gibt es« (1975) schreibt Hugo, die Zentralfigur, Geschichten nieder, die nichts mit ihm zu tun haben sollen, die aber kaum verschlüsselt die eigentliche innere Realität Hugos präsentieren, was der Freund, der diese Geschichte beurteilen soll, auch bald erkennt.

   Allerdings scheint es so, als habe »Stiller« stärker über »Mein Name sei Gantenbein« bzw. die dort entfalteten Themen und Techniken gewirkt, – vorausgesetzt, man sieht im »Gantenbein«-Roman zumindest auch eine Ausarbeitung und Radikalisierung von Ansät-

zen, die sich in »Stiller« finden. So lesen wir z. B. in dem schon
herangezogenen Roman »Hubert oder die Rückkehr nach Casablanca« einen Satz, der unverkennbar den Einfluß von »Mein Name
sei Gantenbein« zeigt: »in den freien Stunden würde er durch die
Stadt strolchen, in Café-Häusern sitzen, Mädchen und Männern
nachsehen, deren Geschichten erfinden, selbst wieder in eine Geschichte hineinwachsen«. Denn genau dies unternimmt das Buch-
Ich in Frischs Roman. Überhaupt hat dieses Werk am stärksten
gewirkt, es bildet in mehrfacher Hinsicht einen Dreh- und Angelpunkt innerhalb der Entwicklung des deutschen Romans der letzten
zwei Jahrzehnte. Zwei Aspekte, die bei Frisch eng zusammengehö-
ren, von den rezipierenden Autoren aber gelegentlich getrennt oder
nur einzeln berücksichtigt werden, sind von zentraler Bedeutung:
Einmal die Variierung des Ich, das alle seine Existenzmöglichkeiten
durchspielt und dann nur in der Vielzahl seiner möglichen Lebensvarianten seine Identität findet; und außerdem die Voraussetzung
für dieses Variantenspiel, die Tatsache, daß nicht Fakten, sondern
Fiktionen, daß erfundene Geschichten erzählt werden und sich
damit der das Erzählte als ›wirklich‹ vorgefallen schützende Rahmen
der Fiktionalität auflöst. Die Sätze »Ich probiere Geschichten an wie
Kleider« (V, 22) und »Ich stelle mir vor« (V, 8 u. ö.) bilden die
Kern- und Schlüsselsätze für jene Autoren, die Frischs Romane zum
Ausgangspunkt für die Entwicklung eigener Erzählverfahren nehmen.

Häufig sind die Entlehnungen allzu aufdringlich. So hat Mario
Szenessy in seinem Roman »Verwandlungskünste« (1967) Jim aus
»Stiller« wieder aufleben lassen, Erlebtes mit Erfundenem verknüpft
und das Fiktive als solches deutlich gekennzeichnet. In »Lauter
falsche Pässe oder Erinnerungen des Roman Skorzeney« (1971) hat
er dann das Prinzip der Selbstvariation übernommen und als Perso-
nen-Variation fortgeführt, indem er die Hauptgestalt Lebensläufe
erfinden läßt. Barbara König griff schon ein Jahr nach Erscheinen
des »Gantenbein«-Romans das Variationen-Thema auf und rückte
in dem Roman »Die Personenperson« (1965) ein Ich in den Mittelpunkt, das mit sich keineswegs einfach identisch ist, sondern aus
lauter Widersprüchen und Abwandlungen besteht, die hier in Gestalt von Freunden, also personifiziert, auftreten. Auch der Protagonist ihres Romans »Der Beschenkte« (1980) erprobt sich in unterschiedlichen Lebensrollen, weil er nicht damit fertig wird, daß sich
gegen Kriegsende ein Geistlicher an seiner Stelle von den Nazis hat
erschießen lassen. Fritz Rudolf Fries läßt die beiden Hauptfiguren in
»Der Weg nach Oobliadooh« (1966) Lebensvarianten in der Realität
ebenso wie in der Vorstellung ausprobieren, während Werner

Schmidli in seinem bisher einzigen, aber nicht unbedeutenden Roman »Fundplätze« (1974) das Verfahren entwickelt, eine fremde Person dadurch nach und nach vor Augen zu führen, daß der Leser (wie der Erzähler) deren Aufzeichnungen, die voller Widersprüche und zudem fragmentarisch sind, zur Kenntnis nimmt und auch noch mit den Vorstellungen des Narrators konfrontiert wird, die sich bei diesem im Anschluß an die Lektüre einstellen. Schließlich hat ja Christa Wolf in »Kindheitsmuster« ebenfalls auf das Variantenprinzip zurückgegriffen. Auf besonders virtuose und höchst originelle Weise machte es schon einige Jahre vor ihr Dieter Kühn in seinem Roman »N« (1970) fruchtbar, wo er Varianten zum Geschichtsverlauf erzählt, dabei das Präsens durchgängig beibehält und es so dem Leser überläßt, Faktum und Fiktion voneinander zu unterscheiden. Am Ende wird beschrieben, was nach dem ›Fall Napoleon‹ bis heute geschehen ist, – aber mit negativem Vorzeichen: Die Wahrheit ist die Negation dessen, was erzählt wird, und der Leser ist aufgerufen, sie als Variante des Gesagten herzustellen.

Die Verlagerung des Erzählten aus der Sphäre des fiktional Faktischen in die der Vorstellung betreiben viele Romane, die nach »Mein Name sei Gantenbein« erschienen sind, aber nicht alle so durchgängig bzw. auf so weiten Strecken wie z. B. Walter Höllerers »Die Elephantenuhr« (1973), ein grotesk-surrealer Roman, in dem ein Semiologe sich nicht nur anhört, was er selbst aufs Tonband gesprochen hat, sondern sich auch vorstellt, was sein – ebenfalls wohl nur erfundener – Feind und Konkurrent G. im Moment tut und denkt. Angelika Mechtel rückt in ihrem Roman »Die andere Hälfte der Welt oder Frühstücksgespräche mit Paula« (1980) eine Erzählerin in den Mittelpunkt, die sich vorstellt, wie ihre frühere Klassenkameradin, die Bibliothekarin wurde, wohl leben mag und gelebt haben mag. Sie reiht Varianten und Möglichkeiten aneinander, aus denen der ganze Roman besteht, so daß die Nachahmung der »Gantenbein«-Struktur nicht zu verkennen ist. Auch in Armin Ayrens »Buhl oder Der Konjunktiv« (1982) begegnet das Motiv der Vorstellungsvarianten, aber es kommt noch dazu, daß der Erzähler auf Notizen seines Freundes und Nebenbuhlers stößt, die von einem Roman im Konjunktiv handeln, daß er den Plan seines eigenen Romans umreißt, ohne das Werk selbst zustandezubringen, so daß sich alles und noch dazu auf vielfältige Weise ins Reich des Möglichen verwiesen sieht. Bis in einzelne Formulierungen ist der Einfluß des »Gantenbein«-Romans zu erkennen: ›Ich stelle mir trotzdem vor‹, heißt es einmal, oder »Ich sehe einen Polizisten vor mir«, oder »Ein paar Kapitel sehe ich vor mir«. Schließlich hat Gerhard Roth das »Gantenbein«-Modell erklärtermaßen übernommen, in einem Roman, dessen Untertitel daran von vornherein keinen Zweifel läßt: »Der Untersuchungsrichter. Die Geschichte eines Entwurfs« (1988).

Besonders nachhaltig hat die partiell schon in »Stiller« begegnende, als Darstellungsprinzip sich aber dann in »Mein Name sei Gantenbein« durchsetzende Preisgabe des Erzählten als Fiktion gewirkt. Schon 1964, also in demselben Jahr, in dem »Mein Name sei Gantenbein« erschien, legte Johannes Bobrowski mit »Levins Mühle« ein schönes Beispiel für einen Roman vor, in dem der souveräne Erzähler sozusagen offen diskutiert, was und wie er erzählt und das Erzählte bewertet, – ein Verfahren, das – wenn auch gemäßigt – in seinem zweiten Roman »Litauische Klaviere« (1966) ebenfalls zu erkennen ist. Aber stärker noch hat sich eine Erzählweise durchgesetzt, in der der Autor selbst auftritt und auf diese Weise den Rahmen der Fiktionalität durchbricht. »Ich schreibe nun auch, bin der, der dies ersinnt, erlebt und wortmacht«, heißt es z. B. in Silvio Blatters Roman »Mary Long« (1973), oder, etwas später: »Ich erfinde eine Figur. Eine Romanfigur aus Papier und Druckerschwärze.« Dieter Kühn brachte dieses Verfahren mit großer Virtuosität auf seinen Höhepunkt: Er tritt nämlich nicht nur als Autor auf, sondern erzählt auch historische Fakten, wobei er freilich die Art und Weise dieses Erzählens als subjektiv, das Erzählte mithin als Variante unter anderen möglichen Varianten preisgibt. Das gelang ihm am wirkungsvollsten in dem »Roman eines Verbrechens« mit dem Titel »Die Präsidentin« (1973). Peter Härtling hat dasselbe Prinzip in seinem »Hölderlin«-Roman (1976) angewandt, Elisabeth Plessen in ihrem »Kohlhaas« (1979). Und in Walter F. Ottos Roman »Wie wird Beton zu Gras« (1979) lesen wir die Sätze »Behaupten, so war's. Nein. Das Mögliche beschreiben. Möglich, ja wahrscheinlich, daß sie sich fühlte wie . . .«, – und erkennen, daß auch hier dem Erzählten seine Faktizität genommen und es als bloß mögliches Geschehen dargeboten wird. Auch in Volker Brauns »Hinze-Kunze-Roman« (1985) tritt der Autor auf und gibt so die Geschichte als erfunden preis: »Sie fuhren weiter. Aber ich kann nicht so fortfahren in diesem Text. [. . .] Aber ich schrieb nicht weiter, ich fuhr, mein eigener Kutscher, zu einer Lesung nach Dresden«. Diese Durchbrechung des fiktionalen Kunst-Rahmens ist heute zur gängigen Mode geworden, Max Frischs »Mein Name sei Gantenbein« hat geradezu Schule gemacht.

Die Verquickung der beiden Prinzipien, der Fakten-Variation und der Preisgabe des Erzählten als Fiktion, ist Peter Bichsel in seinen »Jahreszeiten« (1967) besonders gut geglückt, überhaupt fällt auf, daß Frischs Einfluß auf Schweizer Literaten besonders nachhaltig zu sein scheint. Aber auch seine Freunde Hildesheimer und

Andersch haben sich von dem in »Mein Name sei Gantenbein« begegnenden Verfahren inspirieren lassen. Wolfgang Hildesheimers »Tynset« (1965) stellt zu einem guten Teil ein Möglichkeiten-Spiel dar, das im Bewußtsein der Hauptfigur stattfindet, ein Verändern und Wechseln von Vorstellungen, die zwar nicht durch Eingangssätze wie »Ich stelle mir vor«, aber durch Wendungen wie »Vielleicht« oder »Möglicherweise« als solche gekennzeichnet werden. In »Masante« (1973) hat Hildesheimer dieses Verfahren noch radikalisiert und darüberhinaus die Möglichkeitsproblematik auch inhaltlich von den Figuren diskutieren lassen, also zu einem Erzählthema erhoben. Alfred Andersch, der frühere Nachbar Frischs in Berzona, bietet in »Winterspelt« (1974) zwar nur eine Variante zur Wirklichkeit, spielt diese aber in allen Einzelheiten durch: Wie läßt sich – am Ende des Zweiten Weltkriegs – das Leben der Soldaten einer Division retten? Der Erzähler läßt die Variante, die Truppen den Amerikanern zu übergeben, in allen Details durchspielen, aber die Wirklichkeit läßt diese Möglichkeit eben nicht zu.

Angesichts der ebenso intensiven wie extensiven Wirkungen, die Frischs »Stiller« und »Mein Name sei Gantenbein« offensichtlich auf die deutsche Romanliteratur der letzten fünfundzwanzig Jahre ausübten, muß man fragen, ob nicht die indirekten Folgen von größerem Gewicht sind als die hier skizzierten direkten. Ist z. B. die als Bewußtseinsliteratur zu bezeichnende Dichtung von Friederike Mayröcker denkbar ohne das »Gantenbein«-Modell? Kann man sich die Gespräche mit der ausgedachten Idealfigur Malina in Ingeborg Bachmanns Roman (»Malina«, 1971) vorstellen ohne »Mein Name sei Gantenbein«? Wie steht es in dieser Hinsicht mit Gerhard Köpfs »Die Strecke« (1985), mit Monika Marons »Die Überläuferin« (1986), gar mit Bernhards späten Denkassoziationen »Holzfällen« (1984) und »Auslöschung« (1986)? Es gibt gute Gründe, anzunehmen, daß Frisch Auslöser für ein literarisches Verfahren war, das heute ganz selbstverständlich wirkt und daher seinen eigentlichen Ursprung kaum noch erkennbar macht.

Es ist dies vielleicht das ästhetisch wichtigste Kennzeichen dafür, das Max Frisch heute zu einem der Klassiker deutscher Erzählliteratur in der Moderne geworden ist. Freilich mag es äußerlich aufdringlichere geben. Daß Wolfgang Hildesheimer mit seinen »Mitteilungen an Max über den Stand der Dinge und anderes« (1983) ein hochironisches Buch an Frisch schrieb, hebt dessen Bedeutung für die Schriftsteller unserer Tage ebenso ins Bewußtsein wie die Tatsache, daß Frisch auch schon den Gegenstand eines ästhetischen Gebildes darstellte, nämlich Mittel und Objekt der »Literarischen Collage« von Carsten Niemann mit dem Titel »eM. eF. Max Frisch –

Trilogie« (1983). Die stärkste Homage an Frisch jedoch stellt wohl die Sammlung von Frisch-Zitaten dar, die Uwe Johnson im Auftrag des Suhrkamp Verlages 1975 unter dem Titel »Max Frisch Stichworte« vorlegte. Nicht nur die Tatsache, daß Max Frischs Werk sozusagen die Festgabe aus Anlaß des 25jährigen Bestehens des Suhrkamp Verlags bildete, sondern auch die Bereitschaft Uwe Johnsons, diese Festgabe zuzubereiten, machen deutlich, daß Max Frisch schon zu Lebzeiten zu einem Klassiker der Moderne in Deutschland wurde. Dem Vorwort Johnsons kann man im übrigen entnehmen, welche Bedeutung »Stiller« für den jungen Dichter hatte, und es ist angesichts der Äußerungen Johnsons nicht aus der Luft gegriffen, wenn man davon ausgeht, daß das Identitätsproblem auf »Mutmaßungen über Jakob« (1959) ebenso wie auf »Das dritte Buch über Achim« (1961) Einfluß gewann.

Auch wenn man die philologische Rezeptionsgeschichte des Werkes von Max Frisch ins Auge faßt, sieht man, welche Bedeutung Werk und Autor zugemessen wird. Zum fünfundsechzigsten Geburtstag Frischs erschienen die »Gesammelten Werke in zeitlicher Folge« (1976), eine sechsbändige Ausgabe, der eine zwölfbändige, seitenidentische Taschenbuchausgabe zur Seite gestellt wurde. Zwar fehlen auch hier noch zu viele erzählerische Skizzen, die für das Frühwerk kennzeichnend sind, und auch »Antwort aus der Stille« wurde nicht zugänglich gemacht; aber eine Reihe kleinerer Beiträge, die für den Frisch-Interpreten nur schwer zu beschaffen waren, bereicherte die Sammlung der bekannten und größeren Arbeiten, die allesamt in die Werkausgabe aufgenommen wurden. Zehn Jahre später, also 1986, legte der Suhrkamp Verlag die mit den »Gesammelten Werken in zeitlicher Folge« textidentische, aber von vielen Druckfehlern und kleineren Unstimmigkeiten gereinigte »Jubiläumsausgabe« vor, die zudem mit einem siebenten Band versehen wurde, der die nach 1975 erschienenen neuen Werke und Neufassungen älterer Werke enthält. Die Frisch-Forschung hat damit eine umfängliche und verläßliche Basis gewonnen.

Wer sich nicht nur für das Werk Max Frischs, sondern auch für Rezeption und Rezeptionsgeschichte interessiert, findet inzwischen eine Reihe von Hilfsmitteln, die ihm die Arbeit erleichtern. Unter ihnen sind die Bibliographien gewiß die wichtigsten, und von diesen wiederum die von *Schmitz* (L 6) und von *Knapp* (L 7) die wertvollsten. Erstere verzeichnet außer Sammelausgaben, Einzelausgaben und Beiträgen Frischs in Zeitungen und Zeitschriften auch die Übersetzungen, Interviews und Uraufführungen und stellt außerdem das bisher umfangreichste Verzeichnis der Sekundärliteratur dar. Die Bibliographie von Knapp ist zwar nicht ganz so umfangreich, erleichtert aber durch die mitunter eingefügten Kommentare dem Benutzer die Auswahl der für ihn wichtigsten wissenschaftlichen Arbeiten; Werke Frischs wurden hier allerdings bibliographisch nicht erfaßt. Hervorzuheben sind außerdem die Bibliographien von *Probst* (L 8) und *Gerlach* (L 9), vor allem weil sie einen größeren Berichtszeitraum berücksichtigen können.

Seit langem erfreuen sich Sammelbände, die Aufsätze über das Werk Frischs bündeln, besonderer Beliebtheit. Unter ihnen sind die Bände ÜMF (L 12) und ÜMF II (L 15) am weitesten verbreitet, denn in ihnen wurden verstreut erschienene Aufsätze zusammengestellt und so leicht zugänglich gemacht, und da sie auch eine Bibliographie der Primär- wie der Sekundärliteratur enthalten, eignen sie sich gut für denjenigen, der sich in die wissenschaftliche Literatur einarbeiten möchte. Sie treiben aber die Forschung nicht voran, weil sich in ihnen so gut wie kein Originalbeitrag findet. Anders steht es in diesem Punkt mit den Bänden von *Jurgensen* (L 16) und *Knapp* (L 17, L 18) sowie mit dem Max Frisch gewidmeten Doppelheft von »Text und Kritik« (L 14). Gewiß finden sich dort neben wichtigen Aufsätzen allzu rasch geschriebene Gelegenheitsbeiträge, aber diese bilden die Ausnahme von der Regel, daß die meisten in diesen Bänden versammelten Arbeiten der Frisch-Forschung neue Impulse zu geben vermögen. Auch ein Sammelband wie der von *Bänziger* (L 13), in dem Beiträge nur eines Verfassers zusammengestellt wurden, ist nicht überflüssig, obwohl – anders als in den zuvor genannten Sammelbänden – nur bestimmte Werke Frischs Berücksichtigung finden. Ärgerlich bleibt es freilich, daß oft längst überholte Aufsätze als Füller wieder abgedruckt werden.

Das geschieht natürlich auch in den Sammelbänden, die Arbeiten zu einem einzigen Werk Frischs bündeln und meist als »Materialien«-Bände bezeichnet werden. Sie sind hilfreich, aber meist weniger der außerordentlich selten zu findenden wirklichen Materialien, also Autoren-Bemerkungen, Quellenfunde etc. wegen, sondern aufgrund der Bequemlichkeit, die sie dem Frisch-Interpreten bereiten. Er findet wichtige, gelegentlich auch eigens für den Band angefertigte Arbeiten versammelt und kann sich so rasch und leicht orientieren. Bände dieser Art liegen zu »Don Juan oder Die Liebe zur Geometrie« (L 167), zu »Stiller« (L 182), zu »Homo faber« (L 199), zu »Biedermann und die Brandstifter« (L 208) sowie zu »Andorra« (L 220) vor und wurden sämtlich von *Walter Schmitz* oder mit ihm als Ko-Editor herausgegeben. Hier hat er sich wirklich Meriten erworben. Es steht zu erwarten, daß über kurz oder lang vergleichbare Bände auch zu »Biografie: Ein Spiel«, zu »Mein Name sei Gantenbein« und zu den Tagebüchern erscheinen werden.

Für denjenigen, der sich über das Gesamtwerk Frischs unterrichten lassen möchte, ergeben sich nach wie vor Schwierigkeiten. Zwar zeigt der schmale Versuch einer allgemeinen Würdigung von *Schmid* (L 21), daß Max Frisch von Anfang an Beachtung fand, zwar legte *Stäuble* bereits 1957 eine umfangreiche »Gesamtdarstellung« des Werks von Frisch vor (L 22), zwar gelang *Bänziger* 1960 zum erstenmal eine Darstellung, die philologischen Ansprüchen genügte (L 23), aber abgesehen davon, daß Schmids Versuch nur noch historische Bedeutung besitzt und Stäubles Darstellung mehr einem literarischen Geplauder als einer wissenschaftlichen Arbeit ähnelt, ist auch Bänzigers Studie trotz der leichten Überarbeitungen mehr und mehr veraltet und inzwischen zu schmal, als daß sie den vielfältigen Bezügen, die die Werke untereinander verbinden, gerecht würde. Das gilt auch für das Buch von *Ulrich Weisstein* (L 25), während die Darstellung von *Carol Petersen* (L 24) zwar immer wieder überarbeitet wurde, aber zu schmal ist, als daß sie heute noch der Aufgabe, Frischs Gesamtwerk darzustellen, gerecht werden könnte. Auch *Stephans* Darstellung (L 28) leidet unter der durch den begrenzten Raum erzwungenen Oberflächlichkeit, während *Lüthi* (L 27) das von ihm bearbeitete Textmaterial noch stärker reduziert, als es sein begrenzter, wenn auch zentraler Frageansatz erzwingt; jedenfalls führt der schlichte Titel »Max Frisch« den Leser zunächst irre. *Volker Hage* indes ist ein instruktiver Band über Person und Werk Max Frischs gelungen, aber natürlich will und kann eine Bildmonographie nicht die große zusammenfassende Gesamtdarstellung des Werkes und der Bedeutung Frischs ersetzen. Diese fehlt einstweilen, doch ist für sie vielleicht auch noch nicht die rechte Zeit gekommen.

Bemerkenswert zahlreich sind jene Studien, die einen Werkteil oder einen Werkausschnitt zum Gegenstand interpretatorischer Bemühungen machen. *Horst Steinmetz* (L 77) orientiert sich an Frischs Tagebuchkonzeption und rückt das Tb I, »Stiller« und das Tb II in den Mittelpunkt. Auch *Karasek* hat es sich in seinem »Frisch« (L 39) nicht zur Aufgabe gemacht, ein Autorenportrait zu entwerfen, sondern reiht bewußt Einzelinterpretationen der Bühnenwerke Frischs aneinander; das Büchlein gewinnt jedoch durch einen Anhang besonderen Reiz, in dem in knapper Form die Bühnengeschichte der Werke Frischs dargestellt wird und sich eine Reihe von Szenenfotos findet.

Monographien dieser Art, d.h. gattungsorientierte Darstellungen, sind ebenfalls nicht selten. Unter den vorhandenen ragen die beiden Bände von *Jurgensen* über die Romane (L 65) und über die Dramen (L 41) heraus, auch wenn sie durch die im Laufe der Jahre notwendig gewordenen Umarbeitungen und Ergänzungen an Geschlossenheit verloren haben. *Schröders* (L 48) und *Weises* (L 49) Arbeiten sind noch nicht veraltet und *Durzaks* Studie über den Dramatiker Frisch (L 64) in darstellerischer Hinsicht vielleicht überlegen, stehen ihr aber im Hinblick auf die Materialaufbereitung um einiges nach. Inzwischen sind entsprechende Veröffentlichungen auch im englischen Sprachbereich erfolgt, Frischs Dramen wurden gleich von zwei verschiedenen Autoren dargestellt, von *Gertrud Bauer Pickar* (L 109) und von *Michael Butler* (L 138), der auch eine Studie über »The novels of Max Frisch« (L 96) vorlegte. Die Dissertation von *Walter Schmitz* mit dem bombastischen Titel »Max Frisch. Das Werk (1931–61)« (L 135) ist nicht gattungsorientiert, sondern grenzt einen Œuvre-Teil zeitlich aus, ebenso wie in dem schon erwähnten Band »Max Frisch: Das Spätwerk (1962–1982)« (L 136).

Frischs Theaterstücke bilden den Teil seines Werkes, der bisher am besten erforscht und jedenfalls am häufigsten interpretiert wurde. Vor allem finden sich relativ viele Arbeiten, die sein dramatisches Schaffen im ganzen unter bestimmten Aspekten behandeln. Zu ihnen zählen nicht nur solche, die Frischs Dramen im Zusammenhang mit dem Werk anderer Dramatiker sehen wie *Kestings* Darstellung von Frischs »Nachrevolutionärem Lehrtheater« (L 32) oder *Wellwarts* Einlassungen über Frischs »Drama of Despair« (L 35), sondern vor allem solche, die wie die von *Heidsieck* (L 44), *Biedermann* (L 78), *Hinck* (L 75), *Bauer Pickar* (L 81) usw. ausschließlich Frischs Stücke in den Mittelpunkt der Untersuchung rücken. Es fehlt auch keineswegs an Autoren, die Frischs Dramentheorie behandeln (*McCormick* L 69, *Schnetzler-Suter* L 79, *Geisser* L 74). Aber die Forschung hat sich bisher noch nicht mit der Aufführungspraxis befaßt und nicht zureichend geklärt, an welchen Vorbildern sich Frisch bei seinen dramaturgischen Konzeptionen orientiert hat. Wir besitzen sogar nur einen umfänglicheren Versuch, das Verhältnis zu klären, in dem Frischs Stücke zum Brechtschen Theater stehen, wo Frisch Brecht folgt und wo er sich – möglicherweise unbewußt – sogar gegen ihn wendet (*Watrak* L 91).

In unzureichendem Maße hat sich die Wissenschaft bisher um Frischs Erzähltheorie, auch um seine Erzähltechnik gekümmert. Zwar liegen zu den Romanen mehrere Einzeluntersuchungen vor, aber sie zielen meist mehr auf Fragen der Thematik (Schicksal, Identität, Technik etc.) als auf solche des Erzählverfahrens. Verhältnismäßig häufig hat man das Tagebuch als episches Modell dargestellt (*Steinmetz* L 77, *M. C. Schröder* L 71, *Kieser* L 87, L 66), seltener den Versuch unternommen, Frischs Erzählweise im Verhältnis zur Erzählthematik des jeweiligen Werkes zu analysieren (*Burger* L 50, *Stromšik* L 56), Erzählprobleme aufzuweisen (*Rosenthal* L 55) oder einen Entwicklungsprozeß in der Erzählweise zu erforschen (*Wolfschütz* L 73). Ganz und gar fehlt es an einer geschlossenen Darstellung von Frischs poetologischen Überlegungen zum Erzählen, wenn man von der in diesem Zusammenhang allerdings sehr wichtigen Arbeit von *Gockel* (L 237) absieht. Form-Fragen haben die Frisch-Interpreten bisher noch nicht die Aufmerksamkeit gewidmet, die ihnen zukommt. Es wundert deshalb nicht, daß das Buch von *Schenker* (L 47) neben der Auswertung eines Interviews von *Bloch* (L 57) die einzig nennenswerte Untersuchung von Frischs Sprache darstellt und daß eine stilkritische Analyse fehlt.

Immerhin sind in den letzten zehn Jahren zwei Untersuchungen zur Poetik und Ästhetik Frischs erschienen, von denen jedoch die erste zu sehr einen einzigen Aspekt in den Vordergrund rückt und die zweite stark an der Biographie und der Persönlichkeit Frischs orientiert ist: *Schumachers* Abhandlung über »Max Frischs Poetik der Geschichte« (L 122) hat immerhin das Wechselspiel von Varianten und Invarianten im Blick, *Schwenkes* »produktionsästhetische Auseinandersetzung« mit Frischs Werk (L 132) bleibt oft im Vagen.

Unter den Studien zum Gesamtwerk Frischs finden sich vornehmlich solche, die um in der Literaturwissenschaft immer wieder und allenthalben gestellte Fragen kreisen, z. B. um das Problem der Zeit (*Dahms* L 95), das Bild der Frau (*Merrifield* L 61), das Menschenbild allgemein (*Eisenschenk* L 58) etc. Diese Arbeiten haben durchaus ihre Berechtigung, wenn sie auch durch das Erscheinen neuer Werke, vor allem der Erzählung »Montauk«, weitgehend überholt und einer korrigierenden Überarbeitung bedürftig sind. Untersuchungen, die ihren Frageansatz aus den spezifischen Erscheinungen in den Frischschen Dichtungen selbst gewinnen, unterliegen diesem Veralterungsprozeß weniger (*Werner* L 92, *S. Mayer* L 113, die vielen Arbeiten zur Identitätsfrage, vgl. Kap. V). Um so erstaunlicher ist es, daß es an wissenschaftlichen Darstellungen von Frischs Essayistik, seinen frühen journalistischen Beiträgen, seiner Geisteshaltung überhaupt so vollständig fehlt. Auch die Frage nach Frischs gesellschaftskritischen Positionen, ihren Wandlungen, ihren Voraussetzungen, ihren Äußerungsformen wurde erst nach und nach und recht zögerlich gestellt. Während *Lengborns* Studie (L 68) bis heute nicht ersetzt wurde, befaßten sich *Gross* (L 86) und *Eifler* (L 111) allzu vorsichtig mit diesem Themenkomplex. Hingegen gehen *Schuchmann* (L 123) und *Scholz-Petri* (L 125) die Frage nach den gesellschaftspolitischen Implikationen der Werke von Frisch entschlossen an, und auch *Horns* kleine Studie über den Anarchismus bei Frisch (L 140) ist durchaus lesenswert. Schließlich kann man auch bei *Pender* (L 117) einige Hinweise auf den gesellschaftlichen Hintergrund der Schweiz und seine Auswirkungen auf Frischs kritische Positionen lesen.

Die Zahl der vergleichenden Untersuchungen ist groß. Am häufigsten hat man sich mit dem Verhältnis zwischen Frisch und Dürrenmatt beschäftigt, was nicht nur die landsmannschaftlichen Gemeinsamkeiten nahelegen. Die umfangreichste, allerdings zu allgemein gehaltene Arbeit hat *Scheible* (L 46) vorgelegt, *Allemann* hingegen greift in seinem Aufsatz über die »Struktur der Komödie bei Frisch und Dürrenmatt« (L 43) ein zentrales Thema auf, *Karasek* beschäftigt sich kritisch mit dem Verhältnis der beiden Schweizer Dichter zu Brecht (L 52) und konzentriert sich damit ebenfalls auf eine zentrale Frage; aber es handelt sich leider um eine Darstellung, die zwar Brechts Theater als Hintergrund für einen Vergleich benutzt, aber nicht dem tatsächlichen Einfluß Brechts nachgeht. Erstaunlich ist, daß immerhin zwei umfänglichere komparatistische Aufsätze zu Frisch und Pirandello (*Zeller-Cambon* L 107) und Frisch und Stoppard (*Pache* L 76) vorliegen, während die Tatsache, daß eigentlich nur eine umfangreichere Studie über das Verhältnis Frischs zu Wilder existiert (*Durzak* L 101, s. auch 121), zeigt, daß Wilders Einfluß wohl noch immer unterschätzt wird. Aber die Bedeutung Claudels, Strindbergs, Giraudoux' für Frisch liegt bisher in noch tieferem Dunkel. Dies hängt damit zusammen, daß die Forschung die Voraussetzungen von Frischs poetischer Produktion, auch die geistesgeschichtlich-philosophischen, bisher kaum untersucht hat; sie stößt auf besonders große Schwierigkeiten, von denen im ersten Kapitel dieser Arbeit die Rede ist. Eine umfangreichere vergleichende Studie, die mit Kierkegaards Philosophie wenigstens eine wesentliche Voraussetzung zu ihrem Gegenstand gemacht hat, wurde von *Stemmler* vorgelegt (L 72), doch hat er nur schwer oder gar nicht vergleichbare Werkkomplexe (Frisch und Böll) in Beziehung zueinander gesetzt. Arbeiten, die sich mit existenzphilosophischen Elementen im Werk Frischs befassen, haben außerdem *Cunliffe* (L 51) und *Ruppert* (L 61) vorgelegt, doch sind sie inzwischen als zum Teil überholt anzusehen, weil *Kiernans* Arbeit »Existentiale Themen bei Max Frisch« (L 114) umfänglicher und genauer ist. Hinsichtlich des Einflusses, den Kierkegaard auf »Stiller« ausübte, glaubt *Stig Holmgren* sogar schon ein Resümee ziehen zu können (L 126).

Die respektabelsten Ergebnisse hat die Frisch-Forschung bisher auf dem Gebiet der Einzeltext-Analyse vorlegen können, und sie ist in jüngster Zeit auch in der Untersuchung einiger Quellen, der Werkgeschichte und der literarischen Intentionen ein Stück vorangekommen. *Frühwald* und *Schmitz* (L 196, L 222) haben Kommentare zu »Homo faber«, »Andorra« und »Wilhelm Tell für die Schule« verfaßt, die bei allen Einwänden, welche hinsichtlich manch überflüssigen Beiwerks (*Schmitz'* Reihung von Gedankenelementen aus zwei Jahrhunderten zum Problemkreis ›Technik‹ in L 196) und mancher Lücken (gedankliche Konzeptionen in früheren Werken Frischs als Quellen, vor allem für »Homo faber«) erhoben werden müssen, als Fundamente für weitere interpretatorische Bemühungen angesehen werden können.

Die geringsten Kenntnisse besitzen wir über das Frühwerk Frischs, außer *Jurgensen* (L 112) hat es bisher noch niemand im Zusammenhang dargestellt. Erst zu »Santa Cruz« und zu »Bin oder Die Reise nach Peking« sind gewichtigere Studien angefertigt worden. Auch für die Forschung gilt, was für die Rezeption im ganzen gesagt werden kann: Erst die Werke der 50er Jahre lösten ein reges Interesse aus, und die Frisch-Philologie hat sich – auch nachdem sie die Werke der mittleren Produktionsphase zahlreichen Analysen unterzogen hatte – nicht so sehr der frühen Schaffensperiode zugewandt, sondern ihre Aufmerksamkeit mehr den neu erscheinenden Werken gewidmet. Auf besonders reges Interesse sind »Andorra« und »Homo faber« gestoßen, ihnen gelten die meisten Untersuchungen. Beide Werke wurden allerdings weitgehend immanent interpretiert, der zeitlich-geschichtliche wie der literarische Kontext bleibt meist außer Betracht. Angesichts des Stoffes kann es nicht überraschen, daß allerdings der Komödie »Don Juan oder Die Liebe zur Geometrie« zahlreiche komparatistische Beiträge gewidmet wurden, die sie in literaturgeschichtliche Zusammenhänge einordnen. *Pollak* (L 88), *Gontrum* (L 161), *Gnüg* (L 163) und *Rötzer* (L 165) haben diesen Aspekt schon fast erschöpfend behandelt, während die Frage, welche Rolle dieses auf den ersten Blick so stark aus dem Rahmen fallende Stück im Gesamtwerk Frischs spielt, wie es etwa mit »Die Chinesische Mauer« einerseits und »Stiller« andererseits zusammenhängt, einer ausführlicheren Beantwortung harrt. Lediglich mit »Homo faber« wurde das Werk bisher in einer Miszelle in Verbindung gebracht (*Franz* 162), doch vermißt man in einem Beitrag über den Intellektuellen im Werk Frischs die Einbeziehung der ›Chinesischen Mauer«, des »Hotz« und des Bühnenwerks »Biografie: Ein Spiel« allzu stark.

Die unterschiedlichsten Aspekte hat die wissenschaftliche Forschung Frischs Roman »Stiller« abgewonnen. Abgesehen davon, daß er in allen Arbeiten zur Rollen- und Identitätsproblematik das zentrale Untersuchungsobjekt darstellt (vgl. Kap. V), findet sich auch eine Reihe von Studien zur Erzählweise (*Braun* L 172, *Malinowska* L 179, *Bauer Pickar* L 181); er wurde mit Thomas Manns »Zauberberg« (*Köpke* L 180), mit Kierkegaard (*Manger* L 174, auch *Kiernan* L 115), mit Goethe (*Pfanner* L 177) in Verbindung und Vergleich gebracht, ja sogar den medizinischen Aspekt hat man nicht außer Betracht gelassen (*Burghard* L 171). Trotzdem wirft »Stiller« noch immer eine Reihe von Fragen auf, deren Beantwortung der Frisch-Forschung nicht ganz leicht fallen wird: Eine Einordnung des Romans in die literarischen Bestrebungen der 50er Jahre ist noch vorzunehmen, die Stellung von »Stiller« im Gesamtwerk Frischs ist zu umgrenzen und seine Beziehungen zur Tradition des Künstler- und Erziehungsromans, insbesondere zu Kellers »Der grüne Heinrich«, müßten untersucht werden. Ähnlich steht es mit der philologischen Analyse des Romans »Mein Name sei Gantenbein«. Zwar fehlt es nicht an sachhaltigen Interpretationen, (*Kähler* L 227, *Birmele* L 230, *Marchand* L 231, *Merrifield* L 232, *Stromšik* L 233), und die Studie von *Kraft* (L 234), vor allem das Buch von *Gockel* (L 237), aber auch der Beitrag von *Botheroyd* (L 236) beweisen, daß hier auch einmal die Frage der Erzählstruktur mit im Vordergrund gestanden hat; aber abgesehen von einem Streit über das Problem, ob es Beziehungen zwischen Frischs Werk im ganzen bzw. dem »Gantenbein« im besonderen und dem »nouveau roman« gebe (s. *Cauvin* L 228 und *Stauffacher* L 229) und ersten Ansätzen, die Rezeption existenzphilosophischer Grundpositionen und ihre Auswirkungen auf die Erzählstruktur des Romans zu untersuchen (*Petersen* L 238, *Kiernan* L 115), fehlt es an Beiträgen, die eben jene Fragen in den Mittelpunkt rücken, die auch die »Stiller«-Interpreten offengelassen haben.

Die meist als schweizerisches Spezifikum verstandenen Werke »Wilhelm Tell für die Schule« und »Dienstbüchlein« haben auch innerhalb der Frisch-Forschung ziemlich im Schatten des Interesses gestanden, das die Romane und Theaterstücke zu wecken vermochten. Zu »Wilhelm Tell« liegen mit *Berchtolds* historischer (L 246) und *J. Schröders* werkgeschichtlicher, vor allem auch poetologische Fragen berücksichtigender Einordnung (L 248) wenigstens zwei größere Interpretationsversuche vor, und außerdem besitzen wir den Kommentar von *Frühwald/Schmitz* (L 222). Umfangreichere Analysen des »Dienstbüchleins« vermißt man jedoch bis auf den heutigen Tag.

Auch »Biografie: Ein Spiel« ist von der Forschung nicht gebührend berücksichtigt worden. Das hängt vielleicht mit dem scheinbar privaten Charakter des Stücks zusammen, mit dem die an Frischs

Parabelstücken orientierte Forschung wenig anzufangen wußte. Immerhin wurde aber die Frage, in welchem Verhältnis das Stück zu Frischs »Dramaturgie der Permutation« steht, hinreichend diskutiert (*Geisser* L 74, *Profitlich* L 245). Die Folgen, die Frischs Umarbeitung zur Fassung von 1984 in diesem Zusammenhang nach sich zog, hat man indes unbeachtet gelassen. Auch Frischs bisher letztes Stück »Triptychon« hat man eher inhaltlich als hinsichtlich seiner Dramaturgie interpretiert, vor allem verkennt man meistens, daß es sich hier dramaturgisch um ein Gegen-Stück zu »Biografie: Ein Spiel« handelt. Immerhin hat man dem Werk eine eigene Dissertation gewidmet (L 270).

Auf recht lebhaftes Interesse sind die Tagebücher gestoßen, denen daher inzwischen auch mehrere umfangreiche Studien gewidmet wurden, nach *Steinmetz* (L 77) auch von *Kieser* (L 87), *de Vin* (L 105), *Scholz-Petri* (L 125) sowie – im Vergleich mit Gombrowicz – auch von *Kurczaba* (L 124). Zum Tb II, das man überraschenderweise intensiveren Analysen unterzog als das Tb I, liegen einige größere Darstellungen von *Schimanski* (L 252) und *Pulver* (L 253) vor, bei denen weniger textontologische Probleme untersucht als zeitgeschichtliche Bezüge in den Vordergrund gerückt werden. Bei den Tagebuchanalysen spielt meist auch die Frage eine Rolle, wieweit der Text ein Portrait seines Autors darstellt.

Dieser Aspekt wurde bei der Interpretation von »Montauk« kaum berücksichtigt, die Übereinstimmung von Lebensfakten und Textaussagen dürfte unbezweifelbar sein. Mit Recht ist die Frisch-Philologie anderen Fragen nachgegangen, vor allem der nach der Einordnung der späten Erzählung in das Gesamtwerk. Ansätze dazu sind bereits in den Rezensionen von *Krättli* (L 256) und *Hartung* (L 258) zu erkennen, die umfangreichste Untersuchung dieser Frage hat *vom Hofe* vorgelegt (L 259); *Knapp* (L 262) arbeitet insofern Bezüge zu »Stiller« und »Mein Name sei Gantenbein« heraus, als er die Darstellung von Lebensvarianten hervorhebt, *Bänziger* (L 263) geht den Selbstzitaten nach und legt damit die Wurzeln der Erzählung frei, durch die sie mit dem Gesamtwerk verbunden wird. Gemessen an anderen Werken, hat die Frisch-Forschung mit der Analyse von »Montauk« ziemlich rasch und mit recht respektablen Ergebnissen begonnen.

Die beiden Erzählungen »Der Mensch erscheint im Holozän« und »Blaubart« haben dagegen nur geringes Interesse bei den Frisch-Interpreten gefunden, aber bedürfen angesichts ihrer Verständlichkeit auch keiner differenzierten Auslegung. Überhaupt wird man sagen können, daß – aufs Ganze gesehen – das Œuvre Frischs nicht so kompliziert ist, daß es sich ohne erheblichen Forschungsaufwand dem angemessenen Verständnis entzöge. Man kann durchaus die Meinung vertreten, daß es alles in allem außerordentlich gut erforscht, nach vielen Richtungen ausgelegt und auch unter sich wandelnden Aspekten zugänglich gemacht wurde. Gewiß bleibt noch einiges zu tun: Im Zusammenhang mit einer eingehenden Analyse von Frischs Rede- und Schreibstil, die noch erforderlich ist, sollte man seine Reiseberichte und Reportagen aufarbeiten, von denen bisher noch nirgends die Rede war; das Frühwerk sollte genauer erforscht werden, vor allem auch auf die Wirkungen hin, die geistige Grunderlebnisse, Jugendlektüre, Adaption oder Negation literarischer Texte und philosophischer Gedankengänge hervorgerufen haben; eine Einordnung der Dichtungen Frischs in die literarischen Tendenzen der Schweiz zwischen 1930 und 1950 fehlt, eine Einordnung in den Kontext der deutschen oder gar europäischen Literatur der Nachkriegszeit fehlt erst recht, und das Defizit im Bereich der Rezeptionsgeschichte muß in diesem Zusammenhang nochmals hervorgehoben werden. Aber angesichts der vorhandenen Abhandlungen über Frischs Werke und der ausufernden Lust der Frisch-Philologie, nochmals etwas über den berühmten Autor zu veröffentlichen, zeigt sich immer häufiger die Gefahr, daß Wiederholungen publiziert werden, daß man längst Gelesenes nur neu formuliert zur Kenntnis nehmen muß. Die Neigung, die Frisch-Forschung in Schwung zu halten, indem man auf der Stelle tritt, weil wenig Neues zu sagen ist, läßt sich nicht mehr übersehen. Auch die Frisch-Philologen sollten sich ernsthaft die Frage stellen, welche Frisch als vorletzte von jenen 24 Fragen formulierte, mit denen er sich für die Verleihung des Dr. h. c. der TU Berlin bedankte: »Wissen Sie, was Sie zum Forschen treibt?« (W 61)

Siglen

Tb I	»Tagebuch 1946—1949«
Tb II	»Tagebuch 1966—1971«
CLS	Comparative Literature Studies
EG	Etudes Germaniques
DU	Der Deutschunterricht
FAZ	Frankfurter Allgemeine Zeitung
GLL	German Life and Letters
GQ	The German Quartely
GR	The Germanic Review
GRM	Germanisch-Romanische Monatsschrift
LWU	Literatur in Wissenschaft und Unterricht
M	Monatshefte
NR	Die Neue Rundschau
NSR	Neue Schweizer Rundschau
NZZ	Neue Zürcher Zeitung
Ol	Orbis litterarum
Rdlv	Revue des langues vivantes
RM	Rheinischer Merkur
SuF	Sinn und Form
SM	Schweizer Monatshefte
StN	Stuttgarter Nachrichten
StZ	Stuttgarter Zeitung
TuK	Text und Kritik
ÜMF	Über Max Frisch, hg. v. Th. Beckermann (s. L 12)
ÜMF II	Über Max Frisch II, hg.v. W. Schmitz (s. L 15)
WB	Weimarer Beiträge
WLT	World literature today. A literary Quarterly of the University of Oklahoma
WW	Wirkendes Wort
ZfdPh	Zeitschrift für deutsche Philologie

Literaturverzeichnis

1. Werke (W)

In der Regel werden die »Gesammelten Werke in zeitlicher Folge. Jubiläumsausgabe in sieben Bänden« (W 9) zitiert (römische Ziffer = Bandzahl, arabische Ziffer = Seitenzahl); Arbeiten, die dort nicht aufgenommen wurden, werden unter Angabe ihrer Nummer im Werkverzeichnis (W) und der Seitenzahl zitiert.

1. Sammelausgaben

W 1   Stücke I, 1962 (»Santa Cruz«, »Nun singen sie wieder«, »Die Chinesische Mauer«, »Als der Krieg zu Ende war«, »Graf Öderland«).

W 2   Stücke II, 1962 (»Don Juan oder Die Liebe zur Geometrie«, »Biedermann und die Brandstifter«, »Die große Wut des Philipp Hotz«, »Andorra«).

W 3   Öffentlichkeit als Partner (edition suhrkamp 209), 1967 (»Festrede«, »Kultur als Alibi«, »Unsere Arroganz gegenüber Amerika«, Büchner-Rede: »Emigranten«, »Öffentlichkeit als Partner«, »Der Autor und das Theater«, »Schillerpreis-Rede«, »Überfremdung« I und II, »Endlich darf man es wieder sagen«).

W 4   Stücke 1 (suhrkamp taschenbuch 70) 1972 (»Santa Cruz«, »Nun singen sie wieder«, »Die Chinesische Mauer – Version für Paris« 1972, »Als der Krieg zu Ende war«, »Graf Öderland«).

W 5   Stücke 2 (suhrkamp taschenbuch 81), 1973 (»Don Juan oder Die Liebe zur Geometrie«, »Biedermann und die Brandstifter«, »Die große Wut des Philipp Hotz«, »Andorra«, »Biografie: Ein Spiel«).

W 6   Stich-Worte. Ausgesucht von *Uwe Johnson*, 1975.

W 7   Gesammelte Werke in zeitlicher Folge. 6 Bde. Hrsg. v. *Hans Mayer* unter Mitw. v. *Walter Schmitz*. 1976 (textidentisch mit der »werkausgabe edition suhrkamp« in 12 Bdn., 1976); Bd. 7 1986.

W 8   Forderungen des Tages. Porträts, Skizzen, Reden 1943–1982. Hrsg. v. *Walter Schmitz* 1983.

W 9   Gesammelte Werke in zeitlicher Folge. Jubiläumsausgabe in sieben Bänden. 1931–1985. Hrsg. v. *Hans Mayer* unter Mitw. v. *Walter Schmitz*. 1986.

2. Einzelausgaben (mit der Angabe des ersten Erscheinungsjahres)

W 10   Jürg Reinhart. Eine sommerliche Schicksalsfahrt. 1934.

W 11   Antwort aus der Stille. Eine Erzählung aus den Bergen. 1937.

W 12   Blätter aus dem Brotsack. 1940.

W 13   J'adore ce qui me brûle oder Die Schwierigen. Roman. 1943. [s. auch W 30].

W 14   Bin oder Die Reise nach Peking. 1945.

W 15   Marion und die Marionetten. Ein Fragment. Mit Holzschnitten von Hans Studer. 1946.

W 16   Nun singen sie wieder. Versuch eines Requiems. 1946.

W 17   Tagebuch mit Marion. 1947.

W 18   Santa Cruz. Eine Romanze. 1947.

W 19   Die Chinesische Mauer. Eine Farce. 1947 [s. auch W 26 und W 40].

W 20   Als der Krieg zu Ende war. Schauspiel. 1949. [Zweite Fassung in W 1].

W 21   Tagebuch 1946–1949. 1950.

W 22   Graf Öderland. Ein Spiel in zehn Bildern. 1951. – Zweite Fassung: Graf Öderland. Eine Moritat. X. Bild, in: Jahresring 1957/1958. 1957, S. 285–291. – Dritte Fassung: In: Spectaculum 4. 1961, S. 135 ff.

W 23   Don Juan oder Die Liebe zur Geometrie. Komödie in fünf Akten. 1953. [Zweite Fassung in W 2].

W 24   Stiller. Roman. 1954.

W 25   achtung: Die Schweiz. Ein Gespräch über unsere Lage und ein Vorschlag zur Tat [Mitautoren: Lucius Burckhardt und Markus Kutter]. 1955.

W 26   Die Chinesische Mauer. Eine Farce [zweite Fassung]. 1955.

W 27   Herr Biedermann und die Brandstifter. Hörspiel. (Hörwerke der Zeit 2). 1955.

W 28   Die neue Stadt. Beiträge zur Diskussion [Mitautoren: Lucius Burckhardt und Markus Kutter]. 1956.

W 29   Homo faber. Ein Bericht. 1957.

W 30   Die Schwierigen oder J'adore ce qui me brûle. Roman [zweite Fassung von W 13]. 1957.

W 31   Biedermann und die Brandstifter. Ein Lehrstück ohne Lehre. Mit einem Nachspiel. 1958.

W 32   Glossen zu Don Juan. Illustrationen von Walter Jonas. o. J. [1959].

W 33   Andorra. Stück in zwölf Bildern. 1961.

W 34   Mein Name sei Gantenbein. Roman. 1964.

W 35   Zürich-Transit. Skizze eines Films (edition suhrkamp 161). 1966.

W 36   Biografie: Ein Spiel. 1967; zweite überarbeitete Auflage 1968 [s. auch W 49].

W 37   Dramaturgisches. Ein Briefwechsel mit Walter Höllerer. 1969.

W 38   Rip van Winkle. Hörspiel. 1969.
W 39   Wilhelm Tell für die Schule. 1971.
W 40   Die Chinesische Mauer. Eine Farce. Version für Paris (edition suhr-
        kamp 65). 1972.
W 41   Tagebuch 1966–1971. 1972.
W 42   Dienstbüchlein (suhrkamp taschenbuch 205). 1974.
W 43   Montauk. Eine Erzählung. 1975.
W 44   Zwei Reden zum Friedenspreis des deutschen Buchhandels [zus. m.
        Harmut v. Hentig]. 1976.
W 45   Triptychon. Drei szenische Bilder. 1978.
W 46   Der Traum des Apothekers von Locarno. Erzählungen aus dem
        »Tagebuch 1966–1971«. 1978.
W 47   Der Mensch erscheint im Holozän. Eine Erzählung. 1979.
W 48   Blaubart. Eine Erzählung. 1982.
W 49   Biografie: Ein Spiel. Neue Fassung 1984. 1985.
W 50   Blaubart. Ein Buch zum Film von Krzysztof Zanussi. Hrsg. v.
        Michael Schmid-Ospach u. *Hartwig Schmidt*, 1985 (darin: Blaubart.
        Drehbuch von *Max Frisch* u. *Krzysztof Zanussi*).
W 50a   Schweiz ohne Armee? Ein Palaver. 1989.

3. Beiträge (in W 9 nicht enthalten)

W 51   Wie wird man berühmt. Eine Groteske. In: NZZ Nr. 421 v. 11. 3.
        1934 Bl. 3 d. »Literarischen Beilage«.
W 52   Kurzgeschichte. In: Zürcher Illustrierte Nr. 17 v. 27. 4. 1934,
        S. 513–514.
W 53   Kurzgeschichte. In: NZZ Nr. 957 v. 28. 5. 1934 Bl. 7.
W 54   Vorbild Huber. Ein novellistischer Beitrag. In: Zürcher Illustrierte
        Nr. 35 v. 31. 8. 1934 (S. 1102, 1104–1106, 1108); Nr. 36 v. 7. 9. 1934
        (S. 1136–1137, 1139); Nr. 37 v. 14. 9. 1934 (S. 1162–1163).
W 55   Der Häßliche. Skizze. In: NZZ Nr. 1958 v. 31. 10. 1934 Bl. 6.
W 56   Tagebuch eines Soldaten. In: NZZ Nr. 1603 v. 16. 9. 1935 Bl. 6;
        Nr. 1615 v. 18. 9. 1935 Bl. 5; Nr. 1634 v. 22. 9. 1935 Bl. 2.
W 57   Death is so permanent. Notizen einer kleinen deutschen Reise. In:
        NSR 14 (1946/1947) S. 88–110.
W 58   Selbstanzeige. In: Atlantis Almanach 1949 [erschienen: Zürich
        1948], S. 93–103.
W 59   Ein Werkstattgespräch in Briefen mit Peter Suhrkamp. Dokumente
        zur Entstehung der Komödie »Don Juan oder Die Liebe zur Geo-
        metrie«. In L 167, S. 15–25.
W 60   Ein Aufruf zur Hoffnung ist heute ein Aufruf zum Widerstand. Eine
        Rede an Kollegen. In: Frankfurter Rundschau Nr. 133 vom 12. 6.
        1986.
W 61   Fragebogen 1987. In: M. F.: Fragebogen 1987/Martial Leiter: Der
        Affe. O. O. 1987 (EDITION einspruch).

4. Interviews

W 62 »Gespräch mit einem jungen Autor.« In: NZZ v. 14. 10. 1934 [mit K. = Eduard Korrodi].

W 63 »Max Frisch: ›Ich habe Glück gehabt‹. Von ›Nun singen sie wieder‹ zu ›Andorra‹.« In: Die Weltwoche (Zürich) v. 3. 11. 1961 [mit Gody Suter].

W 64 »Max Frisch«. In: Horst Bienek: Werkstattgespräche mit Schriftstellern. 1962, S. 21–32, als dtv 1965, S. 23–37 [mit H. B.].

W 65 »Lieber schreiben als lesen. Eine Unterhaltung mit Max Frisch.« In: Das Schönste, 8 (1962) H. 6, S. 54–55 [mit Kuno Raeber].

W 66 »Ich hatte das Bedürfnis, in ein neues Medium einzusteigen.« In: Evangelischer Filmbeobachter 18 (1966) S. 2 und 4 [mit Hans W. Ohly].

W 67 »Wir müssen unsere Welt anders einrichten. Gespräch mit Max Frisch.« In: Die Tat (Zürich) v. 9. 12. 1967 [mit Alfred A. Häsler]. Auch in: A. H.: Leben mit dem Haß. 21 Gespräche. 1969, S. 40–46.

W 68 »Noch einmal anfangen können. Ein Gespräch mit Max Frisch.« In: Die Zeit v. 22. 12. 1967 [mit Dieter E. Zimmer].

W 69 »›Die Notwehr erzeugt Werke.‹ Spiegel-Interview mit dem Dramatiker Max Frisch.« In: Der Spiegel v. 29. 1. 1968.

W 70 »Selbstanzeige. Max Frisch im Gespräch.« In: Westdeutsches Fernsehen Köln, Sendung vom 15. 10. 1970 [mit Werner Koch]. Gedruckt in W. K.: Kant vor der Kamera. 1980, S. 115–128.

W 71 »Gespräch mit Max Frisch.« In: Peter André Bloch (Hg.): Der Schriftsteller und sein Verhältnis zur Sprache, dargestellt an Problemen der Tempuswahl. 1971, S. 68–81 [mit P. A. B. und Bruno Schoch].

W 72 »Max Frisch über seinen Wilhelm Tell: Ein beleidigter Nationalheld.« In: Abendzeitung (München) v. 1. 10. 1971 [mit Annette Freitag].

W 73 »An Interview with Max Frisch.« In: Contemporary Literature 13 (1972) H. 1, S. 1–14 [mit Rolf Kieser].

W 74 »Gespräch mit Max Frisch.« In: Peter André Bloch und Edwin Hubacher (Hg.): Der Schriftsteller in unserer Zeit. Schweizer Autoren bestimmen ihre Rolle in der Gesellschaft. 1972, S. 17–35 [mit P. A. B. und Rudolf Bussmann].

W 75 »Die Machtinhaber müssen die Literatur fürchten. Ein Gespräch mit dem Schriftsteller Max Frisch.« In: Die Tat (Zürich) v. 6. 1. 1973 [mit Adalbert Reif].

W 76 »Rückzug auf die Poesie. Gespräch mit Max Frisch.« In: Evangelische Kommentare 1974, S. 489–492 [mit Jens Fischer, Hans Norbert Janowski und Eberhard Stammler].

W 77 »Gespräch mit Max Frisch.« In: Heinz Ludwig Arnold: Gespräche mit Schriftstellern. (Beck'sche Schwarze Reihe 134). 1975, S. 9–73.

W 78 »Max Frisch«. In: Rudolf Ossowski (Hg.): Jugend fragt – Prominente antworten. 1975, S. 116–135.

W 79   »Die lange Ewigkeit des Gewesenen. Max Frisch schrieb ein Stück vom Tod, das nicht gespielt wird.« In: Deutsche Zeitung v. 21. 4. 1978, No. 17, S. 15 [mit Peter Rüedi].

W 80   »Polemik. Ein Gespräch« (mit Arthur Zimmermann). In: Arthur Zimmermann (Hg.): Max Frisch. 1981, S. 39–45.

W 81   »Wir leben in einer Zeit, in der die Verhörform überhandnimmt. Max Frisch im Gespräch mit Günter Kunert«. In: W 50, S. 137–153.

II. Literatur zum Werk Max Frischs (L)

1. Bibliographien

L 1 *Elly Wilbert-Collins*: Max Frisch (1911). In: *E. W.-C.:* A Bibliography of Four Contemporary German-Swiss Authors: Friedrich Dürrenmatt, Max Frisch, Robert Walser, Albin Zollinger. The Author's Publications and the Literary Criticism Relation to their Works. 1967, S. 33–52.

L 2 *Klaus-Dietrich Petersen:* Max-Frisch-Bibliographie. In: Eduard Stäuble L 22, S. 243–270.

L 3 *Ders.:* Max Frisch-Bibliographie. In: ÜMF (L 12) S. 305–344 [von der 6. Aufl. an weggefallen].

L 4 *[Anonym]*: Max Frisch (1911). In: *Clemens Köttelwesch* (Hg.): Bibliographisches Handbuch der Deutschen Literaturwissenschaft 1945–1972. Bd. II, 1975, S. 1360–1372.

L 5 *Thomas Beckermann:* Bibliographie zu Max Frisch. In: TuK 47/48 (L 14, erste Aufl.) S. 88–98.

L 6 *Walter Schmitz:* Bibliographie [Verzeichnis der Werke Frischs und der Sekundärliteratur]. In: ÜMF II (L 15), S. 453–534.

L 7 *Mona Knapp:* Kommentierte Arbeitsbibliographie zu Max Frisch. In: *G. P. Knapp* L 17, S. 309–352.

L 8 *Gerhard F. Probst:* Max Frisch bibliography. In: *G. F. Probst u. J. F. Bodine* L 20, S. 177–223.

L 9 *Rainer Gerlach:* Bibliographie. In: *H. L. Arnold* L 14, erw. Aufl. 1983, S. 114–149.

Bibliographien zu einzelnen Werken s. L 167 (»Don Juan«), L 182 (»Stiller«), L 199 (»Homo faber«), L 220 [1984], (»Andorra«).

2. Sammelbände

L 10 *Walter Höllerer* (Hg.): Der Zürcher Literaturstreit. (Sprache im technischen Zeitalter 22). 1967.

L 11 *Albrecht Schau* (Hg.): Max Frisch – Beiträge zur Wirkungsgeschichte. (Materialien zur dt. Literatur 2). 1971.

L 12 *Thomas Beckermann* (Hg.): Über Max Frisch (= ÜMF). 1971, ⁶1976.

L 13 *Hans Bänziger:* Zwischen Protest und Traditionsbewußtsein. Arbeiten zum Werk und zur gesellschaftlichen Stellung Max Frischs. 1975.

L 14 *Heinz Ludwig Arnold* (Hg.): Text und Kritik (= TuK), Zeitschrift für Literatur, No. 47/48: Max Frisch. 1975. Dritte, erw. Auflage 1983.

L 15 *Walter Schmitz* (Hg.): Über Max Frisch II (= ÜMF II). 1976.

L 16 *Manfred Jurgensen* (Hg.): Frisch. Kritik-Thesen-Analysen. Beiträge zum 65. Geburtstag. 1977.

L 17   *Gerhard P. Knapp* (Hg.): Max Frisch. Aspekte des Prosawerks. 1978.

L 18   *Gerhard P. Knapp* (Hg.): Max Frisch. Aspekte des Bühnenwerks. 1979.

L 19   *Siegfried Unseld u. a.:* Begegnungen. Eine Festschrift für Max Frisch zum 70. Geburtstag. 1981.

L 20   *Gerhard F. Probst u. Jay F. Bodine* (Hg.): Perspectives on Max Frisch. 1982.

3. Monographien

L 21   *Karl Schmid:* Versuch über Max Frisch. In: Schweizer Annalen 3, Dez. 1946, S. 327–333.

L 22   *Eduard Stäuble:* Max Frisch. Ein Schweizer Dichter der Gegenwart. Versuch einer Gesamtdarstellung seines Werkes. 1957; danach unter dem Titel: Max Frisch. Gesamtdarstellung seines Werkes. Mit einer Bibliographie von *Klaus-Dietrich Petersen.* [4]1971.

L 23   *Hans Bänziger:* Frisch und Dürrenmatt. 1960, [7]1976.

L 24   *Carol Petersen:* Max Frisch. 1966, [7]1980.

L 25   *Ulrich Weisstein:* Max Frisch. 1967.

L 26   *Klaus Haberkamm:* Max Frisch. In: Deutsche Literatur in Einzeldarstellungen. Hg. v. *Dietrich Weber.* 1968, S. 332–361; [2]1971, S. 364–395; [3]1976, S. 358–389.

L 27   *Hans Jürg Lüthi:* Max Frisch. »Du sollst dir kein Bildnis machen«. 1981.

L 28   *Alexander Stephan:* Max Frisch. 1983.

L 29   *Volker Hage:* Max Frisch. Mit Selbstzeugnissen und Bilddokumenten dargestellt. 1983.

4. Übergreifende Untersuchungen

L 30   *Helmut Heißenbüttel:* Max Frisch oder Die Kunst des Schreibens in dieser Zeit. Radioessay, gesendet am 21. 2. 1958 im Südd. Rundfunk. Leicht gekürzt in: ÜMF (L 12), S. 54–68.

L 31   *Rainer Zoll:* Der absurde Mord in der deutschen und französischen Literatur. (Diss. Ffm.). 1961.

L 32   *Marianne Kesting:* Max Frisch. Nachrevolutionäres Lehrtheater. In: *M. K.:* Panorama des zeitgenössischen Theaters. 1962, [2]1969, S. 262–268.

L 33   *Karlheinz Deschner:* Max Frisch. »Stiller« und andere Prosa. In: *K. D.:* Talente, Dichter, Dilettanten. Überschätzte und unterschätzte Werke in der deutschen Literatur der Gegenwart. 1964, S. 125–155.

L 34   *Henri Plard:* Max Frisch, une théâtre de l'aliénation. In: Revue Générale Belge, 1964, Nr. 2, S. 1–28.

L 35   *Georg Wellwarth:* Max Frisch. The Drama of Despair. In: *G. W.:*

The Theater of Protest and Paradox. Developments in the Avant-Garde Drama. 1964, S. 161–183.

L 36   *Gundel Westphal:* Das Verhältnis von Sprechtext und Regieanweisung bei Frisch, Dürrenmatt, Ionesco und Beckett. (Diss. Würzburg). 1964.

L 37   *Monika Wintsch-Spieß:* Zum Problem der Identität im Werk Max Frischs. 1965.

L 38   *Max Gassmann:* Max Frisch. Leitmotive der Jugend. (Diss. Zürich). 1966.

L 39   *Hellmuth Karasek:* Max Frisch. (Friedrichs Dramatiker des Welttheaters 17). 1966, ⁶1976.

L 40   *Hans Mayer:* Max Frischs Romane. In: *H. M.:* Zur deutschen Literatur der Zeit. Zusammenhänge, Schriftsteller, Bücher. 1967, S. 189–213. Auch in L 17, S. 55–76.

L 41   *Manfred Jurgensen:* Max Frisch. Die Dramen. 1968, ²1976.

L 42   *Herbert Knust:* Moderne Variationen des Jedermann-Spiels. In: *S. Z. Buehne, J. L. Hodge und L. B. Pinto* (Hg.): Helen Adolf Festschrift. 1968, S. 309–341.

L 43   *Beda Allemann:* Die Struktur der Komödie bei Frisch und Dürrenmatt. In: *Hans Steffen* (Hg.): Das deutsche Lustspiel. Bd. 2, 1969, S. 200–217; auch in ÜMF (L 12), S. 261–273.

L 44   *Arnold Heidsieck:* Absurdes und Groteskes im dramatischen Werk Max Frischs. In: *A. H.:* Das Groteske und das Absurde im modernen Drama. 1969, S. 74–78.

L 45   *Paul Konrad Kurz:* Identität und Gesellschaft. Die Welt des Max Frisch. In: *P. K. K.:* Über moderne Literatur II. Standorte und Deutungen. 1969, S. 132–189.

L 46   *Konrad Scheible:* Max Frisch und Friedrich Dürrenmatt. Betrachtungen über ihre Geisteshaltung und Arbeitsweise. In: Studies in German. In memory of Andrew Louis. Ed.: *Robert L. Kahn.* 1969, S. 197–235.

L 47   *Walter Schenker:* Die Sprache Max Frischs in der Spannung zwischen Mundart und Schriftsprache. 1969. Auszüge im ÜMF II (L 15), S. 55–59 und 111–118.

L 48   *Jürgen Schröder:* Spiel mit dem Lebenslauf. Das Drama Max Frischs. In: *G. Neumann, J. Schröder, M. Karnick* (Hg.): Dürrenmatt, Frisch, Weiss. Drei Entwürfe zum Drama der Gegenwart. 1969, S. 61–113. Auch in ÜMF II (L 15), S. 29-54.

L 49   *Adelheid Weise:* Untersuchungen zur Thematik und Struktur der Dramen von Max Frisch. 1969.

L 50   *Hans Rudolf Burger:* Studien zur Erzähltechnik und Thematik bei Max Frisch. (Diss. Brown Univ.). 1970.

L 51   *Gordon W. Cunliffe:* Existentialist Elements in Frisch's Works. In: M 62 (1970) S. 113–122. In deutscher Übersetzung in ÜMF II (L 15), S. 158–171.

L 52   *Hellmuth Karasek:* Brechts Mittel ohne Brechts Konsequenzen. Über Fluchtwege vor der Wirklichkeit bei Dürrenmatt und Frisch.

In: Theater heute, Sonderheft »Deutsches Theater 1945–1970«, Okt. 1970, S. 42–45.

L 53 *Victoria Maria Lindemann-Stiles:* Dasein heißt keine Rolle spielen. Eine Interpretation der Romane von Max Frisch. (Diss. Cornell Univ.). 1970.

L 54 *Klaus Matthias:* Die Dramen von Max Frisch. Strukturen und Aussagen. In: LWU 3 (1970), S. 129–150 und 236–252.

L 55 *Erwin Theodor Rosenthal:* Die Erzählbarkeit von Bewußtseinszuständen: Capote, Frisch, Koeppen. In: *E. T. R.:* Das fragmentarische Universum. Wege und Umwege des Romans. 1970, S. 69–84.

L 56 *Jiří Stromšik:* Das Verhältnis von Weltanschauung und Erzählmethode bei Max Frisch. In: Philologica Pragensia 13 (1970), S. 74–94. Auch in ÜMF II (L 15), S. 125–157.

L 57 *Peter André Bloch:* Der Schriftsteller und sein Verhältnis zur Sprache [s. W 71]. Zu Max Frisch: S. 226–233.

L 58 *Ute Eisenschenk:* Studien zum Menschenbild in den Romanen von Max Frisch. (Diss. Wien masch.). 1971.

L 59 *Thomas Koebner:* Dramatik und Dramaturgie seit 1945. In: *Th. K.* (Hg.): Tendenzen der deutschen Literatur seit 1945. 1971, S. 348–461.

L 60 *B. Völker-Hezel:* Fron und Erfüllung. Zum Problem der Arbeit bei Max Frisch. In: Rdlv 37 (1971), S. 7–43.

L 61 *Doris F. Merrifield:* Das Bild der Frau bei Max Frisch. 1971.

L 62 *Albrecht Schau:* Max Frisch. Dichtung als Permutation. In: *A. S.* (Hg.): s. L 11, S. 353–356.

L 63 *Klaus Schimanski:* Max Frisch. Heldengestaltung und Wirklichkeitsdarstellung in seinem Werk. Eine Untersuchung zu Problemen und Möglichkeiten der Literatur unter den gesellschaftlichen Bedingungen des staatsmonopolistischen Kapitalismus. (Diss. Leipzig masch.). 1972.

L 64 *Manfred Durzak:* Dürrenmatt, Frisch, Weiß. Deutsches Drama der Gegenwart zwischen Kritik und Utopie. 1972, ²1973.

L 65 *Manfred Jurgensen:* Max Frisch. Die Romane. Interpretationen. 1972, ²1976.

L 66 *Rolf Kieser:* Man as his Own Novel. Max Frisch and the Literary Diary. In: GR 47 (1972), S. 109–117.

L 67 *Jørgen Kojer:* Max Frisch. Theorie und Praxis. In: OL 27 (1972), S. 264–295.

L 68 *Thorbjörn Lengborn:* Schriftsteller und Gesellschaft in der Schweiz. Eine Studie zur Behandlung der Gesellschaftsproblematik bei Zollinger, Frisch und Dürrenmatt. 1972.

L 69 *Dennis Ray McCormick:* Max Frisch's Dramaturgical Development. (Diss. Austin: Univ. of Texas). 1972.

L 70 *Peter Ruppert:* Existential Themes in the Plays of Max Frisch. (Diss. Univ. of Iowa). 1972.

L 71 *Marlies Cordula Schröder:* Max Frisch. Die thematischen Elemente im Tagebuch und ihre Varianten in den Romanen. (Diss. Vanderbilt Univ.). 1972.

L 72   *Wolfgang Stemmler:* Max Frisch, Heinrich Böll und Sören Kierkegaard. (Diss. München). 1972.

L 73   *Hans Wolfschütz:* Die Entwicklung Max Frischs als Erzähler von »Mein Name sei Gantenbein« aus gesehen. (Diss. Salzburg masch.). 1972.

L 74   *Heinrich Geisser:* Die Entstehung von Max Frischs Dramaturgie der Permutation. 1973.

L 75   *Walter Hinck:* Abschied von der Parabel: Frisch. In: *W. H.:* Das moderne Drama in Deutschland. 1973, S. 170–180.

L 76   *Walter Pache:* Pirandellos Urenkel. Formen des Spiels im Spiel bei Max Frisch und Tom Stoppard. In: Sprachkunst 4 (1973), S. 124–141.

L 77   *Horst Steinmetz:* Max Frisch. Tagebuch, Drama, Roman. 1973.

L 78   *Marianne Biedermann:* Das politische Theater von Max Frisch. 1974.

L 79   *Annemarie Schnetzler-Suter:* Max Frisch. Dramaturgische Fragen. 1974.

L 80   *Core Toman:* Bachmanns »Malina« und Frischs »Gantenbein«. Zwei Seiten des gleichen Lebens. In: Die Tat (Zürich) v. 24. 8. 1974.

L 81   *Gertrud Bauer Pickar:* The Narrative Time Sense in the Dramatic Works of Max Frisch. In: GLL 28 (1974/75), S. 1–14.

L 82   *Thomas Beckermann:* »Einmal möchte er es wissen«. Zur Ästhetik des Engagements im Prosawerk von Max Frisch. In: L 14, S. 27–36.

L 83   *Marianne Biedermann:* Politisches Theater oder radikale Verinnerlichung? Ein Vergleich der Stücke »Biedermann und die Brandstrifter« und »Andorra« mit »Biografie: Ein Spiel«. In: L 14, S. 44–57.

L 84   *Michael Butler:* Das Problem der Exzentrizität in den Romanen Max Frischs. In: L 14, S. 13–26.

L 85   *Dieter Fringeli:* Von Spittler zu Muschg. Literatur der deutschen Schweiz seit 1900. 1975.

L 86   *Helmut Gross:* Max Frisch und der Frieden. In: L 14, S. 74–87.

L 87   *Rolf Kieser:* Max Frisch. Das literarische Tagebuch. 1975.

L 88   *Anita Pollak:* Die Don-Juan-Thematik bei Max Frisch. Eine Untersuchung zur Frage der Verarbeitung und Neugestaltung tradierten Stoffgutes. (Diss. Wien masch.). 1975.

L 89   *Jean Quenon:* Die Filiation der dramatischen Figuren bei Max Frisch. (Bibliothèque de la Faculté de Philosophie et Lettres de l'Université de Liège 214). 1975.

L 90   *Heinz F. Schafroth:* Bruchstücke einer großen Fiktion. Über Max Frischs Tagebücher. In: L 14, S. 58–68.

L 91   *Jan Watrak:* Dramaturgische Dissoziation: Brecht – Frisch. In: Germanica Wratislawiensia 22 (1975), S. 105–121.

L 92   *Markus Werner:* Bilder des Endgültigen, Entwürfe des Möglichen. Zum Werk von Max Frisch. 1975.

L 93   *Christa Wolf:* Max Frisch beim Wiederlesen, oder: Vom Schreiben in Ich-Form. In: L 14, S. 7–12.

L 94   *Hans Wysling:* Dramaturgische Probleme in Frischs »Andorra« und Dürrenmatts »Besuch der alten Dame«. In: Akten des V. Internationalen Germanisten-Kongresses Cambridge 1975. Hg. v. *Leonard Forster* und *Gert Roloff*. H. 3, S. 425—431.

L 95 *Erna Dahms:* Zeit und Zeiterlebnis in den Werken Max Frischs. 1976.

L 96 *Michael Butler:* The novels of Max Frisch. 1976.

L 97 *Joseph Antony Federico:* Metatheater: self-consciousness and role-playing in the dramas of Max Frisch, Friedrich Dürrenmatt, and Peter Handke. (Ohio State Univ. Diss.) 1976.

L 98 *Tildy Hanhart:* Max Frisch: Zufall, Rolle und literarische Form. 1976.

L 99 *Gunde Lusser-Mertelsmann:* Max Frisch. Die Identitätsproblematik in seinem Werk aus psychoanalytischer Sicht. 1976.

L 100 *Klaus-Detlef Müller:* Das Ei des Kolumbus? Parabel und Modell als Dramenformen bei Brecht, Dürrenmatt, Frisch, Walser. In: Beiträge zur Poetik des Dramas. Hg. v. *Werner Keller.* 1976, S. 432—461.

L 101 *Manfred Durzak:* Max Frisch und Thornton Wilder. Der vierte Akt von »The Skin of Our Teeth«. In: L 16, S. 97—120.

L 102 *Cegienas de Groot:* Zeitgestaltung im Drama Max Frischs. Die Vergegenwärtigungstechnik in »Santa Cruz«, »Die Chinesische Mauer« und »Biografie«. 1977.

L 103 *Hans Mayer:* Über Friedrich Dürrenmatt und Max Frisch. 1977.

L 104 *Gisela Ulrich:* Identität und Rolle. Probleme des Erzählens bei Johnson, Walser, Frisch und Fichte. 1977.

L 105 *Daniel de Vin:* Max Frischs Tagebücher. 1977.

L 106 *Hans Bänziger:* Ab posse ad esse valet ... Zu einem Zitat im Spiel »Biografie«. In: L 16, S. 11—25.

L 107 *Marlis Zeller-Cambon:* Max Frischs Stiller und Luigi Pirandellos Mattia Pascal: Die Odyssee zu sich selbst. In: L 16, S. 81—96.

L 108 *Jean-Paul Mauranges:* L'image de *l'Amerique* chez Max Frisch. In: Recherches germaniques 7 (1977), S. 173—196.

L 109 *Gertrud Bauer Pickar:* The dramatic works of Max Frisch. 1977.

L 110 *Armin Arnold:* Näher mein Ich zu Dir: Die Problematik des Alterns, des Sterbens und des Todes bei Max Frisch. In: L 17, S. 249—266.

L 111 *Margret Eifler:* Max Frisch als Zeitkritiker: In: L 17, S. 173—190.

L 112 *Manfred Jurgensen:* Max Frisch: Die frühen Schriften. In: L 17, S. 25—36.,

L 113 *Sigrid Mayer:* Die Funktion der Amerikakomponente im Erzählwerk Max Frischs. In: L 17, S. 205—236.

L 114 *Doris Kiernan:* Existenziale Themen bei Max Frisch. Die Existenzphilosophie Martin Heideggers in den Romanen »Stiller«, »Homo faber« und »Mein Name sei Gantenbein«. 1978.

L 115 *Frank Hoffmann:* Der Kitsch bei Max Frisch. Vorgeformte Relativitätsvokabeln. Eine Kitschtopographie. 1979.

L 116 *Cegienas de Groot:* Bildnis, Selbstbildnis und Identität in Max Frischs Romanen »Stiller«, »Homo faber« und »Mein Name sei Gantenbein«. Ein Vergleich. In: Amsterdamer Beiträge zur neueren Germanistik 9 (1979), S. 179—203.

L 117   *Malcolm Pender:* Max Frisch, his work and its Swiss background. 1979.

L 118   *Jürgen H. Petersen:* Frischs dramaturgische Konzeptionen. In: L 18, S. 27–58.

L 119   *Mona Knapp:* »Die Frau ist ein Mensch, bevor man sie liebt, manchmal auch nachher …« Kritische Anmerkungen zur Gestaltung der Frau in Frischtexten. In: L 18, S. 73–106.

L 120   *Ulrich Profitlich:* »Verlorene Partien«: Modelle des Mißlingens im Drama Max Frischs. In: L 18, S. 107–130.

L 121   *Manfred Durzak:* Thornton Wilder, ein Lehrmeister des Dramatikers Max Frisch. In: L 18, S. 157–176.

L 122   *Klaus Schuhmacher:* Weil es geschehen ist. Untersuchungen zu Max Frischs Poetik der Geschichte. 1979.

L 123   *Manfred E. Schuchmann:* Der Autor als Zeitgenosse. Gesellschaftliche Aspekte in Max Frischs Werk. 1979.

L 124   *Alex Kurczaba:* Gombrowicz and Frisch. Aspects of the literary diary. 1980. (Diss. Univ. of Illinois at Urbana-Champain 1979).

L 125   *Gisela Scholz-Petri:* Max Frisch. Zur Funktion von Natur und Politik in seinen Tagebüchern. 1980.

L 126   *Holger Stig Holmgren:* Kierkegaard und Max Frischs Roman »Stiller«. Ein Kommentar zu einer Diskussion. In: Ol 36 (1981), S. 53–75.

L 127   *Mona Knapp:* »Eine Frau, aber mehr als das, eine Persönlichkeit, aber mehr als das: eine Frau«. The structural function of female characters in the novels of Max Frisch. In: Beyond the eternal feminine, 1982, S. 261–289.

L 128   *Anita Krätzer:* Studien zum Amerikabild in der neueren deutschen Literatur. Max Frisch – Uwe Johnson – Hans Magnus Enzensberger und das »Kursbuch«. 1982.

L 129   *Horst Steinmetz:* Frisch as a diarist. In: L 20, S. 56–70.

L 130   *Michael Butler:* Die Dämonen an die Wand malen. Zu Max Frischs Spätwerk »Triptychon« und »Der Mensch erscheint im Holozän«. In: L 14, erw. Aufl. 1983, S. 88–107.

L 131   *Walter Schmitz:* Nachfolge auf eigenen Wegen: Die Wirkungsgeschichte von Max Frischs Werk in der deutschsprachigen Gegenwartsliteratur. In: L 199, S. 290–337.

L 132   *Walburg Schwenke:* Leben und Schreiben: Max Frisch. Eine produktionsästhetische Auseinandersetzung mit seinem Werk. 1983 (Diss. Hamburg 1981).

L 133   *Hyoung-Shik Yu:* Das offene Drama von Max Frisch: Konstruktion und Dekonstruktion. (Diss. Heidelberg) 1983.

L 134   *Bettina Jacques-Bosch:* Kritik und Melancholie im Werk Max Frischs. Zur Entwicklung einer für die Schweizer Literatur typischen Dichotomie. 1984 (Diss. Zürich 1983/84).

L 135   *Walter Schmitz:* Max Frisch. Das Werk (1931–61). Studien zu Tradition und Traditionsverarbeitung. 1985.

L 136   *Walter Schmitz:* Max Frisch: Das Spätwerk (1962–1982). Eine Einführung. 1985.

L 137   *Jochen Ellerbrock:* Identität und Rechtfertigung. Max Frischs Romane unter besonderer Berücksichtigung des theologischen Aspekts. 1985 (Diss. Hamburg 1974).

L 138   *Michael Butler:* The plays of Max Frisch. 1985.

L 139   *Richard Egger:* Der Leser im Dilemma. Die Leserrolle in Max Frischs Romanen »Stiller«, »Homo faber« und »Mein Name sei Gantenbein«. 1986 (Diss. Zürich 1985/86).

L 140   *Peter Horn:* Der Raum und die Axt. Der arnarchische Freiraum des Individuums im Werk von Max Frisch. In: Acta Germanica 17 (1984) S. 181–197.

L 141   *Marga I. Weigel:* »Gebärde eines Gesteuerten«? Zum Spätwerk Max Frischs. In: Seminar 24 (1988), S. 58–70.

5. Beiträge zu einzelnen Werken

a) *»Jürg Reinhart. Eine sommerliche Schicksalsfahrt«*

L 142   *Brigitte Bradley:* Bewußtsein und Gesellschaft in Max Frischs »Jürg Reinhart« und »Die Schwierigen«. Textanalyse in Verbindung mit Alfred Adlers Individualpsychologie. In: Colloquia Germanica 16 (1983), S. 27–44.

b) *»J'adore ce qui me brûle oder Die Schwierigen«*

L 143   *Eduard Korrodi:* Ein Roman von Max Frisch. J'adore ce qui me brûle oder Die Schwierigen. In: NZZ v. 2. 4. 1944. Auch in ÜMF II (L 15), S. 175–176.

L 144   *Loren Ray Alexander:* Image and Imagery in Frisch's »Die Schwierigen« – (Diss. Michigan State Univ.). 1970.

s. auch *Jurgensen* L 112, *Bradley* L 142.

c) *»Blätter aus dem Brotsack«*

s. Jurgensen L65, *de Vin* L 105.

d) *»Bin oder Die Reise nach Peking«*

L 145   *Hans Schumacher:* Zu Max Frischs »Bin oder Die Reise nach Peking«. In: NSR N. F. 13 (1945), S. 317–320. Auch in ÜMF II (L 15), S. 178–182.

L 146   *Linda J. Stine:* Chinesische Träumerei – amerikanisches Märchen: Märchenelemente in »Bin« und »Stiller«. In: L 17, S. 37–52.

s. auch *Jurgensen* L 65.

e) *»Santa Cruz«*

L 147   *Heide-Lore Schaefer:* Max Frisch: Santa Cruz. Eine Interpretation. In: GRM N. F. 20 (1970), S. 75–92.

s. auch *Karasek* L 39, *Jurgensen* L 41, *Durzak* L 64, *Bauer Pickar* L 109, *Butler L 138.*

f) *»Nun singen sie wieder«*

L 148   *Wilhelm Ziskoven:* Max Frisch: »Nun singen sie wieder«. In: *Rolf Geißler* (Hg.): Zur Interpretation des modernen Dramas. Brecht, Dürrenmatt, Frisch. 1960, ⁹1981, S. 113–126. Auch in *Schau* L 11, S. 198–210.

s. auch *Karasek* L 39, *Jurgensen* L 41, *Durzak* L 64, *Bauer Pickar* L 109, *Butler* L 138.

g) *»Die Chinesische Mauer«*

L 149   *Wilhelm Ziskoven:* Max Frisch: »Die Chinesische Mauer«. In: *Rolf Geißler* L 148, S. 126–144.

L 150   *Walter Jacobi:* Max Frisch, »Die Chinesische Mauer«. Die Beziehung zwischen Sinngehalt und Form. Ein Beitrag zum Formproblem des modernen Dramas. In: DU 13 (1961), H. 4, S. 93–108. Auch in *Schau* L 11, S. 211–224.

L 151   *Gerhard Kaiser:* Max Frischs Farce »Die Chinesische Mauer«. In ÜMF (L 12), S. 116–136.

L 152   *Günter Waldmann:* Das Verhängnis der Geschichtlichkeit. Max Frisch: »Die Chinesische Mauer«. In: WW 18 (1968), S. 264–271. Auch in *Schau* L 11, S. 225–233. Auch in ÜMF II (L 15), S. 207–219.

L 153   *Peter Gontrum:* Max Frisch's »Die Chinesische Mauer«. A New Approach to World Theater. In: Rdlv 36 (1970), S. 35–44.

L 154   *Edgar Neis:* Erläuterungen zu Max Frisch: »Die Chinesische Mauer«. (Königs Erläuterungen 221). 1971.

L 155   *Ulrich Eymann:* Max Frisch: »Die Chinesische Mauer«. Ein Fassungsvergleich. In: Literatur für Leser, 1985, H. 1, S. 29–41.

s. auch *Karasek* L 39, *Jurgensen* L 41, *Durzak* L 64, *Durzak L 101*, *Bauer Pickar* L 109, *Butler* L 138.

h) *»Tagebuch 1946–1949«*

L 156   *Albrecht Schau:* Modell und Skizze als Darbietungsformen der Frischschen Dichtung, dargestellt an »Der andorranische Jude«. In: Studies in Swiss literature. 1971, S. 107–122.

s. auch *M. C. Schröder* L 71, *Steinmetz* L 77, *Kieser* L 87, *Schafroth* L 90, *de Vin* L 105.

i) *»Als der Krieg zu Ende war«*

L 157   *Michael Butler:* Das Paradoxon des Parabelstücks: Zu Max Frischs »Als der Krieg zu Ende war« und »Graf Öderland«. In: L 18, S. 177–194.

s. auch *Karasek* L 39, *Jurgensen* L 41, *Bauer Pickar* L 109, *Butler* L 138.

k) *»Graf Öderland«*

L 158   *Friedrich Dürrenmatt:* Eine Vision und ihr dramatisches Schicksal. Zu »Graf Öderland« von Max Frisch. In: Die Weltwoche (Zürich) v. 16. 2. 1951. Dann in: *Friedrich Dürrenmatt:* Theaterschriften und Reden. 1966, S. 257–260. Auch in ÜMF (L 12), S. 110–112.

L 159   *J. R. v. Salis:* Zu Max Frischs »Graf Öderland«. In: *J. R. v. S.:* Schwierige Schweiz. 1968, S. 144—148.

L 160   *Gerhard P. Knapp:* Angelpunkt »Öderland«: Über die Bedeutung eines dramaturgischen Fehlschlags für das Bühnenwerk Frischs. In: L 18, S. 223—254.

s. auch *Karasek* L 39, *Jurgensen* L 41, *Durzak* L 64, *Bauer Pickar* L 109, *Butler* L 138, *Butler* L 157.

l) *»Don Juan oder Die Liebe zur Geometrie«*

L 161   *Peter Gontrum:* Max Frisch's »Don Juan«. A New Look at a Traditional Hero. In: CLS 2 (1965), S. 117—123.

L 162   *Hertha Franz:* Der Intellektuelle in Max Frischs »Don Juan« und »Homo faber«. In: ZfdPh 90 (1971), S. 555—563. Auch in ÜMF II (L 15), S. 234—244.

L 163   *Hiltrud Gnüg:* Das Ende eines Mythos: Max Frischs »Don Juan oder Die Liebe zur Geometrie«. In: *H. G.:* Don Juans theatralische Existenz. Typ und Gattung. 1974, S. 222—237. Auch in ÜMF II (L 15), S. 220—233.

L 164   *Peter Ruppert:* Max Frisch's Don Juan: The Seduktions of Geometry. In: M 67 (1975), S. 237—248.

L 165   *Hans Gerd Rötzer:* Frischs »Don Juan«. Zur Tradition eines Mythos. In: arcadia 10 (1975), S. 243—259.

L 166   *Peter Horn:* Zu Max Frischs »Don Juan oder Die Liebe zur Geometrie«. In: *Jurgensen* L 16, S. 121—144.

L 167   *Walter Schmitz* (Hg.): Frischs »Don Juan«. 1985.

L 168   *Walter Schmitz:* Fassungsvarianten von Max Frischs »Don Juan«-Komödie. In: L 167, S. 26—43.

L 169   *Reinhold Viehoff:* »Don Juan« in der Theaterkritik. Anmerkungen zur Verarbeitungsgeschichte der Komödie Max Frischs. In: L 167, S. 92—128.

L 170   *Michael Butler:* Die Flucht in die Abstraktion. Zu Max Frischs »Don Juan oder Die Liebe zur Geometrie«. In: L 167, S. 289—308.

s. auch *Karasek* L 39, *Jurgensen* L 41, *Durzak* L 64, *Bauer Pickar* L 109, *Butler* L 138.

m) *»Stiller«*

L 171   *C. Burghard:* Ein »Bestseller«: Max Frischs »Stiller«. Über psychopathische Entwicklung und Schizophrenie. In: Die Medizinische 35 (1955), S. 3—15.

L 172   *Karlheinz Braun:* Die epische Technik in Max Frischs Roman »Stiller«. Als Beitrag zur Formfrage des modernen Romans. (Diss. Ffm.). 1959.

L 173   *Friedrich Dürrenmatt:* »Stiller«. Roman von Max Frisch. Fragment einer Kritik: In: *Fr. D.:* Theaterschriften und Reden. 1966, S. 261—271. Auch in ÜMF (L 12), S. 7—15.

L 174   *Philip Manger:* Kierkegaard in Max Frisch's Novel »Stiller«. In: GLL 20 (1966/67), S. 119—131.

L 175   *Andrew White:* Max Frisch's »Stiller« as a Novel of Alienation and the »nouveau roman«. In: arcadia 2 (1967), S. 288—304.

L 176   *Werner Zimmermann:* Max Frisch: »Stiller«. In: W. Z.: Deutsche Prosadichtungen unseres Jahrhunderts. Interpretationen für Lehrende und Lernende. Bd. 2. 1969, S. 115—165.

L 177   *Helmut F. Pfanner:* Stiller und das »Faustische« bei Max Frisch. In: Ol 24 (1969), S. 201—215. Auch in *Schau* L 11, S. 47—58.

L 178   *Peter Gontrum:* The Legend of Rip van Winkle in Max Frisch's »Stiller«. In: Studies in Swiss literature. 1971, S. 97—106.

L 179   *Halina Malinowska:* Der Erzählerstandpunkt als Mittel zur Bestimmung des Erzählers im Roman »Stiller« von Max Frisch. In: Studia Germanica Posnaniensa 1 (1971), S. 91—103.

L 180   *Wulf Köpke:* Max Frischs »Stiller« als »Zauberberg«-Parodie. In: WW 27 (1977) H. 3, S. 159—170.

L 181   *Gertrud Bauer Pickar:* »Kann man schreiben, ohne eine Rolle zu spielen?« Zur Problematik des fingierten Erzählens in »Stiller«. In: *Knapp* L 17, S. 77—102.

L 182   *Walter Schmitz* (Hg.): Materialien zu Max Frischs »Stiller«. 2 Bde. 1978.

L 183   *Helmut Naumann:* Der Fall Stiller. Antwort auf eine Herausforderung. Zu Max Frischs »Stiller«. 1978.

L 184   *Jürgen H. Petersen:* Max Frisch: »Stiller«. In: Deutsche Romane des 20. Jh. Neue Interpretationen. Hg. v. *P. M. Lützeler.* 1983, S. 296—308.

L 185   *Theo Elm:* Schreiben im Zitat. Max Frischs Poetik des Vorurteils. In: ZfdPh 103 (1984) S. 225—243.

s. auch *Deschner* L 33, *Jurgensen* L 65, *Steinmetz* L 77, *Butler* L 96, *Zeller-Cambon* L 107.

n) *»Homo faber«*

L 186   *Gerhard Kaiser:* Max Frischs »Homo faber«. In: SM 38 (1959/60), S. 841—852. Auch in *Schau* L 11, S. 80—89; ebenfalls in ÜMF II (L 15), S. 266—280.

L 187   *Walter Henze:* Die Erzählhaltung in Max Frischs Roman »Homo faber«. In: WW 11 (1961), S. 278—289. Auch in *Schau* L 11, S. 66—79.

L 188   *Rolf Geißler:* Max Frisch: Homo faber. In: *R. G.* (Hg.): Möglichkeiten des modernen Romans. Analysen und Interpretationsgrundlagen zu Romanen von Th. Mann, A. Döblin, H. Broch, G. Gaiser, M. Frisch, A. Andersch und H. Böll. 1962, ⁴1970, S. 191—214.

L 189   *Hela Michot-Dietrich:* Homo Faber. Variations sur un thème de Camus. (Diss. Univ. of Michigan). 1965.

L 190   *Hans Geulen:* Max Frischs »Homo faber«. Studien und Interpretationen. 1965.

L 191   *Brigitte L. Bradley:* Max Frisch's »Homo faber«. Theme and Structural Devices. In: GR 41 (1966), S. 279—290.

L 192   *Ernst Schürer:* Zur Interpretation von Max Frischs »Homo faber«. In: M 59 (1967), S. 330—343.

L 193   *Ursula Roisch:* Max Frischs Auffassung vom Einfluß der Technik auf den Menschen – nachgewiesen am Roman »Homo faber«. In: WB 13 (1967), S. 950–957. Auch in ÜMF (L 12), S. 84–109.

L 194   *Günther Bicknese:* Zur Rolle Amerikas in Max Frischs »Homo faber«. In: GQ 42 (1969), S. 52–64.

L 195   *Ferdinand van Ingen:* Max Frischs Homo faber zwischen Technik und Mythologie. In: Amsterdamer Beiträge zur neueren Germanistik 2 (1973), S. 63–81.

L 196   *Walter Schmitz:* Max Frisch: Homo faber. Materialien, Kommentar. (Reihe Hanser 214). 1977.

L 197   *Peter Pütz:* Das Übliche und das Plötzliche. Über Technik und Zufall in »Homo faber«. In *Knapp* L 17, S. 123–130.

L 198   *Rhonda L. Blair:* »Homo faber«, homo ludens and the Demeter-Kore-motif. In: GR 56 (1981), S. 140–150. In deutscher Übersetzung auch in L 196, S. 142–170.

L 199   *Walter Schmitz* (Hg.): Frischs »Homo faber«. 1983.

L 200   *Jörg Lehn:* Die veränderte Chronologie in Max Frischs »Homo faber«. Ein Vergleich zwischen Original-, Werk- und Taschenbuchausgabe. In: LWU 16 (1983), S. 19–23.

L 201   *Hans Geulen:* Max Frischs »Homo faber«. (Anordnung der Geschichte im Erzählvorgang). In L 199, S. 101–132.

L 202   *Mona Knapp:* Moderner Ödipus oder blinder Passagier? Anmerkungen zum »Homo faber« aus feministischer Sicht. In L 199, S. 188–207.

L 203   *Reinhold Viehoff:* Max Frischs »Homo faber« in der zeitgenössischen Literaturkritik der ausgehenden 50er Jahre. Analyse und Dokumentation. In L 199, S. 243–289.

s. auch *Jurgensen* L 65, *Butler* L 96, *Franz* L 162.

o)   *»Biedermann und die Brandstifter«*

L 204   *Raymond Raver* und *Paul Anrien:* Le spectateur au théâtre. Recherche d'une méthode sociologique d'après »M. Biedermann et les incendiaires«. 1964.

L 205   *Dietrich Meinert:* Das Absurde als Mittel der Verfremdung in Frischs »Biedermann und die Brandstifter«. In: Acta Germanica 5 (1970), S. 227–235.

L 206   *Sibylle Heidenreich:* »Andorra«. »Biedermann und die Brandstifter«. 1974.

L 207   *Inga Springmann* (Hg.): Max Frisch: »Biedermann und die Brandstifter«. Erläuterungen und Dokumente. 1975.

L 208   *Walter Schmitz* (Hg.): Materialien zu Max Frischs »Biedermann und die Brandstifter«. 1979.

L 209   *Jürgen H. Petersen:* Die Komödie des Untergangs – Max Frischs »Biedermann und die Brandstifter«. In: Deutsche Komödien. Hg. v. W. Freund. 1988, (UTB 1498), S. 255–266.

s. auch *Karasek* L 39, *Jurgensen* L 41, *Durzak* L 64, *Bauer Pickar* L 109, *Butler* L 138.

p) »Die große Wut des Philipp Hotz«
s. *Karasek* L 39, *Jurgensen* L 41.

q) »Andorra«

L 210 *Friedrich Torberg:* Ein fruchtbares Mißverständnis. Notizen zur
Zürcher Uraufführung des Schauspiels »Andorra« von Max Frisch.
In: Das Forum (Wien) 1961, S. 455–456. Auch in *F. T.:* Das fünfte
Rad am Thespiskarren. 1966, S. 328–333. Ebenfalls in *Schau* L 11,
S. 296–299.

L 211 *Hans Weigel:* Warnung vor »Andorra«. In: Illustrierte Kronenzei-
tung v. 31. 3. 1962.

L 212 *Curt Riess:* Antisemitismus als Jux. Georg Kreisler gibt vor, »Andorra« zu parodieren. In: Die Zeit v. 25. 1. 1963.

L 213 *Rolf Liebermann:* »Andorra« in New York. In: NZZ v. 16. 3. 1963.
Auch in *Schau* L 11, S. 284–285.

L 214 *Karl Schmid:* Andorra und die Entscheidung. In: *K. S.:* Unbehagen
im Kleinstaat. 1963, S. 169–200. Auch in ÜMF (L 12), S. 147–171.

L 215 *Kurt Aurin:* Andorra – ein psychologisches Modell. In: Politische
Psychologie. Bd. II: Vorurteile. Ihre Erforschung und ihre Bekämp-
fung. 1964, S. 95–112. Auch in *Schau* L 11, S. 248–266.

L 216 *Friedrich Torberg:* Max Frischs Andorra. In: Encounter (London)
23 (1964), S. 54–56.

L 217 *Rolf Eckart:* Max Frisch: »Andorra«. Interpretation. 1965.

L 218 *Wolfgang Hegele:* Max Frisch: »Andorra«. In: DU 20 (1968), H. 3,
S. 35–50. Auch in ÜMF (L 12), S. 172–191.

L 219 *Peter C. Plett:* Dokumente zu Max Frisch: »Andorra«. 1972.

L 220 *Ernst Wendt* (Hg.): Materialien zu Frischs »Andorra«. 1975. Zus. m.
Walter Schmitz (Hg.) 1978, 1984.

L 221 *Peter Pütz:* Max Frischs »Andorra« – ein Modell der Mißverständ-
nisse. In: L 14, S. 37–43.

L 222 *Wolfgang Frühwald/Walter Schmitz:* Max Frisch: »Andorra«/»Wilhelm Tell für die Schule«. 1977.

L 223 *Michael Hampe u.a.:* »Andorra« auf dem Theater. In: L 220,
S. 161–257.

L 224 *Wull-Duk Yu:* Max Frischs »Andorra«. Studien zur Rezeption eines
»Erfolgsstücks«. 1982.

L 225 *Michael Butler:* Frisch. »Andorra«. 1985.

L 226 *Hans Bänziger* (Hg.): Max Frisch. »Andorra«. Erläuterungen und
Dokumente. 1985.

s. auch *Karasek* L 39, *Jurgensen* L 41, *Durzak* L 64, *Bauer Pickar* L 109,
Butler L 138, *Heidenreich* L 206.

r) »Mein Name sei Gantenbein«

L 226 *Jürgen Manthey:* Prosa des Bedenkens. In: Frankfurter Hefte 20
(1965), S. 279–282.

L 227 *Hermann Kähler:* Max Frischs »Gantenbein«-Roman. In: SuF 1965,
S. 299–303. Auch in ÜMF (L 12) S. 198–204.

L 228 *Marius Cauvin:* Max Frisch. L'absolu et le »nouveau roman«. In:

EG 22 (1967), S. 93—98. Auch in *Schau* L 11, S. 113—118; ebenfalls in ÜMF II (L 15), S. 335—344.

L 229   *Werner Stauffacher:* Gantenbein – une nouvelle forme romanesque? (Réponse à M. Cauvin). In: EG 22 (1967), S. 592—593. Auch in *Schau* L 11, S. 119—120.

L 230   *Jutta Birmele:* Anmerkungen zu Max Frischs Roman »Mein Name sei Gantenbein«. In: M 60 (1968), S. 167—173. Auch in *Schau* L 11, S. 107—112.

L 231   *Wolf R. Marchand:* Max Frisch: »Mein Name sei Gantenbein«. In: ZfdPh 87 (1968), S. 510—535. Auch in ÜMF (L 12), S. 205—234.

L 232   *Doris F. Merrifield:* Max Frischs »Mein Name sei Gantenbein«. Versuch einer Strukturanalyse. In: M 60 (1968), S. 155—166. Auch in *Schau* L 11, S. 162—171.

L 233   *Jiří Stromšik:* Max Frisch, Mein Name sei Gantenbein. Eine Interpretation. In: Germanica Pragensia 5 (1968), S. 111—131.

L 234   *Martin Kraft:* Studien zur Thematik von Max Frischs Roman »Mein Name sei Gantenbein«. 1969.

L 235   *Daniel de Vin:* Max Frisch »Mein Name sei Gantenbein«. Eine Interpretation. In: Studia Germanica Gandensia 12 (1970), S. 243—263.

L 236   *Paul F. Botheroyd:* »Mein Name sei Gantenbein«. In: *P. F. B.:* Ich und Er. First and third person self-reference and problems of identity in three contemporary German-language novels. 1976, S. 95—122.

L 237   *Heinz Gockel:* Max Frisch: Gantenbein. Das offen-artistische Erzählen. 1976, ²1979.

L 238   *Jürgen H. Petersen:* Wirklichkeit, Möglichkeit und Fiktion in Max Frischs Roman »Mein Name sei Gantenbein«. In *Knapp* L 17, S. 131—156.

L 239   *Willy Michel:* Poetische Transformation von Denkfiguren und ästhetisches Rollengeflecht. Max Frischs Roman »Mein Name sei Gantenbein«. In: W. M.: Die Aktualität des Interpretierens. 1978, S. 115—141.

L 240   *Gerd Hillen:* Autor und Öffentlichkeit in existentieller Sicht. Ein Kommentar zu Max Frischs »Mein Name sei Gantenbein«. In: Colloquia Germanica 20 (1987), S. 338—356.

s. auch *Jurgensen* L 65, *Toman* L 80, *Butler* L 96.

s) *»Biografie: Ein Spiel«*

L 241   *Wolfgang Ignée:* Kürmann, Frisch und Noelte. Die Geschichte eines Fehlstarts. In: Der Monat 20 (1968), H. 232, S. 59—62.

L 242   *Christoph Burgenauer:* Max Frisch. »Biografie: Ein Spiel«. In: Frankfurter Hefte 23 (1968), S. 439—447.

L 243   *Brigitte L. Bradly:* Max Frisch's »Biografie: Ein Spiel«. In: GQ 44 (1971), S. 208—226. Auch in ÜMF II (L 15), S. 345—367.

L 244   *Gertrud Bauer Pickar:* Max Frisch's »Biografie«. Image as »Lifescript«. In: Symposium 28 (1974), S. 166—174.

L 245   *Ulrich Profitlich:* Beliebigkeit und Zwangsläufigkeit. Zum Verhältnis von Frischs Schillerpreis-Rede und »Biografie«. In: ZfdPh 95 (1976), S. 509—526.

s. auch *Karasek* L 39, *Jurgensen* L 41, *Durzak* L 64, *Bauer Pickar* L 109, *Butler* L 138.

t) *»Wilhelm Tell für die Schule«*

L 246   *Alfred Berchtold:* Wilhelm Tell im 19. und 20. Jahrhundert. In: Lilly Stunzi: Tell. Werden und Wandern eines Mythos. 1973, S. 167—253.

L 247   *Adolf Muschg:* Über Max Frisch: »Wilhelm Tell für die Schule«. In: ÜMF II (L 15), S. 372—374.

L 248   *Jürgen Schröder:* »Wilhelm Tell für die Schule« als Max Frisch für die Schule. In *Knapp* L 17, S. 237—248.

s. auch *Jurgensen* L 65, *Frühwald/Schmitz* L 222.

u) *»Tagebuch 1966—1971«*

L 249   *Peter Wapnewski:* Tua res. Zum Tagebuch II von Max Frisch. In: Merkur 26 (1972), S. 1031—1038. Auch in ÜMF II (L 15), S. 375—384.

L 250   *Margret Boveri:* Tagebuch 1966—1971. In: NR 83 (1972), H. 3, S. 540—548.

L 251   *Hans Bänziger:* Max Frischs neues Tagebuch als Dokument der Zeit. In: Universitas 28 (1973), 1183—1190.

L 252   *Klaus Schimanski:* Ernst genommene Zeitgenossenschaft – subjektiv gespiegelt. Gedanken zur Analyse und zur Aufnahme des »Tagebuchs 1966—1971« von Max Frisch. In: WB 1974, H. 5, S. 161—171. Auch in ÜMF II (L 15), S. 385—397.

L 253   *Elisabeth Pulver:* Mut zur Unsicherheit. Zu Max Frischs »Tagebuch 1966—1971«. In *Jurgensen* L 16, 27—54.

s. auch *Jurgensen* L 65, *Schafroth* L 90, *de Vin* L 105.

v) *»Dienstbüchlein«*

L 254   *Jürgen P. Wallmann:* Max Frisch, »Dienstbüchlein«. In: Neue deutsche Hefte 21 (1974), S. 384—385.

L 255   *Urs Jaeggi:* Die gesammelten Erfahrungen des Kanoniers Max Frisch. In: L 14, S. 69—73.

s. auch *Jurgensen* L 65.

w) *»Montauk«*

L 256   *Anton Krättli:* »Leben im Zitat«. Max Frischs »Montauk«. In: SM 55 (1975), S. 653—656. Auch in ÜMF II (L 15), S. 428—434.

L 257   *Günter Blöcker* und *Hans Schwab-Felisch:* Max Frischs Konfessionen. In: Merkur 29 (1975), S. 1179—1183.

L 258   *Rudolf Hartung:* »Schreibend unter Kunstzwang«. Zu der autobiographischen Erzählung »Montauk« von Max Frisch. In: NR 86 (1975), S. 713—717. Auch in ÜMF II (L 15), S. 435—442.

L 259   *Gerhard vom Hofe:* Zauber ohne Zukunft. Zur autobiographischen Korrektur in Max Frischs Erzählung »Montauk«. In: Euphorion 70 (1976), S. 374—397.

L 260 *Uwe Johnson:* Zu »Montauk«. In ÜMF II (L 15), S. 448–450.

L 261 *Werner Stauffacher:* »Diese dünne Gegenwart«. Bemerkungen zu »Montauk«. In: L 16, S. 55–66.

L 262 *Gerhard P. Knapp:* Noch einmal: Das Spiel mit der Identität. Zu Max Frischs »Montauk«. In: L 17, S. 285–307.

L 263 *Hans Bänziger:* Leben im Zitat: Zu »Montauk«: ein Formulierungsproblem und seine Vorgeschichte. In: L 17, S. 267–284.

L 264 *Klaus Müller-Salget:* Max Frischs »Montauk« – eine Erzählung? In: ZfdPh 97, Sonderheft, 1978, S. 108–120.

L 265 *Barbara Saunders:* Max Frisch: »Montauk«. In: B. S.: Contemporary German autobiography. 1985, S. 78–90.

L 266 *Dietger Pforte:* »Montauk« – ein von Max Frisch erfundenes Wahrnehmungsexperiment. In: Sprache im technischen Zeitalter 1987, S. 348–357.

s. auch *Jurgensen* L 65.

x) *»Triptychon. Drei szenische Bilder«*

L 267 *Peter von Matt:* Max Frischs mehrfache Hadesfahrten. In: NR 89 (1978), S. 599–605.

L 268 *Michael Butler:* Reflexions of Mortality: Max Frischs »Triptychon«. In: GLL 33 (1979), S. 66–74.

L 269 *Wilfred Schildknecht:* Notes sur »Triptyque«. In: Etudes de lettres 4 (1981), S. 25–38.

L 270 *Gertrud Bauer Pickar:* Hades revisited. Max Frischs »Triptychon«. In: GQ 59 (1986), S. 52–64.

L 271 *Wolfgang Hofer:* Max Frischs späte »Triptychen«. (Diss. Wien) 1985.

L 272 *Franz P. Haberl:* Death and transcendence in Max Frischs »Triptych« and »Man in holocene«. In: WLT 60 (1986), S. 561–565.

y) *»Der Mensch erscheint im Holozän. Eine Erzählung«*

L 273 *Gerhard F. Probst:* The old man and the rain. »Man in Holocene«. In: L 20, S. 166–175.

L 274 *Gertrud Bauer Pickar:* Es wird nie eine Pagode: Frischs »Der Mensch erscheint im Holozän«. In: Seminar 19 (1983), H. 1, S. 33–56.

L 275 *Noel L. Thomas:* Readiness is all. Max Frischs »Der Mensch erscheint im Holozän«. In: New German studies 13 (1985), S. 115–129.

L 276 *Michael Butler:* Max Frisch's »Man in the holocene«: an interpretation. In: WLT 60 (1986), S. 574–580.

L 277 *Karlheinz Rossbacher:* Lesevorgänge: Zu Max Frischs Erzählung »Der Mensch erscheint im Holozän«. In: Zeitgenossenschaft. Festschrift f. Egon Schwarz zum 65. Geburtstag. 1987, S. 252–265.

s. auch *Haberl* L 272.

z) *»Blaubart. Eine Erzählung«*

L 278   *Joachim Kaiser:* Vom Schuldgefühl des Mannes. In: Süddeutsche Zeitung, 1. 4. 1982.

L 279   *v. m.:* Vor Gericht. In: NZZ, 3. 4. 1982.

L 280   *Alfred D. White:* Max Frisch revisited: »Blaubart«. In: M 78 (1986), S. 456–467.

L 281   *Marga I. Weigel:* »I have no language for my reality«: the ineffable as tension in the »tale« of »Bluebeard«. In: WLT 60 (1986), S. 589–592.

L 282   *Mary E. Stewart:* Max Frischs »Blaubart«: a trivial pursuit? In: Forum for modern language studies 24 (1988), S. 248–255.

Werkregister

(Aufgenommen wurden poetische Werke (kursiv gesetzte Titel) und essayistische (nicht-fiktionale) Arbeiten, die im Text genannt sind)

achtung: Die Schweiz 45f.
Als der Krieg zu Ende war 4, 8, 62f.
Andorra 4, 8, 11, 69−74, 119, 150f., 187, 197
Anmerkungen zu »Biografie« 143
Antwort aus der Stille 3, 10, 14, 25−28, 29, 31, 187, 188, 189
Aus dem Taschenbuch eines Soldaten 30

Biedermann und die Brandstifter 7, 9, 11, 18, 67−69, 103, 119, 150f.
Bin oder Die Reise nach Peking 4, 27, 35−37, 134, 202
Biografie: Ein Spiel 3, 8, 37, 61, 83, 103, 143−153, 164f., 167, 203f.
Blätter aus dem Brotsack 4, 25, 29−31, 36, 77, 91, 188, 189
Blaubart 19, 164, 180−186, 204
Brecht als Klassiker 11

Büchnerpreis-Rede s. Emigranten
Cum grano salis 44f., 46, 104

Das Lesen und der Bücherfreund 96, 130
Das Schlaraffenland, die Schweiz 4
Death is so permanent 77
Der Autor und das Theater 51, 52f.
Der Häßliche 21−23
Der Laie und die Architektur 45f., 188
Der Mensch erscheint im Holozän 19, 164, 172−180, 204
»Der Messias« v. Alfred Fankhauser 25

Die Asche eines Pfeifenrauchers 138
Die Chinesische Mauer 5, 15, 28, 58−61, 68, 72, 99, 165, 202
⟨*Die Eroberung des Mondes*⟩ 5
Die große Wut des Philipp Hotz 3, 69, 102, 202
Dienstbüchlein 1, 7, 90−92, 94, 203
Die Schweiz als Heimat? 7, 47
Die Schweiz ist ein Land ohne Utopie 9, 47, 71
Die Schwierigen oder J'adore ce qui me brûle s. *J'adore ce qui me brûle oder Die Schwierigen*
Don Juan oder Die Liebe zur Geometrie 3, 17, 99−102, 103, 104, 105f., 197, 202
Dramaturgisches 1, 130, 143, 146−152, 167

⟨*Ehekomödie*⟩ 5
Emigranten 47, 51f.
Endlich darf man es wieder sagen 48
Er liebt die Greta Garbo 28
Exposé zum Wettbewerb für einen Neubau des Schauspielhauses Zürich 54

Festrede zum Nationalfeiertag am 1. August 1957 47
Fragebogen 1987 205
Fragment aus einer Erzählung 155f., 175 s. auch *Klima*
Friedenspreis-Rede s. Wir hoffen
Frohe Festtage: Hinter dem Schalter gesehen 28

Glück in Griechenland 29
Graf Öderland 17, 27, 64–67, 72, 79, 189

Hermes geht vorbei 130
Herr Biedermann und die Brandstifter 68
Homo faber 1, 3, 6, 8, 31, 77, 80, 103, 119–129, 160, 163, 167, 187, 188, 190, 197, 202

Ich schreibe für Leser 130, 132–137
Ihr Morgen ist die Finsternis 62
Illusion zweiten Grades 55 f.

J'adore ce qui me brûle oder Die Schwierigen 4, 5, 31–35
Je ne regrette rien 138
Judith 62
Jürg Reinhart 1, 2, 3, 4, 8, 10, 14, 20, 23–25, 28, 29, 31, 187, 188, 189

Kleines Tagebuch einer deutschen Reise 30
Klima 155 f., 187 s. auch *Fragment aus einer Erzählung*
Klosterbesuche 29
Kultur als Alibi 4, 41 f.
Kunst der Erwartung 25, 35
Kurzgeschichte 20 f., 23, 27

Lila oder Ich bin blind 130

Mein Name sei Gantenbein 3, 8, 18, 31, 77, 96 f., 130–140, 149, 151, 155, 156, 160 f., 191–195, 197, 203, 204
Mimische Partitur? 20
Modell Andorra 71
Montauk 1, 2, 15, 16, 31, 33, 77, 81, 110, 119 f., 154–162, 164, 165, 204

Nachspiel zu »Biedermann und die Brandstifter« 69
Nachträgliches zu »Don Juan« 99, 100, 103, 105
Nachwort zu »Als der Krieg zu Ende war« 62

Nachwort zu: Andrej D. Sacharow. Wie ich mir die Zukunft vorstelle 49
Nein, Mao habe ich nicht gesehen 93
Notizen von einer kurzen Reise nach China 28. 10. bis 4. 11. 1975 90, 92–94
Nun singen sie wieder 4, 5, 37, 40, 41, 56–58, 72, 165

Offener Brief an den Schweizerischen Bundesrat 47
Öffentlichkeit als Partner 9
Orchideen und Aasgeier 103

Rede für Bertolt Brecht 11
Rede nach der Besetzung der Tschechoslowakei 49
Rip van Winkle 4, 103, 107–110, 113

Santa Cruz 4, 5, 8, 15, 27, 37–39, 40, 56 f., 58, 68, 102, 134, 137, 165, 188, 202
Schillerpreis-Rede 14, 140 f., 143, 146, 166
Schweiz ohne Armee? 92
Selbstanzeige 1
So wie jetzt, geht es nicht 47
Spanien – Im ersten Eindruck 99, 103
Stahl 5, 14
Stiller 1, 3 f., 5, 8, 12 f., 17 f., 31, 77, 91, 96, 98, 103–119, 121, 122, 123, 131 f., 156, 161, 187, 188, 189, 190, 191–195, 197, 201, 202 f., 204
Stimmen eines anderen Deutschland? 53
Styx 166

Tagebuch mit Marion 77 f., 187
Tagebuch 1946–1949 1, 4, 11, 16, 17, 18, 24, 31, 43, 48, 50, 53, 54 f., 56, 58, 62 f., 64, 65, 67 f., 69, 70 f., 73, 77, 78–83, 86, 88, 89, 90, 99, 104, 110, 120 f., 123, 124, 125 f., 133, 138, 141, 142, 156, 166, 189, 204
Tagebuch 1966–1971 2, 11, 16, 19,

52, 83—90, 147, 165, 166, 187, 198, 204

Theater ohne Illusion 54, 55

Transit 138

Triptychon 19, 163, 164—172, 204

Überfremdung I und II 47

Über Zeitereignis und Dichtung 41, 53

Ungarische Skizzen 29

Unsere Arroganz gegenüber Amerika 44, 104

Unsere Gier nach Geschichten 96, 130, 137

Verdammen oder verzeihen? 41, 42

Vom Arbeiten 25

Vom Umgang mit dem Einfall 53

Vorbild Huber 21—23

Was bin ich? I und II 28

Was macht ihr mit der Liebe 103

Wenn Frauen verhüllt sind 29

Werkbericht [»Graf Öderland«] 65

Wer liefert denn die Pläne? 46

Wie soll man neue Theater bauen? 54

Wie wird man berühmt 24

Wie wollen wir regiert werden? 47

Wilhelm Tell für die Schule 7 f., 74—76, 202, 203

Wir hoffen 49 f., 51

Wo spielt unser Stück? [Zu »Die Chinesische Mauer«] 59

Zu »Nun singen sie wieder« 54

Zu »Santa Cruz« 59

Zur Inszenierung [»Graf Öderland«] 66

Zürich-Transit 138 f., 140

Zurück zum Kalten Krieg? 49

Sach- und Personenregister

(Namen von in der Bibliographie oder im Text genannten Frisch-Interpreten wurden in das *Personen*register nicht aufgenommen)

Andersch, Alfred 195
Archipov, Juri 189
Architektur und Städtebau 6, 44–46, 103
Aristophanes 13
Ästhetik der Provokation 73–76, 92
Aufklärung 49–52, 53–55, 58, 60 f., 72–74
Ausbruchsmotiv 21, 27, 82
Ayren, Armin 193

Bachmann, Ingeborg 6, 154, 158, 195
Balzac, Honoré de 13
Beckett, Samuel 13, 19, 171 f.
Benn, Gottfried 163
Bergengruen, Werner 53
Bergerot, Henri 59
Bernhard, Thomas 169, 190, 195
Bichsel, Peter 194
Bieri, Ernst 41
Bildnismotiv 24, 57, 62, 71 f., 80, 82 f., 104, 108 f., 123, 168
Biographie [Max Frischs] X-XII, 1–6, 78, 103 f., 119 f., 154 f., 157
Blatter, Silvio 194
Bobrowski, Johannes 194
Böll, Heinrich 201
Bogart, Humphrey 191
Braun, Volker 194
Brecht, Bertolt 5, 10, 11 f., 13, 38 f., 40, 52 f., 54 f., 58, 62, 65, 66, 72, 73, 74 f., 99, 199, 201
Breschnew, Leonid 94
Büchner, Georg 13, 26, 27, 163
Burckhardt, Jakob 13

Burckhardt, Lucius 45
Bürgerlichkeit 5 f., 8, 9, 13, 16, 33 f.
Byron, George (Lord) 13

Cervantes, Miguel de 10, 13
Chang Si-Ren 93
Claudel, Paul 39, 201
Collage 86–90, 93 f., 175

Dante Alighieri 13
Demonstrationsästhetik 12, 38, 52–56, 66 f.
DDR 189
Diggelmann, Walter Matthias 191
Dramaturgie 11 f., 14 f., 38 f., 52–56, 72–74, 165–167, 199
Dramaturgie der Fügung 140–142
– der Grenzüberschreitung 38, 56–58, 59 f., 66 f., 165, 167 f.
– der Invariation 165–172
– der Permutation 38, 140–143, 146–150, 153, 165, 166 f., 204
– der Provokation 72–74
– des Engagements 40 f., 51, 52–56, 72–74
– des Zufalls 142 f., 146 f.
Du-Erzählung 67, 156, 175
Dürrenmatt, Friedrich 9, 18, 58, 190, 201

Eckermann, Johann Peter 14
Einflüsse 9–19
Er-Erzählung [als Form äußerer Beobachtung] 157, 160
Erzähltheorie 130 f., 132–134, 199

Essayistik 3, 4, 6, 20, 28−31, 40−52, 205

Fiktion, Fiktionalität 133−137, 193−195
Fontane, Theodor 163
Fries, Fritz Rudolf 192
Frisch, Franz Bruno 2, 160
Frisch, Karoline 2

Garcia Lorca, Federico 39
Gesellschaftskritik 4, 7 f., 40−52, 59 f., 72−74, 75 f., 77, 83, 91 f.
Gide, André 13
Giehse, Therese 99
Giraudoux, Jean 39, 55, 201
Goethe, Johann Wolfgang 14, 25, 162, 163, 203
Grabbe, Christian Dietrich 99
Grimmelshausen, Hans Jakob Christoffel von 162

Härtling, Peter 190, 191, 192, 194
Hacks, Peter 190
Heidegger, Martin 13, 134 f.
Hildesheimer, Wolfgang 194 f.
Hindemith, Paul, 172
Hirschfeld, Kurt 5, 39
Hitler, Adolf 65
Hofmannsthal, Hugo von 39
Hölderlin, Friedrich 13
Höllerer, Walter 146, 149, 193 s. auch »Dramaturgisches«
Homer 13

Ich-Du-Erzählung 156, 158 f.
Ich-Er-Erzählung 132 f., 156, 157
Ich-Erzählung 29, 36, 114, 132, 157 f., 160
Identität 31, 35, 36 f., 95−99, 100−102, 104, 107−110, 112−119, 128 f., 136, 200
Imitier- und Illusionstheater 12, 38 f., 53−55, 151
Johnson, Uwe 190, 196
Joyce, James 156
Jung, Carl Gustav 15
Journalismus 3, 20, 28−30, 200, 205

Kafka, Franz 17 f.
Kaiser, Georg 28
Kant, Imanuel 49
Keller, Gottfried 16, 34, 203
Kierkegaard, Søren 13, 17, 105−107, 109, 113, 201, 203
Klee, Paul 172
Kleist, Heinrich von 13, 163
König, Barbara 192
Köpf, Gerhard 195
Konservatismus 44−48, 49
Kortner, Fritz 65
Kroetz, Franz Xaver 190
Kühn, Dieter 193, 194
Kutter, Markus 45

Landsmannschaftliche Herkunft 6 f., 47 f.
Lessing, Gotthold Ephraim 13

Mann, Heinrich 28
Mann, Thomas 17, 21 f., 26, 32 f., 110, 162, 163, 203
Mao Tse-tung 93
Maron, Monika 195
Matisse, Henri 172
Mayröcker, Friederike 195
Mechtel, Angelika 193
Meyenburg, Constanze von 3, 154
Miquel, Jean Piere 59
Möglichkeit 37, 131−140, 141−143, 148−150, 161 f., 166 f., 192 f., 195
Molière, Jean-Baptiste 99
Montaigne, Michel de 154, 160, 162
Mozart, Wolfang Amadeus 99
Müller, Heiner 190

Niemann, Carsten 195
Nietzsche, Friedrich 17, 21 f., 33, 35, 141
Novalis 163

Oellers, Marianne 154, 159
Orff, Carl 172
Otto, Walter F. 194

Parabel 17, 40, 55 f., 67, 69, 72, 150 f., 156, 203 f.

Philosophie 2, 16, 105, 201
Pirandello, Luigi 201
Plato 13
Plessen, Elisabeth 194
Politik 4, 30, 40–52, 66, 151, 152
Psychologie 15, 111–113

Reinhardt, Max 5, 14
Rezeption, Rezipient 9, 187–205
Rojas, Fernando del 99
Roth, Gerhard 193 f.
Sartre, Jean Paul 39
Schiller, Friedrich 14, 74, 163
Schmidli, Werner 192 f.
Schmidt, Helmut 92, 93
Schnitzler, Arthur 28
Schopenhauer, Arthur 16 f.
Schuh, Oscar Fritz 59
Sehnsuchtsmotiv 21, 26 f., 35–38, 56
Shakespeare, William 13
Shaw, George Bernard 99
Sophokles 13, 69
Staiger, Emil 48
Stil und Sprache 7, 10, 28 f., 36, 200, 205
Stoppard, Tom 201
Strindberg, August 110, 162, 201
Stroop, Joseph 62

Suhrkamp, Peter 12, 65, 121, 187
Szenessy, Mario 192

Tagebuch 1, 4, 28, 30, 31, 77–90, 198, 204
Tellez, Gabriel 99
Tirso de Molina, Gabriel 99
Tolstoi, Alexej 13
Tschechow, Anton 13

UdSSR 190
Unseld, Siegfried 65

Variante 20 f., 37 f., 135–140, 142 f., 146–152, 160 f., 162, 166 f.

W. [Freund und Mäzen F.'s] 3, 16, 17, 110, 154, 161
Wiechert, Ernst 53
Wilder, Thornton 13, 14 f., 39, 54, 68, 201
Wolf, Christa 190, 191, 193
Zeit 38, 56, 58, 61, 142, 200

Zollinger, Albin 10 f., 28, 35, 36
Zorilla y Moral, José 99
Zufall 125 f., 141 f., 144 f., 146 f.
Zürcher Literaturstreit 48

Sammlung Metzler

SM	1	Raabe *Einführung in die Bücherkunde*
SM	5	Moser *Annalen der deutschen Sprache*
SM	6	Schlawe *Literarische Zeitschriften 1885–1910*
SM	7	Hoffmann *Nibelungenlied*
SM	9	Rosenfeld *Legende*
SM	10	Singer *Der galante Roman*
SM	12	Nagel *Meistersang*
SM	13	Bangen *Die schriftliche Form germanist. Arbeiten*
SM	14	Eis *Mittelalterliche Fachliteratur*
SM	15	Weber/Hoffmann *Gottfried von Straßburg*
SM	16	Lüthi *Märchen*
SM	18	Meetz *Friedrich Hebbel*
SM	24	Schlawe *Literarische Zeitschriften 1910–1933*
SM	25	Anger *Literarisches Rokoko*
SM	26	Wodtke *Gottfried Benn*
SM	27	von Wiese *Novelle*
SM	28	Frenzel *Stoff-, Motiv- und Symbolforschung*
SM	30	Galley *Heinrich Heine*
SM	32	Wisniewski *Kudrun*
SM	33	Soeteman *Deutsche geistliche Dichtung des 11. u. 12. Jh.s*
SM	36	Bumke *Wolfram von Eschenbach*
SM	40	Halbach *Walther von der Vogelweide*
SM	41	Hermand *Literaturwissenschaft und Kunstwissenschaft*
SM	44	Nagel *Hrotsvit von Gandersheim*
SM	45	Lipsius *Von der Bestendigkeit. Faksimiledruck*
SM	46	Hecht *Christian Reuter*
SM	47	Steinmetz *Die Komödie der Aufklärung*
SM	49	Salzmann *Kurze Abhandlungen. Faksimiledruck*
SM	50	Koopmann *Friedrich Schiller I: 1759–1794*
SM	51	Koopmann *Friedrich Schiller II: 1794–1805*
SM	52	Suppan *Volkslied*
SM	53	Hain *Rätsel*
SM	54	Huet *Traité de l'origine des romans. Faksimiledruck*
SM	57	Siegrist *Albrecht von Haller*
SM	58	Durzak *Hermann Broch*
SM	59	Behrmann *Einführung in die Analyse von Prosatexten*
SM	60	Fehr *Jeremias Gotthelf*
SM	61	Geiger *Reise eines Erdbewohners i. d. Mars. Faksimiledruck*
SM	63	Böschenstein-Schäfer *Idylle*
SM	64	Hoffmann *Altdeutsche Metrik*
SM	65	Guthke *Gotthold Ephraim Lessing*
SM	66	Leibfried *Fabel*
SM	67	von See *Germanische Verskunst*
SM	68	Kimpel *Der Roman der Aufklärung (1670–1774)*
SM	70	Schlegel *Gespräch über die Poesie. Faksimiledruck*
SM	71	Helmers *Wilhelm Raabe*
SM	72	Düwel *Einführung in die Runenkunde*
SM	74	Raabe/Ruppelt *Quellenrepertorium*
SM	75	Hoefert *Das Drama des Naturalismus*
SM	76	Mannack *Andreas Gryphius*
SM	77	Straßner *Schwank*
SM	78	Schier *Saga*

SM 79 Weber-Kellermann/Bimmer *Einführung in die Volkskunde/ Europäische Ethnologie*

SM 80 Kully *Johann Peter Hebel*

SM 81 Jost *Literarischer Jugendstil*

SM 82 Reichmann *Germanistische Lexikologie*

● SM 84 Boeschenstein *Gottfried Keller* ●

SM 85 Boerner *Tagebuch*

SM 87 Sandkühler *Schelling*

SM 88 Opitz *Jugendschriften. Faksimiledruck*

SM 90 Winkler *Stefan George*

SM 92 Hein *Ferdinand Raimund*

SM 93 Barth *Literarisches Weimar. 16.–20. Jh.*

SM 94 Könneker *Hans Sachs*

SM 96 van Ingen *Philipp von Zesen*

SM 97 Asmuth *Daniel Casper von Lohenstein*

SM 98 Schulte-Sasse *Literarische Wertung*

SM 99 Weydt *H. J. Chr. von Grimmelshausen*

SM 101 Grothe *Anekdote*

SM 102 Fehr *Conrad Ferdinand Meyer*

SM 103 Sowinski *Lehrhafte Dichtung des Mittelalters*

SM 104 Heike *Phonologie*

SM 105 Prangel *Alfred Döblin*

SM 107 Hoefert *Gerhart Hauptmann*

SM 109 Otto *Sprachgesellschaften des 17. Jh.s*

SM 110 Winkler *George-Kreis*

SM 111 Orendel *Der Graue Rock (Faksimileausgabe)*

SM 112 Schlawe *Neudeutsche Metrik*

SM 113 Bender *Bodmer/Breitinger*

SM 114 Jolles *Theodor Fontane*

SM 115 Foltin *Franz Werfel*

SM 116 Guthke *Das deutsche bürgerliche Trauerspiel*

SM 117 Nägele *J. P. Jacobsen*

SM 118 Schiller *Anthologie auf das Jahr 1782 (Faksimileausgabe)*

SM 119 Hoffmeister *Petrarkistische Lyrik*

SM 120 Soudek *Meister Eckhart*

SM 121 Hocks/Schmidt *Lit. u. polit. Zeitschriften 1789–1805*

SM 123 Buntz *Die deutsche Alexanderdichtung des Mittelalters*

SM 124 Saas *Georg Trakl*

SM 126 Klopstock *Oden und Elegien (Faksimileausgabe)*

SM 127 Biesterfeld *Die literarische Utopie*

SM 128 Meid *Barockroman*

SM 129 King *Literarische Zeitschriften 1945–1970*

SM 131 Fischer *Karl Kraus*

SM 133 Koch *Das deutsche Singspiel*

SM 134 Christiansen *Fritz Reuter*

SM 135 Kartschoke *Altdeutsche Bibeldichtung*

SM 136 Koester *Hermann Hesse*

SM 140 Groseclose/Murdoch *Ahd. poetische Denkmäler*

SM 141 Franzen *Martin Heidegger*

SM 142 Ketelsen *Völkisch-nationale und NS-Literatur*

SM 143 Jörgensen *Johann Georg Hamann*

SM 144 Schutte *Lyrik des deutschen Naturalismus (1885–1893)*

SM 145 Hein *Dorfgeschichte*

SM 146 Daus *Zola und der französische Naturalismus*

SM 147 Daus *Das Theater des Absurden*

SM 148 Grimm u. a. *Einführung in die frz. Lit.wissenschaft*
SM 149 Ludwig *Arbeiterliteratur in Deutschland*
SM 150 Stephan *Literarischer Jakobinismus in Deutschland*
SM 151 Haymes *Das mündliche Epos*
SM 152 Widhammer *Literaturtheorie des Realismus*
SM 153 Schneider *A. v. Droste-Hülshoff*
SM 154 Röhrich/Mieder *Sprichwort*
SM 155 Tismar *Kunstmärchen*
SM 156 Steiner *Georg Forster*
SM 157 Aust *Literatur des Realismus*
SM 158 Fähnders *Proletarisch-revolutionäre Literatur*
SM 159 Knapp *Georg Büchner*
SM 160 Wiegmann *Geschichte der Poetik*
SM 161 Brockmeier *François Villon*
SM 162 Wetzel *Romanische Novelle*
SM 163 Pape *Wilhelm Busch*
SM 164 Siegel *Die Reportage*
SM 165 Dinse/Liptzin *Jiddische Literatur*
SM 166 Köpf *Märchendichtung*
SM 167 Ebert *Historische Syntax d. Deutschen*
SM 168 Bernstein *Literatur d. deutschen Frühhumanismus*
SM 169 Leibfried/Werle *Texte z. Theorie d. Fabel*
SM 171 Peter *Friedrich Schlegel*
SM 172 Würffel *Das deutsche Hörspiel*
SM 173 Petersen *Max Frisch*
SM 174 Wilke *Zeitschriften des 18. Jahrhunderts I: Grundlegung*
SM 175 Wilke *Zeitschriften des 18. Jahrhunderts II: Repertorium*
SM 176 Hausmann *François Rabelais*
SM 177 Schlütter/Borgmeier/Wittschier *Sonett*
SM 178 Paul *August Strindberg*
SM 179 Neuhaus *Günter Grass*
SM 180 Barnouw *Elias Canetti*
SM 181 Kröll *Gruppe 47*
SM 182 Helferich *G. W. Fr. Hegel*
SM 183 Schwenger *Literaturproduktion*
SM 184 Naumann *Literaturtheorie u. Geschichtsphilosophie, Teil I*
SM 185 Paulin *Ludwig Tieck*
SM 186 Naumann *Adalbert Stifter*
SM 187 Ollig *Der Neukantianismus*
SM 188 Asmuth *Dramenanalyse*
SM 189 Haupt *Heinrich Mann*
SM 190 Zima *Textsoziologie*
SM 191 Nusser *Der Kriminalroman*
SM 192 Weißert *Ballade*
SM 193 Wolf *Martin Luther*
SM 194 Reese *Literarische Rezeption*
SM 195 Schrimpf *Karl Philipp Moritz*
SM 196 Knapp *Friedrich Dürrenmatt*
SM 197 Schulz *Heiner Müller*
SM 198 Pilz *Phraseologie*
SM 199 Siegel *Sowjetische Literaturtheorie*
SM 200 Freund *Die literarische Parodie*
SM 201 Kaempfer *Ernst Jünger*
SM 202 Bayertz *Wissenschaftstheorie u. Paradigma-Begriff*
SM 203 Korte *Georg Heym*

SM 205 Wisniewski *Mittelalterliche Dietrich-Dichtung*
SM 206 Apel *Literarische Übersetzung*
SM 207 Wehdeking *Alfred Andersch*
SM 208 Fricke *Aphorismus*
SM 209 Alexander *Das deutsche Barockdrama*
SM 210 Krull *Prosa des Expressionismus*
SM 211 Hansen *Thomas Mann*
SM 212 Grimm *Molière*
SM 213 Riley *Clemens Brentano*
SM 214 Selbmann *Der deutsche Bildungsroman*
SM 215 Wackwitz *Friedrich Hölderlin*
SM 216 Marx *Die deutsche Kurzgeschichte*
SM 217 Schutte *Einführung in die Literaturinterpretation*
SM 218 Renner *Peter Handke*
SM 219 Lutzeier *Linguistische Semantik*
SM 220 Gmünder *Kritische Theorie*
SM 221 Kretschmer *Christian Morgenstern*
SM 222 Schmidt *Ernst Bloch*
SM 223 Dietschreit/Heinze-Dietschreit *Hans Magnus Enzensberger*
SM 224 Hilzinger *Christa Wolf*
SM 225 Obenaus *Literarische und politische Zeitschriften 1830–1848*
SM 226 Schulz *Science fiction*
SM 227 Meid *Barocklyrik*
SM 229 Obenaus *Literarische und politische Zeitschriften 1848–1880*
SM 230 Vinçon *Frank Wedekind*
SM 231 Lowsky *Karl May*
SM 232 Barton *Dokumentartheater*
SM 233 Winter *Jakob Michael Reinhold Lenz*
SM 234 Hoffmeister *Deutsche und europäische Barocklyrik*
SM 235 Paech *Literatur und Film*
SM 237 Mayer *Eduard Mörike*
SM 238 Huß-Michel *Zeitschriften des Exils 1933–1945*
SM 239 Perlmann *Arthur Schnitzler*
SM 240 Wichmann *Heinrich von Kleist*
SM 241 Mahoney *Roman der Goethezeit*
SM 242 Bartsch *Ingeborg Bachmann*
SM 243 Kaiser *E. T. A. Hoffmann*
SM 244 Schweikle *Minnesang*
SM 245 Dietschreit *Lion Feuchtwanger*
SM 246 Eagleton *Einführung in die Literaturtheorie*
SM 247 Cowen *Das deutsche Drama im 19. Jahrhundert*
SM 248 Hess *Epigramm*
SM 249 Gottzmann *Artusdichtung*
SM 250 Korte *Geschichte der deutschsprachigen Lyrik seit 1945*
SM 251 Jung *Georg Lukács*
SM 252 Glück/Sauer *Gegenwartsdeutsch*
SM 253 Schweikle *Neidhart*
SM 254 Späth *Rolf Dieter Brinkmann*

J. B. Metzler